20世纪儒学研究大系

主编：傅永聚　韩钟文

儒家史学思想研究

本卷主编　范学辉　齐金江

中　华　书　局

20世纪儒学研究大系

编辑委员会

中国文化的基本精神（代序）

在现今时代，做一个中国人，最重要的是具有爱国意识。爱国意识有一定的思想基础，必须感到祖国的可爱，才能具有爱国意识。而要感到祖国的可爱，又必须对于中国文化的优秀传统有正确的理解。中国文化，从传说中的羲、农、黄帝以来，延续发展了四五千年，在15世纪以前一直居于世界文化的前列。15世纪，中国的四大发明传入欧洲，促进了西方近代文明的发展，于是西方文化突飞猛进，中国落后了。19世纪40年代之后，中国受到资本主义列强的侵略凌辱，中国各阶层的志士仁人，奋起抗争，努力寻求救国的道路，经过100多年的艰苦斗争，终于取得了胜利，于1949年建立了新中国，"中国人民站起来了！"中国文化虽然一度落后，但又能奋发图强，大步前进。这不是偶然的，必有其内在的思想基础。中国文化长期延续发展，虽曾经走过曲折的道路，但仍能自我更新，继续前进。这种发展更新的思想基础，就是中国文化的基本精神。

何谓精神？精神即是思维运动发展的精微的内在动力。中国文化中的基本精神，在中国历史上确实起到了推动社会发展的作用，成为历史发展的内在思想源泉。当然，社会发展的基本原因在于生产力的发展，但是思想意识在一定条件下也有一定的积极作用。文化的基本精神必须具有两个特点：一是具有广泛的影响，为大多数人民所接受领会,对于广大人民起了熏陶作用。二是具有激励进步、促进发展的积极作用。必须具有这两方面的表现,才可以称为文化的基本精神。

我认为,中国几千年来文化传统的基本精神的主要内涵有四项基本观念,即(1)天人合一;(2)以人为本;(3)刚健有为;(4)以和为贵。

一　天人合一

天人合一即肯定人与自然的统一,亦即认为人与自然界不是敌对的,而具有不可割裂的关系。所谓合一指对立的统一,即两方面相互依存的关系。天人合一思想在春秋时即已有之。《左传》昭公二十五年记载郑大夫子大叔述子产之言说:"夫礼,天之经也,地之义也,民之行也。天地之经,而民实则之。"又记子大叔之言说:"礼,上下之纪,天地之经纬也,民之所以生也,是以先王尚之。"这是认为礼是天经地义,即自然界的必然准则,"天经"与"民行"是统一的。应注意,这里天是对地而言,天地相连并称,显然是指自然之天。子产将天经地义与民则统一起来,但也重视天与人的区别,他曾断言:"天道远,人道迩,非所及也,何以知之?"(《左传》昭公十八年)当时占星术利用所谓天道传播迷信,讲天象与人事祸福的联系,子产是予以否定的。孟子将天道与人性联系起来,他说:"尽其心者,知其性也。知其性,则知天矣。"(《孟子·尽心上》)孟子认为人性是天赋的,所以知性便能知天。但孟子没有做出明确的论证。《周易大传》提出"裁成辅相"之说,《象传》云:"天地交,泰。后以裁成天地之道,辅相天地之宜,以左右民。"《系辞》云:"范围天地之化而不过,曲成万物而不遗。"《文言》提出"与天地合德"的思想："夫'大人'者,与天地合其德,与日月合其明,与四时合其序,与鬼神合其吉凶。先天而天弗违,后天而奉天时。"这里所谓先天指为天之前导,后天即从天而动。与天地合德即与自然界相互适应,相互调谐。

汉代董仲舒讲天人合一,宣扬"天副人数",陷于牵强附会。宋代张载明确提出"天人合一"的四字成语,在所著《西铭》中以形象语言宣示天人合一的原则。《西铭》云:"乾称父,坤称母,予兹藐焉,乃混然中处。故天地之塞,吾其体;天地之帅,吾其性。民吾同胞,物吾与也。"所谓天地之塞指气,所谓天地之帅指气之本性,就是说:天地犹如父母,人与万物都是天地所生,人与万物都是气构成的,气的本性也就是人与万物的本性,人民都是我的兄弟,万物都是我的朋友。这充分肯定了人与自然界的统一。但张载也承认天与人的区别,他在《易说》中讲:"鼓万物而不与圣人同忧者,此直谓天也,天则无心,……圣人所以有忧者,圣人之仁也。不可以忧言者天也。"天是没有思虑的,圣人则不能无忧,这是天人之别。所谓天人合一是指人与自然界既有区别,而又有统一的关系,人是自然界所产生的,是自然界的一部分,人可以认识自然并加以改变调整,但不应破坏自然。这"天人合一"的观念与西方所谓"克服自然"、"战胜自然"有很大区别。在历史上,中西不同的观点各有短长,西方近代的科学技术取得了改造自然的辉煌成绩,也破坏了自然界的生态平衡。时至今日,重新认识人与自然的统一,确实是必要的了。

二　以人为本

以人为本是相对于宗教家以神为本而言的,可以称为人本思想。孔子虽然承认天命，却又怀疑鬼神。他说："务民之义，敬鬼神而远之，可谓知矣。"（《论语·雍也》）认为人生最重要的是提高道德觉悟，而不必求助于鬼神。孔子更认为应重视生的问题，而不必考虑死后的问题。《论语》记载："季路问事鬼神，子曰：'未能事人，焉能事鬼？'曰：'敢问死！'曰：'未知生，焉知死？'"（《先进》）孔子更不赞成祈祷，《论语》载："子疾病，子路请祷。子曰：'有诸？'子路对曰：有之，诔曰：'祷尔于上下神祇。'子曰：'丘之祷久矣。'"（《述而》）孔子对于鬼神采取存疑的态度，既不否定，亦不肯定，但认为应该努力解决现实生活中的问题，而不必向鬼神祈祷。孔子这种思想观点可以说是非常深刻的。

这种以人为本的思想，后汉思想家仲长统讲得最为鲜明。仲长统说："所贵乎用天之道者，则指星辰以授民事，顺四时而兴功业，其大略也，吉凶之祥，又何取焉？……所取于天道者，谓四时之宜也；所壹于人事者，谓治乱之实也。……从此言之，人事为本，天道为末，不其然与？"（《全后汉文》卷八十九）这里提出"人事为本"，可以说是儒家"人本"思想最明确的表述。所谓以人为本，不是说人是宇宙之本，而是说人是社会生活之本。

佛教东来，宣传灵魂不灭、三世轮回的观念，一般群众颇受其影响，但是儒家学者起而予以反驳。南北朝时何承天著《达性论》，宣扬人本观念。何承天说："人非天地不生，天地非人不灵，……安得与夫飞沈蠕蠕，并为众生哉？……至于生必有死，形毙神散，犹春荣秋落，四时代换，奚有于更受形哉！"这完全否定了灵魂不灭、三世轮回的迷信。范缜著《神灭论》，提出形为质而神为用的学说，更彻底批驳了神不灭论。

宋明理学中，不论是气本论，或理本论，或心本论，都不承认灵魂不灭，不承认鬼神存在，而都高度肯定精神生活的价值。气本论以天地之间"气"的统一性来论证道德的根据,理本论断言道德原于宇宙本原之"理",心本论则认为道德伦理出于"本心"的要求。这些道德起源论未必正确,但是都摆脱了宗教信仰。受儒家影响的中国知识分子,宗教意识都比较淡薄,在中国文化中,有一个以道德教育代替宗教的传统。虽然道德也是有时代性的,但是这一道德传统仍有其积极的意义。

三　刚健自强

先秦儒家曾提出"刚健"、"自强"的人生准则。孔子重视"刚"的品德:他说:"刚毅木讷近仁。"(《论语·子路》)刚毅即是具有坚定性。孔子弟子曾子说:"可以托六尺之孤,可以寄百里之命,临大节而不可夺也。君子人与?君子人也。"(同上《泰伯》)临大节而不可夺,即是刚毅的表现。《周易大传》提出"刚健"、"自强不息"的生活准则。《大有·象传》云:"大有,柔得尊位,大中而上下应之,曰大有,其德刚健而文明,应乎天而时行。"《乾·文言传》云:"大哉乾乎!刚健中正,纯粹精也。"《乾·象传》云:"天行健,君子以自强不息。"乾指天而言,天行即日月星辰的运行。日月星辰运行不已,从不间断,称之曰健,亦曰刚健。人应效法天之运行不已,而自强不息。自强即是努力向上、积极进取。《系辞下传》又论乾云:"夫乾,天下之至健也,德行恒易以知险。"这是说,天下之至健在于能知险而克服之以达到恒易(险指艰险,易指平易)。所谓自强,含有克服艰险而不断前进之意。儒家重视"不息",《中庸》云:"故至诚无息。不息则久,久则征;征则悠远,悠远则博厚,博厚则高明。……《诗》云:'维天之命,於穆不已。'盖曰天之所以为天也。'於乎不显,文王之德之纯!'盖曰文王之所以为文也,纯亦不已。"儒家强调不懈的努力,这是有积极意义的。

在古代哲学中,与刚健自强有密切联系的是关于独立意志、独立人格和为坚持原则可以牺牲个人生命的思想。孔子肯定人人都有独立的意志,他说:"三军可夺帅也,匹夫不可夺志也。"(《论语·子罕》)又赞扬伯夷叔齐"不降其志,不辱其身"(同上《微子》),即赞扬坚持独立的人格。孔子更认为,为了实行仁德可以牺牲个人的生命,他说:"志士仁人,无求生以害仁,有杀身以成仁。"(同上《卫灵公》)孟子进而提出:"生亦我所欲也,义亦我所欲也,二者不可得兼,舍生而取义者也。生亦我所欲,所欲有甚于生者,故不为苟得也;死亦我所恶,所恶有甚于死者,故患有所不辟也。"(《孟子·告子上》)这里所谓"所欲有甚于生者"即义,其中包括人格的尊严。他举例说:"一箪食、一豆羹,得之则生,弗得则死。呼尔而与之,行道之人弗受;蹴尔而与之,乞人不屑也。"不受嗟来之食,即为了保持人格的尊严。坚持自己的人格尊严,这是刚健自强的最基本要求。

先秦时代,儒道两家曾有关于刚柔的论争。与儒家重刚相反,老子"贵柔"。老子提出"柔弱胜刚强"(《老子》三十六章),认为"天下之至柔,驰骋天下之至坚"(四十三章)。他以水为喻来证明柔能胜强:"天下柔弱莫过于水,而攻坚,强莫之能先,其无以易之。故弱胜强,柔胜刚,天下莫能知,莫能行。"(七十八章)老子贵柔,意在以柔克刚,柔只是一种手段,胜刚才是目的,贵柔乃是求胜之道。孔子重刚,老子贵柔,其实是相反相成的。

在中国古代哲学中,儒家宣扬"刚健自强",道家则崇尚"以柔克刚",这构成中国文化思想的两个方面。儒家学说的影响还是大于道家影响的,在文化思想中长期占有主导的地位。刚健自强的思想可以说是中国文化思想的主旋律。《周易大传》"天行健,君子以自强不息"的名言,在历史上,对于知识分子和广大人民,确实起了激励鼓舞的积极作用。

四　以和为贵

中国古代以"和"为最高的价值。孔子弟子有若说:"礼之用,和为贵。先王之道斯为美,小大由之。"(《论语·学而》)孔子亦说:"君子和而不同,小人同而不和。"(同上《子路》)区别了"和"与"同"。按:和同之辨始见于西周末年周太史史伯的言论中。《国语》记述史伯之言说:"夫和实生物,同则不继。以他平他谓之和,故能丰长而物归之。若以同裨同,尽乃弃矣。"(《郑语》)这里解释和的意义最为明确。不同的事物相互为"他","以他平他"即聚集不同的事物而达到平衡,这叫做"和",这样才能产生新事物。如果以相同的事物相加,这是"同",是不能产生新事物的。春秋时齐晏子也强调"和"与"同"的区别,他以君臣关系为例说:"君所谓可而有否焉,臣献其否,以成其可。君所谓否而有可焉,臣献其可,以去其否。"这称为"和"。如果"君所谓可",臣亦曰可;"君所谓否",臣亦曰否,那就是"同",而不是"和"了。晏子说:"若以水济水,谁能食之?若琴瑟之专一,谁能听之?同之不可也如是。"(《左传》昭公二十年)这是说,必须能容纳不同的意见,兼容不同的观点,才能使原来的思想"成其可"、"去其否",达到正确的结论。孔子所谓"和而不同"也就是能保留自己的意见而不人云亦云。"和"的观念,肯定多样性的统一,主张容纳不同的意见,对于文化的发展确有积极的促进作用。

老子亦讲"和",《老子》四十二章:"万物负阴而抱阳,冲气以为和。"又五十五章:"知和曰常,知常曰明。"这都肯定了"和"的重要。

但是老子冲淡了"和"与"同"的区别,既重视"和",也肯定"同"。五十六章:"塞其兑,闭其门,挫其锐,解其忿,和其光,同其尘,是谓玄同。"这"和光同尘"之教把西周以来的和同之辨消除了。

墨子反对儒家,不承认和同之辨,而提出"尚同"之说。墨家有许多进步思想,但是尚同之说却是比和同之辨后退一步了。

儒家仍然宣扬和的观念,《周易大传》提出"太和"观念,《乾·象传》说:"乾道变化,各正性命,保合太和,乃利贞。"这里所谓大和指自然界万物并存共育的景况。儒家认为,包含人类在内的自然界基本上是和谐的。《中庸》云:"万物并育而不相害,道并行而不相悖。"这正是儒家所构想的"太和"景象。

孟子提出"人和",他说:"天时不如地利,地利不如人和。三里之城,七里之郭,环而攻之而不胜。夫环而攻之,必有得天时者矣;然而不胜者,是天时不如地利也。城非不高也,池非不深也,兵革非不坚利也,米粟非不多也,委而去之,是地利不如人和也。故曰:域民不以封疆之界,固国不以山溪之险,威天下不以兵革之利。得道者多助,失道者寡助。寡助之至,亲戚畔之;多助之至,天下顺之。"(《孟子·公孙丑下》)这里所谓人和是指人民的团结,人民的团结是胜利的决定性条件。"得道多助,失道寡助",这是今天仍然必须承认的真理。

儒家以和为贵的思想在历史上曾经起了促进民族团结、加强民族凝聚力、促进民族融合、加强民族文化同化力的积极作用。在历史上,得民心者得天下,失民心者失天下,已成为长期起作用的客观规律。在历史上,汉族本是由许多民族融合而成的;在近代,汉族又和五十几个少数民族融合而合成中华民族。中华民族内部密切团结而成为一个统一的整体。中华民族是多元的统一体,中国文化也是多元的统一体。多元的统一,正是中国古代哲学家所谓"和"的体现。所谓"和",不是不承认矛盾对立,而是认为应该解决矛盾而达到更高的统一。

以上所谓"天人合一"、"以人为本"、"刚健自强"、"以和为贵",都是用的旧有名词。如果采用新的术语,"天人合一"应云"人与自然的统一",或者如恩格斯所说"人与自然的一致"(《自然辩证法》1971年版第159页)、"自然界与精神的统一"(同书第200页)。"以人为本",应云人本主义无神论。"刚健自强",应云发扬主体能动性。"以和为贵",即肯定多样性的统一。这些都是中国古代哲学中的精湛思想,亦即中国文化基本精神之所在。

以上,我们肯定"天人合一"、"以人为本"、"刚健自强"、"以和为贵"等思想观念在历史上曾经起了促进文化发展的积极作用。但是,历史的实际情况是非常复杂的,许多思想观念的含义也不是单纯的。正确的观念与荒谬的观念、进步的现象与反动的落后的现象,往往纠缠在一起。所谓天人合一,在历史上不同的思想家用来表示不同的含义。例如董仲舒所谓天人合一主要是指"人副天数"、"天人感应",那完全是穿凿附会之谈。程颐强调"天道人道只是一道",认为仁义礼智即是天道的基本内容,也是主观的偏见。在董仲舒以前,有一种天象人事相应的神学思想。认为天上星辰与人间官职是相互应合的,所以《史记》的天文卷称为"天官书",但这不是后来哲学家所谓的"天人合一"。如果将上古时代天象与人事相应的神学思想称为天人合一,那就把问题搞乱了。这是应该分别清楚的。儒家肯定"人事为本",表现了无神论的倾向,但是这并不意味着宗教迷信在中国社会并无较大的影响。事实上,中国旧社会中,多数人民是信仰佛教、道教以及原始的多神教的。但是这种情况也不降低儒家人本思想的价值。"以和为贵"是儒家所宣扬的,但是阶级斗争、集团之间的斗争、个人与个人的斗争也往往是很激烈的。我们肯定"和"观念的价值，并不是宣扬调和论。

中国文化具有优秀传统，同时也具有陈陋传统，简单说来，中国文化的缺陷主要表现于四点：（1）等级观念；（2）浑沦思维；（3）近效取向；（4）家族本位。从殷周以来，区分上下贵贱的等级，是传统文化的一个最严重的痼疾，辛亥革命推翻了君主专制，但等级观念至今仍有待于彻底消除。中国哲学长于辩证思维，却不善于分析思维。事实上，科学的发展是离不开分析思维的。如何在发扬辩证思维的同时学会西方实验科学的分析方法，是一个严肃的课题。中国学术向来注重人伦日用，注重切近的效益，没有"为真理而求真理"的态度，表现为一种实用主义倾向，这也是中国没有产生自己的近代实验科学之原因之一。中国近代以前的社会可以说是以家族为本位。西方近代社会可以说是"自我中心、个人本位"，而中国近代以前则不重视个人的权益，这是一个严重的缺陷。五四运动以来，传统的家族本位已经打破了。在社会主义时代，应该是社会本位、兼顾个人权益。

我们现在的历史任务是创建社会主义的新文化，正确认识中国传统文化的长短得失，是完全必要的。

傅永聚、韩钟文同志主编的《20世纪儒学研究大系》，循百年思想学术发展的脉络，以现代学术分类的原则，择选有学术价值、文献价值的代表文章，以"大系"的形式编纂而成，共有20多卷，每卷附有专题研究的"导言"一篇。这部《20世纪儒学研究大系》是由曲阜师范大学、孔子研究院、山东大学、复旦大学等单位的中青年学者合力编纂而成，说明了儒学研究事业后继有人。《大系》被列入国家社会科学基金规划项目，又由中华书局出版，都在弘扬和培育中华民族精神方面做出了一件非常有意义的事情，我感到十分欣慰。编者征求我的意见,于是略陈关于中国文化的基本精神和儒家文化传统的一些感想,以之为序。

張岱年

前　言

傅永聚　韩钟文

儒学犹如一条源远流长的大河,导源于洙泗,经过二千五百多年生生不息的奔腾,从曲阜邹城一带流向中原,形成波澜壮阔的江河,涉及整个中国,辐射东亚,流向全球,泽惠万方。儒学曾经是中华文化的主流、东亚文明的精神内核。但是进入 20 世纪后的儒学,遭遇到空前严峻的挑战,也面临着再生与复兴的历史机遇。一百多年来,儒学几经曲折,备受挫折,又有贞下起元、一阳来复之象,至 20、21 世纪之交成为参与"文明对话"的重要角色。

牟宗三先生说:"察业识莫若佛,观事变莫若道,而知性尽性,开价值之源,树价值之主体,莫若儒。"(《生命的学问》)儒、道、释及西方的哲学、耶教等都指示人的生命意义的方向,但就中国人特别是中国古代知识分子而言,儒学是安身立命之道。孔子、儒家追求的"内圣外王之道",一直是中国人的人格修养与经世事业的价值理想。"士不可以不弘毅,任重而道远。仁以为己任,不亦重乎?死而后已,不亦远乎?"(《论语·泰伯》)从孔子、曾子、子思、孟子至康有为、梁启超、梁漱溟、熊十力、牟宗三,中国的儒学代表人物就是怀抱志仁弘道的精神去实践自己的生命价值,开拓教化天下的事业与创建文化中国的理想的。中华文化历尽艰难,几经跌宕,却如黄河、长江一样流淌不息,且代有高潮,蔚成奇观,与孔子及其所创建的儒家学派所做的贡献是分不开的。

儒学一直对中华文化各个层面产生着巨大而又深远的影响。儒学统摄哲学、伦理、政治、教育、宗教、艺术等人文社会科学的学术品格及关怀现世人生的精神,使它成为一套全面安排人间秩序的思想体系,从一个人的生存方式,到家、国、天下的构成,都在儒学关怀与实践的范围之内。经过二千多年的传播、积淀,儒学一直影响着中华民族的民族性格、心理结构的形成。然而,进入20世纪,又出现类似唐宋之际"儒门淡泊,收拾不住"的危机,陷入困境之中。唐君毅以"花果飘零"、余英时以"游魂"形容儒学危机之严峻,张灏则称这是现代中国之"意义危机"、"思想危机"。

从19世纪中后期开始,中国社会、文化进入从传统农业社会向现代工业社会、从传统文化向现代文化转型的时代。1905年废除科举制度,1911年辛亥革命推翻了帝制,"五四"新文化运动的兴起,西方各种思潮、主义潮水般地涌入,风起云涌的政治革命、文化革命、社会转型、文化转型,导致了传统士阶层的解体与分化,新型知识分子的诞生与在文化思想领域倡导"新思潮"、"新学说",激进的反传统思潮的勃兴,现代化进程的启动和在动荡不安中急遽推进,使20世纪中国处于"三千年未有的大变局"的境遇之中,儒学的危机也由此而生。

一个世纪以来,儒学的命运与中国现代化的历史进程相消长,也与学术界、思想界及政治界对儒学与现代化的关系、儒学与西方文化的关系、儒学与全球的"文明对话"的关系所形成的认识有关。从19世纪末至21世纪初,一百多年来,中国的学术界、思想界与政治界围绕着孔子、儒家及儒学的命运、前景问题展开了广泛的持久的争鸣,而这类争鸣又直接或间接地同传统文化与现代化、中学与西学、新学与旧学、科学主义与人文主义、全球化与中国化、文明冲突与文明对话、西方智慧与东方智慧等等论题交织在一起,使有关儒学的思想争鸣远远超出中国儒学史的范围,而成为20世纪中国思想史、学术史的有机组成部分。

百年儒学的历史大致沿着两个方向演进:一、儒学精神的新开展,使儒学于危机中、困境中得以延续、再生或创造性转化;二、儒家学术思想的研究,包括批判性研究、诠释性研究、创造性研究在内。由于20世纪中国是以"革命"为主潮的世纪,学术研究与政治革命的关系特别密切,故批判性研究常常烙上激进的政治革命的烙印,超出学术研究的范围,并形成批判儒学、否定儒学的思潮,酿成批判论者、诠释论者与复兴论者的百年大论争,并一直延续到21世纪。

回顾百年儒学精神新开展与儒学研究的历程,有一奇特现象值得重视。活跃于20世纪中国思想界、学术界、政治界、教育界的精英或代表人物,都不同程度地介入或参与了有关孔子、儒家思想的争鸣。如:早期马克思主义者陈独秀、李大钊、瞿秋白、李达、郭沫若、范文澜、侯外庐等,三民主义者蔡元培、陶希圣、戴季陶等,自由主义的代表人物严复、胡适、殷海光、林毓生等,无政府主义者吴稚晖、朱谦之等,现代新儒学的代表人物梁漱溟、熊十力、唐君毅、牟宗三、徐复观等,学衡派的代表人物梅光迪、吴宓、陈寅恪、汤用彤等,东方文化派的杜亚泉、钱智修等,新士林学派的罗光等,以及张申府、张岱年等,都参与了有关儒学的争鸣,并在争鸣中形成思想的分野,蔚成中国近代思想文化史上最壮观的一幕。

20世纪中国思想史的复杂性、丰富性远远超出了唐宋之际和明清之际,其思想争鸣具有现代性或现代精神的特色。美国学者列文森在《儒教在中国及其现代命运》中以"博物馆化"象征儒学生命的终结,有些中国学者也说儒学已到"寿终正寝的时节"。但从百年儒学的精神开展与儒学研究的种种迹象看,儒学的生命仍然如古老的大树一样延续着,儒学曾经创造性地回应了印度佛教文化的挑战,儒学也正在忧患之中奋然挺立,回应西方文化的挑战,这是儒学传统现代创造性转换的契机。人们在展望"儒学第三期"或"儒学第四期"的来临。百年儒学的经历虽曲折艰难,时兴时衰,但仍是薪火相传,慧命接续,间有高潮,巨星璀璨,跨出本土,落根东亚,走向世界,成为一种国际性的思潮,在全球性的"文明对话"中扮演着重要角色,为人类重建文明秩序提供了可资汲取的智慧。儒学并没有"博物馆化",儒学的新生命正在开始。因此,对百年儒学作系统的全面的反思与总结,是一项具有历史意义与现实意义的学术课题。

纵观百年儒学的历程,大致经历了五个阶段,在这五个阶段中,儒学的命运、所遭遇的景况不尽相同,分述如下:

19世纪末至1911年辛亥革命为第一阶段　洋务运动、戊戌变法导致儒家经世思想的重新崛起,晚清今文经学的复兴,特别是康有为《新学伪经考》、《孔子改制考》的出版,托古改制,以复古为解放,既开导儒学的新方向,又开启"西潮"的闸门,如思想"飓风",如"火山火喷"。章太炎标举古文经学的旗帜,与以康有为为代表的今文经学派展开经学论争,而这场思想学术争鸣又与政治上的革命或改良、反清或保皇、君主立宪与民主共和等论争交错在一起,显得格外严峻与深沉。诸子学的复兴,西学输入高潮的到来,政治革命的风暴席卷神州,社会解体与重建进程加速发展,传统士阶层的分化与新型知识分子的诞生,预示后经学时代的降临。思想界、学术界先觉之士以"诸子学"、"西学"为参照系,批判儒学或重新诠释儒学,传统儒学向现代儒学转型已初见端倪。

以辛亥革命至 1928 年南京政府成立为第二阶段　康有为、陈焕章等仿效董仲舒的"崇儒更化"运动创建孔教会,"五四"新文化运动兴起,吴虞、胡适等提倡"打孔家店",《新青年》派陈独秀、胡适与文化保守主义者梁启超、梁漱溟、杜亚泉等,学衡派梅光迪、吴宓等展开思想文化争鸣,以张君劢、梁启超等为代表的人文主义与以丁文江、胡适、王星拱等为代表的科学主义的论辩,马克思主义者李大钊、瞿秋白等也积极参与思想争鸣,各大思潮的冲突与互动,不论是批判儒学,或者是重释儒学及复兴儒学,有一个共同的特点,都是将儒学的研究纳入现代思想学术的领域之中,使思想争鸣具有现代性,从而导致儒学向现代思想学术转型。20 世纪中国人文社会科学的学科建制、研究方法深受"西学"的影响,有关孔子、儒学的论争已不同于经学时代,且与国际上各种思潮的论争息息相通。以现代西方哲学、科学、政治等学科的范畴、概念、方法去解读、分析、批判或重新诠释儒学,成为一时的学术风气,还出现"援西学入儒学"的现象。有些思想家、哲学家试图摄纳西学、诸子学及佛学中有价值的东西重建儒学,如梁启超的《儒学哲学及其政治思想》、《儒学哲学》等文及《欧游心影录》,梁漱溟的《东西文化及其哲学》,冯友兰的《人生哲学》,已透露出现代新儒学即将崛起的消息。

1928 年至 1949 年中华人民共和国建立为第三阶段　30 年代后,中国思想界、学术界出现"后五四建设心态"。吸取西学的思想、方法,以反哺儒学传统,创造性地重建传统儒学,如张君劢、冯友兰、贺麟等;或者回归儒学传统,谋求儒学的重建,如熊十力、钱穆、马一浮等;即使是"五四"时期及传统的学者,在胡适提倡"研究问题,输入学理,整理国故,再造文明"之后,也将儒学作为

"国故"的重要组成部分,作为学术史、思想史、文化史的思想资料加以系统的研究。胡适的《说儒》就是一篇以科学方法研究孔子、儒学的示范之作。"后五四建设心态"的形成,对中国现代学术的建构起了积极的作用。一大批专家、学者参照西方人文社会科学学科建制的原则与方法,分哲学、宗教学、政治学、经济学、伦理学、社会学、法学、史学、美学、文学艺术、教育学、心理学等等,对儒学进行系统的研究,还对不同学科的发展史作深入的探讨,如中国哲学史、中国教育思想史、中国政治思想史、中国学术史、中国伦理学史、中国文化史、中国通史等等,儒学研究也纳入分门别类的学科及学科发展史的研究之中。钱穆在《现代中国学术论衡》中说:"民国以来,中国学术界分门别类,务为专家,与中国传统通人通儒之学大相违异。"将数千年经学、儒学作为学术思想的资源或资料,分门别类地纳入学科专题研究之中,虽然使儒家"内圣外王之道"的"道"变为"学术",由"专门之学"代替"通儒之学",但恰恰是这种转变,才促使了儒学由传统形态向现代形态转型。这一阶段是中国社会动荡不安的年代,令人惊异的是,在动荡的岁月中出现了一个学术繁荣期,学术研究的深度与广度并不亚于乾嘉时代,儒学研究也是如此。"专门之学"代替"通儒之学"乃大势所趋,是现代学术的进步。

　　抗日战争的爆发、救亡运动的高涨,把民族文化复兴运动推向高潮,为儒学精神的新开展或创造性重建提供了历史机缘。儒学在民族文化复兴的大潮中获得再生并走向现代。1937 年沈有鼎在《中国哲学今后的开展》,1941 年贺麟在《儒家思想之开展》,1948 年牟宗三在《鹅湖书院缘起》中,都强调中国进入一个"民族复兴的时代"。民族复兴应该由民族文化复兴为先导,儒家文化是中华文化的主流,儒家文化的命运与民族文化的命运血脉相连、息息相关。他们认为,如果中华民族不能以儒家思想或民族精神为主体去儒化或汉化西洋文化,则中国将失掉文化上的自主权,而陷于文化上的殖民地。他们期望"儒学第三期"的出现,上接宋明儒学的血脉,对儒学作创造性的诠释,或者会通儒学与西学,使古典儒学向现代思想学术形态转换。以熊十力、贺麟、牟宗三等为代表的新心学,以冯友兰、金岳霖等为代表的新理学,是儒学获得现代性并走向成熟的重要标志。此外,王新命、何炳松等十教授发表《中国本位的文化建设宣言》(1935年1月10日),新启蒙运动倡导者张申府、张岱年等提出"打倒孔家店,救出孔夫子"的口号及综合创造论,都体现了"后五四建设心态",都有利于儒学的学术研究之开展。

1949 年至 1976 年"文革"结束为第四阶段　余英时在《现代儒学论》序言中指出:20 世纪中国以 1949 年为分水岭,在前半个世纪与后半个世纪,中国的文化传统特别是儒家命运截然不同。1949 年以前,无论是反对或同情儒家的知识分子大部分曾是儒家文化的参与者,他们的生活经验中渗透了儒家价值。即使是激进的反传统者,他们并没有权力可以禁止不同的或相反的观点,故批判儒学或复兴儒学之争可以并存甚至互相影响。1949 年以后,儒家的中心价值在中国人的生活方式中已退居边缘,知识分子无论对儒学抱着肯定或否定的态度,已失去作为参与者的机会了,儒学和制度之间的联系中断,成为陷于困境的"游魂"。

就实际状况而言,这一阶段的儒学研究或者儒家思想之开展,比余英时分析的还要复杂,值得注意的是分化现象:大陆出现批判儒学的新趋向,50 年代至 60 年代中期,以批判性研究为主,除梁漱溟、熊十力、陈寅恪等少数学人外,像冯友兰、贺麟、金岳霖等新理学与新心学的代表人物,都经过思想改造、脱胎换骨之后批判自己的学说,即使写研究孔子、儒学的文章,也离不开批判的框框。当时思想界、学术界的儒学研究,多以"苏联哲学"为范式,进行"唯心"或"唯物"二分式排列,批判与解构儒学成为当时的风潮。70年代中期出现群众性的批孔批儒运动,真正的学术研究根本无法进行。儒学已经边缘化了。在港台地区和海外华人社群中,儒学却得到不同程度的认同,移居港台、海外的学者,如张君劢、钱穆、陈荣捷、唐君毅、牟宗三、徐复观、方东美等,继续以弘扬儒家人文精神为己任,立足于学术界、教育界,开拓儒学精神的新方向,成就了不少持之有据、言之成理的"一家之言"。

70年代后期至21世纪初为第五阶段 中国大陆的改革开放,思想解放运动,传统文化与现代化的论争,"文化热"的出现,以及日本、韩国、新加坡等国与香港、台湾地区经济腾飞所产生的影响,东亚现代化模式的兴起,全球化进程中形成的文化多元格局,文明对话,全球伦理、生态平衡,以及"文化中国"等等课题的讨论,使人们对孔子、儒学研究逐渐复苏,重评孔子、儒学的论文、论著陆续出版,有关孔子、儒学、中国文化的学术会议频繁举行,中国孔子基金会、国际儒学联合会、中华孔子学会、中国文化书院、孔子研究院等学术团体和研究机构的建立,历代儒家著作及其注解、白话文翻译、解读本的大量出版,有关儒家的人物评传、思想研究、专题研究以及儒学与道、释、西方哲学及宗教的比较研究,成为学术界关注的课题。还有分门别类的人文社会科学及自然科学,也将儒学纳入其中作专门研究,如儒家哲学思想、儒家伦理思想、儒家美学思想、儒家史学思想、儒家政治思想、儒家教育思想、儒家宗教思想、儒家科学思想、儒家管理思想等等。专门史的研究也涉及儒学,如中国哲学史、中国经济思想史、中国教育思想史、中国伦理思想史等等,一旦抽掉孔子、儒家与儒学,就会显得十分单薄。此外,原来处于边缘化的港台、海外新儒家,乘改革开放的机遇,或者进入大陆进行学术交流,或者将其思想、学说传入大陆,至 90 年代,出现当代新儒家、自由主义与马克思主义重新论辩、对话与互动的格局,有关"儒学第三期"、"儒学第四期"的展望,儒学在国际思想界再度引起重视,说明儒学的确在展示着其"一阳来复"的态势。

纵观百年儒学的历程,不论在哪一个阶段,不论是儒家思想之新开展,或者是有关儒学的学术研究,都积有丰富的思想资源或文献资料,已经到了对百年儒学进行系统研究、全面总结的时候了。站在世纪之交的高度,我们组织编纂《20 世纪儒学研究大系》,就是为了完成这一学术使命。

《20 世纪中国儒学研究大系》是孔子研究院成立后确定的一项浩大的学术工程,现已列入 2002 年国家社会科学基金项目。《大系》的编纂与出版,实为孔子、儒学研究的一大盛事,必将对 21 世纪的儒学研究产生积极而又深远的影响。

20世纪儒学研究大系

编选原则及体例

《20世纪儒学研究大系》是一部大型的相对成套的专题分卷的儒学研究丛书,力求通过选编20世纪学术界研究儒学的代表性论文、论著,全面反映一百年来专家、学者研究儒学的学术成果及水平,为进一步研究儒学提供一部比较系统的学术文献。

一、将20世纪海内外专家、学者研究儒学的代表性论文、论著按研究专题汇集成册,共分21卷。所选以名家、名篇及具有代表性的观点为原则,不在多而在精,力求反映20世纪儒学研究的全貌。

二、所选以学术性讨论材料、思想流派性材料为主,兼收一些具有代表性并产生过重大影响的批判性文章。

三、每一卷包括导言、正文、论著目录索引三个主干部分。

四、每卷之始,撰写导言,综论20世纪该专题研究的大势及得失,阐发本专题研究的学术价值和意义,为阅读利用本卷提示门径。

五、一般作者原则上只入选一篇具有代表性的成果,重要代表人物可选2—3篇。

六、所收文章均加简要按语,介绍作者学术生平及本文内容。合作创作的论著,只介绍第一作者。

七、每卷所收文章,原则按公开发表或正式出版的时间先后为序。

八、所收文章,尽量使用最初发表的版本,并详细注释文章出处、发表或写作时间。

九、入选文章、论著篇幅过长者,适当予以删节,并予以注明。

十、为统一体例,入选文章一律改用标准简化字,一律使用新式标点。

十一、所选文章的注释一律改为文中注和页下注,以保持丛书的整体风格。材料出处为文中注(楷体),解释性文字为页下注。

十二、每卷后均列论著目录索引,将未能入选但又有学术价值与参考价值的论著列出。论文和著作分门别类,并按公开发表和正式出版的时间先后为序。

目　录

20世纪儒学研究大系

一、先秦是儒家史学思想的雏形时期

与源远流长的中华文明相辅相成,中国的历史记载也较早超□口耳相传的神话阶段,而进化到文字记载的历史。据《尚书多士》的记载,"惟殷先人,有册有典",至迟在三千多年前的□文明早期,业已初步出现了较为成熟的文献典籍。此后商、周□的统治者,对历史记载更为重视,在国家机构当中,专门设置□官系统,如《尚书·顾命》云:"太史秉书,由宾阶阼,御王册□《立政》亦云:"周公若曰:'太史!司寇苏公,式敬尔由狱,以□王国。'"等等。其中,包括以大史为首的"大史寮",和以内史□首的作册内史等许多职官。西周时的各诸侯国也大多设有史□史官的职掌,除负责保存典籍、制作历法、策命诸臣、备王顾命□文化密切相关事宜之外,如《汉书·艺文志》"古之王者,世有□,君举必书,所以慎言行,昭法式也。左史记言,右史记事。事□秋,言为尚书"所言,主要是侧重于将国家大事真实记录和整□史书。因此,随着史官系统的日趋庞大,以史学为主要内涵的□文化也日益繁荣,当时的史官们秉承"直笔"的优良作风,在□时期撰述了像《尚书》中的《商书》、《周书》和《逸周书》等一□史学著作,其中最主要的则是一大批以《春秋》命名的各诸侯□国史,如《孟子·离娄下》提到:"王者之迹熄而《诗》亡,《诗》□后《春秋》作。晋之《乘》,楚之《梼杌》,鲁之《春秋》,一也。"

导　言

范　学　辉

　　儒家史学思想,作为传统史学的灵魂,大致早□□□之后经两汉经学、宋代理学和明清实学的三大发□□□□在商周早期史官文化繁荣的基础之上,由以孔□□□代表的先秦儒家初步创建其基本理论框架,然后□□□明清等历代儒家的丰富发展,逐渐居于中国传□□□□地位。像东汉班固之《汉书》、北宋欧阳修之《新□□之《资治通鉴》、宋末元初马端临之《文献通考》等□□优秀的史学著作,尽管它们的体裁有纪传体断代□□典志通史等明显区别,但都是在儒家史学思想的□□□们作为主要支柱,与在黄老道家影响下成书的《□□响下的《后汉书》等一起,共同构建了中国古代□□厦。从20世纪初开始,儒家史学思想虽然已经□□导地位,但对其的研究作为儒学研究和古代史□□成部分,始终呈现出方兴未艾的繁荣景象,通过□□想的精华部分逐渐融入新时代的史学大潮中,□□□的光辉。

墨子则称曾阅读过"百国《春秋》"①。

不过,史官文化毕竟属于古代史学的萌芽阶段,一个最主要的表现就是仅仅拘泥于对历史事实的简单记载和陈述,对历史现象背后所反映的历史规律尚缺乏必要的探索。对历史经验、教训的初步摸索,又往往陷于谶言迷信的泥潭,呈现出"巫史不分"的浓厚色彩。显而易见,史学思想的普遍贫乏是问题的关键之所在。

孔子、孟子、荀子为代表的先秦儒家大师,正是在史书编撰当中高扬儒家学说,既充分吸取史官文化的营养②,又扬弃其不足,从而主要在史学意识的自觉领域超越了史官文化,初步构建了儒家史学思想的理论框架。

1. 确立了儒家学说在史书编撰中的灵魂和统帅地位,强调史学的目的不仅仅囿于档案性地准确地记录史实,更是要通过史学的研究为宣扬儒家学说服务。

据《孟子》记载,孔子本人在对比其所撰《春秋》与诸史官之作的区别时就曾经谈到:"其事则齐桓、晋文,其文则史……其义则

---

①　清代学者焦循《孟子正义》卷16在此段下详细考证说:"孔氏正义云:'昭二年韩起使鲁,称见鲁《春秋外传》。《晋语》司马侯于晋悼公云:羊舌肸习于《春秋》。《楚语》申叔时论傅太子之法云:教之以《春秋》。《礼·坊记》曰:鲁《春秋》记晋丧日,杀其君之子奚齐。又《经解》曰:属辞比事,《春秋》教也。凡此诸文所说,皆在孔子之前,则知未修(《春秋》)之前,旧有《春秋》之目。据周世法则,每国有史记,当同名《春秋》。'按,墨子书称'吾见百国《春秋》',又云'著在周之《春秋》','著在燕之《春秋》','著在宋之《春秋》','著在齐之《春秋》',则孔氏以为'同名《春秋》',似矣。"

②　以《春秋》为例,就是孔子在鲁国史官所撰同名鲁国国史的基础之上再创作而成的。清代学者刘宝楠《论语正义》引刘逢禄《论语述何篇》在解释《论语·为政》孔子强调"多闻"时,更谈到:"多闻,如《春秋》采百二十国之宝书。"

丘窃取之矣。"(《孟子·离娄》,中华书局 1987 年版)清代学者万斯大对此解释说:"《春秋》书弑君,诛乱贼也。然而赵盾、崔杼之事,时史(指当时史官所作国史)亦直载其名,安见乱贼之惧,独在《春秋》而不在诸史? 曰:《孟子》言之矣。《春秋》之文则史也,其义则孔子取之。诸史无义,而《春秋》有义也。"(焦循:《孟子正义》卷 16 引万斯大《学春秋随笔》)而"诸史无义,《春秋》有义"的这个义,焦循有云:"孟子述孔子之言,特指出义字,义者,宜也。舜之所察,周公之所思,皆此义。"(焦循:《孟子正义》卷 16)简单地说,就是指的儒家理论。董仲舒记孔子本人所云:"我欲载之(指儒学理论)空言,不如见之于行事之深切著明者(指史实)也。"(《史记·太史公自序》)以及宋儒陆九渊(象山)"圣人(指孔子)作《春秋》,初非有意于二百四十三年行事。又云:《春秋》大概是存此理"(陆九渊:《象山语录》卷上,上海古籍出版社 2000 年版)之说,虽然有些绝对化,但都较为深刻地揭示出了儒家史学思想以史学研究服务于宣扬儒家学说的强烈目的性。

正因为如此,对史官文化的"直笔"传统,孔子虽然也给予了高度评价①,但当历史的真实与儒学理论相悖离时,孔子却往往主动选择"笔则笔,削则削"、"于内,讳而不隐。于尊亦然,于贤亦然"(董仲舒:《春秋繁露·楚庄王》,中华书局 1992 年版)等"曲笔"。典型的事例,像"吴楚之君自称王,而《春秋》贬之曰'子';践土之会实召周天子,而《春秋》讳之曰'天王狩于河阳'"(《史

---

　　①　如孔子曾称晋国史官董狐是"古之良史",并赞其"书法不隐"的精神。不过,孔子对史官文化直笔传统的继续,主要侧重于其对史实的"阙疑"精神,如《论语·为政》中孔子强调了"多闻阙疑",《卫灵公》则云:"吾犹及史之阙文也……今之亡矣夫!"《八佾》亦曰:"夏礼,吾能言之,杞不足征也;殷礼,吾能言之,宋不足征也。文献不足故也。足,则吾能征之矣。"等等。

记·孔子世家》）等。更多的则是采用"属辞而比事"的《春秋》笔法，如记人死亡，因身份不同，有的书为"崩"，有的书为"薨"；记军事行动，因双方或各方情况不同，而有"伐"、"侵"、"入"、"战"、"围"、"取"、"救"、"执"、"溃"、"灭"、"败"等等种种书法；记杀人，因杀与被杀者的地位不同，有的书为"杀"，有的书为"弑"，等等。（参看瞿林东：《中国史学史纲》，北京出版社 1999 年版，第138 页）

　　对此，董仲舒曾就《春秋》记晋、楚邲之战的用辞发挥说："《春秋》之常辞也，不予夷狄而予中国为礼，至邲之战，偏然反之，何也？曰：《春秋》无通辞，从变而移。今晋变而为夷狄，楚变而为君子，故移其辞以从其事。"（《春秋繁露·竹林》）宋代学者罗大经则就《春秋》称本为摄位的鲁隐公为"公"谈到："窃意鲁史旧文，必著隐公摄位之实，《春秋》去摄而书公，乃仲尼之特笔，一以著隐之不当逊，一以著桓之不当立，二者皆非也。……《春秋》之所以为《春秋》者，正当显微阐幽，若但直书其事，则夫人能为之矣，何为游、夏不能措一辞哉！"（罗大经：《鹤林玉露》甲编卷 2，中华书局 1983 年版）清儒万斯大亦概括曰："盖史官有一定之法，夫子有笔削之权；史法以征事实，笔削则显世变。"（焦循：《孟子正义》引万斯大《学春秋随笔》）确实，孔子修撰《春秋》，所以要如此"婉而成章"、"辞约而指博"，就像司马迁所言："推此类（指吴楚称子、天王狩于河阳诸事）以绳当世，贬损之义，后有王者举而开之。《春秋》之义行，则天下乱臣贼子惧焉。"（《史记·孔子世家》）关键就在于借用这样一些在记载上的严谨有序的区别，在反映作者对有关历史事实不同认识的同时，"惩恶而劝善"，从而充分阐述儒家理论之"微言大义"。

　　孟子则进一步发挥了孔子的这一思想，甚至认为为了达到宣扬儒家学说的目的,对历史记载进行有目的、有倾向性地修订和删改都是必要的。例如孟子曾经公开否认武王伐纣时"血流漂杵"的史实,"尽信书则不如无书,至于《武成》,取二三策而已矣。仁人无敌于天下,以至仁伐至不仁,而何其血之流杵也"。(《孟子·尽心下》)仅据毫无事实根据的"仁人无敌于天下",即人为地剪裁史实,目的不外是迎合用宣扬其"仁政说"罢了。宋代大儒二程对《孟子》的点评:"孟子言舜完廪浚井之说,恐未必有此事,论其理而已……学《孟子》者,以意逆志可也。"(《二程遗书》卷4)可谓一语破的。

2. 鲜明提出融继承与发展为一体的"因损"结合的历史观,将史学研究的价值明确定位于通过分析历史演变所折射出的历史规律,服务现实社会发展,从而确立了儒家史学思想中"经世致用"和注重当代史研究的重要传统,这也是儒家史学思想的精华之所在。

史学研究的价值观及其研究重点,是史学思想中的重要问题。大致说来,对史学研究重点的把握要取决于其对史学研究价值观的认识,而对史学研究价值观的定位则是与其历史观是紧密结合在一起的。我们知道,否定历史发展中的继承性,就会陷入历史虚无主义,泯灭历史研究的价值;而不承认历史是一个由古而今的进化过程,则将陷入复古主义的泥潭,同样将危及史学的健康发展。

孔子则不然,他虽然自称"信而好古"、"周监于二代,郁郁乎文哉!吾从周"(分见《论语》述而、八佾篇),却绝非单纯地迷信历史,而是将历史的继承性和发展性有机地相统一,提出了"因损"结合的历史观。如他在回答弟子子张"十世可知也"的问题时,就认为:"殷因于夏礼,所损益,可知也;周因于夏礼,所损益,可知也。其或继周者,虽百世,可知也。"(《论语·为政》)既然如此,即如宋儒程颐、程颢所云:"上古之时,自伏羲、尧、舜,历夏商以至于周,或文或质,因袭损益,其变既极,其法既详。于是孔子参酌其宜,以为百王之中制,此其所以《春秋》作也。"(程颢、程颐:《二程遗书》卷18,上海古籍出版社2000年版)在孔子看来,史学研究不仅不应该仅仅停留在记录历史的低层次之上,而且其价值和意义所在,就在于通过分析、把握这种历史发展中因、损结合,"参酌其宜",可以"经世致用",即为现实及未来社会发展提供指导或借鉴意义,以力争达到"虽百世,可知也"、"为百王之中制"的理想效果。

以孔子本人为例,像他对三代古礼的研究,就不单单是"信而好古",而主要是为了满足其"行夏之时,乘殷之辂,服周之冕"政治主张的需要①。至于他修撰的《春秋》,更是强烈洋溢着历来为后世儒家所瞩目的"经世致用"的精神。对此,孟子曾经给予了高度的评价,他说:"世道衰微,邪说暴行有作,臣弑其君者有之,孔子惧,作《春秋》。《春秋》,天子之事也。是故孔子曰:'知我者其惟《春秋》乎,罪我者其惟《春秋》乎'"、"昔者禹抑洪水而天下平,周公兼夷狄、驱猛兽而百姓宁,孔子成《春秋》而乱臣贼子惧。"②

至汉代,与"罢黜百家,独尊儒术"的以经治国相适应,《春秋》以其所具有的强烈的现实政治意义在儒家经典当中尤其得到了当时统治者的重视,甚至于被抬到了"为汉立法"的吓人高度,如董仲舒云:"《春秋》正是非,故长于治人。"(《春秋繁露·玉杯》)司

---

① 又《论语·子路》记孔子云:"诵《诗》三百,授之以政,不达;使于四方,不能专对;虽多,亦奚以为?"

② 《孟子·滕文公下》,东汉赵岐在《离娄下》章注中亦云:《春秋》"假史记之文,孔子正之以匡邪也。"

马迁亦云："孔子明王道,干七十余君,莫能用,故西观周室,论史记旧文,兴于鲁而次《春秋》,上记隐,下至哀之获麟。约其辞文,去其烦重,以制义法。王道备,人事浃。"(《史记·十二诸侯年表》)"夫《春秋》,上明三王之道,下辩人事之纪,别嫌疑,明是非,定犹豫,善善恶恶,贤贤贱贱不肖,存亡国,继绝世,补敝起废,王道之大者也。……拨乱世反之正,莫近于《春秋》。《春秋》文成数万,其指数千。万物之散聚皆在《春秋》。《春秋》之中,弑君三十六,亡国五十二,诸侯奔走不得保其社稷者不可胜数。察其所以,皆失其本已。……故有国者不可不知《春秋》,前有谗而弗见,后有贼而不知。为人臣者不可以不知《春秋》,守经世而不知其宜,遭变事而不知其权。为人君父而不通于《春秋》之义者,必蒙首恶之名。为人臣子而不知《春秋》之义者,必陷篡弑之诛,死罪之名。"(《史记·太史公自序》)北宋大儒程颐更明确地谈到:"夫子删《诗》,赞《易》,叙《书》,皆是载圣人之道,然未见圣人之用,故作《春秋》。《春秋》,圣人之用也"(《二程遗书》卷19《伊川先生语五》)、"《诗》、《书》,载道之文。《春秋》,圣人之用。《五经》之有《春秋》,犹法律之有断例也。律令惟言其法,至于断例则始见其法之用也。《诗》、《书》如药方,《春秋》如用药治疾,圣人之用全在此书,所谓'不如载之行事深切著明者也'。"(《二程遗书》卷2上)等等。

这些说法,虽然不无夸张之处,但皆较为准确地点明了孔子在修撰《春秋》等史书时,确实在于与现实政治紧密结合,即"是非二百四十二年之中,以为天下仪表,贬天子,退诸侯,讨大夫,以达王事而已矣"。(《史记·太史公自序》记董仲舒之言)其主旨无疑是以史学研究来阐发儒家的政治理想。

孟子亦然。如他对夏、商、周三代井田、赋役、爵禄制度以及丧葬礼仪等历史问题的探索,就像他本人所说的:"其详不可得闻也,诸侯恶其害己也而皆去其籍,然而轲也尝闻其略也。"(《孟子·万章下》)着眼点并不仅囿于历史事实的考证和澄清①。其主旨类似于《春秋》,一方面是为了儒家的"仁政"学说,同时也是为当时滕国的国君滕文公在国内进行"仁政"实验提供具体的指导,具有更为强烈的现实政治意义②。

正因为把史学价值定位于"经世致用",所以自孔子开始,儒家史学思想皆主张侧重于与现实关系最为密切的近、当代史研究。孔子自不待言,如他从当代"陪臣执国命"的现象入手,系统考察了春秋以来政权更迭愈来愈速的历史规律,得出了"禄之去公室五世矣;政逮于大夫四世矣,故夫三桓之子孙微矣"、(《论语·季氏》)"天下有道,则礼乐征伐自天子出;天下无道,则礼乐征伐自诸侯出。自诸侯出,盖十世希不失矣;自大夫出,五世希不失矣;陪臣执国命,三世希不失矣。天下有道,则政不在大夫。天下有道,则庶人不议"(《论语·季氏》)的结论,这对当时正控制着鲁国朝政的阳虎(大夫季氏之陪臣)等人来说,不啻是严厉的警告。在孔子所修撰的《春秋》当中,更是不仅以主要的篇幅用来记载孔子其时的近代("所闻")或当代("所见")史实,而且正如董仲舒所说:"于所见微其辞……义不讪上,智不危身。故远者以义讳,近者以

① 事实上,据当代史学研究,孟子所言三代制度,固然有可信的成份,但出于其个人想像者也不在少数,只能认为是其理想,不应完全视为信史。

② 见《孟子·滕文公上》:"(滕文公)使毕战问井地,孟子曰:'子之君将行仁政,选择而使子,子必勉之! 夫仁政必自经界始。经界不正,井地不均,谷禄不平。是故暴君污吏,必慢其经界。经界既正,分田制禄,可坐而定也。'"又,据《滕文公下》万章曰:"宋,小国也,今将行王政。"则宋亦有意于"仁政"实验。

智畏。畏与义兼,则世逾近而言逾谨矣。此定、哀之所以微其辞",(《春秋繁露·楚庄王》)所谓的《春秋》之"微言大义"也大多集中于其"所见"的哀、定、昭三朝历史当中。

主张"道不过三代,法不贰后王"(《荀子·王制》)的荀子则更进一步。他本着儒家史学思想"经世致用"注重当代史研究的精神,顺应战国时期通过战争手段由分裂而统一的时代大趋势,打破了儒家"军旅之事,未之学也"(《论语·卫灵公》)的传统,着力于战国最具现实意义的时代课题,即军事史、战争史的研究和考察,并达到了不亚于一个优秀军事思想家的高度。如荀子具体对比了当时齐、魏、秦三大国技击、武卒、锐士等军制的优劣,敏锐地指出:"齐人隆技击,其技也,得一首者则赐赎锱金,无本赏矣。是事小敌毳则偷可用也,事大敌坚则焕涣离耳。……是亡国之兵也,兵莫弱是矣,是其去赁市、佣而战之几矣。魏氏之武卒,以度取之,衣三属之甲,操十二石之弩,负服矢五十个,置戈其上,冠胄带剑,赢三日之粮,日中而趋百里,中试则复其户,利其田宅,是数年而衰而未可夺也,改造则不易周也。是故地虽大,其税必寡,是危国之兵也。秦人,其生民也狭厄,其使民也酷烈,劫之以执,隐之以厄,鳍之以刑罚,使天下之民所以要利于上者,非斗无由也。厄而用之,得而后功之,功赏相长也,五甲首而隶五家,是最为众强长久,多地以正。故四世有胜,非幸也,数也。故齐之技击不可以遇魏氏之武卒,魏氏之武卒不可以遇秦之锐士,秦之锐士不可以当桓、文之节制,桓、文之节制不可以敌汤武之仁义。"(《荀子·议兵》)又从宏观角度深入分析了"以德兼人"、"以力兼人"、"以富兼人"等三种不同的统一方式,预言性地强调:"以德兼人者王,以力兼人者弱,以富兼人者贫。古今一也。兼并易能也,唯坚凝之难焉。齐能并宋而不能凝也,故魏夺之;燕能并齐而不能凝也,故田单夺之;

韩之上党,方数百里,完全富足而趋赵,赵不能凝也,故秦夺之。故能并之而不能凝,则必夺;不能并之又不能凝其有,则必亡。能凝之,则必能并之矣。"(《荀子·议兵》)等等。荀子的上述见解,不仅为秦灭六国、暴兴猝亡的历史实践所证实,对汉代实现国家的重新统一也发挥了理论上的指导作用,确实不愧为卓识。

3.历史,归根到底是人物实践的历史。因而,历史人物的评价标准,就是史学思想所要探索的主要问题之一。对此,孔子等先秦儒家大师在区别"大德"、"小德"的基础上,提出了儒家史学思想中"大节"、"小节"相结合,对历史人物进行全面把握的重要原则。

"大德"、"小德",即所谓"大德不踰闲,小德出入可也"。(《论语·子张》)其主旨,西汉董仲舒有云:"故诸在不可以然之域者,谓之大德,大德无踰闲者,谓正经;诸在可以然之域者,谓之小德,小德出入可也。权谲也,尚归之以奉巨经耳。"(《春秋繁露·玉英》)汉孔安国《论语注》亦云:"闲,犹法也。小德则不能不踰法,故曰出入可。"(《论语正义》卷22引)是先秦儒家经、权结合思想的典型反映。是说,据《论语·子张》冠以"子夏曰",似出于子夏。然据《韩诗外传》云:"孔子遭齐程木子于郯之间,倾盖而语终日。有间,顾子路曰:'由!束帛十匹,以赠先生。'子路曰:'昔者由也闻之于夫子,士不中道不相见。女无媒而嫁者,君子不行也。'孔子曰:'大德不踰闲,小德出入可也。'"[①]则实出于孔子,子夏乃是祖述师说。

将"大德"、"小德"说运用于史学领域,据《荀子·王制》记载,孔子曰:"大节是也,小节是也,上君也。大节是也,小节一出

---

① 《论语正义》卷22引,刘宝楠并有略考曰:"此相传夫子佚事,于义得证者也。"

焉,一入焉,中君也。大节非也,小节虽是也,吾无观其余矣。"就是孔子提出了"大节"、"小节"相结合,重其"大节"、略其"小节"的历史人物评价标准。这方面具体的事例,如《论语·泰伯》孔子赞周文王:"三分天下有其二,以服事殷。周之德,其可谓至德也已矣。"至德,就是指"小节备,大节举"(《淮南子·缪称篇》)。又,在《宪问》中孔子对齐桓公进行了肯定,同时却批评了晋文公,即所谓"晋文公谲而不正,齐桓公正而不谲",原因就在于"齐桓有大节,小节疏也。晋文有小节,大节废也"(《淮南子·缪称篇》高诱注)等等。

既然如此,孰为"大节"?孰为"小节"?就是随之而来必须阐明的关键性问题。而也正是在这一点上,孟子、荀子却都与孔子存在着较为明显的区别。

从总体上看,孔子倾向于将历史人物,尤其是政治人物的"大节",定位于其是否有"安国家,定社稷"之显赫功业①,如《论语·泰伯》记"可以托六尺之孤,可以寄百里之命,临大节而不可夺也。君子人与?君子人也。"其中的"大节",意据何晏注即指"安国家,定社稷",清代学者刘宝楠更详细解释说:"大节,犹大事,故注以国家、社稷言之。明此'大节',所关在宗社安危存亡也。"(《论语正义》卷9)至于道德品行,孔子视其为政治人物的个人"小节"。一个明显的例证就是,孔子尽管对所谓"节行超逸"的令尹子文、陈文子以及伯夷、叔齐、虞仲、夷逸、朱张、柳下惠、少连等人多加称道,但也仅限于"忠矣"、"清矣"、(《论语·公冶长》)"不降其志,不辱其身,伯夷、叔齐与!"(《论语·微子》)"伯夷、叔齐不念旧

---

　　① 像孔子对尧、禹的推崇,据《论语·泰伯》,就是分别侧重于两人"荡荡乎!其有成功也"和"卑宫室,而尽力乎沟洫"的显著功业,即"功成化隆"。

恶,怨是用希"(《论语·公冶长》)等道德表彰而已。孔子从其一
贯的积极入世精神出发,对上述众人,更多的却是"焉得仁"、"身
中清,废中权"、"伯夷隘,柳下惠不恭"等批评性评价,并明确宣称
"隘与不恭,君子不由也"①,"我则异于是,无可无不可"(《论语·
微子》)等等。

　　孟、荀二人对"大节"观的认识,从总体上看是愈来愈偏离了
孔子注重事功的大方向,呈现出贬低事功,趋于道德评判的强烈倾
向。孟子即反复谈到:"今之事君者,皆曰我能为君辟土地,充府
库。今之所谓良臣,古之所谓民贼也"、(《孟子·告子下》)"故善
战者,服上刑。连诸侯者,次之。辟草莱,任土地者,次之。"(《孟
子·离娄上》)借回答景春"公孙衍、张仪,岂不诚大丈夫哉! 一怒
而诸侯惧,安居而天下熄"的机会,孟子进一步明确了自己对何为
"大丈夫"(实际上就是其"大节"观)的标准是"以道匡君,非礼不
用",所谓"是焉得为大丈夫乎……居天下之广居,立天下之正位,
行天下之大道,得志与民由之,不得志独行其道。富贵不能淫,贫
贱不能移,威武不能屈,此之谓大丈夫"。(《孟子·滕文公下》)荀
子更是动辄以纯粹的道德概念"君子"、"小人"②来评判历史人
物,认为:"凡所贵尧、禹君子者,能化性,能起伪,伪起而生礼义
……所贱于桀、跖小人者,从其性,顺其情,安恣睢,以出乎贪利争
夺。"(《荀子·性恶》)

----

　　① 《孟子·公孙丑上》,刘宝楠《论语正义》卷21引此条曰:"君子即孔
子,是谓孔子不为夷、惠也。"
　　② 如《荀子·性恶》对君子、小人的定义就是:"化师法,积文学,道礼
义者为君子;纵性情,安恣睢,而违礼义者为小人。"

　　对伯夷、叔齐远远超过孔子的猛烈拔高①,就是孟、荀这种价值取向变化的明显反映。当然,最能体现两者区别的,还是对齐桓公为代表的春秋五霸以及管仲的不同评价。众所周知,在孔子那里,对他们僭越礼制的行为虽然也不乏"谲而不正"、"管仲之器小哉"、"管氏而知礼,孰不知礼"(《论语·八佾》)等微辞,但更多的却是从肯定其"桓公九合诸侯,不以兵车"、"管仲相桓公,霸诸侯,一匡天下,民到于今受其赐。微管仲,吾其被发左衽矣"等功业出发,给予了"如其仁,如其仁"(《论语·宪问》)的极高评价。孟、荀则不然,如孟子就有意无视孔子对齐桓公、管仲等人的肯定,宣言:"仲尼之徒,无道桓、文之事者,是以后世无传焉。"(《孟子·梁惠王上》)荀子附合其说,亦认为:"仲尼之门人,五尺之竖子言羞称乎五伯。"(《荀子·仲尼》)并依据对"君子、小人"的区分,进一步将齐桓公、管仲等定位于应予基本否定的"小人之杰",他说:"管仲之为人,力功不力义,力知不力仁,野人也,不可以为天子大夫。"(《荀子·大略》)"彼非本政教也,非致隆高也,非綦文理也,非服人心也。向方略,审劳佚,畜积修斗而能颠倒其敌者也。诈心以胜矣。彼以让饰争,依乎仁而蹈利者也,小人之杰也!"(《荀子·仲尼》)

　　这一正一反两个事例,正好说明了孔子与孟、荀对孰为"大节"或侧重于事功,或侧重于道德评判的不同把握。而这种分歧意见,在儒家史学思想史上逐渐发展成为一个不断激起波澜的争

---

　　①　像孟子对伯夷的称赞连篇累牍,如《孟子·尽心下》就称其为"圣人","圣人,百世之师也。伯夷、柳下惠是也。故闻伯夷之风者,顽夫廉,懦夫有立志。闻柳下惠之风者,薄夫敦,鄙夫宽。奋乎百世之上,百世之下闻者莫不兴起也,非圣人而能若是乎!"赵岐《章指》曰:"谓之圣人,美其德也。"

议性命题,像宋代朱熹与陈亮等人的"义理"、"事功"之争就是一
个典型代表。

二、东汉是儒家史学思想取得主导地位的时期

董仲舒是汉代正统儒学的主要奠基者,在"罢黜百家,独尊儒
术"的过程中发挥过重大的历史作用。但在《史记》当中,司马迁
仅仅将其杂列于《儒林列传》,以不过寥寥三百余言,简单记载了
他的生平,并以不无调侃的笔调,写道了他"(作)《春秋》灾异之变
推阴阳所以错行"的荒唐:"(董仲舒)著《灾异之记》,是时辽东高
庙灾,主父偃疾之,取其书奏之天子。天子召诸生示其书,有刺讥。
董仲舒弟子吕步舒不知其师书,以为下愚。于是下董仲舒吏,当
死,诏赦之。于是董仲舒竟不敢复言灾异。"(《史记·儒林列传》)
《汉书》对董仲舒的处理与《史记》却迥然不同:不仅把他的事迹从
《儒林列传》中单列出来,专门作了《董仲舒传》,篇幅大为增加。
对他的历史地位也进行了高度评价,认为:"及仲舒对册,推明孔
氏,抑黜百家。立学校之官,州郡岁举茂才孝廉,皆自仲舒发之。"
还引用刘向、刘歆、刘龚等学者的话,肯定董仲舒是"令后学有所
统一,为群儒首"。(《汉书·董仲舒传》)更为关键的,还以近万字
的规模,全文收录了董仲舒创立正统儒学思想体系的代表作——
《天人三策》。

这是一个耐人寻味的对比。

众所周知,历史本身不可改变,但对史实的剪裁和认识,却主
要取决于史家的治史指导思想。司马迁本为董仲舒的入门弟子,
曾经跟随过董仲舒研读过《公羊春秋》,对董仲舒的言论无疑是极
为熟悉的,但他却偏偏略去最能代表其学说的《天人三策》,显然

是有意为之。同样,班固不惜笔墨,全文收录,亦非无意之举。一略一增之间,恰恰反映了《汉书》与《史记》在指导思想上的明显差异。

司马迁生活的时代,儒学尚未完全取得独尊的地位,用董仲舒的话是"今师异道,人异论,百家殊方,指意不同,是以上亡以持一统",(《汉书·董仲舒传》)《史记》的撰写就主要是在黄老思想指导下完成的。到了东汉,情况却有了根本性的变化。北宋史学大家司马光在评述东汉末年的历史时,曾经对曹操等当时"蓄无君之心久矣"的枭雄"至没身不敢废汉而自立"的现象进行了分析,认为原因就在于东汉正统儒学的兴盛,所谓:"光武遭汉中衰,群雄麋沸,奋起布衣,绍成前绪,征伐四方,日不暇给,乃能敦尚经术,宾延儒雅,开广学校,修明礼乐,武功既成,文德亦洽。继以孝明、孝章,遹追先志,临雍拜老,横经问道。自公卿大夫至于郡县之吏,咸选用经明行修之人,虎贲卫士皆习《孝经》,匈奴子弟亦游太学,是以教立于上,俗成于下。其忠厚清修之士,岂惟取重于缙绅,亦见慕于众庶;愚鄙污秽之人,亦见弃于乡里。自三代既亡,风化之美,未有若东汉之盛者也"。故曹操等虽然"蓄无君之心久矣",却"犹畏名义而自抑也"。(《资治通鉴》卷68臣光曰)

确实,从董仲舒建议汉武帝"罢黜百家,独尊儒术",至东汉章帝召诸儒会于白虎观讲议五经同异,"帝亲称制临决",并命班固撰《白虎通德论》,在最高统治者的大力倡导下,正统儒学于汉代的意识形态领域取得了完全的统治地位,举凡汉之政治、经济、军事、司法、文化等等,无不深深打上了儒学的烙印。史学,作为国家意识形态的重要组成部分,当然也不例外。成书于东汉的几部史书,如班固《汉书》、《东观汉记》、司马彪《续汉书》、荀悦《汉纪》,都是在正统儒学思想的指导下完成的,其中尤其是以班固的《汉书》、荀悦的《汉纪》最为典型。

《汉书》的作者是东汉史学家班固,但其指导思想却是由班固的父亲班彪所确定的。班彪,字叔皮,"唯圣人之道然后尽心焉",(《汉书·叙传》)是两汉之际正统观念极强的儒学大师。在新莽末年的军阀混战中,他先是以《王命论》劝说割据陇右的隗嚣顺应刘秀,后又参与了河西窦融的归汉行动。他学识渊博,晚年尤好史学,"既才高而好述作,遂专心史籍之间",(《后汉书·班彪传》)以史学为刘秀巩固刘氏统治服务。对自己的治史宗旨,班彪曾专门写了一篇《略论》,以评论《史记》的形式进行了深入地阐释,他谈到:"迁之所记,从汉元至武以绝,则其功也。至于采经摭传,分散百家之事,甚多疏略,不如其本,务欲以多闻广载为功,论议浅而不笃。其论学术,则先黄老而薄《五经》;序货殖,则轻仁义而羞贫穷;道游侠,则贱守节而贵俗功。此其大弊伤道,所以遇极刑之咎也。然善述序事理,辨而不华,质而不野,文质相称,盖良史之才也。诚令迁依《五经》之法言,同圣人之是非,意亦庶几矣。"(《后汉书·班彪传》)

在班彪看来,司马迁《史记》尽管在组织、结构、综合、"序事"等具体方面表现出了卓越的"良史之才",但由于是在黄老思想的指导下完成的,因而必须按照"《五经》之法言"、"圣人之是非",即正统儒学,对其进行根本上的改造。所以,他撰著的《史记后传》百余篇,就正如王充曾经谈到:"班叔皮续《太史公书》,载乡里人以为恶戒,邪人枉道,绳墨所弹,安得避讳? 是故子云不为财劝,叔皮不为恩挠",(《论衡·佚文篇》)又盛赞曰:"班叔皮续《太史公书》百篇以上,记事详悉,义浅理备。观读之者以为甲,而太史公乙。"(《论衡·超奇篇》)不仅仅在于补充"自太初以后,阙而不录"的史实,而是着重突出了正统儒学的"义理"。

　　班固是《白虎通义》的撰写者,本人就为东汉正统儒学的成熟起了很重要的作用。他编纂《汉书》,不仅全面继承了班彪的正统观念,如在《汉书·叙传》中,班固明确地宣布自己要"综其行事,旁贯《五经》,上下洽通",在《司马迁传》赞中则完全以班彪的标准来批评《史记》是:"是非颇谬与圣人,论大道,则先黄老而后六经;弃游侠,则退处士而进奸雄;述货殖,则崇势利而羞贫贱,此其所蔽也。"而且旗帜鲜明地提出了要以《汉书》的著述来"宣汉"的主张,他说:"固以为唐虞三代,诗书所及,世有典籍,故虽尧、舜之盛,必有典谟之篇,然后扬名于后世,冠德于百王,故曰:'巍巍乎其有成功,焕乎其有文章也!'汉绍尧运,以建帝业,至于六世,史臣乃追述功德,私作本经、编于百王之末、厕于秦项之列,太初以后阙而不录。故探纂前记,缀辑所闻,以述《汉书》。"(《汉书·叙传》)正因为如此,当有人告发班固"私作国史"时,汉明帝阅后即甚奇"固所著意",遂任命他为兰台令史,"复使终成前所著书"。(《后汉书·班固传》)

　　《汉纪》成书于汉献帝建安五年(200),作者荀悦,出身颖川大族,是儒学大师荀子的后裔。当时,尽管东汉政权在黄巾大起义和军阀混战的打击下,已经是土崩瓦解,荀悦却仍然坚持着浓厚的刘氏正统思想,"见汉室崩乱,每怀匡佐之义"。(《后汉书·荀彧传》)他和堂兄弟荀彧、荀攸等人先后投奔曹操,试图借助曹操的军事实力曲折地实现"中兴汉室"。但事与愿违,在军政大权皆归曹氏"天子恭己而已"的情况下,荀彧后来因反对曹操"加九锡"而被逼自杀,荀悦也是虽"志在献替",而"谋无所用",(《后汉书·荀悦传》)只能通过史书编纂的方式,一方面表达自己忠于刘汉的政治理想,另一方面也希望汉献帝能够"拨乱反正,统武兴文,永惟祖宗之洪业,思光启乎万嗣"。(《后汉书·荀悦传》)因此,荀悦特别重视历史记载的鉴戒作用,认为"君举必记,臧否成败无不存焉。下及士庶,等各有异,咸在载籍。或欲显而不得,或欲隐而名章。得失一朝而荣辱千载。善人劝焉,淫人惧焉。故先王重之,以嗣赏罚,以辅法教",(《申鉴·时事》)并明确宣称史家治史的根本使命就在于为统治者提供"立度宣教"、"崇立王业"(《汉纪》卷25"荀悦曰")的工具。他说:"君子有三鉴,鉴乎前,鉴乎人,鉴乎镜。前惟训,人惟贤,镜惟明。夏商之衰,不鉴于禹汤也。周秦之弊,不鉴于群下也。侧弁垢颜,不鉴于明镜也,故君子惟鉴是务。"(《申鉴·杂言上》)

在这里,所谓"鉴乎前",指的就是以史为鉴。具体到他本人所作的《汉纪》,荀悦对其旨在"资鉴"进行了反复的说明:"凡汉纪,有法式焉,有监戒焉……斯皆明主贤臣命世立业,群后之盛勋,髦俊之遗事。是故质之事实而不诬,通之万方而不泥。可以兴,可以治,可以动,可以静,可以言,可以行。惩恶而劝善,奖成而惧败。"(《汉纪·序》)"中兴以前,一时之事,明君贤臣,规模法则,得失之轨,亦足以监矣。撰《汉纪》百篇,以综往事,庶几来者,亦有监乎此……综往昭来,永监后昆。"(《汉纪·目录》)

在此基础之上,荀悦又提出了史书编写的原则和方法,《汉纪·序》说:"夫立典有五志焉:一曰达道义;二曰章法式;三曰通古今;四曰著功勋;五曰表贤能。"所谓"达道义"、"章法式",主要是指突出宣扬"国家纲纪",即正统儒学的伦理观念;"通古今",是指通过对历史上兴衰成败的记载和分析,使当前统治者能够从中获取有用的经验和教训,以更好地维护统治。"著功勋"、"表贤能"则是表彰"明主贤臣"等的功业事迹,为当前统治者树立学习的榜样。荀悦对自己的这五条标准十分自信,认为依此著史,就可以"天人之际,事物之宜,灿然显着,罔不备矣"。唐代刘知几也在

《史通·书事》中有高度评价,认为"参诸五志,则史氏所载,庶几无缺"。其实,《汉纪》的"五志"都是根据"资鉴"的要求而来的,主要局限于政治史的范围,相比于《史记》的"涉猎者广博,贯穿经传,驰骋今古",(《汉书·司马迁传》)显然是有所不及的。

　　天命史观,是班固和荀悦史学思想的一个重要内容,《汉书》、《汉纪》都反复宣扬"刘为尧后",汉朝政权的统治是得自"天统",因而是万古长青的。这种天命史观的理论基础就是董仲舒、《白虎通义》等正统儒学的"君权天授"说。

　　班彪在新莽末年军阀混战之际,就专门撰写了为"刘氏复兴"进行鼓吹的《王命论》,认为刘邦能够开创汉朝帝业,主要不是因为"宽明而仁恕"、"知人善任使",关键在于刘邦是"帝尧之苗裔",是上天授命的真龙天子。他说:"刘氏承尧之祚,氏族之世,著乎《春秋》。唐据火德,而汉绍之,始起沛泽,则神母夜号,以章赤帝之符。由是言之,帝王之祚,必有明圣显懿之德,丰功厚利积累之业,然后精诚通于神明,流泽加于生民,故能为鬼神所福享,天下所归往。未见运世无本,功德不纪,而得屈起在此位者也。"(《汉书·叙传》)正因为"汉德承尧,有灵命之符,王者兴祚,非诈力所至",(《后汉书·班彪传》)所以"虽遭其厄会,窃其权柄,勇如(韩)信、(英)布,强如(项)梁、(项)籍,成如王莽,然卒润镬伏质,亨醢分裂",(《汉书·叙传》)都无法取代刘氏的统治。

　　班固在《汉书》中,正是按照班彪《王命论》的框架来构建西汉的历史的。如在《叙传》里就指责司马迁将汉朝的建立放在秦、汉之际历史发展过程中去考察的作法,认为这是降低了汉朝的历史地位,并明确提出了"汉绍尧运,以建帝业",表明自己要把刘汉政权上接于尧,把汉朝写成是尧的继统,而不是像《史记》那样"编于百王之末,厕于秦、项之列"。沿着这一基本思路出发,班固于《高帝纪》中不仅以大量的笔墨记载了为司马迁所不取的,所谓刘邦"斩白蛇"乃"白帝子也,化为蛇,当道,今者赤帝子斩之"等神异之说,而且费尽心思地为刘邦考出了一个能够上接于尧的刘氏世系:"《春秋》晋史蔡墨有言,陶唐氏(尧)既衰,其后有刘累,学扰龙,事孔甲,范氏其后也。而大夫范宣子亦曰:'祖自虞以上为陶唐氏,在夏为御龙氏,在商为豕韦氏,在周为唐杜氏,晋主夏盟为范氏。'范氏为晋士师,鲁文公世奔秦。后归于晋,其处者为刘氏。刘向云战国时刘氏自秦获于魏,秦灭魏,迁大梁,都于丰,故周市说雍齿曰:'丰,故梁徙也。'是以颂高祖云:'汉帝本系,出自唐帝。降及于周,在秦作刘,涉魏而东,遂为丰公。'丰公,盖太上皇父。其迁日浅,坟墓在丰鲜焉。及高祖即位,置祠祀官,则有秦、晋、梁、荆之巫,世祠天地,缀之以祀,岂不信哉!"

论证"刘为尧后",目的在于就此推出"汉承尧运,德祚已盛,断蛇著符,旗帜上赤,协于火德,自然之应,得天统矣"的结论。至于秦和王莽,《王莽传》赞认为他们不在得天命之列,其先后败亡是必然的,是"皆炕龙绝气,非命之运,紫色蛙声,余分闰位,圣王之驱除云尔"。"余分闰位",按照服虔注的解释是:"言(王)莽不得正王之命,如岁月之余分为闰也。"圣王,指的是汉光武帝刘秀。除《叙传》外,《高帝纪》和《王莽传》恰恰是《汉书》的一首一尾,表明了班固以西汉历史来神化东汉皇权的明显意图。

荀悦的《汉纪》在东汉政权已经是名存实亡的情况下,仍然坚持"圣汉统天"(《申鉴·政体》)的正统观念,他的根据和《汉书》一样,还是认为"刘为尧后",继尧之运,得了"天统","汉有再受命之符……他姓殆未能当也"。

所谓"刘为尧后",当然是不可信的,像宋代史学家郑樵就曾经严厉批评过《汉书》,认为:"高帝起于微贱,不知族氏,且亲莫如

其母,不知其姓,但谥昭灵后而已;近如大父,又不知其名,但以居
丰,呼为丰公。如此汉家祖弥,可谓荒唐矣。高祖即位之后,采诸
儒之言,泛祀其先……今汉家之祀其先也如此,良由不知所祖,求
之多方,庶几或中。汉儒又从而推之,以陶唐为火德,汉承尧运,断
蛇著符,旗帜尚赤,协于火德,自然之运,得天统者,何哉?"(《通
志·前汉纪五上》)

不过,"刘为尧后"的观念并非始于班固父子,而是出自董仲
舒,如《汉书·眭孟传》就记载董仲舒的弟子眭孟说过:"先师董仲
舒有言……汉家尧后。"在《春秋繁露·三代改制质文》中,董仲舒
还同时采用了五行相胜和五行相生说,因为只有以五行相生来解
释历史,刘汉和尧才能同属火德,从而构成了其"君权天授"说的
重要组成部分。

董仲舒在君权起源问题上提出了一个非常著名的命题:君权
天授。他在《春秋繁露·楚庄王》中说:"今所谓新王必改制者,非
改其道,非变其理,受之于天,易姓而王,非继前王而王也。若一因
前制,修故业,而无有所改,是与继前王而王者无以别。"天对君主
的授命以"符瑞"的形式来表达,"有非力之所能致而自至者,西狩
获麟,受命之符也",(《春秋繁露·符瑞》)君主在得到受命之符接
受天命后,就必须举行改正朔、易服色、徙居处、制礼乐等改制措
施,"所以明易姓,非继人,通以己受之于天也。"(《春秋繁露·三
代改制质文》)然后行郊祭和封禅大典。郊祭,就是祭天,"已受命
而王,必先祭天,乃行王事"、(《春秋繁露·郊义》)"郊重于宗庙,
天尊于人也";(《春秋繁露·郊事》)封禅是指封泰山和禅梁父,以
此表示答谢上天。

应该说明的是,董仲舒反复谈到的君权本源——天,虽然是
"天者,百神之大君也",(《春秋繁露·郊语》)但在他的整体理论

框架中，天并没有仅仅停步在宗教意味的人格神范畴上，而是更多地表现为一种与其它诸多要素相互联系、配合的结构体。如《春秋繁露·官制象天》中就认为"天有十端"，天、地、阴、阳、水、火、金、土、木、人皆为一端，天固然是最高的主宰，但它既是十项要素（十端）中的一个，又是结构本身，并不完全等同于宗教意义上的神。因此，认为董仲舒主张"君权神授"的传统说法是不十分准确的，应直接称之为"君权天授"。

董仲舒的"君权天授"说，是在杂揉墨子的"天志说"和孟子的"君荐天与说"的基础上，吸收西周、春秋流行的天道观思想，并加以理论升化而成的。在现实政治生活中，则是对秦代认为君权来自于"宗庙之灵"的否定。而后者实际上更为重要。秦始皇在统一中国后，数度下诏天下说："寡人以眇眇之身，兴兵诛暴乱，赖宗庙之灵，六王咸伏其辜，天下大定"、"天下共苦战斗不休，以有侯王，赖宗庙，天下初定"，（《史记·秦始皇本纪》）认为他所拥有的君权来源于宗庙，即自己的祖先神。汉建国后否定了这种说法，如刘邦就强调："吾以布衣提三尺取天下，此非天命乎？"（《汉书·高帝纪》）张良也说："沛公殆天授。"（《史记·留侯世家》）显然，这些提法对董仲舒君权天授说的提出都是有影响的。

《白虎通义》不仅全面继承了董仲舒"君权天授"的思想，如开篇就说："王者父天母地，为天之子也。""帝王之德有优劣，所以俱称天子者何？以其俱受命于天。"（《白虎通义·爵》）而且根据东汉王朝的需要，有意识地突出了由董仲舒较早提出的"五行相生"说，如《白虎通义·五行》云："五行所以更王者何？以其转相生，故有终始也。木生火，火生土，土生金，金生水，水生木。"明确了"刘为尧后"，继尧之火德，"故包羲氏始受木德，其后以母传子，终而复始，自神农氏、黄帝下历唐虞三代而汉得火焉。故高祖始起，神母夜号,着赤帝之符,旗章遂赤,自得天统矣。昔共工氏以水德间于木火,与秦同运,非其次序,故皆不永"。(《汉书·郊祀志》)从而进一步神化了刘氏政权。

强调以"忠君"为中心的伦理纲常,是《汉书》、《汉纪》的又一突出特点。像《汉纪》就是"极为治之体,尽君臣之义",《汉书》为了颂扬皇帝的圣明,更是经常不惜歪曲事实,曲为粉饰。如本因汉武帝废长立幼而导致的戾太子刘据被杀的政治动乱,在班固的笔下却成了命中注定:"此不惟一江充之辜,亦有天时,非人力所致焉。建元六年,蚩尤之旗见,其长竟天。后遂命将出征,略取河南,建置朔方。其春,戾太子生。自是之后,师行三十年,兵所诛屠夷灭死者不可胜数。及巫蛊事起,京师流血,僵尸数万,太子子父皆败。故太子生长于兵,与之终始,何独一嬖臣哉?"(《汉书·武五子传》赞)汉武帝竟然成了毫无关系。又如西汉后期的成、哀二帝,原本都为沉溺酒色内宠的昏庸之主,对西汉的灭亡,他们要承担相当大的责任。但在《汉书》当中,成帝被描绘成了"博览古今,容受直辞,公卿称职,奏议可述。遭世承平,上下和睦",(《汉书·成帝纪》赞)起码不失为一守成良君。哀帝则是"文辞博敏,幼有令闻",而且精明强干,屡诛强臣,为的是"欲强主威,以则武宣"(《汉书·哀帝纪》赞),竟有中兴之主的气象。如此种种,难怪范晔要讥讽他是:"其议论,常排死节否忠直。"(《后汉书·班固传》赞)傅玄也批评班固:"论国体,则饰主阙而抑忠臣;叙世教,则贵取容而贱直节。"(《全晋文》卷49)

不仅如此,在《汉书》中,班固还把意在维护君主统治的等级观念神圣化,认为伦理纲常是圣人根据天的意志创造的,"所以通神明,立人伦,正情性,节万事者也。"并强调说:"为国者,一朝失礼,则荒乱及之矣。"(《汉书·礼乐志》)正是在这种观念指导下,

《汉书》虽然和《史记》一样都有《游侠传》和《货殖传》，选材也大致相似，但两者的精神却有天壤之别。如《游侠列传》，司马迁是意在表彰游侠们："其行虽不轨于正义，然其言必信，其行必果，已诺必诚，不爱其躯，赴士之厄困，既已存亡死生矣，而不矜其能，羞伐其德，盖亦有足多者焉。"（《史记·游侠列传》）班固却认为他们是"自卿大夫以至于庶人各有等差，是以民服事其上，而下无觊觎"的统治秩序的破坏者，是"以匹夫之细，窃杀生之权，其罪已不容于诛矣"（《汉书·游侠传》）。又如《货殖传》，司马迁强调的是财富在决定人类社会地位中的重要作用，而班固却宣扬上下尊卑乃是天意，"各有等差，小不得僭大，贱不得逾贵"，要求民众"有耻而且敬，贵谊而贱利"（《汉书·货殖传》），等等。

这种差别的背后，正是反映了正统儒学伦理纲常观念对《汉书》的深刻影响。

董仲舒和荀子等儒学大师的观点一致，都认为只有"分"，即将社会成员区别成贵贱尊卑的不同层次，才能实现"群"，也就是形成较为和谐的人类社会，他说："是故王者上谨于承天意，以须命也；下务明教化民，以成性也；正法度之宜，别上下之序，以防欲也。修此三者，而大本举矣。"（《汉书·董仲舒传》）并认为其中最为关键的一环，就是予以君主以凌架于社会成员之上的地位和权力，使君主有条件成为构成社会群体的核心，以政治和道德双重表率的身份承担起维持社会安定发展的重任。所以，董仲舒在《天人三策》中就明确宣布说："《春秋》大一统者，天地之常经，古今之通义也。"颜师古解释说："此言诸侯皆系统天子，不得自专也。"为了维护君权，他再三强调做臣子的要自觉认同君尊臣卑的政治秩序，不要对君位妄生非份之想。如他在《春秋繁露·楚庄王》篇中就借楚灵王诛齐庆封的史实大发议论："今诸侯之不得专讨，固已明矣,而庆封之罪未有所见也,故称楚子以伯讨之,著其罪之宜死,以为天下大禁。曰:人臣之行,贬主之位,乱国之臣,虽不篡杀,其罪皆宜死。"并不时以《公羊春秋》中"君亲无将,将必诛"之类杀气腾腾的词语来威吓臣下们服从君权。不仅如此,董仲舒还借助阴阳五行的思想对君尊臣卑进行了理论上的论证。他说:"阴者阳之合,妻者夫之合,子者父之合。物莫无合,而合各有阴阳。阳兼于阴,阴兼于阳,夫兼于妻,妻兼于夫,父兼于子,子兼于父,君兼于臣,臣兼于君。君臣、父子、夫妇之义,皆取诸阴阳之道。君为阳,臣为阴;父为阳,子为阴;夫为阳,妻为阴。阴道无所独行,其始也不得专起,其终也不得分功,有所兼之义。是故臣兼功于君,子兼功于父,妻兼功于夫,阴兼功于阳,地兼功于天。"(《春秋繁露·基义》)

在董仲舒的理论体系当中,阳是天然尊于阴的,即所谓"阳贵而阴贱,天之制也"。(《春秋繁露·天辨在人》)既然君阳臣阴,臣卑君尊当然就是依据上天意志为天意所规范的先验模式,不得更改。则此出发,董仲舒提出了"王道之三纲,可上求于天"(《春秋繁露·基义》)的著名诊断。三纲,按照纬书《含文嘉》的解释就是指君为臣纲,父为子纲,夫为妻纲,君主从而在理论上登上了世俗权力的最高峰。

《白虎通义》在董仲舒《春秋繁露》基础上,结合两汉之际宗族势力迅速发展的客观条件,重视以父权和族权来强化君权,进一步提出了"三纲六纪"说,所谓:"三纲者,何谓也? 谓君臣、父子、夫妇也。六纪者,谓诸父、族人、诸舅、师长、朋友也……何谓纲纪? 纲者,张也。纪者,理也。大者为纲,小者为纪。所以张理上下,整齐人道也。人皆怀五常之性,有亲爱之心,是以纲纪为化,若罗网之有纪纲而万目张也。"并宣布说:"三纲,法天地人;六纪,法六合。"(《白虎通义·三纲六纪》)在"三纲六常"当中,居于核心地位的是"君臣父子之义","臣之事君,犹子之事父",(《白虎通义·朝聘》)"臣、子与君、父,其义一也",(《白虎通义·诛伐》)对以父权为中心的宗法制度的强调,目的还是在于突出君权。

灾异谴告思想,是两汉正统儒学的重要组成部分,对《汉书》、《汉纪》等史学著作也有着极为深刻的影响。

借助日月食、洪水、干旱等自然灾害来批评时政的作法,不始于董仲舒,但直至董仲舒方将它升化为比较严密的理论体系,构成其天人合一学说的重要一翼。如在《天人三策》中,他说:"故《春秋》之所讥,灾害之所加也;《春秋》之所恶,怪异之所施也。书邦家之过,兼灾异之变,以此见人之所为,其美恶之极,乃与天地流通而往来相应,此亦言天人之一端也。"又说:"臣谨按《春秋》之中,视前世已行之事,以观天人相与之际,甚可畏也。国家将有失道之败,而天乃先出灾害以谴告之,不知自省,又出怪异以警惧之,尚不知变,而伤败乃至。此见天心之仁爱人君而欲止其乱也。"(《汉书·董仲舒传》)

在董仲舒看来,灾异的来源都是君主行事违背天道所招致的结果,"凡灾异之本,皆生于国家之失"。(《春秋繁露·必仁且智》)"国家"指君主,这是汉人习惯的说法。灾异固然代表着上天对君主的惩戒,但在董仲舒所设计的理论体系当中,灾异的出现是上天对君主尚未完全失去信心,依然眷意于君主的体现。所以君主在面临灾异时,就应采取像楚庄王那样"畏而不恶"(《春秋繁露·必仁且智》)的正确态度,并且及时地反省自己,根据灾异所指出的错误,主动地改过自新,这在董仲舒那里称之为"反道","亦欲其(君主)省天谴而畏天威,内动于心志,外见于事情,修身审己,明善心以反道也"。(《春秋繁露·二端》)为鼓励君主勇于改过,董仲舒还煞费苦心地说:"匹夫之反道以除咎尚难,人主之反道以除咎甚易。"(《春秋繁露·竹林》)这样以来,灾异就会从坏事变成好事。当然,如果君主仍然执迷不悟、不顺天道,董仲舒认为天就会采取剥夺其君位的断然措施,以免不义的昏君继续残害民众,因为"且天之生民,非为王也,而天立王以为民也。故其德足以安民者,天予之其恶足以贼害民者,天夺之"。(《春秋繁露·尧舜不擅移汤武不专杀》)

《白虎通义》尽管基本上是按照董仲舒的说法来定义灾异,认为:"天所以有灾异者何? 所以谴告人君,觉悟其行,欲令悔过修德,深思虑也。"(《白虎通义·灾变》)但鉴于西汉中后期以来儒生们纷纷以灾异谴告说为理论武器对君主进行猛烈批判的教训,尤其是像眭孟就公开要求汉帝让位,"汉帝宜谁差天下,求索贤人,禅以帝位,而退自封百里,如殷周二王后,以承顺天命";(《汉书·眭孟传》)京房当面指责元帝朝政局为"水旱螟虫,民人饥疫,盗贼不禁,刑人满市,《春秋》所记灾异尽备"(《汉书·京房传》)的极乱之世,等等。因此,《白虎通义》的重点就是淡化董仲舒灾异说的谴告(君主)色彩,而在于着重论证霜雹日食水旱等自然灾害,其起因并非在于君主的失德,而是所谓"阴侵阳也"、"阳以散亡"(《白虎通义·灾变》)所致,寓意臣子僭越君主的权力。灾异由此演变为上天对君主巩固个人权力的警示,反而成了加强皇权的工具。

《汉书》、《汉纪》都是以《白虎通义》的精神来处理灾异的。如《汉书》就一方面在《天文志》中采纳董仲舒的思想,说:"政失于此,则变见于彼,犹景之象形,乡之应声。是以明君睹之而寤,饬身正事,思其咎谢,则祸除而福至,自然之符也。"但另一方面,在《眭两夏侯京翼李传》赞中则对包括董仲舒在内的敢于以灾异来抨击西汉统治者的夏侯胜、眭孟、李寻等人，予以了激烈的批评，认为："察其所言，仿佛一端。假经设谊，依托象类，或不免乎'亿则屡中'。仲舒下吏，夏侯囚执，眭孟诛戮，李寻流放，此学者之大戒也。"在班固看来，灾异只能是用作神化刘氏皇权，就像他在《五行志》中那样，几乎通篇都在宣扬上天是如何以灾异对王氏篡夺刘氏天下而示警的。《汉纪》的情况也是如此，荀悦不仅遍记西汉一朝的灾异详情，而且竭力把灾异同当时的政事拼凑在一起，目的也正是为了宣扬"帝王之作，必有神人之助"而刘氏皇帝"实天生德，应运建主"（《申鉴·政体》）的结论。

　　总之，以班固《汉书》、荀悦《汉纪》为代表的东汉史学，正是两汉正统儒学思想在史学领域取得主导地位的典型反映。

三、两宋是儒家史学思想由复兴而趋于成熟的时期

　　正如著名史家陈寅恪先生反复指出的："华夏民族之文化，历数千载之演进，造极于赵宋之世。"①"天水一朝（指宋代）之文化，竟为我民族遗留之瑰宝。"②中国传统文化的颠峰出现于宋代，素为古今史家所共认。具体到史学领域，同样是"中国史学莫盛于宋"③。这种繁荣局面，不仅表现在名家辈出和以欧阳修《新五代史》、司马光《资治通鉴》、范祖禹《唐鉴》、徐梦莘《三朝北盟会编》、李焘《续资治通鉴长编》、李心传《建炎以来系年要录》及《建

---

　　①　陈寅恪：《邓广铭宋史职官志考证序》，载《金明馆丛稿二编》三联书店2001年版。

　　②　陈寅恪：《寒柳堂记梦未定稿·赠蒋秉南序》，载《寒柳堂集》三联书店2001年版。

　　③　陈寅恪：《陈垣明季滇黔佛教考序》，载《金明馆丛稿二编》。

炎以来朝野杂记》、马端临《文献通考》等一大批灿若繁星的不朽之作不断涌现。而且，宋代的上述史学巨著，皆体现出儒家思想"先理致而后文辞，崇道德而黜功利，书法以之而矜式，彝伦赖是以匡扶"（《进宋史表》）的突出特点。在宋代史学思想影响下成书的元代官修《宋史》，同样是不论发凡体例，还是评断史实，裁量人物，都是以宋代儒学（即程朱理学）"作为理论依据和是非标准"。故后代学者谓此书"大旨以表彰道学（即理学）为宗，余事皆不措意"①。从中不难看出，儒家史学思想在宋代业已一扫魏晋之颓势，逐步由复兴而臻于成熟。

史学指导思想的深度变化，与宋代的儒学复兴，即儒学本身由两汉经学向宋代理学演变的大背景是分不开的。我们知道，东汉的覆灭，其意义并不局限于刘氏一家一姓之兴亡，更标志着自汉武帝"罢黜百家，独尊儒术"以来逐步形成的"以经治国"的名教之治的破产。由此以降的魏晋隋唐六七百年间，儒家思想在思想界的主导地位遂受到玄（道）、佛两家的猛烈冲击而日趋低落。

魏晋时期，玄风大畅，"非汤武而薄周孔"、"越名教而任自然"蔚为风尚。隋唐两朝，则佛学大盛，"民间佛经，多于六经数十百倍"。（《资治通鉴》卷175）李白、杜甫"我本楚狂人，凤歌笑孔丘"、"儒术于我何有哉，孔丘盗跖俱尘埃"等诗句，以及所谓"佛，日也；道，月也；儒，五星也"、（《隋书·隐逸传》）"儒门淡薄，收拾不住，皆归释氏耳"、（《宋人轶事汇编》卷9）"儒者之辱，始于战国，杨墨乱之于前，申韩杂之以后。汉魏而下，则又甚焉，佛、老之徒滥于中国……于是其教与儒齐驱并驾，峙而为三"（《宋元学案》

---

① 参看卢钟锋：《元代理学与〈宋史·道学传〉的学术特色》，载《史学史研究》1990年第3期。

卷2）等等唐、宋人的议论，都是当时儒学处于佛、道陪衬尴尬地位的形象写照。

流风所及，在东汉本已取得主导地位的儒家史学思想同样萎靡不振。以成书于这一时期的主要史学著作：陈寿《三国志》、裴松之《三国志注》、范晔《后汉书》、袁宏《后汉纪》、沈约《宋书》、魏收《魏书》等为例，像《三国志》、《后汉书》、《后汉纪》，其主旨正如袁宏所谈到的，往往侧重于"居极则玄默以司契，运通则仁爱之以教化，故道明其本，儒言其用"（《后汉纪》卷12），"援玄入史"的倾向十分明显。《三国志注》、《宋书》、《魏书》等则深受佛学影响，如《宋书》大肆宣扬佛教的灵验，在《王玄谟传》中竟有诵《观音经》千遍即可免灾的荒唐记载；《魏书》则不但列有《释老志》，专门记载佛教在北魏的流传以推崇佛教。其作者魏收还在《前上十志启》中强调《释老志》居有"魏代之急"、"当今之重"的重要地位。至于裴松之《三国志注》，更是如此，据陈寅恪先生研究，"南北朝佛教大行于中国，士大夫治学之法，亦有受其熏习者。寅恪尝谓裴松之《三国志注》，刘孝标《世说新书注》，郦道元《水经注》，杨玄之《洛阳伽蓝记》等，颇似当日佛典中之合本子注"，"殆六朝儒学之士，渐染于佛教者至深，亦尝袭用其法"①。这种状况，直至北宋新儒学——理学诞生之后，方才得以有了根本性的改观。

相比于汉唐经学"只是以章句训诂为事"（《二程遗书》卷18），宋代理学作为儒学的新形态，具有以下两个极为鲜明的时代特征。

首先是力矫儒学自汉末魏晋以来脱离社会实际、日趋空疏之弊，提倡重实际、务实效、经世致用的学风，不把儒家经典当作空洞

① 　陈寅恪：《杨树达论语疏证序》，见《金明馆丛稿二编》。

的说教教条,而是将经学的研究同现实社会实践结合起来,力求从中寻绎出治国安邦的大道理,解决当时宋代社会所面临的种种问题,以"先天下之忧而忧,后天下之乐而乐"的精神来实现"内圣外王"的最高理想①。

以理学先驱——"宋初三先生"之一的胡瑗为例,其"苏湖教法"即首倡将儒家理论(经义)和现实政治(治事)结合起来,"明夫圣人体用以为政教之本","学中故有经义斋、治事斋。经义斋者,择疏通有器局者居之;治事斋者,人各治一事,又兼一事,如边防、水利之类,故天下谓湖学多秀彦"。(《五朝名臣言行录》卷10《安定胡先生》)

北宋周敦颐、邵雍、张载、程颢、程颐等"理学五子"当中,张载崇尚"以礼治国",强调治学宗旨在于"为天地立心,为生民立命,为往圣继绝学,为万世开太平",(《宋元学案·横渠学案上》)其关学学风是"关中之士,语学而及政,论政而礼乐兵刑之学,庶几善学者"。(《河南程氏粹言》卷1《论学篇》)二程也多次批评治学脱离实际,认为:"今世之号穷经者,果能达于政事专对之间乎?则其所谓穷经者,章句之末耳,此学者之大患也"、(《二程遗书》卷4)"今之学禅者,平居高谈性命之际,至于世事,往往直有都不晓者,此只是实无所得也。"(《二程遗书》卷18)并反复论述学术贵在致用,指出:"穷经,将以致用也"、"学者不可不通世务。天下事譬如一家,非我为则彼为,非甲为则乙为。"(《二程遗书》卷22)

南宋诸大儒亦然,如吕祖谦即重视"于事务二三务如田赋、兵制、地形、水利甚下功夫"(吕祖谦:《东莱别集》卷7)。陈亮则主张:"为士者必以文章行义自名,居官者必以政事书判自显,各务

---

① 参看漆侠教授:《宋学的发展和演变》,载《文史哲》1995年第1期。

其实而极其所至。"(陈亮:《龙川集》卷15)陆九渊更直截了当地说:"圣人皆是明实理,做实事"、"圣人之道有用,无用便非圣人之道"、"做得功夫实,则所说即实事,不说闲话。"(陆九渊:《象山语录》卷上、卷下)总而言之,"学不必博,要之有用;仕不必达,要之无愧"(罗大经:《鹤林玉露》甲编卷5)的俗语,确属为两宋学界所广泛接受的共识。

其次是着力摆脱汉唐章句注疏之学的束缚,重义理探索,贵独断之学,并勇于汲取释、道思辨营养,初步实现了儒学的哲理化①。

正如张载所言:"知人而不知天,此秦汉以来儒学之大弊。"传统儒学确实存在着重伦理、轻思辨的理论缺陷,尤其是"没有象佛学那么细密严谨的思辨理论体系"②。如此以来,就不可避免地引发了两个问题。

一是如朱熹所云:"语人者不及天而无本。"(《朱文公文集》卷79)造成君臣父子伦理纲常的儒家主旨,由于缺乏深刻严密的理论论证作依据而成为空中楼阁,或是仅仅停留在"知其然不知其所以然"的低层次说教水平线上,或是像以董仲舒为代表的汉代正统儒学那样,以粗陋的"天人感应"说进行简单的比附。

二是严重影响儒学所应有的理论魅力,尤其是当墨守师说的章句训诂之学自东汉末叶垄断儒林之后,"止限于记诵章句,绝无意义之发明"③,"汉之经术安用?只是以章句训诂为事。且如解'尧典'二字,至三万余言,是不知要也"(《二程遗书》卷18),日益

① 参看王育济:《理学·实学·朴学》,山东友谊出版社1993年版,第5页。
② 参看李泽厚:《宋明理学片论》,见《中国古代思想史论》,人民出版社1986年版。
③ 陈寅恪:《论韩愈》,见《金明馆丛稿初编》。

20世纪儒学研究大系

走上繁琐哲学的道路,其学术生命力几近完全窒息。而正如宋史名家漆侠先生所指出的:"任何一门学问或思想,只要固步自封,陷入繁琐哲学的泥淖,就会失去它的生命力,就会被另一门学问或思想所代替。"① 魏晋隋唐时期,佛、道能够凌驾儒学之上,在理论界风靡数百年,个中原因固然很多,但就像《宋史·道学列传序》所言:"两汉而下,儒者之论大道,察焉而弗精,语焉而弗详,异端邪说(指释、道)起而乘之,几至大坏。"儒学本身思辨贫乏所导致的理论吸引力减弱,无疑是重要的因素之一。

理学在儒学发展史上的突出贡献,主要即集中在对这两个问题的解决上。

一方面,是表现出不迷信前哲、不固守经典的强烈创新精神。如苏轼曾经评价王安石是"网罗六艺之遗文,断以己意;糠秕百家之陈迹,作新斯人。"(《苏轼文集》卷38《王安石赠太傅制》)其实何止是王安石一人,这种勇于创新的精神正是整个宋代学风的突出特征。对此,前人多有概括,如朱熹所言:"唐初诸儒作为疏,因为踵陋,百千万言,而不能有以出乎二氏(指汉儒毛公、郑玄之学)之区域。至于本朝刘侍读(敞)、欧阳公(修)、王丞相(安石)、苏轼、黄(庭坚)与河南程氏、横渠张氏(载)始于己意,有所发明。"(朱熹:《吕氏家塾读诗记序》)陆游亦云:"唐及国初,学者不敢议孔安国、郑康成,况圣人乎? 自庆历后,诸儒发明经旨……不难于疑经,况传注乎?"(王应麟:《困学记闻》卷8《经说》)清代学者更概括说:"宋代理学昌茂,诗文放溢,不肯履人跬步,颇有自得之豪"、(昭梿:《啸亭续录》卷5《宋儒习气》)"洛闽继起,道学(理学)大昌,摆落汉唐。独研义理,凡经师旧说,俱排斥以为不足

① 漆侠:《宋学的发展和演变》,载《文史哲》1995年第1期。

信。"(《四库全书总目》卷1《经部总序》)

确实，宋儒的治学风格就是跳出汉唐章句窠臼，"好为高奇之论"的"舍传求经"和"疑经改经"。所谓"舍传求经"，就是崇尚义理之学，不再囿于汉唐诸儒对经书的注释，而直接以个人的理解来研读儒学原著；"疑经改经"则是对经书原著的直接质疑和大胆改写。如欧阳修"于经求治其大旨，不为章句"，(欧阳修：《欧阳文忠公文集》附录卷3)曾公开对《易传》、《毛诗本义》等诘难不已。胡瑗"为文章皆传经义，必以理胜"(蔡襄：《蔡忠惠公文集》卷33《胡瑗墓表》)，其《洪范口义》"驳正注疏，自抒心得"、"以经注缀，特为精确"(《四库全书·洪范口义提要》)。孙复"不惑传注，不为曲说，真切简易"(陈振孙：《直斋书录解题》卷3)。程颐将"牵于训诂"视为"今之学者有三弊"之一(《二程遗书》卷17)。刘敞之《七经小传》更是由疑经而径直改经而成。此外，像司马光"疑《孟子》"，苏轼"讥《尚书》"主张"作文先有意，则经史皆为我用"(周辉：《清波杂志》卷7《坡教作文》)等等。诸如此类"排毁先儒"的现象，可说是蔚然成风，"至有读《易》未识卦爻，已谓《十翼》非孔子之言；读《礼》未知篇数，已谓《周官》为战国之书。读《诗》未尽《周南》、《召南》，已谓毛、郑为章名之学。读《春秋》未知十二公，已谓《三传》可束之高阁。循守注疏者，谓之腐儒。"(司马光：《司马公文集》卷45《论风俗札子》)

南宋学风亦是如此，如理学名臣魏了翁即有云："要作穷理格物功夫，须将三代以前规模在胸次，若只在汉、晋诸儒脚迹下盘旋，终不济事。"又云："向来多看先儒解说，近思之，不如一一自圣经看来。盖不到地头亲自涉历一番，终是见得不真。"(罗大经：《鹤林玉露》丙编卷6《文章性理》)而当时大儒陆九渊洋溢着学术自信的传世名言："学苟知本，《六经》皆我注脚。"(陆九渊：《象山语录》上)更是对宋儒这种生机盎然学风的绝好概括。

在此基础之上,宋儒自周敦颐、邵雍开始,即一反知人而不知天的儒家传统,"始发明圣道之所由,一出于太极、阴阳、人道生化之终始"(王夫之:《张子正蒙注·序论》),"然后天理明而道学之传复续,盖有以阐夫太极、阴阳、五行之奥,而天下之为中正仁义者得以知其所自来",(朱熹:《朱文公文集》卷79)初步开拓了一条汲取佛、道思辨营养,着力于从太极、阴阳、五行等宇宙本体论角度论证儒家伦理纲常合理性的新道路。中经张载、二程发端"天理"说,至南宋理学巨擘朱熹将之系统化地总结为"宇宙之间,一理而已。天得之而为天,地得之而为地,而凡生于天地间者,又各得之以为性。其张之为三纲,其纪之为五常,盖天理流行,无所不在"。遂在实现其"后之时君时主,欲复天德王道之治,必来此取法"(《宋史》卷427《道学列传》)的现实政治意义的同时,经过理、气、心、性等概念的反复论辨,儒学的哲理化水准也随之产生了超越佛、道的质的飞跃,其重执思想界之牛耳,即所谓"《六经》之书不可不尊,孔氏之道不可不明,至于诸子百家、神仙、道释,盖以备篇籍,广异闻,以示藏书之富,无所不有,本非有益于治道也",(范祖禹:《范太史集》卷21《封还差道士陈景元校道书事状》)也就是水到渠成的了。

理学对宋代史学思想的影响是全方位的。

一个时代的史学思想,本来就离不开当时学术主流的发展方向,更何况,宋代的史学大家往往本身就是理学的重要人物,如撰有《新唐书》、《新五代史》的史学大家欧阳修,其"在经学的探索中,以大胆怀疑精神反对诸如河图洛书之类的怪妄谬说,并以谨严审慎的治学态度纠正了毛郑二家的传笺谬注,以其义理之学取代

了汉代的章句之学"①,是理学当之无愧的开路先驱。又如主撰
《资治通鉴》的司马光,其经学成就亦足以成家,"正心、诚意,这是
中庸之道论述个人修养的两个基本环节,而这两个基本环节也是
首先由司马光抓住,并为理学家所继承"②,同样对理学的发展起
了重要的促进作用。南宋李焘、李心传、赵汝愚、陈傅良等史学成
就卓著的大家,也都与理学关系密切。

　　反过来,当时的诸理学大师们,也几乎无一例外地皆与史学有
着极为密切的关系,他们或是兼长治史,如邵雍撰有《皇极经世》,
朱熹编撰《通鉴纲目》、《伊洛渊源录》,吕祖谦撰《大事记》等;或
是像二程那样,"读《汉书》未尝辄遗一字"、"每观史至半,必掩卷
思其成败,其有不合,又复深思,研精如此",(李子方:《资治通鉴
纲目·后序》)以史著点评的形式在史学思想领域多有建树,都是
当时当之无愧的史学大家。即便是主要以文学见长的王安石、苏
轼等,据《齐东野语》的记载:"刘羲仲,道元(刘攽)之子也。道元
以史学自名,羲仲世其家学,摘欧公(欧阳修)《五代史》之讹说,为
《纠谬》一书,以示坡公(苏轼),公曰:'往岁,欧公此书初成,荆公
(王安石)谓余曰:欧公修《五代史》而不修《三国志》,非也,子盍
为之乎? 余因辞不敢当。夫为史者,网罗千百载之事,以成一书,
其间岂无小得失邪? 余所以不敢当荆公之托者,正畏如公之徒,掇
拾于先后耳。"(周密:《齐东野语》卷19)亦都是有意于史学。

　　由此可见,宋代理学与史学呈水乳交融之势,实属必然。如司
马光在修《资治通鉴》时,就曾专门与二程就玄武门事变、对魏征

　　① 漆侠:《欧阳修在宋学形成中的先锋作用》,载《宋史研究论丛》第4
辑,河北大学出版社2001年版。
　　② 漆侠:《宋学的发展和演变》,载《文史哲》1995年第1期。

的评价等一些具体问题交换过意见。范祖禹著《唐鉴》,更是"尝与伊川(指程颐)论唐事,及为《唐鉴》,尽用先生之论。先生谓门人曰:淳夫(范祖禹字)乃能相信如此"(《程氏外书》卷11)。而理学的这两个时代特征作用于史学领域,就是宋代史学呈现出"求理"和"资治"并重的时代特色①,从而在继承先秦、秦汉儒家史学思想基本精神的基础之上,又达到了一个新的历史高度。

首先是宋代史学"求理"思想的兴起

即随着儒学哲理化的实现,正如王安石所言:"善学者读其书,惟理之求!有合吾心者,则樵牧之言犹不废;言而无理,周、孔所不敢从。"(释惠洪:《冷斋夜话》卷6)史学的批判精神空前高涨,在此基础之上,史学研究的理论性、科学性随之较汉唐以往都有了长足的进步。其主要表现在以下几个方面:

其一,以理本体论历史观改造天命史观,批判谶纬迷信。

天命史观,在儒家史学思想初创的两汉时期,有着为东汉刘氏皇权服务的现实政治意义。但这种建立在董仲舒正统儒学天人感应基础上的历史观模式,正如唐代大学者柳宗元所说:"其言类淫巫瞽史,诳乱后代。"(《柳河东集·贞符》)其致命弊端在于很快即陷入谶纬迷信的荒唐泥潭之中而不能自拔,将丰富多彩的历史僵化为宿命论教条。流风所及,像沈约的《宋书》、萧子显的《南齐书》、魏收的《魏书》等成书于魏晋隋唐时期的史书,大多程度不同地存在着《符瑞》泛滥,鼓吹"有受命之符,天人之应"等严重的缺陷。

宋代史家则力矫此弊,不约而同地对汉魏谶纬迷信充斥史书进行了严辞批评,著名的言论,如司马光"流星每夜有之,不可胜

① 参看吴怀祺:《宋代史学思想史》黄山书社1992年版。

数,本不系国家休咎"(《宋会要辑稿》职官一之八三)、"其符瑞等皆无用,可删"(《司马公文集》卷62《与刘道原书》);邵雍"虽然天命亦未始不由积功累行,圣君艰难以成之,庸君暴虐以坏之。是天欤,是人欤? 是知人之作咎,固难逃已"(《皇极经世》卷12下《观物外篇下》);二程"汉儒言灾异,皆牵合不足信,儒者见此,因尽废之"(《二程遗书》卷15);赵彦卫"易纬有六月七分之说,巫史附会之学,非圣人之意也"(《云麓漫钞》卷1);郑樵"说《洪范》者,皆谓箕子本《河图》、《洛书》,以明五行之旨。刘向创释其传于前,诸史因之而为志于后,析天下灾祥之变,而推之于金、木、水、火、土之域,乃以时事之吉凶而曲为之配,此之谓欺天之学"、"董仲舒以阴阳之学倡为此说,本于春秋牵强附会,后世史官自愚其心目,俛首笼罩而欺天下";(《通志》卷74《灾祥略·灾祥序》)朱熹"汉儒专以灾异、谶纬、与夫风角、鸟占之类为内学。如徐孺子之徒多能此,反以义理之学为外学。且如《钟离意传》所载修孔子庙事,说夫子若会复者然"(《朱子语类》卷139);罗大经"范晔作东汉史,为方士立传,如左慈之事,妖怪特甚,君子所不道,而乃大书特书之,何其陋也"(《鹤林玉露》丙编卷2)等等。

这方面最突出的代表人物,则是北宋大史学家欧阳修。他早在北宋仁宗嘉祐年间,即上了著名的《论删去九经正义中谶纬札子》,首倡"士之所本,在乎六经。……至唐太宗时,始诏名儒,撰定九经之疏,号为正义,凡数百篇。自尔以来,著为定论。凡不本正义者,谓之异端,则学者之宗师,百世之取信也。然其所载即博,所释不精,多引谶纬之书,以相杂乱,怪奇诡僻,所谓非圣人之书,异乎正义之名也。臣欲乞特诏名儒学官,悉取九经之疏,删去谶纬之文,使学者不为怪异之言惑乱,然后经义纯一,无所驳杀",(《欧阳文忠公文集》卷112)并得到了北宋朝野上下的响应,从而给予谶纬之学以致命性的打击。不仅于此,欧阳修在其所撰《新五代史》之中,针对着当时《蜀书》等史书"至于龟、龙、麟、凤、驺虞之类世所谓王者之嘉瑞,莫不毕出于其国"(《新五代史》卷63《前蜀世家》)的荒唐,旗帜鲜明地提出了史书编撰"书人不书天"的重要原则。他说:"昔孔子作《春秋》而天人备,予序《本纪》,书人而不书天……呜呼!圣人即没而异端起。自秦、汉以来,学者惑于灾异矣,天文五行之说,不胜其繁也。予之所序,不得不异乎《春秋》也,考者可以知焉。"(《新五代史》卷59《司天考》)"书人不书天",欧阳修这一洋溢着反谶纬迷信可贵精神的史学原则,为其后的宋代史家所遵循,对当时史学影响极大。

以对北宋开国史的记载为例,众所周知,《汉书》等以往史书在记载一个新王朝的建立时,往往会津津乐道于"帝王之兴,自有珍符"等种种谶纬迷信之说,而李焘的《续资治通鉴长编》就秉承欧阳修"书人不书天"的传统,只是强调赵匡胤之得国关键在于其手握禁军兵权,所谓"太祖自殿前都虞候再迁都点检,掌军政凡六年,士卒服其恩威,数从世宗征伐,浔立大功,人望固以归之。于时,主少国疑,中外始有推戴之意",(《长编》卷1)至于赵匡胤出生时"祥光瑞彩,流为精英。异芳幽馥,郁为神气"的奇异以及"赵神言夸宋"谶语等,则一概屏而不书。

与此同时,北宋史家注重运用理学发展的成果,从历史观的正面,援理人史,以理本体论历史观对天命史观进行了改造。如二程反复谈到:"若论天地之大运,举其大体而言,则有日衰之理"、(《程氏遗书》卷18)"三代之治,顺理者也。两汉以下,皆把持天下者也"、(《程氏遗书》卷11)"有天地之盛衰,有一时之盛衰,有一辰之盛衰。一国有几家,一家有几人,其荣枯休戚未有同者;阴阳消长,气之不齐,理之常也。"(《程氏粹言》卷2)都是明确理学的理本体在历史的支配地位,认为历史的兴衰不外是理变化运动的反映,从而将史学研究的境界提高到"由史及理"的层次,它不再只是单纯的史实记载,更不是充当天意的奴仆,而是要"于势之必然处见理"。(王夫之《读四书大全说》卷9)二程"凡读史,不徒要记事迹,须要识治乱安危兴废存亡之理。且如读高帝一纪,便须识得汉家四百年终始治乱当如何,是亦学也"、(《二程遗书》卷18)朱熹"读史当观大伦理、大机会、大治乱得失"(《朱子语类》卷11)等言论,其主旨皆在于此。显而易见,理历史观虽然未能摆脱唯心思想的束缚,但相比于以往的天命史观,无疑是一个不小的历史进步。

其二,推崇"直笔"精神,金石、长编、考异等史学研究的新方法陆续出现并逐渐成熟。

儒家思想在批判继承史官文化的初创时期,出于充分发挥史学经世作用的考虑,对其"秉笔直书"的优良传统在理论上有所取舍,往往不排除"曲笔"的必要性。应该承认,正如我们在前文已经提到的,适当的"曲笔",无论是满足史家阐述个人史学思想的需要,还是使史家避免遭到统治者的无端迫害,都是存在一定积极意义的。但是,如若滥用曲笔,就难免或是流于"字字寓褒贬"的牵强附会,或是陷入为当权者粉饰的阿谀逢迎之中,甚至于颠倒黑白,以至危及史学赖以存在和发展的根本,即实录精神的反面,其危害之大是不言而喻的。以班固《汉书》为例,因其在《本纪》中为汉元、成、哀三帝曲为粉饰,即遭到后人"议论常排死节,否忠直,而不叙杀身成仁之为美,则轻仁义,贱守节愈矣"(《后汉书·班固传》)的诟病。魏收的《魏书》,更因有"党齐毁魏",记东魏、北齐间史事多用曲笔,被时人贬为"秽史"。

至宋代,在注重经世致用的同时,随着理学"求理"思想的深入,史学领域实事求是的科学精神空前高涨,"直笔"这一史官文化的优良传统遂不仅在实践当中为广大史家们所推崇,其在儒家史学思想中的重要理论地位也随着得到了确认。如北宋初年成书的《册府元龟》中就对曲笔进行了批评:"《传》曰'书法不隐',又曰'不刊之书'。盖圣人垂世立法,惩恶劝善者也。若乃因嫌而沮善,渎货以隐恶,或畏威而曲加文饰,或徇时而蔑纪勋伐,恣笔端而溢美,擅胸臆以厚诬,宜当秽史之名,岂曰传信之实!"(《册府元龟》卷562《国史部》)至司马光在编撰《资治通鉴》的时候,遂明确提出并遵循着"但据其功业之实而言之……使观者自择其善恶得失,以为劝戒"(《资治通鉴》卷69)的原则。郑樵也谈到类似的见解,认为:"纪传之中,既载善恶,足为鉴戒,何必于纪传之后,更加褒贬?"(《通志·总序》)并进一步斥责违心写史、曲意释史为"欺人之学"。朱熹亦主张秉笔直书,认为:"佞臣不可执笔(著史)。"(《朱子语类》卷130)还反复强调著史要作到既不隐讳,亦不虚美,更不以一己之好恶任意取舍、篡改史实。

北宋史家刘攽更进一步,他追根溯源,就孔子《春秋》之后,"曲笔"对儒家史学思想的负面影响进行了严历的批评。他说:"古者为史,皆据所闻见实录事迹,不少损益有所避就,谓之传信。惟仲尼作《春秋》,乃讳国恶耳。……然其讳国恶,犹但使显者隐之,大者微之,皆有文以起焉,不昧昧都为藏匿,使不可知也。后之史官,不达此意,猬自托于圣人,以是为史,未尝直书。上则顾时君忌讳,退又恶斥言当世权势大人罪过,改之易之,以就美好,悦生者而背死人,不顾是非。"(《彭城集》卷27《与王深甫论史书》)

南宋史家吴缜的意见也值得重视,他将"事实"、"褒贬"、"文采"等三项要素在史学创作中的不同作用进行了对比,认为:"夫为史之要有三:一曰事实,二曰褒贬,三曰文采。有是事而如是书,斯谓事实。因事实而寓惩劝,斯谓褒贬。事实、褒贬既得矣,必资文采以行之,夫然后成史。至于事得其实矣,而褒贬、文采则阙焉,虽未能成书,犹不失为史之意。若乃事实未明,而徒以褒贬、文采为事,则是既不成书,而又失为史之意矣。"(吴缜:《新唐书纠谬·序》)从而在理论上肯定了"有是事而如是书",即"直笔",在史学中不可替代的关键地位。

其他史家亦同样如此,像南宋史学大家李焘,尽管他本人是"耻读王氏书",对王安石个人成见极深,但其《续资治通鉴长编》在记载熙宁一朝史事时,李焘仍然能尊重历史,不囿于一己偏见,以实事求是的"直笔"风范,大量征引王安石、吕惠卿等变法派的言论及其著述,为后人保留下了研究王安石变法的第一手宝贵材料。当欧阳修撰《新五代史》时,即因不能据实为宋太祖赵匡胤的政敌后周大臣韩通立传,遭到刘敞"亦是第二等文字耳"(周密:《齐东野语》卷13《韩通立传》)的讽刺;而大致与欧阳修同时的王融撰《唐余录》则不然,"表韩通于《忠义传》,且冠之以国初褒赠之典",遂得宋人"新、旧史(指新、旧《五代史》)皆所不及焉"(周密:《齐东野语》卷13《韩通立传》)的高度评价。

除"直笔"之外,以重视史料考证为特色的金石、考异等新方法的产生和广泛应用,同样是当时儒家史学思想"求理"特点的体现,也是宋代史学日趋科学化的重要反映。

金石、考异,都是北宋中期"疑经"、"求理"思想解放大潮的产物,分别由欧阳修、司马光两位史学大家开其端。

金石学,如私淑欧氏之学的赵明诚所言:"窃尝以谓《诗》、《书》以后,君臣行事之迹悉载于史,虽是非褒贬出于秉笔者私意,或失其实。然至于善恶大节,有不可诬而又传诸既久,理当依据。若夫岁月、地理、官爵、世次,以金石考之,其抵牾十常三四。盖史牒出于后人之手,不能无失,而刻词当时所立,可信不疑。"(赵明诚:《金石录·叙》)其主旨,在于对正史等文献记载的倾向性和主观性有着清醒的认识,主张以文献材料之外的金石、碑刻等当时的原始史料,来订正史传之阙谬。

考异,与此相类似,但解决问题的侧重点有所不同。按照司马光在撰著《资治通鉴》时的解释,其方法是建立在"长编"的基础之上,灵活运用正文、注文相结合的方法,"据事目下所该记新旧纪、志、传及杂史、小说、文集,尽检出一阅,其中事同文异者,则请择一明白详备者录之;彼此互有详略,则请左右采获、错综诠次,自用文辞修正之,一如《左传》叙事之体也,此并作大字写出。若彼此年月、事迹有相违戾不同者,则请选择一证据分明、情理近于得实者修入正文,余者注于其下,仍为叙述所以取此舍彼之意,先注所舍者云'某书云云','某书云云','今按某书证验云云';或无证验,则'以事理推之云云,今以某书为定';若无以考其虚实是非者,则云'今两存之'。其《实录》、《正史》未必皆可据,杂史、小说未必皆无凭,在高鉴择之"。(司马光:《司马公文集》卷62《与范梦得论修书帖》)其特点在于不迷信《国史》、《实录》、《正史》等官史,而是"所见所闻所传闻之异,必兼存以求是",(马端临:《文献通考》卷297《经籍考》)即正文力求简明扼要,注文则最大限度地作到穷尽文献史料,加以排比罗列,尤其是重视对"事同文异"即文献记载中的歧异、矛盾之处,依据"证据"、"情理",进行细致地考辨和分析,从而求得去粗留精,去伪存真。

金石、考异等新方法在宋代史学中的广泛应用,不但标志了宋人治史眼界和思路的开阔,其所取得的实际成就也是有目共睹的。前者,以欧阳修《集古录》、赵明诚《金石录》,郑樵《通志·金石略》等为代表;后者,更是蔚然大观,所谓"近世诸公,多作考异、证

误、纠谬等书,以雌黄前辈,该赡可喜"。(周密:《齐东野语》卷19
《著书之难》)在司马光《资治通鉴》之后,徐梦莘《三朝北盟会
编》、李焘《续资治通鉴长编》、李心传《建炎以来系年要录》等都是
集中采用考异法的成功之作。而且,就像傅斯年先生对欧阳修
《集古录》所作的高度评价那样,"北宋人(指欧阳修)的史学分析
功夫到这个地步,所以才能有《唐书》、《通鉴》那样的制作",①这
两种方法并非彼此孤立,而是互相补充,互相促进,上述诸宋代史
学名著,皆是综合运用这些新方法。

更为重要的是,金石、考异等新方法在宋代的出现,也正是中
国古代史学由侧重于记载史实转向考证、研究历史为主的重要标
志,清朝乾嘉及近代大行其道的考据学,在某种意义上讲,其渊源
皆出自于此。

其次是"资治"意识蔚然成风,成为宋代史学思想的一大主流

即与宋代理学重实际、务实效、经世致用的学风相一致,正如
欧阳修"史者,国家之典法也。自君臣善恶功过,与其百事之废
置,可以垂劝戒,示后世者,皆得直书而不隐";(欧阳修:《欧阳文
忠公文集》卷111《论史馆日历状》)李焘凡"大废置,大征伐,关天
下之大利害者",皆取"宁失之繁,无失之略"(《文献通考·经籍考
二十》)的原则;司马光"史者,今之所以知古,后之所以知先,是故
人主不可以不观史。善者可以为法,不善者可以为戒",(司马光:
《司马公文集》卷51《乞令校定资治通鉴所写稽古录札子》)及其
为《资治通鉴》所定的宗旨——浮冗之文,悉删去不载,"专取关国
家兴衰,系生民休戚,善可为法,恶可为戒者,为编年一书"(司马
光:《进资治通鉴表》)等等当时典型言论所表述得那样,"以史为

20世纪儒学研究大系

---

① 傅斯年:《史学方法导论》,载《傅斯年全集》第二册,第364页。

鉴",充分发挥史学的经世作用,不仅已经成为宋代史家们的高度自觉,更成为贯穿宋代史学创作的一条主线和活的灵魂。如范祖禹作《唐鉴》,其主旨为:"臣窃以自昔下之戒上,臣之戒君,必以古验今,以前示后。"(范祖禹:《范太史集》卷13《进唐鉴表》)南宋周密所撰《齐东野语》,也是意在"补史传之缺,不溢美,不隐恶。国家之盛衰,人才之进退,斯文之兴丧,议论之是非,种种可辨。阐幽微于既往,示惩劝于将来,其有裨于世教也"。(盛杲:《齐东野语后序》)以吕祖谦、陈亮、叶适等人为代表的"浙东史学",更是提出了"畜德致用",要使史学成为一门"实学"、"有用之学"的响亮口号,从而把先秦、东汉以来儒家史学思想重视史学能动性的优良传统推向了新的高潮。

宋代史学思想重"资治"特点,直接表现在史学体裁的变革上。

首先是地方志编撰的活跃,在两宋时期,方志书不但大量出现,而且编纂体例也渐趋完备,其中专记一地的方志,有范成大的《吴郡志》,梁克家、陈傅良的《淳熙三山志》,施宿的《嘉泰会稽志》,周淙的《乾道临安志》及潜说友的《咸淳临安志》等。另外,孟元老的《东京梦华录》,专记北宋末年开封的繁华景象;周密的《武林旧事》、吴自牧的《梦粱录》,专记南宋杭州的城市状况,也都是富有史料价值的地方史著作。全国性的方志书,则有乐史的《太平寰宇记》、王存的《元丰九域志》及王象之的《舆地纪胜》等。这些志书,大多以当地风土人情,经济文化军事概况为主要内容,与当时的国计民生关系甚是密切。

其次是奏议集、纪事本末体等新体裁的出现。奏议集的代表作,是南宋赵汝愚所编撰的《宋朝诸臣奏议》。众所周知,古代大臣的章奏上疏,往往是就国家军国大政所发表的具体意见,其史料价值的重要是不言而喻的。但在宋代以前,尽管《汉书》等史书中曾收录贾谊《治安策》等奏疏,唐代陆贽的《陆宣公奏议》也单独刊行传世,但从总体上看,可能与史书偏面追求叙述简洁的文风有关,史学对奏议的利用程度是很不够的。直至宋代,在史学"资治"特点的影响下,奏议所富蕴的现实价值方得到了当时诸史家的高度重视,将之汇总成册的史书新体裁——奏议集遂随之出现。

先是南宋史家吕祖谦在《宋文鉴》之中,就以人为序,选入了北宋臣僚奏疏一百五十余篇,朱熹曾称赞道:"其所载奏议,亦系一时政治大节,祖宗二百五十年规模与后来中变之意,尽在其间。"(《文献通考·经籍考》)

紧接着,赵汝愚又更进一步,他在宋孝宗淳熙年间,本着"上可以知时政之得失,言路之通塞;下可以各有司之故实,史氏之阙遗"、"择其中尤切于治道者"的原则,按照"因事为目,以类分次"即采用分门类编辑的方法,分为君道、帝系、天道、百官、儒学、礼乐、刑赏、财赋、兵、边防、方域、总议等十二大类,将多达一千六百余篇的北宋臣子奏议专门编为《宋朝诸臣奏议》一书。此书不仅确立了奏议集这一史学新体裁的框架,以后明代的《历代名臣奏议》、《明经世文编》等都是在此书的基础之上发展而来的。而且由于其在当时所具有的现实意义,早在南宋就得到了时人将之与司马光《资治通鉴》相提并论的高度评价,如赵汝愚的《行状》即集中记载道:"公尝以本朝名臣议论,自建隆(宋太祖年号)以来迄于靖康(宋钦宗年号),以类编次,后成三百卷,遂奏请择其中尤切于治道者,为百五十卷,上之。孝宗尝谕宰臣周必大等曰:'治道尽在此矣。'洎公进登枢管,故事诣重华宫,方叙谢,孝宗曰:'……卿在蜀时,所进《奏议》极好。朕尝谓此书可与《资治通鉴》并行。'故尝易名其书为《治道集》。"①后来清朝的四库馆臣在《四库全书总目提要》中亦赞道:"以事而分,可以参考古今,尽其事之沿革利弊,为经世者计也。平心而论,汝愚所见者大矣。"②

无独有偶,以南宋袁枢《通鉴纪事本末》、杨仲良《长编纪事本末》等为代表的变编年为中心为纪事为中心的纪事本末体,也是在宋代史学"资治"思想影响下发展起来的一种新体裁。如袁枢所撰《通鉴纪事本末》,据《宋史》袁氏本传记载:"枢常喜诵司马光《资治通鉴》,苦其浩博,乃区别其事而贯通之,号《通鉴纪事本末》。参知政事龚茂良得其书,奏于上,孝宗读而嘉叹,以赐东宫及分赐江上诸帅,且令熟读,曰:'治道尽在是矣。'"可见其主旨就在于贯彻《资治通鉴》原书及整个宋代史学的"资治"精神,以事为目,简明扼要地阐明三百余件重大历史事件的始末原委,从而为当时统治者提供历史的借鉴。也正是因为如此,《通鉴纪事本末》和《宋朝诸臣奏议》一样,都得到了南宋孝宗"治道尽在是矣"的肯定③。

除体裁方面的变革以外,宋代史学思想的"资治"特点更主要集中体现在以下诸方面:

其一,注重以史学为武器,为宋代统治者重振儒学伦理纲常的基本国策服务。

我们知道,"安史之乱"直至宋初近二百余年的战乱不休,尤其是五代五十四年计历八姓十三君,固然有其自身极为复杂的政

---

① 徐自明:《宋宰辅编年录》卷 19。
② 参看邓广铭:《校点本〈宋诸臣奏议〉弁言》,载《邓广铭治史丛稿》,北京大学出版社 1997 年版。
③ 参看瞿林东:《中国史学史纲》第 455 页。

治、军事等具体成因。但魏晋以来长期居于社会统治地位的门阀政治和门阀观念在当时瓦解之后，整个社会，尤其是初步挣脱了血缘、门第观念束缚的社会中下层成员，对个人经济政治地位的追求热情空前高涨，不惜借助血与火的战争来实现个人的"贵达"梦想，甚至于表现出一种"苟有万人之众，万金之蓄，一旦蹶起，即褎然南面"、"称王称帝者如春雨之蒸菌，不择地而发"、"延及石（敬瑭）、刘（知远）之际，无人不思为天子矣"（王夫之：《读通鉴论》卷29、30，中华书局1975年版）的社会性亢奋状态，恐怕是更为深层次的时代大背景。

与这种社会剧烈动荡伴随而来的，就是"五帝三王之衣冠礼乐，驱以入于狂流"、"人不知忠"，君权神授、君尊臣卑的儒学伦理纲常体系遭到猛烈的冲击。"主无恒贵，臣无恒贱"、"天子，兵马强壮者当为之"（《旧五代史·安重荣传》）等"僭逆"之言，成为当时社会公认的信条；君臣之间，"朝比肩，暮北面"，如同儿戏，忠于一姓君主的观念是根本谈不上的，所谓"在位无复有知君臣之义、上下之礼者也，当时之时，变置社稷，盖甚于弈棋之易"、（王安石：《临川先生文集》卷39《上仁宗皇帝言事书》）"（五代之君）为国长者不过十余年，短者三四年至一二年，天下之人，视其上易君代国，如更长成无异"，（欧阳修：《新五代史》卷49《王进传》论）"五代之际，霸据角立，君无世臣，臣无定主，而视神器为蓬庐，则士之全节者无几"。（马令：《南唐书》卷16《义死传》序）显然，北宋开国之后，武装的割据虽然被陆续平定，但如若不能迅速扭转这种"人心易摇"的风气，重建伦理纲常的社会权威，宋代的统治能否稳固就依然会是个疑问。

宋太祖"知人心未固"，（田况：《儒林公议》）事为之制，曲为之防。宋太宗更宣称："国家若无外忧，必有内患。外忧不过边事,皆可预防。惟奸邪无状。若为内患,深可惧也。帝王用心,常须谨此。"(《长编》卷32)个中原因,也就在于此。所以,自宋太祖大力表彰忠节开始①,至从本体论角度论证伦理纲常合理性的程、朱理学居于社会主导,两宋历朝统治者无不把伦理纲常的重振置于基本国策的高度。而正是在这一历史过程当中,宋代史学发挥有承前启后的重要作用。

一方面,借助史书的编撰,宋代史家着力于突出伦理纲常在历史兴衰成败中的关键性地位,从而为北宋统治者重建君臣上下尊卑的统治秩序提供历史依据。

如朱熹就多次强调读史、著史都要着眼于"大伦理",而他所谓的"大伦理",不外就是"父子君臣,天下之定理,无所逃于天地之间"、(《二程遗书》卷5)"亲亲之杀,尊贤之等,皆天理也"(《四书集注·中庸注》)的君臣父子伦理纲常罢了。其实,早在他之前,宋代的其他史家就已经在具体的史书创作中注重这个"大伦理"了。像欧阳修在《新五代史》当中,就力图反复证明唐末五代之所以持续战乱,根本原因就在于当时"礼乐崩坏,三纲五常之道绝,而先王之制度文章扫地而尽"。(《新五代史》卷17《晋家人传》)他说:"礼义,治人之大法;廉耻,立人之大节。盖不廉,则无所不取;不耻,则无所不为。人而如此,则祸乱败亡,亦无所不至"(《新五代史·杂传》)、"道德仁义,所以为治,而法制纲纪亦所以维持之也。自古乱亡之国,必先坏其法制而后乱从之。乱与坏相乘,至荡然无复纲纪,则必大乱而后返,此势之然也,五代之际是也"(《新五代史·杂传》)。陈寅恪后来曾据此高度表彰欧阳修

---

① 参看路育松:《试论宋太祖时期的忠节观建设》,载《中州学刊》2001年第6期。

是:"欧阳永叔少学韩昌黎文,晚撰五代史记,作《义儿》、《冯道》诸传,贬斥势利,尊崇气节,遂一匡五代之浇漓,返之淳正。"(陈寅恪:《寒柳堂记梦未定稿·赠蒋秉南诚》,载《寒柳堂集》)

司马光《资治通鉴》也是按照类似的基调,来对战国七雄混战的历史成因进行剖析的。他在《资治通鉴》开篇就周威烈王承认晋国大夫魏斯、赵籍、韩虔为诸侯事进行评论,"臣闻天子之职莫大于礼,礼莫于分,分莫大于名。何谓礼?纪纲是也。何谓分?君、臣是也。何谓名?公侯卿大夫是也。……君臣之位犹天地之不可易也。《春秋》抑诸侯,尊王室,王人虽微,序于诸侯之上,以是见圣人于君臣之际未尝不惓惓也。非有桀、纣之暴,汤、武之仁,人归之,天命之,君臣之分当守节伏死而已矣。……今晋大夫暴蔑其君,剖分晋国,天子既不能讨,又宠秩之,使列于诸侯,是区区之名分复不能守而并弃之也。先王之礼于是尽矣!……君臣之礼既坏矣,则天下以智力相雄长,遂使贤圣之后为诸侯者,社稷无不泯绝,生民之类糜灭几尽,岂不哀哉",(《资治通鉴》卷1臣光曰)认为导致周室崩溃的关键因素就在于周王不能坚持君臣纲常而"自坏礼法"。

另一方面,则是在历史人物评价问题上,宋代史家始终极为敏感地把是否遵循从理纲常作为最高的评判标准,呈现出褒奖"忠义",贬斥"失节"的强烈时代特点。

以北宋中期所修《新唐书》为例,就是不但列有奸臣、叛臣、逆臣三个传,还特意将《忠义传》升为类传之首。另一个典型的事例是,尽管欧阳修本人都承认"五代无全臣",但在其所撰《新五代史》当中,他不仅有以"仕不及二代"为标准的《梁、唐、晋、汉、周臣传》和《杂臣传》的高下之分,而且还拼凑了仅寥寥三人的《死节传》置于显要位置,如此煞费苦心地来阐明他"夫入于杂,诚君子

之所羞"(《新五代史》卷21《梁臣传·序》)和"世乱识忠臣……其
食人之禄者,必死人之事"(《新五代史》卷32《死节传》)的意图。

更能说明这一问题的,是宋代史家对冯道、魏征、扬雄三个历
史人物的评价。上述三人,或是在政治上有较大的作为,或是那个
时代著名的学者、思想家,但他们都存在着对所事君主不忠的所谓
"失节"缺陷。在以往的史书当中,他们凭借一己的建树,尚能得
到"深得大臣之体"(《旧五代史》卷126《冯道传》)一类的正面肯
定。宋代史家却往往专攻其"失节"一点,而不计其余,持全面否
定的激烈态度。像对冯氏,司马光即斥责他对君主"若逆旅之视
过客,朝为仇敌,暮为君臣,易面变词,曾无愧怍","兹乃奸臣之
尤"(《资治通鉴》卷291)!对魏征,二程亦强烈要求治其不忠之
罪,认为:"魏征事皇太子(指李建成),太子死,遂忘戴天之仇而反
事之,此王法所当诛。后世特以其后来立朝风节而掩其罪。有善
有恶,安得相掩!"(《二程遗书》卷2)对扬雄,朱熹特意在《纲目》
中大书"莽大夫扬雄死","以警夫畏死失节之流"。(《朱文公文
集》卷37《答尤延之》)时人就此对朱熹大加称赞,以为:"司马温
公、王荆公、曾南丰最推尊扬雄,以为不在孟轲下。至朱文公作
《通鉴纲目》,乃始正其附王莽之罪,书'莽大夫扬雄卒'……文公
此笔,与《春秋》争光,麟当再出也。"(罗大经:《鹤林玉露》丙编卷
6)等等。

应当说,宋代史家诸如此类的认识,从纯粹的学术角度看,确
实存在着以偏概全,甚至于颠倒历史因果关系的较大偏面性。但
在当时具体的历史条件下,却起到了为宋代统治者重建伦理纲常
国策摇旗呐喊的重要作用,是宋代史学思想重"资治"特点的反
映。

其二,发扬儒家史学思想重视当代史的传统,以唐五代和本朝

史为中心,力求寻求当代历史兴亡成败的经验教训,以史学直接为现实政治服务。

正如北宋唐史专家范祖禹所说的:"臣闻观古所以知今,彰往所以察来。唐于本朝,如夏之于商,商之于周也,厥鉴不远,著而易见。"(范祖禹:《范太史集》卷13《进唐鉴上皇太后表》)唐、五代史,作为对于北宋最为切近的近代史,是宋代史家最为用力的领域之一。除了《新唐书》、新旧《五代史》三部正史之外,司马光《资治通鉴》中的唐、五代史部分,不仅分量重,在史实的考订、史料的发掘诸方面,较正史也是有过之而无不及。此外,石介、范祖禹先后著有《唐鉴》,两书一则侧重"戒奸臣、宦官、宫女,指切当时,无所忌讳"(《宋元学案·泰山学案》);一则宣称"夫唐事已如彼,祖宗之成效如此。然则今当何监,不在唐乎! 今当何法,不在祖宗乎! 夫惟取监于唐,取法于祖宗,则永世保民之道也"(《唐鉴》卷12)。其主旨都在于如何充分地发挥唐史对宋代统治者的借鉴作用。仁宗朝大臣孙甫亦著有《唐史记》75卷,"每言唐君臣行事以推见当时治乱,若身履其间,而听者晓然如目见之,故时人言终岁读史,不如一日听孙甫论也"。(《长编》卷185)直至南宋,研习唐、五代史之风犹盛,如当时学者周密曾经记载过这样一条轶事:"王元敬大卿似,强直自遂,不轻许可,尝注《唐书》,自以为人莫能及。括苍老士某者,深于史学,亦尝增注《唐书》,因携以求正焉。王读至建成、元吉之事,遽笑曰:'建成,储君也,当以弑书,岂可谓杀? 此书殊未然。'遂掷还之。某士者大不平,徐起答之曰:'杀兄之字,盖本《孟子》象日以杀舜为事,今卿弑兄之字,出于何书?'王仓卒无以答。是知文字未可以轻訾议也。"(周密:《齐东野语》卷10)由此,不难想见其盛况。

相比于唐、五代史,就像清代学者昭梿所慨叹的那样,"偶阅宋人文集,其制、表诸文,多有用本朝故事者,盖当时实录、日录颁行海内,家喻户晓,故其功绩脍炙人口,足以传世。自明代深藏实录,其底草皆焚于太液池中,使读书士人终身不知祖宗功绩,良可慨叹",(《啸亭续录》卷4《宋人多用本朝故事》)宋代史家对本朝史的研究更是蔚然大观,达到了"家喻户晓"的程度。

　　宋人对本朝史的研究,除郑樵《通志》、马端临《文献通考》等通史往往以宋朝史最为详备之外,大致可以分为官史和私史两大系统。官史,主要指的是由宋廷官方主持修撰的《国史》、《实录》、《会要》,及《起居注》、《时政记》等等。如朱熹曾云:"今日作史,左右史有《起居注》,宰执有《时政记》,台官有《日历》,并送史馆著作处参改,入《实录》作史。"(《朱子语类》卷128)在官史之外,是数量更为庞大的私人著述,如据史载:"文正公(指司马光)初与刘道原共议,取《实录》、《正史》,旁采异闻,作《资治通鉴后纪》。属道元早死,文正起相,元祐后终,卒不果成。今世所传《记闻》及《日记》并《朔记》,皆《后纪》之具也。"(《文献通考》卷297《经籍考》)司马光在《资治通鉴》之后,即有意于撰《资治通鉴后纪》一书,以专记北宋本朝史实。朱熹《朱子语类》中篇幅极为可观的《本朝》部分,除综论北宋九朝、南宋高宗、孝宗、宁宗三朝之外,又有《法制》、《自国初至熙宁人物》、《自熙宁至靖康用人》、《中兴至今日人物》、《夷狄》等篇目,实际上就是极为出色的一部从北宋至朱熹生活的南宋初期的宋代简史。

　　其又可以区别为两大类,一类是体例严谨、贯通首尾的断代史,像曾巩《隆平集》、王称《东都事略》、徐梦梓《三朝北盟会编》、李焘《续资治通鉴长编》、李心传《建炎以来系年要录》等个人所撰的史学名著皆是如此。

　　另一类,则是体例灵活、以朝野轶事为主的野史、笔记,史称:

"元祐诸公皆有日记,凡榻前奏对语,及朝廷政事,所历官簿,一时人材贤否,书之惟详。"(周辉:《清波杂志》卷6《元祐诸公日记》)如黄庭坚即"晚年作《日录》,题曰《家乘》,取孟子晋之《乘》之意"。(《鹤林玉露》乙编卷4《家乘》)宋人所撰野史笔记,不仅数量最为庞大,所谓"唐中世之后,家有私史",(《资治通鉴》卷250胡三省注)"宋人颇好著述,一代小说,几至汗牛充栋,今(指清代)流传者尚不下数百种",(《啸亭续录》卷4《元代稗史》)仅中华书局近年陆续点校出版的《唐宋史料笔记》中收录的著名野史笔记就有以下三十四部之多:即僧文莹《湘山野录》《玉壶清话》,欧阳修《归田录》,司马光《涑水记闻》,苏辙《龙川别志、略志》,苏轼《东坡志林》,魏泰《东轩笔录》,王铚《默记》,宋敏求《春明退朝录》,范镇《东斋记事》,邵伯温、邵博父子《邵氏闻见录》、《后录》,蔡絛《铁围山丛谈》,王辟之《渑水燕谈录》,吴处厚《青箱杂记》,庄绰《鸡肋编》,何薳《春渚记闻》,叶梦德《石林燕语》,李心传《旧闻证误》,张世南《游宦纪闻》,方勺《泊宅编》,姚宽《西溪丛语》,罗大经《鹤林玉露》,陆游《老学庵笔记》和《家世旧闻》,周密《齐东野语》和《癸辛杂识》,赵彦卫《云麓漫抄》,周辉《清波杂志》,岳柯《桯史》,刘昌诗《芦浦笔记》,叶绍翁《四朝闻见录》等等。其它像丁谓《丁晋公谈录》,王曾《王文正公笔录》,田况《儒林公议》,王巩《闻见近录》,王明清《玉昭新志》和《挥麈录》,朱弁《曲洧旧闻》,李攸《宋朝事实》,李心传《建炎以来朝野杂记》,洪迈《容斋随笔》,吴曾《能改斋漫录》等等公认的重要的野史笔记尚不在其内。

　　宋人的野史笔记不但数量庞大,而且多数具有相当高的学术质量,如清代学者李慈铭就曾高度评价过洪迈《容斋随笔》、朱弁《曲洧旧闻》、吴曾《能改斋漫录》、王应麟《困学记闻》诸书,认为

"南宋人如洪景卢学问该洽,为不数见。此书(指《容斋随笔》)考证多精,议论亦胜,并时说部,最为可观。予尝论南渡后王观国《学林》之经学字学,吴曾《能改斋漫录》之杂学,王应麟《困学记闻》之史学,可谓荟萃众有,纵横一时,撮其所长,蔚乎可述"、"朱弁《曲洧旧闻》,大指多论宋事,而间及前史,皆极精核,最为可贵。"(李慈铭:《越缦堂读书记·子部·杂家类·容斋随笔》)

至于其所记叙述的内容,更是或记宋廷大政之得失,或记名君贤臣之言行,或记典章制度之沿革,或记朝野之趣闻轶事,或记南北之风土人情,内容极为丰富。像欧阳修《归田录》是"朝廷之遗事,史官之所不记,与夫士大夫笑谈之余而可录者,录之以备闲居之览也",(欧阳修:《归田录·自序》,中华书局1981年版)司马光《涑水记闻》更是"当时朝廷政事,公卿士大夫议论,宾客游从、道路传闻之语,莫不记录。有身见者,有得于人者,得于人者注其名字。"(李心传:《建炎以来系年要录》卷104,中华书局1956年版)等等。

尤其是往往敢言正史所不敢言的朝野内幕,像宋太祖、太宗皇位授受过程中"斧声烛影"的千古之谜,就是由僧文莹在其所撰《湘山野录》中首先披露出来的。可以说,私撰野史笔记,在宋代已经成为士大夫发表个人政见的普遍手段。如南宋初年胡寅得罪秦桧,遂"于谪所著《读史管见》数千万言,极意讥贬秦氏。如论桑维翰'虽因耶律德光而相,其意特欲兴晋而已,固无挟虏以自重,劫主以盗权之意,犹足为贤'等语甚多。盖此书有为而作,非徒区区评论也。"(周密:《齐东野语》卷6《胡明仲本末》)秦桧需要多次专门要求"禁私史"(《宋史·秦桧传》)、"请禁野史"(李心传:《建炎以来系年要录》卷154),原因也就在于此。《四库全书总目》卷45《史部总叙》即准确地概括说:"考私家记载,惟宋、明二代为多。

盖宋、明人皆好议论,议论异则门户分,门户分则朋党立,朋党立则恩怨结,恩怨既结,得志则排挤于朝廷,不得志则以笔相报复。”

应当承认,正如洪迈、周密二人所评论的:“野史杂说,多有得之传闻及好事者缘饰,故类多失实,虽前辈不能免,而士大夫颇信之。”(洪迈:《容斋随笔》卷4《野史不可信》,上海古籍出版社1996年版)“余尝疑某事与世俗之言殊,某事与《国史》之论异。他日过庭质之,先子出曾大父、大父手泽数十帙示之曰:‘某事然也。’又出外大父《日录》及诸老杂书示之曰:‘某事与若祖所记同,然也。其世俗之言殊,传讹也;《国史》之论异,私意也。小子识之。’又曰:‘定、哀多微辞,有所避也;牛、李有异议,有所党也。爱憎一衰,议论乃公。《国史》凡几易,是非凡几易,而吾家乘不可删也。’”(周密:《齐东野语·叙》)上述宋人的宋代史研究成果,不论是官史,还是私史,由于是当代人写当代史,或有所避,或有所私,都程度不同地存在着主观性相对较强的问题。如据邓广铭等先生研究,像《辨奸论》、“王安石弃地于敌”等说法,就是由《邵氏闻见录》等反变法派人士的私史笔记编造并传播开来的①。不过,也正是因为如此,其在宋代当时的政治生活当中又发挥有不容忽视的重要作用。如果从这个角度上讲,这类现象恰恰就是宋代史学思想经世致用、重“资治”特征最典型的反映。这方面突出的例子是《神宗实录》。

众所周知,围绕着《神宗实录》所展开的政治斗争,无论是持续时间之长,还是斗争程度之激烈,在宋代《国史》修撰的历史上都是空前的。仅在哲宗一朝的元祐、绍圣年间,就有势不两立的

---

① 参看邓广铭:《〈辨奸论〉真伪问题的重提与再判》,原载《国学研究》第3卷,收入《邓广铭治史丛稿》。

"朱、墨本"出现,如晁公武《郡斋读书志》卷6《实录类》著录《神宗朱墨史》200卷,云:绍圣中,命曾布重行修定元祐《神宗实录》,"以旧录为本,用墨书,添入者用朱书,其删去者,用黄抹。已耳将旧录焚毁。宣和中,或得之于禁中,遂传于民间,号朱、墨史"。陆游亦云:"元祐、绍圣皆尝修《神宗实录》,绍圣所修既成,焚元祐旧本,有敢私藏者皆立重法。久之,内侍梁师成家乃有朱、墨本,以墨书元祐所修,朱书绍圣所修,稍稍传于士大夫家。"(陆游:《老学庵笔记》卷10,中华书局1979年版)参预其事的史官,像黄庭坚、范祖禹、陆佃等人,都先后因此而获罪。

如此频繁而大幅度地数易其稿,"议论纷然",除了"元祐、绍圣史臣好恶不同……各为之说"(《宋史·徐勣传》)之外,其背后还隐藏着更为深刻的政治背景。朱熹有云:"绍圣初章惇为相,蔡卞缘修《国史》,将欲以史事中伤诸公(指元祐旧党)。"(《朱子语类》卷128)其实旧党又何尝不是如此?

以王安石变法失败,司马光为首的元祐旧党极其鲁莽地尽行废除新法为标志,北宋由来已久的新、旧党争愈来愈烈,并呈由不两立于朝堂向不共戴天急剧恶化之势。这个大背景表现在《神宗实录》的修撰上,就是双方皆针锋相对,寸步不让。概括地说,新党方面的就是完全以王安石个人从变法立场撰著的《王安石日录》为基调来记载熙宁一朝的历史,所谓"《王荆公日录》八十卷……凡旧德大臣不附己者,皆遭诋毁,论法度有不便于民者,皆归于上;可以垂耀后世者,悉己有之"、(周辉:《清波杂志》卷2《王荆公日录》)"昔绍圣史官蔡卞,专用《王安石日录》以修神考《实录》"、(洪迈:《容斋随笔》卷4《野史不可信》)"蔡京兄弟纯用《王安石日录》",(《宋史·徐勣传》)以此为哲宗亲政后新党全面恢复新法的"绍述"国策提供理论上的依据。旧党方面为了反对新法,推行"更化",则着力通过《神宗实录》的修撰,"力斥王安石之诬",不惜歪曲史实,突出宋神宗与王安石之间的分歧,处心积虑地把新法贬低为王安石误国害民的一己之私意。"薄神考而厚安石,尊私史(指《王安石日录》)而压宗庙"(陈瓘:《四明尊尧录·序》)、"宗庙之美,皆为私史所攘"(《玉海》卷48《元佑神宗实录》)等旧党攻击新党所撰《神宗实录》的议论,其用意皆在于此①。

从上述围绕着《神宗实录》所展开的错综复杂的政治斗争中不难看出,史学在很大的程度上确实成为事关新、旧党争实力消长的关键性阵地之一。至此,其现实政治意义的发挥堪称已臻极致。

不过,正可谓物极必反,就像《宋史·陆佃传》"(新党陆佃)以修撰(《神宗实录》)徙礼部,数与史官范祖禹、黄庭坚(旧党)争辨,大要多是安石,为之晦隐。庭坚曰:'如公言,盖佞史也。'佃曰:'尽用君意,岂非谤书乎!'"云云,以此为转折点,在双方无原则的党同伐异,任意剪裁史料的政治压力的扭曲下,宋代史学自身的严肃性和科学性不可避免地遭到了较大的损害,尤其是官史在某种意义上已经陷入了"佞史"、"谤书",即后世频繁出现的"影射史学"的泥潭当中而不能自拔。邓广铭先生曾经谈到:"宋代史学发达,缺乏直笔。"②主要就是从这个角度有感而发的。

还应该着重谈到的是,当代人写当代史、注意澄清史实在宋代的普遍,仅仅是宋代史学思想重视当代史研究的第一步。在此基础之上,当时史家同时进一步地深入到了与现实政治和国计民生

①　参看李华瑞:《从〈续资治通鉴长编〉注文看李焘王安石及其新法的态度》,载《文史》2001年第2期。

②　转引自裴汝诚:《半粟集》第107页,河北大学出版社2000年版。

关系更为紧密的现行典章制度得失成败的考察之中。以北宋曾巩所撰《隆平集》为例，就是以相当大的篇幅分几大类，对其所处时代的典制进行了初步地分析。靖康宋室南迁之后，对国破家亡历史教训的反思，更促使此风尤盛。像朱熹的《朱子语类》对于本朝史的研究，在《论治道》、《论取士》、《论兵》、《论刑》、《论民》、《论财》、《论官》等篇目之外，还专列有篇幅相当可观的《法制》篇，对宋代制度的经验教训进行集中的探讨。

在南宋史家的当代制度史研究当中，又可以约略的分为两大流派：

一派可以以王叔永《燕翼诒谋录》、邵博《邵氏闻见后录》等为主要代表，其主旨"以宋承五季之后，凡所更张设施，无非本忠厚以出之，故能固结人心，凝承大命。虽经新法变乱（指王安石变法），而板荡之余，独能中兴，皆祖宗诒谋之善所致。治平（宋英宗年号）而后，此意渐泯，故叔永怀旧蓄念，发思古幽情，详述典章沿革，以稽世变，其用心诚深远矣"、（《燕翼诒谋录》学津讨原本张海鹏跋）"以宋至南渡以后，典章放失，祖宗之良法美政，俱废格不行，而变为一切苟且之治，故采成宪之可为世守者，上起建隆（宋太祖年号），下迄嘉祐（宋仁宗年号），凡一百六十二条，并详及其兴革得失之由，以著为鉴戒，盖亦鱼藻之义"。（《四库全书总目提要》）即全盘肯定北宋初期太祖、太宗、真宗、仁宗四朝的制度，将北宋亡国的根源归结于王安石变法的轻改祖制，并希望南宋的统治者能够吸取教训，笃守"祖宗家法"。

相比而言，以朱熹、叶适、吕祖谦、吕中、陈傅良等一大批史家则要更进一步，他们虽然同样承认"本朝大纲正"的前提，但却没有一味地"力为谀说"，而是清醒地认识到本朝"万目亦未尽举"（吕中：《宋大事记讲义》卷1《制度论》）的事实。因而不仅认为王安石变法具有必要性,所谓"(熙宁变法)亦是当苟且废驰之余,欲振而起之,但变之不得其中耳"。(《朱子语类》卷128《法制》)并敢于通过历代制度的比较,指出北宋制度中所存在的弊病。如朱熹在《朱子语类》中就直接批评了宋太祖过分收夺地方藩镇权力在后来所造成的恶果,"本朝鉴五代藩镇之弊,遂尽夺藩镇之权,兵也收了,财也收了,赏罚刑政一切收了,州郡遂日就困弱。靖康之祸,虏骑所过,莫不溃散"。(《朱子语类》卷128《法制》)叶适也认为宋太祖此举是"尽收权变,一总事机,视天下之大如一家之细",其弊在于"能专而不能分,能密而不能疏,知控制而不知纵舍"。(《水心文集》卷1)吕祖谦的《历代制度详说》则在《屯田篇》里对比了汉、唐、宋三代的边防政策,严厉批评了北宋自宋太宗以来的"守内虚外",是"斥地与敌"的投降作法。至于为两宋历代统治者奉为"可以利百代"的基本国策的募兵制度,更是最为众多的南宋史家所诟病,如陈傅良《历代兵制》、钱子文《补汉兵制》之作,目的就都在于"为宋事立议",试图通过与汉唐兵制的对比来明了两宋募兵制度的弊病。罗大经《鹤林玉露》更直截了当地断言:"五代以前,兵寓于农,素习战斗,一呼即集。本朝兵费最多,兵力最弱,皆缘官自养兵。"(《鹤林玉露》甲编卷1《民兵》)

　　诸如此类的当代制度得失的探讨,在两宋史家的研究之中是不胜枚举的。应该说,这其中有的被统治者采纳,对当时制度的革新发挥过相当重要的作用;有的则被束之高阁,甚至它们本身本来就是真知灼见与迂腐空谈相互夹杂,但无论如何,都显而易见洋溢着极为强烈的经世致用的精神,是两宋史学"资治"特征的反映。

　　综上所述,在"求理"、"资治"并重的交互作用之下,建立在实事求是基础之上的经世致用遂成为儒家史学思想的主旋律,也标志着儒家史学思想进入了成熟阶段。

宋代臻于成熟的儒家史学思想,在明清两代继续得以发扬。如张溥等《历代名臣奏议》、陈子龙等《明经世文编》、顾炎武《日知录》《天下郡国利病书》、王夫之《读通鉴论》《宋论》、黄宗羲《明夷待访录》《明儒学案》、全祖望《宋元学案》等一大批成书于明末、清初的史学名作,就像他们自己所说的那样:"史者,垂于来今以作则者也。"(《读通鉴论》卷20)"所贵乎史者,述往以为来者师也。为史者,记载徒繁,而经世之大略不著,后人欲得其得失之枢机以效法之,无由也,则恶用史为?"(《读通鉴论·叙论》)都是视史学"最关致治世用",继续贯彻了宋代所确立的儒家史学思想"求理"与"资治"并重的精神,既重视史料的发掘和搜集,更强调发挥史学对社会的"经世致用"意义,无一例外地反映出了作者对当时时代强烈的责任感。以《明经世文编》为例,该书508卷,就是从明代四百二十多位有影响的人物的文集、奏章和书信当中,本着"关于军国,济于世用"的原则编辑而成的。全书共分时政、弹劾、谏诤、刑法、职官、科举、军务、边防、边情、边墙、兵饷、马政、海防、火器、财政、赋税、徭役、商课、工匠、钱币、盐茶、漕运、屯田、水利、农事、灾荒、贡市、番舶等部分,都是针对着明末内忧外患并重的实际情况而来的。这与当时儒学已经发展到了"实学"阶段的大背景是合拍的。

不过,从清朝统治日趋严密的康熙、雍正朝开始,主要是在"文字狱"等残酷的政治高压之下,儒学不得不由"务为实用之学"的"实学"转向专注于训诂考订的"朴学",史学也随之被局限于与经学相关的古代典章制度的考订和古籍的整理当中。流风所及,以钱大昕、惠栋、王念孙、赵翼、王鸣盛等为主要代表的乾嘉史学,虽然从各具体的研究领域方面,都取得了超越汉、宋的空前成就,但毕竟存在着脱离社会现实的问题,其成绩只是限于"实事求是"

这一层面。在鸦片战争前后,尽管有章学诚、龚自珍、魏源等人重倡史学的"经世致用",然而在严重的民族危机面前,康有为、梁启超等维新派很快就把史学的"经世致用"偏面地导向了影射现实政治,像康有为的《孔子改制考》、《新学伪经考》、《春秋董氏学》等著作,就是更多地具有为维新变法进行舆论宣传的思想史上的意义,而不是"实事求是"的真正的学术著作。陈寅恪先生对清代史学的总体评价不高:"有清一代经学号称极盛,而史学则远不逮宋人。"(陈寅恪:《陈垣元西域人华化考》,载《金明馆丛稿二编》第 269 页)其原因可能就在于清代史学思想如上所述,或是单纯偏重于"实事求是",或是偏重于"经世致用",都没有像宋代那样实现两者的较好结合。

四、20 世纪儒家史学思想研究概述

20 世纪初,随着中国历史翻天覆地的新旧更替,儒家史学思想不再居于史学的主导地位,而逐渐演变为一个学术上的研究对象,成为儒学史、中国古代史学史等领域的重要研究课题。但在20 世纪 80 年代以前,从总体上看,与儒学遭到西方诸社会学说的猛烈冲击大致同步,对儒家史学思想的研究不仅相对薄弱,缺乏专门的著作,而且也主要是以否定和批判为主。"经是可以研究的,但是绝对不可以迷恋的;经是可以让国内最少数的学者去研究……但是绝对不可以让国内多数的民众,更其是青年的学生去崇拜……经不是神灵,只是一个僵尸,穿着古衣冠的僵尸。"①毕生致

_____

① 《僵尸的出祟》,载《一般》杂志第 1 卷第 2 期,收入《周予同经学史论著选集》,上海人民出版社 1983 年版。

力于经学史研究的周予同先生的这段话,正是那个时代多数儒学和儒家史学思想研究者的共同心态。

具体地说,在 20 世纪初期,以梁启超为代表的资产阶级"新史学",就主张"史界革命",以西方进化论等史学理论为武器,对中国古代的史学成就持基本的否定态度。如梁启超在 1901、1902 年发表的《中国史叙论》和《新史学》当中反复说:古代史家"不过记述人间一二有权力者兴亡隆替之事,虽名为史,实不过一人一家之谱牒。"二十四史"非史也,二十四姓之家谱而已","若二十四史,真可谓地球上空前绝后之一大相斫书也。"甚至于认为以儒家史学思想为主体的"中国之旧史"毫无可取之处,应该彻底打倒:"史学革命不起,则吾国遂不可救。悠悠万事,惟此为大!"(《新史学》,载《饮冰室合集》文集之九)梁启超在 1921 年和 1926 年左右出版的《中国历史研究法》和《中国历史研究法补编》当中,尽管对自己早年对古代史学的完全否定进行了一定的修正,肯定了司马迁、司马光及刘知几、郑樵、章学诚等古代史家的成就,但主要还是侧重于史学体裁,在史学思想方面,则仍然强调"史之改造"的重要性,认为:"史之改造,真目前至急迫之一问题矣。"(《历史研究法》,河北教育出版社 2000 年版)四、五十年代在其《历史研究法》影响下成书的金毓黻《中国史学史》、刘节《中国史学史稿》,以及其后王树民《中国史学史纲要》等一批主要的史学史著作,也都程度不同地存在着重体裁介绍、轻思想阐述的问题,在很大程度上把"史学史"等同于了"史籍史"。

二三十年代,以傅斯年、顾颉刚等为主要代表的实证主义史学流派,在西方实证主义思想的影响下,把"实事求是"和"经世致用"对立起来,反对儒家史学思想的"经世致用"传统。如顾颉刚在《古史辨》第 1 册自序中认为:史学"只当问真不真,不当问用不用。"傅斯年也多次谈到"好谈致用"是中国学术界的一大弊病,主张史学"不见得即是什么经国之大业,不朽之盛事,只要有十几个书院的学究肯把他们的一生消耗到这些不生利的事物上,也就足以点缀国家之贮尚学术了。"(《历史语言研究所工作之旨趣》,载《傅斯年全集》第 4 册)在著名的《历史语言研究所工作之旨趣》一文中,他更是明确的宣布与传统的儒家史学思想彻底决裂,所谓:"把些传统的或自造的'仁义礼智'和其他主观,同历史学和语言学混在一气的人,绝对不是我们的同志!"主张"史学便是史料学"与其他自然科学没有什么两样,因而提倡考史、反对著史,"著史每多多少少带点古世中世的意味,且每取伦理家的手段,作文章家的本事",宋代"欧阳修的《五代史》,朱熹的《纲目》,是代表中世古世的思想","纯粹不是客观的史学",而顾炎武、阎若璩等清人"搜求直接的史料订史文","以实在地理订古记载",虽"不著史而成就了可以永远为法式的辨史料法"。(《历史语言研究所工作之旨趣》,载《傅斯年全集》第 4 册)在这种主张的影响下,清代以来脱离现当代史而单纯注重古史的风气愈来愈烈,如其时的北京大学历史系就有"应当称作中国古代史专业(先秦史专业)"的说法①。至于新中国建立之后,由于众所周知的原因,在一个相当长的时期之内,儒家史学思想和古代史,"被称作是封建主义史学,其地位仍是被批判的角色,是'封资修'的组成部分"②。

　　当然,主张客观评价儒家史学思想的不同意见也是始终存在的。如章太炎早在 20 世纪初就认为新的史学著作应当中、西结

---

①　参看桑兵:《晚清民国的国学研究》,上海古籍出版社 2001 年版,第 46 页。

②　参看瞿林东:《中国史学史纲》,北京出版社 1999 年版。

合,不同意梁启超对传统史学思想一笔抹杀的作法。在 1924 年,他又撰文肯定了宋代以来儒家史学思想重视现、当代史研究的传统,反对当时史学界"详上古而略近代"的风气。他说:"歌颂三代,本属科举流毒,二十四史自可束诸高阁。然人事变迁,法制流传,有非泥古不化者所能明其究竟者"、"司马温公(指司马光)作《通鉴》,于两汉以前,多根正史,晋后则旁采他籍,唐则采诸新旧《唐书》者只什五六,其余则皆依年月日以考证之,并附考异,以备稽核。诚以近代典籍流传既富,治史学既有所依据,而其为用又自不同。盖时代愈近者,与今世国民性愈接近,则其激发吾人志趣,亦愈易也。"①周以前历史,"世次疏阔,年月较略,或不可以质言",而学者"好其多异说者,而恶其少异说者,是所谓好画鬼魅,恶图犬马也。"②

在这一点上,陈寅恪的看法与章太炎比较接近,他曾经谈到:"今日吾国治学之士,竟言古史,察其持论,间有类乎清季夸诞经学家之所为者。"③对傅斯年等人对儒家史学思想"经世致用"传统的否定,陈寅恪也颇不以为然,如据学者研究,"寅恪先生决不是一个'闭门只读圣贤书'的书呆子",其满篇考证骨子里谈的都是成败兴亡的政治问题④。此外,与傅斯年的抑宋扬清明显不同,陈氏多次高度评价了宋代的史学成就及其思想文化,如"有清一

---

① 章太炎:《劝治史者并论史学利弊》,《新闻报》1924 年 7 月 20 日,转引自桑兵:《晚清民国的国学研究》第 6 页。

② 章太炎:《救国弊论》,《华国月刊》第 1 卷第 12 期,1924 年 8 月 15 日。

③ 《陈垣元西域人华化考序》,载《金明馆丛稿二编》第 270 页。

④ 季羡林:《回忆陈寅恪先生》,载《怀旧集》,北京大学出版社 1996 年版。

代经学号称极盛,而史学则远不逮宋人"(《陈垣元西域人华化考序》)、"中国史学莫盛于宋"(《陈垣明季滇黔佛教考序》,载《金明馆丛稿二编》第 272 页)、"吾国近年之学术,如考古、历史、文艺及思想史等,以世局激荡及外缘熏习之故,咸有显著之变迁。将来所止之境,今固未敢断论。惟可一言蔽之曰,宋代学术之复兴,或新宋学之建立是已。华夏民族之文化,历数千载之演进,造极于赵宋之世。后渐衰微,终必复振……由是言之,宋代之史事,乃今日所亟应致力者"(《邓广铭宋史职官志考证序》,载《金明馆丛稿二编》,第 277 页)等等。这种差异,显而易见正是双方对待于宋代臻于极盛的儒家史学思想不同态度的绝好反映。陈垣亦然。他不仅在史学研究的实践当中始终发扬传统史学"实事求是"的严密考证与"经世致用"相结合的优良传统,而且在《通鉴胡注表微》中明确宣布:"劝戒为史家之大作用,古所贵乎史,即取其能劝戒也。"(《通鉴胡注表微·劝戒篇第十》)钱穆、张荫麟、陈梦家等史学家,也都推崇儒家史学思想"经世致用"的精神。如钱穆认为,"关怀时事"、"于世事现实有极恳切之关怀"[①],就是作为一个优秀史家的必备条件。1973 年,他专门出版了《中国史学纲要》一书,对以欧阳修、司马光等为代表的儒家史学思想给予了较高的评价。建国后的五六十年代,在侯外庐主编的《中国思想通史》当中,白寿彝撰有《刘知几的进步的史学思想》、《元代马端临的进步的史学思想》等部分,实事求是地对儒家史学思想进行了开拓性的研究。

　　时至 20 世纪 90 年代,在改革开放取得划时代成就的大背景

---

　　① 　钱穆:《中国现在所需要之新史学与新史学家》,载《思想与时代》第 18 期。

之下,以儒学为主干的传统文化日益得到社会的高度重视,地位不断提高。儒家史学思想的相关研究也随之进入了一个空前的发展时期。不论是对班固、欧阳修、司马光、郑樵、顾炎武等儒家史学思想重要代表人物的个案研究,还是汉、宋、清等断代史学思想史的研究,都呈现出繁荣景象。对儒家史学思想对古代史学的促进作用及其对当前史学发展的借鉴意义,也都予以了肯定。《史学史研究》、《孔子研究》等相关研究刊物也日趋兴旺。在层出不穷的论著当中,不断涌现出了像白寿彝《中国史学史论集》、李泽厚《中国古代思想史论》、安作璋《班固与汉书》、陈祖武《清儒学术拾零》等极富学术水准的成功之作。其中,尤其是以北京师范大学史学研究所瞿林东、陈其泰、吴怀祺教授等的集中研究十分引人注目。如瞿林东教授就先后出版有《唐代史学论稿》、《中国史学散论》、《中国古代史学批评纵横》、《史学的沉思》、《杜佑评传》、《史学与史学评论》、《史学志》等多部著作,作者于 1999 年推出的《中国史学史纲》,更是一部六十余万言的贯通的史学史、史学思想史力作。如该书的宋代部分,就着重阐明了两宋时期的历史特点和学术氛围,使两宋史家具有深沉的忧患意识和鲜明的史学批评意识,从而揭示出了中国古代史家之历史意识与史学意识亦即儒家史学思想在发展中的进一步深化。陈其泰教授著有《史学与中国文化传统》、《中国近代史学的历程》、《再建丰碑——班固和汉书》、《清代公羊学》等多部相关著作,如在《史学与民族精神》一书中,作者即对《左传》、《汉书》、公羊学、苏颂、钱大昕、龚自珍等儒家史学思想的代表人物进行了深入研究,并着重指出:"以天下为己任"的情怀,就是中国古代史学思想的主旨所在。吴怀祺教授则较早地撰有《宋代史学思想史》和《中国史学思想史》两部专门的史学思想史专著,在两书当中作者都以较大的篇幅对儒家史学思想进行了重点的研究。等等。他们的学术成果,有力地促进了史学史和儒家史学思想史的研究。

　　《儒家史学思想研究》一书,力争尽可能地反映 20 世纪儒家史学思想研究的基本面貌,为进一步对其展开更为深入的研究提供方便。但是,限于笔者学力和时间仓促,肯定会有相当数量的佳作未能选入,诚恳地希望广大读者批评指正。

20 世纪儒学研究大系

中国之旧史

梁 启 超

　　于今日泰西通行诸学科中,为中国所固有者,惟史学。史学者,学问之最博大而最切要者也,国民之明镜也,爱国心之源泉也。今日欧洲民族主义所以发达,列国所以日进文明,史学之功居其半焉。然则但患其国之无兹学耳,苟其有之,则国民安有不团结?群治安有不进化者?虽然,我国兹学之盛,如彼,而其现象如此,则又何也?今请举中国史学之派别表示之而略论之。

第一　正史　(甲)官书　所谓"二十四史"是也。
　　　　　　(乙)别史　如华峤《后汉书》、习凿齿《蜀汉春秋》、《十六国春秋》、《华阳国志》、《元秘史》等,其实皆正史体也。

第二　编年　《资治通鉴》等是也。

第三　纪事本末　(甲)通体　如《通鉴纪事本末》、《绎史》等是也。
　　　　　　　　(乙)别体　如平定某某方略、三案始末等是也。

第四　政书　(甲)通体　如《通典》、《文献通考》等是也。
　　　　　　(乙)别体　如《唐开元礼》、《大清会典》、《大清通礼》等是也。
　　　　　　(丙)小纪　如《汉官仪》等是也。

史学
　第五　杂史
　　（甲）综纪　如《国语》《战国策》等是也。
　　（乙）琐记　如《世说新语》、《唐代丛书》、《明季稗史》等是也。
　　（丙）诏令奏议　四库另列一门、其实杂史耳。
　第六　传记
　　（甲）通体　如《满汉名臣传》、《国朝先正事略》等是也。
　　（乙）别体　如某帝实录、某人年谱等是也。
　第七　地志
　　（甲）通体　如各省通志、《天下郡国利病书》等是也。
　　（乙）别体　如纪行等书是也。
　第八　学史　如《明儒学案》、《国朝汉学师承记》等是也。
　第九　史学
　　（甲）理论　如《史通》、《文史通义》等是也。
　　（乙）事论　如历代史论《续通鉴论》等是也。
　　（丙）杂论　如《廿二史札记》《十七史商榷》等是也。
　第十　附庸
　　（甲）外史　如《西域图考》、《职方外纪》等是也。
　　（乙）考据　如《禹贡图考》等是也。
　　（丙）注释　如裴松之《三国志注》等是也。

　　都为十种二十二类

　　试一翻四库之书，其汗牛充栋浩如烟海者，非史学书居十六七乎？上自太史公、班孟坚，下至毕秋帆、赵瓯北，以史家名者不下数百。兹学之发达，二千年于兹矣。然而陈陈相因，一丘之貉，未闻有能为史界辟一新天地，而令兹学之功德普及于国民者，何也？吾推其病源，有四端焉。

　　一曰知有朝廷而不知有国家。吾党常言：二十四史非史也，二十四姓之家谱而已。其言似稍过当，然按之作史者之精神，其实际固不诬也。吾国史家，以为天下者君主一人之天下，故其为史也，不过叙某朝以何而得之,以何而治之,以何而失之而已,舍此则非所闻也。昔人谓《左传》为相斫书,岂惟《左传》,若二十四史,真可谓地球上空前绝后之一大相斫书也。虽以司马温公之贤,其作通鉴,亦不过以备君王之浏览①。盖从来作史者,皆为朝廷上之君若臣而作,曾无有一书为国民而作者也。其大蔽在不知朝廷与国家之分别,以为舍朝廷外无国家,于是乎有所谓正统闰统之争论,有所谓鼎革前后之笔法,如欧阳之《新五代史》,朱子之《通鉴纲目》等。今日盗贼,明日圣神。甲也天命,乙也僭逆。正如群蛆啄矢,争其甘苦。狙公赋茅,辨其四三。自欺欺人,莫此为甚。吾中国国家思想,至今不能兴起者,数千年之史家,岂能辞其咎耶?

二曰知有个人而不知有群体。历史者,英雄之舞台也,舍英雄几无历史。虽泰西良史,亦岂能不置重于人物哉。虽然,善为史者,以人物为历史之材料,不闻以历史为人物之画像。以人物为时代之代表,不闻以时代为人物之附属。中国之史,则本纪、列传,一篇一篇,如海岸之石,乱堆错落,质而言之,则合无数之墓志铭而成者耳。夫所贵乎史者,贵其能叙一群人相交涉、相竞争、相团结之道,能述一群人所以休养生息同体进化之状,使后之读者,爱其群善其群之心,油然生焉。今史家多于鲫鱼,而未闻有一人之眼光能见及此者,此我国民之群力、群智、群德所以永不发生,而群体终不成立也。

三曰知有陈迹而不知有今务。凡著书贵宗旨,作史者将为若干之陈死人作纪念碑耶?为若干之过去事作歌舞剧耶?殆非也。将使今世之人,鉴之裁之,以为经世之用也。故泰西之史,愈近世则记载愈群。中国不然,非鼎革之后,则一朝之史,不能出现。又不惟正史而已,即各体莫不皆然,故温公通鉴,亦起战国而终五代。

----

① 其《论语》无一非忠告君主者。

果如是也,使其朝自今以往,永不易姓,则史不其中绝乎?使如日本之数千年一系,岂不并史之为物而无之乎?太史公作史记,直至今上本纪,且其记述,不少隐讳焉,史家之天职然也。后世专制政体,日以进步,民气学风,日以腐败,其末流遂极于今日。推病根所从起,实由认历史为朝廷所专有物,舍朝廷外无可记载故也。不然,则虽有忌讳于朝廷,而民间之事。其可纪者不亦多多乎,何并此而无也?今日我辈欲研究二百六十八年以来之事实,竟无一书可凭藉,非官牍铺张循例之言,则口碑影响疑似之说耳。时或藉外国人之著述,窥其片鳞残甲。然甲国人论乙国之事,例固百不得一,况吾国之向闭关不与人通者耶?于是乎吾辈乃穷,语曰:知古而不知今,谓之陆沈。夫陆沈,非我国民之罪,史家实尸之矣。

四曰:知有事实而不知有理想。人身者,合四十余种原质而成者也,合眼耳鼻舌手足脏腑皮毛筋络骨节血轮精管而成者也。然使采集四十余种原质,作为眼耳鼻舌手足脏腑皮毛筋络骨节血轮精管无一不备,若是者可谓之人乎?必不可。何则?无其精神也。史之精神维何?曰理想是已。大群之中有小群,大时代之中有小时代,而群与群之相际,时代与时代之相续,其间有消息焉,有原理焉,作史者苟能勘破之,知其以若彼之因,故生若此之果,鉴既往之大例,示将来之风潮,然后其书乃有益于世界。今中国之史,但呆然曰:某日有甲事,某日有乙事。至此事之何以生,其远因何在?近因何在?莫能言也。其事之影响于他事、或他日者若何?当得善果?当得恶果?莫能言也。故汗牛充栋之史书,皆如蜡人院之偶像,毫无生气,读之徒费脑力。是中国之史,非益民智之具,而耗民智之具也。

以上四者,实数千年史家学识之程度也。缘此四蔽,复生二病。

其一:能铺叙而不能别裁。英儒斯宾塞曰:"或有告者曰:邻家之猫,昨日产一子。以云事实,诚事实也,然谁不知为无用之事实乎？何也，以其与他事毫无关涉，于吾人生活上之行为，毫无影响也。然历史上之事迹，其类是者正多。能推此例以读书、观万物，则思过半矣。"此斯氏教人以作史、读史之方也。泰西旧史家，固不免之，而中国殆更甚焉。某日日食也，某日地震也，某日册封皇子也，某日某大臣死也，某日有某诏书也，满纸填塞，皆此等邻猫生子之事实。往往有读尽一卷，而无一语有入脑之价值者。就中如《通鉴》一书，属稿十九年，别择最称精善，然今日以读西史之眼读之，觉其有用者，亦不过十之二三耳①。其他更何论焉。至如《新五代史》之类，以别裁自命，实则将大事皆删去，而惟存邻猫生子等语，其可厌不更甚耶。故今日欲治中国史学，真有无从下手之慨。二十四史也，九通也，《通鉴》《续通鉴》也，《大清会典》《大清通礼》也，《十朝实录》《十朝圣训》也，此等书皆万不可不读，不读其一，则罣漏正多。然尽此数书而读之，日读十卷，已非三四十年不为功矣。况仅读此数书，而决不能足用。势不可不于前所列十种二十二类者一一涉猎之②。人寿几何。何以堪此。故吾中国史学知识之不能普及，皆由无一善别裁之良史故也。

其二：能因袭而不能创作。中国万事，皆取述而不作主义，而史学其一端也。细数二千年来史家，其稍有创作之才者，惟六人：一曰太史公，诚史界之造物主也。其书亦常有国民思想，如项羽而列诸本纪，孔子、陈涉而列诸世家，儒林、游侠、刺客、货殖而为之列传，皆有深意存焉。其为立传者，大率皆于时代极有关系之人也。

---

① 《通鉴》载奏议最多，盖此书专为格君而作也。吾辈今日读之，实嫌其冗。

② 杂史、传志、札记等所载常有有用过于正史者，何则？彼等常载民间风俗，不似正史专为帝王作家谱也。

而后世之效颦者,则胡为也。二曰:杜君卿,《通典》之作,不纪事而纪制度,制度于国民全体之关系,有重于事焉者也。前此所无而杜创之,虽其完备不及通考,然创作之功,马何敢望杜耶。三曰:郑渔仲,夹漈之史识,卓绝千古,而史才不足以称之。其《通志·二十略》,以论断为主,以记述为辅,实为中国史界放一光明也。惜其为太史公范围所困,以纪传十之七八,填塞全书,支床叠屋,为大体玷。四曰:司马温公,《通鉴》亦天地一大文也,其结构之宏伟,其取材之丰赡,使后世有欲著通史者,势不能不据为蓝本,而至今卒未有能逾之者焉,温公亦伟人哉。五曰:袁枢,今日西史,大率皆纪事本末之体也,而此体在中国,实惟袁枢创之,其功在史界者亦不少。但其著《通鉴纪事本末》也,非有见于事与事之相联属,而欲求其原因结果也,不过为读《通鉴》之方便法门,著此以代抄录云尔。虽为创作,实则无意识之创作,故其书不过为《通鉴》之一附庸,不能使学者读之有特别之益也。六曰:黄梨洲,黄梨洲著《明儒学案》,史家未曾有之盛业也,中国数千年,惟有政治史,而其他一无所闻。梨洲乃创为学史之格,使后人能师其意,则中国文学史可作也,中国种族史可作也,中国财富史可作也,中国宗教史可作也。诸类此者,其数何限。梨洲既成《明儒学案》,复为《宋元学案》,未成而卒,使假以十年,或且有汉唐学案、周秦学案之宏著,未可料也,梨洲诚我国思想界之雄也。若夫此六君子以外①,则皆所谓公等碌碌,因人成事。《史记》以后,而二十一部,皆刻画《史记》。《通典》以后,而八部皆摹仿《通典》,何其奴隶性至于此甚耶。若琴瑟之专壹,谁能听之? 以故每一读辄惟恐卧,而思想所以不进也。

---

① 袁枢实不能在此列。

　　合此六弊，其所贻读者之恶果，厥有三端：一曰难读，浩如烟海，穷年莫殚，前既言之矣。二曰难别择，即使有暇日，有耐性，遍读应读之书，而苟非有极敏之眼光，极高之学识，不能别择其某条有用、某条无用，徒枉费时日脑力。三曰无感触，虽尽读全史，而曾无有足以激厉其爱国之心，团结其合群之力，以应今日之时势，而立于万国者。然则吾中国史学，外貌虽极发达，而不能如欧美各国民之实受其益也，职此之由。

　　今日欲提倡民族主义，使我四万万同胞强立于此优胜劣败之世界乎？则本国史学一科，实为无老无幼、无男无女、无智无愚、无贤无不肖所皆当从事，视之如渴饮饥食，一刻不容缓者也。然遍览乙库中数十万卷之著录，其资格可以养吾所欲，给吾所求者，殆无一焉。呜呼！史界革命不起，则吾国遂不可救。悠悠万事，惟此为大！新史学之著，吾岂好异哉，吾不得已也。

（选自《饮冰室合集》文集之九，上海中华书局 1936 年版）

　　梁启超（1873—1929），广东新会人。他一生撰著多达千余万字，大都收录在《饮冰室合集》中，其中史学方面的主要著作有《中国史叙论》、《新史学》、《中国历史研究法》、《中国历史研究法补编》、《中国近三百年学术史》等等。

　　本文是梁启超发表于 1902 年的名作《新史学》当中的第一节，文章对中国古代史学和以儒家为主导的古代史学思想进行了猛烈抨击，认为"知有朝廷而不知有国家"、"知有个人而不知有群体"、"知有陈迹而不知有今务"、"知有事实而不知有理想"、"能铺叙而不能别裁"、"能因袭而不能创作"是其六大弊端，倡导"史界革命"，创立以近代西方史学为蓝本的新史学。

经学与史学（节选）

钱 穆

一

治《论语》者，不仅可以知孔子之学，抑亦可以知孔子之所由学与其所为学。马迁有言，孔子序列古之仁圣贤人详矣，孔子亦自言之，曰我好古，敏以求之，此即孔子之所由学与其所为学也。试观《论语》，自尧舜以来，迄于吴泰伯伯夷，下及子产、晏婴之伦，可不谓详乎？自孔子以前，学在贵族，古者谓之王官之学。孔子始以王官之学传播于社会，于是而有百家之言。家言与官学相对称。家言者，一家之私言，以近世语述之，当称为平民学。刘歆谓王官之学散而为百家，此盖谓古代学术，乃由贵族学转而为平民学，换言之，古代学术，乃由贵族阶级下降而散播于平民社会。而孔子则掌握其转变之枢机。故论百家必先及于儒，而儒学则创始于孔子；孔子乃家学之开山，亦即古代王官之学之传播人也。

《史记》谓孔子删《诗》《书》，订《礼》《乐》，赞《易》而作《春秋》。在孔子以前，已有鲁春秋，有百国春秋，故孔子之作《春秋》，孟子曰其文则史，又曰孔子述而不作。则孔子之前，先已有经籍，为孔子之所学。汉人称之曰六艺，又曰六经。然汉人之六经，其遂果为皆孔子以前之旧籍乎？自汉以后，已迭有知其非者。此姑勿深论。若谓孔子以前，已有经籍，则断然无可疑。而后人又谓六经皆史,清儒章学诚备论其义,谓六经皆于古之史官,史官犹如后世之书史,史官所掌,乃略类于后世衙门之档案,六经皆史,在章氏之意,六经即略有类于当时各衙门官方之档案耳。六经既为其时之衙门档案,故遂综之曰王官之学。惟孔子研求此种档案而深思独见,有以发挥其所涵蕴之义理,宣扬其大道,自成一家之言。后世推尊孔子,推尊及其所研习,而崇其名曰经。故就实言之,则经学即史学也,明白言之,史学即官学也。则章氏所谓六经皆史,乃指古代之官学言,其所指并不恰当于后世之所谓史。故《文史通义》特有《史释》一篇,阐此意,彼所谓六经皆史者,其义专有所指,实不遽类于后世所谓史籍之史也。

然六经皆史,其语亦不始于章氏,盖上承明代王阳明之所言,而阳明之所谓六经皆史,则并不如章之严格。其义盖泛谓经学即史学,其所谓史,殆仅指古籍言,治古籍即犹之治史学矣。孔子之学,非教,故不上获之于天神;非科学,故不旁究之于万物。孔子之学,盖本原于人文社会之演进,专就人而推寻人事之理,虽非狭义之史学,然亦非狭义之官学,用今语述之,当称为人文学者,庶乎近是。子乃就古代典籍,就其历史演变,而推寻研求人文社会之一切义理之学也。故曰好古敏以求之。然孔之注意于古典籍,仍复有其注意之特点。孔子固非仅务见闻之博,记诵之广,而惟古之求。孔子乃于典籍中,就于历古之仁圣贤人,阐明其所言论,所作为,而求有以会通发见于人文社会之大道。故孔之所为学,以今语述之,固不妨称之曰史学。惟孔子之史学,乃属广义之史学,乃泛指一种全体的人学而言。故曰孔子志在《春秋》,行在《孝经》。《春秋》固史籍也。惟此为孔子生平惟一之著作。孔子有志于此文社会之整体,故曰志在《春秋》。其私人践履之所由始,则始于为子弟之事其父兄者,故曰行在《孝经》。

二（从略）

三

秦之衰，汉之兴，当时之学术界，大略而言，其服务于政府者，知有法律而已。法律何自来？则沿袭之于秦。其号为深远莫测者则高谈黄帝老子。黄帝老子何所语？曰，莫大于无为。无为而不可不为则奈何？曰一仍旧贯。若是，则仍守后王之法，仍知循秦人之旧而已。于是荀卿、韩非、老子，乃汇而为一流。其游食于诸侯者，有文学，有纵横，有神仙。彼辈之所见闻，上之曰陆贾，下之曰蒯通，上下之所通，则曰安期生，曰海上仙人。彼辈莫不指天划地，睥睨于朝廷王国间，几幸天下之一旦有事，而置身于青云。否则夸宫室之壮丽，导男女之淫乐，耀药物之珍秘，竞辞赋之奢大，以图当前游食之骄逸。彼辈盖不得志于朝廷，因亦不安于秦旧，而上觊战国晚世之所有，心期诸王为燕昭，筑黄金台，而自居于郭隗死马之列。盖如是焉而止。故汉廷之表章六经，罢黜百家，实起意于复古更化。更化者，化此晚周亡秦之覆辙。复古者，复于三代尧舜之前轨。故《诗》《书》之在当时，见称曰古文。必上窥古文，始知历史渊源，始可以矫挽此晚周亡秦之颓波。则汉廷之宏奖经籍，其实亦宏奖史学也。今试游心而思之，若果汉廷不宏奖六艺，一如秦廷之禁锢《诗》《书》，惟留黄老、申韩，下及枚乘、司马相如之徒之辞赋，则中国之古史，亦将何所凭藉以复传于后世。故汉廷之经学，就其实而论之，即当时之史学，而董仲舒、司马迁为其先锋。

董、马皆治《春秋》，皆史学也。董子之学，见之于汉廷之制度,马迁之学,则见之于国闻之整理。其均为史学甚显。其他诸儒,亦莫不曰通经致用。通经则溯诸古,致用则施之今。此不得谓其无当于孔学之一端。而流弊所趋,则有两歧。一曰专经,一曰比附。何以谓专经之弊?经学必称六籍,以近代观念绳之,若《易经》属哲学,《尚书》《春秋》属史学,《诗经》属文学,《礼》《乐》属政治制度及社会风教,亦史学也。如是则支离破碎,无当于孔学之所求。孔子之所用心,则在人文社会之整体。必求于人文社会整体大道有所见,则必会通此诸端者而始有以见其全。故孔门所治,非哲学,非文学,非史学,非政治社会学。乃求会通此诸学,必上溯之上古,必下通之当代,直上直下,而发见夫生人之大道,以求实措之于生身,此孔学之所宗主也。若专经则割裂,知其一不复知其二。离于史学而言经,既非孔学之真旨。即复闻一以知二乃至闻一以知十,多学而识,终非一以贯之。此所谓专经之弊也。何以谓之比附之弊?上治古籍,有以窥见于历古仁圣贤人之用心而实措之于当世,斯为明体而达用。不此之务,而徒援据偏辞,张皇只义,强求会通,此乃平津侯之曲学阿世。其流弊之所极,则有如京氏之《易》,齐之《诗》,公羊之《春秋》,莫不上尊孔子,俦之为神,而下伍儒生于巫觋。此之谓比附之弊。于是物极必返,乃有东汉马、郑之所谓古文经学者出。

马、郑之学,其长在能有意于笃守经籍之本真。非通诸经则不足以通一经。故不专治,淡于用世,故不比附,虽怪诞未尽,而虚华已谢。其弊则忽忘于经籍之大用。王充氏诽之曰,知古而不今,是谓陆沉。孔子作《春秋》,笔则笔,削则削,游夏之徒不能赞一辞。使马、郑复立于孔门,亦极于为游夏之徒而登峰造极矣。马、郑之述而不作,非复孔子之述而不作。其貌似,其神非。于是乃尽离于史学而别有所谓经学者。班固、蔡邕为一流,马融、郑玄为又一流。

经史之分,将如河汉之不可复合,是则东汉儒者之鄙也。

四

魏晋以下,南朝则史胜,北朝则经胜。史胜者似文而实质,以其自沉溺于当世之事变,不能超越现代而游情于古昔。经胜者,似质而实文,以其上穷往古,可举以与当世现实相绳核,而有以见当世之不尽是,有所想望参比,而求有以一变当身之卑近,于是有苏绰王通之徒,而下启隋唐之光昌。

唐制袭于隋,隋袭于北周,此皆宇文泰、苏绰之绪余,而兴唐诸贤,顾不尊苏绰而好揄扬及于河汾之王氏。此何故?曰苏绰本于经而下引致之于史,王通达于史而上推致之于经。苏绰之所建树,尽于现实而止,而王通之所思虑而讨论者,则每每脱出于当代,寄情于玄古。经史之末流,既一分而不可复合,则苏绰偏近史,王通偏近经。贞观一朝诸贤,讨论政教措施,不甘长自隐于周隋之胁下,而必上承两汉,远迹三代,则政法规模,虽近袭之于苏绰,而风教理据,必遵师之于王通,此亦唐人之卓识,所以成其为一代之宏制者,固非偶尔而然也。

顾自魏晋以来,佛学东播,当时之学术界,扩而论之,不仅经史异涂,抑且理事分席。贞观诸贤,伉直如魏征,其于诤议所及,就当时之见解论之,亦极于就事论事而止。若必上窥邃理,穷探幽深,非如房玄龄,殆不堪当。故有唐一代,可以有史学,而不能有经学,可以有政事,而不能有教化,教化之与经学,当求之于浮屠,当求之于梵贝,而孔颖达之《五经正义》,遂终不为唐贤之所重。唐人著作,如刘知几之《史通》,杜君卿之《通典》,其卓卓者,皆政事,皆史学也。而经学大儒,则蔑焉无闻。而遂有韩愈氏者出。

昌黎之学,非经非史。经学非其所长,史学非其所愿,乃曰所愿,则在孟子。必挽理而归于事,必崇事而会之理,其自道所学,则曰好古之文,因以好古之道。道则贯通古今,虽非经非史,而亦经亦史。经史之所会归,亦会归于道而止。经史之所本原,本原于道而止。然而此非韩愈氏一人所能肩而趋者,于是而下开宋儒。

五

宋儒之学,有偏于经者如王荆公,有偏于史者,如司马温公。荆公温公新旧之争,不仅争在政,亦争在其所学。荆公论政,必上追三代,偏于重理想。温公论政,则依循汉唐近效,偏于重现实。现实与理想之分,即史学与经学之分也。苏氏蜀学近温公,程氏洛学近荆公。蔡京擅权,其时则尊荆公,抑温公。南渡易辙,其时则尊洛学抑新学。要而论之,有宋一代之学,经胜于史,是其大趋。故唐人科举考诗赋,而宋自荆公以下,易之以经义,此虽温公不能违,可以觇时代之向往焉。

顾就本原论之,则经学实史学也。偏陷于近代,偏陷于现实,虽曰是史学之恒趋,实非史学之上乘。偏陷于古典,偏陷于旧经,虽曰是经学之共向,亦非经学之真际。王安石自为《三经新义》,颁诸学宫,悬为功令,其所以必造新义者,夫亦曰经学贵通今而致用,西汉之伏、董,东京之马、郑,其义已不足以会通之于宋世,则在宋而治经学之必赋以新义无疑。新义何自来?曰新义虽仍一本于经,而亦缘起于世变,必不昧于世变,而又能会通之于旧统,以有见于古今百世之道贯者,而后经学之新义始立。然则经学之新义,岂不将仍求之于史学乎?荆公抱汇古宏今之大愿,而有志于勒成一家言,以一新经学之面目,固不失为识时务之豪杰,而惜乎当时之趋势附时者，不能通荆公之所通，不能志荆公之所志，则本欲变学究为秀才，转变秀才为学究，此荆公及身之自叹，不徒可以见荆公之心事，亦可以见治经而不能见其大，不能求其通，仍必自陷于汉人之专经比附与夫章句训释之旧穿，而莫能自拔也。

顾荆公本身，亦自有其偏蔽，荆公创《三经新义》，实偏重于周官。求荆公之用心，极其所至，亦仍犹夫荀卿之隆礼乐而杀诗书。荆公亦仅知会通于古今之政制，而未能重定一世之事理。论荆公之学统，近之则不越欧阳永叔《本论》与《新唐书》诸志之所陈，远之亦仍沿北周苏绰遗辙。故荆公晚年，政治趣味既衰，卜居金陵，转依释氏以自误，是荆公虽远希上古，其造诣亦殊未能卓绝唐贤，如房玄龄、裴度诸人之所养。其本原既非，而高论创制变法，宜不为温公、东坡诸贤所悦服。故循昌黎之所想望，其先必达于庐陵与临川，而继此益进，又必止夫伊川与考亭，此有宋一代学术趋向所必然应有之大势，自今论之其轨辙盖甚显也。

六

盖政制者事理之一端，而人文社会之事理，必通观之于人文社会之整体，乃始有以见其所以然。欲识人文社会之整体，固不能昧于古昔，专据现代，故治史者必上通之于经。而经学精神则仍必向于史而止。必待夫史学之穷本探原而乃始有所谓经学者，其意至于晦庵朱子而始定。朱子平生努力，重于述，不重于作。而其述古之尤大者则在其《四书集注》。自今论之，朱子之《四书集注》，即犹王荆公之《三经新义》，皆不过求为经学下新注耳。唯汉儒治经，侧重于孔子之所由学所为学，而未能真窥见于孔子之学之所得。若论孔子之学之所得，则既大备于《论语》。而《论语》之在两汉,仅为治经籍者幼学之阶梯,是汉儒治学,实乃由孔以窥经,非能循经以见孔。汉儒虽尊孔,而未能以孔尊孔,实以尊经者为尊孔也。故汉儒之学,实经学非儒学。朱子尽精竭瘁为论语作注,殆是探骊得珠妙手。然论语精妙非可骤见,故朱子教学者由论语而下求之,于是有曾参氏之《大学》,子思氏之《中庸》,孟轲氏之《孟子》,合《论语》而定为《四书》,以为由是而寻之,庶乎可以窥见《论语》之真趣。故朱子之《四书》,自两汉学者目光论之,实儒学,非经学也。然儒学之在汉代,则殆非所重。而自晦翁以来七八百载之遥,学者递有探索,又知《大学》非曾参作,《中庸》非子思作,其所创获若既超越于晦翁之上,而晦翁之意,则若谓学孔子者,当学之于孔子之后学,不当学之于孔子之先贤。学术所重,当重于孔子所创之儒学,而不当仍重于孔子所从学之经籍,则遥遥千古仍少解人。故若以两汉所治为经学,则宋人所求,实为儒学,而其间分别,必至朱子而后定。故欲尊孔子,必通朱学。朱子之学,盖不寻之于六经,而直寻之于孔氏,此朱子一特识也。其寻之于孔氏者,不仅寻之于孔子之当身,而遍寻之于孔子之后学与继起,此又朱子一特识也。故朱子于《四书》之后,又特提西汉董氏,隋之王通氏,唐之韩氏,而下及于宋代濂溪、伊洛诸贤,此犹孔子序列古之仁圣贤人之遗意。由是论之,朱子之学之最要精神,仍亦一种史学也。朱子盖亦一种由史以通经之学也。

　　论儒学之精神,必知孔子之所谓好古敏求,不自我而作古。何以谓之自我作古?如治墨学,必推极于墨子,墨子以前,虽若犹有所尊,曰大禹,然大禹之所以为大禹者,则既荒远而离稽,治墨学者不必上推之于天志,天志则更渺茫而无着。如治老庄道学,必推极于老庄,老庄而上,则别无可尊矣,曰黄帝,曰神农,伏羲,其为荒远也益甚。曰自然,则已非人文社会以内事。治纵横则祖苏、张,治法术则祖管、商、申、韩,治名辨则祖惠施、公孙龙,此数子者,皆可谓之自我作古。我爱我师,我尤爱真理,真理既在我,则何妨由我而作始哉。独孔子之为学则不然。孔子曰,我非生而知之者,好古敏以求之者也。孔子自述所得,乃得之于前人,而非得之于本己。故学古学者必治史,必不自我而作始。亦不当以孔子为限断。故朱子虽推尊《四书》,而《四书》之上,仍不能不有《五经》,而朱子之于《五经》,其见解又独为超越。

　　朱子曾自注《易》矣,曰,《易》为卜筮之书。朱子曾自注《诗》矣,曰,此男女淫奔之诗也。朱子于《诗》《易》,自许能推翻前人窠臼,直探《诗》《易》之本真。其于《书》,朱子曾疑古文之伪,又知《尚书》特史之一种,其间多天文、地理、算数、名物,当询之于史学之专家,故委其弟子蔡沈氏为之注,盖未亲自致力也。其于《春秋》,盖谓孔子作《春秋》,乃孔子当时所见所闻所传闻之近代史实也。学孔子者,亦当各自注意于其本身当时所见所闻所传闻之近代,始有当于孔子作《春秋》之遗意。故欲就温公《通鉴》创为《纲目》,即此以为《春秋》矣。昔司马迁学于董仲舒,得《春秋》微旨而作《史记》,后世通其意者始为朱子。温公则直接《左传》而成《通鉴》,温公之用心,重史不重经。故朱子之必欲就《通鉴》而作《纲目》者其微旨正在此。其于礼乐则谓礼乐当随世而变,不得位则无以制礼而作乐,故仅写为家礼,曰以传其子孙。故朱子于《五经》,其见解之通达透辟,上较荆公,已超出甚远。元明以来,遂一尊朱子,即以朱子之《四书》《五经》悬为制举之功令,而尽舍荆公,不复采其所谓《三经新义》者,是亦不得谓后世人全无别择也。

　　孔子又有言曰:吾欲见之空言,不如见之行事之深切而著明也。然则吾侪逆推朱子当时之意,岂不亦曰,我欲了解孔子,与其了解之于孔子以前之古经籍,尤不如了解之于孔子以后治孔子学者之思想递变之史迹之为更有据更可凭,为更深切而著明乎。则朱子之学岂不亦可谓其重视史学尤甚于重视经学乎。曰:是则又不然。朱子之于当时则既盛推洛学,而轻于视温公。其于荆公犹多推挹之辞,独于苏氏之蜀学则更多鄙斥。即在其交游朋友间,亦极推南轩,而深戒东莱,谓其以史学授后进,乃将教坏了后学之心术。则朱子之学,若又明明重经不重史。陈龙川与朱子往复辨难,更可以征史学与经学之分际所在。盖史偏于事,经偏于理。在朱子之意,吾侪之所欲了解于孔子者,在求能了解孔子所明之理。在孔子则就其当时之事而见理,在吾侪则贵能各就吾侪当身所遇之事以求理,故朱子继伊川而言格物穷理。在伊川、朱子当时之所争,盖尤用力于争儒释之疆界。儒释所争在理不在事,故必能深造于格物穷理之学,乃能挽回魏晋以来佛学之嚣张,而重返之于孔子之真。然格物穷理,既非初学急切所能冀。在朱子之意,若谓吾侪今日所求之理,其大体仍将不背于孔子当时之所明之理。何者,此人文社会之整体,既未有所大不同于孔子与今日之间,则孔子当时所发明于此人文社会之理,岂不将仍通于今日。我侪之所务,既在就人文社会之整体而研寻其事事之理,则格物穷理固不妨与读书明理兼途而并进。故宋儒之学,至于程朱,就实正名,当曰理学。理学者,因其主于就人文社会而求其事事之理。宋儒乃因于重视寻求人文社会事事之理而尊孔,非即奉孔子以为人文社会一切事理之准则。故于读书明理之外尤主格物穷理。惟孔子以来,儒家之学,固无不重视于寻求人文社会事事之理者,而此谓理,虽因社会之变而有其变,亦因社会之同而有其通。故程朱虽主格物穷理,亦无害于其又主读书明理之相辅而为学。惟专就读书言,则程朱之意尤重视夫《四书》。程朱之于《四书》,盖不啻两汉诸儒之于六经。故纵谓《四书》乃宋儒程朱一派所尊奉之新经典,亦无不可。

然则孔子尊六经,而程朱尊《四书》,谓其貌离而神合,亦无所不可矣。

七

然即由此而复启宋儒之争点,是即为陆王与程朱之争,亦即后人所谓心学与理学之争也。宋儒之学,既重在求明夫人文之理,既重在沿孔子之成规而求明夫此人文之理,则试问孔子之所明之所谓此人文之理者又于何而求之?曰孔子则求之历古之仁圣贤人,求之历古仁圣贤人之言论与其行事,就其言论与行事而得其用心之所在,而有以深见夫彼历古之仁圣贤人者,其用心乃有其条贯,有其大同。孔子曰,吾道一以贯之,无亦曰即贯之于我之此心之与历古仁圣贤人之用心之大同而成其为条贯者,此在孔门则谓之仁,曾子则谓之忠恕,孟子则谓之人心之敬与爱,谓之人性之善,而人文社会种种之理则胥由此而出。然而今人之心则犹古人之心也。愚夫愚妇之心,则犹历古仁圣贤人之心也,故陆、王乃主反身求之,即心即理。于是六经皆我注脚,是不啻谓经学即心学矣。孔子之学,本主好古敏求,固未尝谓反身而求之于其心而即得也。然孔子言仁,言一贯,其所得者固不出于吾心。曾参、孟轲乃由此而畅发之。则陆王固不可谓其无当于曾参、孟轲之所传。曾子之言忠恕,孟子之言敬爱,岂不犹如象山之言吾心,阳明之言良知乎?然而阳明又言六经皆史者则何居?岂不为历史不外乎人事,而人事全本于人心。无此心即不复有此事。故治史学当以心学为主,人心之积而为史心。无所见于人心,而谓有所见于史心,天下洵无此理。无所见于史心而治史,则史者一堆一堆之事变,亦曰陈人之陈迹而止耳。故陆、王之心学,必主于人事与世变,象山重笃实践履,阳明重事上磨练,此皆偏重于人事与世变也,其实则犹之伊川、晦翁之格物而穷理。惟陆、王之意,格物穷理乃其末,反求之人心者乃其本。必先有见于此心,而后可以运此心以格物而穷理。如是则陆、王之所侧重,虽在于人事与世变,而不主远求之于往古,乃主反身切己,即求之于当前本身之所遇。如是则孔子以前之六经,乃更非陆、王之所重。故阳明之曰六经皆史,其意亦不啻即谓六经之所载,亦皆古人之所得于其当身之人事与世变之学耳。

　　然而孔子固未尝谓人事世变之理,一一可以即求之吾之本心而遽得也。惟孔子既言一以贯之,而贯之者实惟人之心之仁与忠恕与敬爱。颜渊曰,博我以文,约我以礼,孟子亦言之,学者必由博而返约。约之则必归于吾心。陆、王则单刀直入,即以心学为宗主。此不得不谓陆、王之有所见于孔学之精微,然而终亦不得不谓陆、王之有失于孔学之博大。然而朱子之注《四书》,阳明之言良知,要之皆近于孔子所谓以约失之者鲜矣之教。然亦终不可谓之孔学之本真,于是而复有晚明诸儒起而矫其偏,救其弊,而晚明诸儒之所得,则若于史学为尤近。

八

　　言晚明诸儒,则必以顾亭林氏为之巨擘焉。亭林之言曰,经学即理学也。然隶亭林于经学,终不如谓是史学之尤允。梨洲、船山皆史学湛深。史学固必博稽之于远古,而穷其源,然史学亦终必证切之于当世而见其实。而其时则适满清入主,文网之严,使学者不敢昌言近代当身事以贾祸,故晚明史学终不昌,其末流则曲折以汇于乾嘉之考证。考证则仅史学之一端,训诂、校勘皆考证所有事。以训诂、校勘、考证为经学,极其所止,则郑玄氏而止,许慎氏而止,终不出于东汉诸儒之樊篱。然而其所以为考订之方法则甚精甚密。乾嘉之学,盖以治史之术治经。故所谓乾嘉经学者,就实言之,诚亦史学也。惟仅为一种狭义之史学,而且为狭义史学中之微端与末节,而无当于史学之大义。其在当时之所自诩,则曰实事而求是。不知古书乃前人之糟粕,既不得谓之为实事。求古书之真是,亦非即求人生社会事理之真是。训诂、校勘、考据,可以治古书,而非所以治人生,明事理。清儒之求是,乃自限于求古经籍之是,非能直上直下,求人文社会大道之是,非能求当身事为之理之是,亦未可谓之求人心之是,而舍乎人心,舍乎当身之事为,舍乎人文社会之大道,更何所谓实事? 然乾嘉学术之偏陷,亦诚出于不得已,于是道咸以降,清室文网既弛,学者遂复从东汉许、郑返寻而上,溯及西汉,而有意于董子与公羊。此即求为一种通经致用,其意已非训诂、考订而止矣。然董子公羊之于西汉,虽不失为通经致用,而用之于西汉者,未必即能用之于晚清。在西汉人之所谓通,亦非即是晚清人之所欲通。通于西汉,大可不通于后世。所谓通经致用者,贵在于本诸当身近世而求其通,而晚清学人,则仍不免本之西汉之所通以为通。于时龚、魏以下,迄于康有为之徒,乃自成其为一种非经非史,非汉非宋,无当于事理,无当于人心,而徒自揭橥曰此经学也,此孔子之真传也。是乃晚清末流之学病。然若不察于此,即以晚清之学病病经学,即以晚清之学病病孔子,则又别自成为又一种不通之见矣。

九

当乾嘉之时,经学方盛,亦有重倡六经皆史之说者,是曰章学诚。章氏之意,本在针砭当时婟经媚经之学病,而真有冀夫实事而求是。章氏自述学统,由梨洲上溯阳明。盖有得于期由史学而通心学者。然章氏论学,不持门户偏见,其论学派,自承为浙东之薪传,而亦不菲薄浙西之所长。故亦盛推顾亭林之博古通经,而谓乾嘉经学,则仅得亭林之绪余,而已昧失亭林之本原。此殆不失为持平之见。今就章氏之所分析,朱、陆之异同,乃千古不可无之异同。朱子盖由经学而上进于理学,陆、王则由心学而下逮于史学也。

清末广东有朱次琦,颇有意会通汉宋,浙人朱一新,亦明夫经学史学之分合流变。南海康氏既师事次琦,又获交于一新,其初讲学番禺万木草堂,为梁启超、陈千秋开示治学新轨,独标心学史学,为学术两大涂辙。若循此以为学,庶亦可以上承阳明,下通实斋,尚无背于经学即史学之宗旨。而南海信道不笃,持守不坚,误信蜀人廖平氏之荒言,剿袭其说而为《新学伪经考》、《孔子改制考》,此两书者,非研经,乃辨史。显已由经学而转为史学矣,此亦途穷思变,为大势之所趋,而惜乎康氏不自知,犹守经学之门户,犹旁汉人家法之藩篱。于是以主观之成见,而貌为考订之矩矱。其所主张,无一而是。而于是其所谓孔学者非孔学,所谓经学者非经学,所谓史学者非史学,而理学心学皆置不问。狂流所趋,至于挽近世之学绝道丧,罪魁祸首,康氏实不得辞其咎。

而康氏顾独大声疾呼曰我尊孔,曰我欲复兴孔教。而复傲然以当代之新孔子自居。盖康氏之学,其用心固亦欲上溯之于孔子与六经,而近通之于近代与当世,惜乎其志大而才疏,其深中痼疾之症结,乃在于急功近利,一切惟以变法维新救亡图存为迫不及待之仓皇,而不复深求之于古人之真相,抑亦不复求之于古人之真得,遂欲凭藉六经以为一己号召之注脚,迹近于陆、王而实不能为真陆、王,貌似于乾嘉而又心不屑为真乾嘉,极其所能至,仍不出于荀卿之隆礼乐而杀诗书之意见。然固远不足以仰望荀氏之项背。

而康氏以来,乃亦竟未有能纠正康氏之失者。

五四以还,学术界遂有疑古之新趋,其渊源所自,实出康氏。而打倒孔家店之呼号亦不得谓非由于康氏尊孔创教之妄说有以相激相荡而使然。物极则必反,矫枉者过正。继此而往,遂至于今日,马列洪流泛滥于中国。有所争,而所争者非学术。有所持,而所持者非实事。有所见,而其所见实昧吾心而以为见。学术之变而为意气,为流俗,学术之积弊,其害极于人心之丧亡而失其真,此已非言辞之所能为力,所堪以挽此狂澜于既倒矣。

十

然而反观既往,孔子既为中国人传统之所尊,六经亦为中国人传统之所重。若天不丧中国,中国人犹有遗胤再复得生长食息于此霄壤之间,引而远之以极于无限我固无所知。若就近以观,百年二百年乃至于五百年之内,谓孔子遂可以亡失于中国之人心,六经亦可以弃绝于中国之学界,斯吾所未能信,苟稍有能平心以思之者,殆亦将莫之信。然仅就学弊而言,则西汉人之尊经,乃上侪孔子于天神,此决非孔子之真相。东汉人之尊经,乃仅仅于章句之与训解,此亦非孔门之教法。清代乾嘉时人之尊经,经籍仅为其时所独擅之校勘、训诂、考订之学之材料,人人埋首于故纸堆中,惟字形字音字义之是求,此亦非孔学之宗主。晚清康、廖诸人之尊经,其意惟在于疑经,在发经之伪,在臆想于时代之所需要而强经以从我。盖经学之至于是已堕地而且尽。康、廖之弊颇似于西汉,其意皆欲本世用奴经术。惟西汉蒙其害亦获其利。故犹能维持于数百年之久,东汉马、郑之徒目击其敝而无真知大力以为挽回,故仅不失为一经生,而犹获稍存经籍之真相,以期待之于后世。乾嘉诸儒,则不得已而为之,其于古书有贡献,于经术无发明。论其得失,如是而止。今若有志于孔子之学者,则洵非经学所能尽。然孔子固曰好古敏求,孔子既不自我而作古,学孔子者亦决不以蔑经为尊孔。有所谓理学焉,有所谓心学焉,虽与经学相通,亦非经学之所能范围。今人则积非成是,谈古色变。一若古之不绝,则今之必亡。古今成为水火,则不仅六经为古书,孔子为古人。乃至吾父吾祖而上,已莫不为古人。昔孔子论语,序列古之仁圣贤人而好古敏求,以自成其所学。而若今人之意,则人之既古,斯必不仁不圣不贤,可以一概而弃绝,纵或为仁为圣为贤,亦当淡然而旁置。惟古乃为不祥之尤。而惜乎言之不可若是其几也。今人之自诩为新学者,就询其所学,则固无一而非古人之所遗。古今之间,又何从立此一限断。其实今人之所主为古今之辨者,夫亦曰中外之辨而已。学于外者,虽古而皆珍。又何尝惟古之是弃乎?故我知孔子之学,终亦必仍存于中国之人心也。

　　惟孔子之道大,未可一端而窥。孔子曰:知之为知之,不知为不知,是知也。爰敢就其所知,略陈孔门弟子以下,孟轲、荀卿之徒下及近世。其有志于孔子之学而从事焉者,为之辨其流变,论其得失,是亦一种史学也。是亦孔子论列古之仁圣贤人之遗意也。敬以为孔子二千五百又二年之诞辰作纪念,知我罪我,是在读者。

(选自杜维运主编《中国史学史论文
选集》,台北华世出版社1976年版)

　　钱穆(**1895—1990**),字宾四,著名历史学家,江苏无锡人,历任北京大学、清华大学等校教授、香港新亚书院院长、台湾"中央研究院"院士。主要著作有《先秦诸子系年》、《中国近三百年学术史》、《刘向歆父子年谱》、《国史大纲》、《中国史学名著》等。作品集为《钱宾四先生全集》,凡甲、乙、丙三编,计56种54册,约1500万字。

本文系统考察了整个古代历史儒学与史学之间的密切关系,认为儒家思想是传统史学的灵魂,并借此阐发其"孔子之学,终亦必仍存于中国之人心"的一贯主张。

经学与史学

李泽厚

少数民族占据统治地位的清代政权,在经济、政治、文化上施行了一整套封闭、保守、愚昧的政策,把明清之际的经世致用的"外王"精神,挤进了经典考据的避难所。但是,即使在乾嘉朴学中,也开始潜藏有某种实证精神,以致胡适把它误认为即是近代的科学方法论。其实这是弄错了。我以为,与印度不同,中国一直有重史的传统,这倒是中国特有的"科学"精神。它与非宗教、重经验的中国实用理性有关。每个朝代都注重修史,以记录历史,积累经验。明清之际,更是如此,几位大师都写有大量历史著作。黄宗羲写了著名的宋元明的理学思想史。《四库提要》说顾炎武"每一事必详其始末,参以证佐,而后笔之于书。故引证浩繁而牴牾甚少。"所谓"详其始末","通其源流",也正是注意从历史上来观察考查,例如他的《日知录》。然而,真正企图把历史提上哲学高度或从自己的哲学体系出发来论议历史的,却只有王船山。

顾炎武黄宗羲都没有自己的哲学体系,而王船山却有之。王成为中国传统思想的最后的集大成者。他一方面总结了宋明理学,对理气心性作了细致和透辟的论证,批判了王学,改造了程朱,发展了张载的"气"唯物论,并崇之为正宗;另方面,他又高扬了中国的历史意识的长久传统,并把它提到了不以人的意志为转移的

20世纪儒学研究大系

哲学高度。这两方面的结合,使王船山理论体系达到了儒家所一贯向往的"内圣外王"双合璧的完满水平。

从前一方面说,王船山强调的是"道"在"器"中,"理"在"气"中,"形而上"即在"形而下"中:

> 形而上者,非无形之谓。……唯圣人然后可以践形。践其下,非践其上也。……君子之道,尽夫器而已矣。(《周易外传·系辞上传第十二章》)

> 无其器则无其道……,洪荒无揖让之道,唐、虞无吊伐之道,汉、唐无今日之道,则今日无他年之道者多矣。……故古之圣人,能治器而不能治道。治器者则谓之道……(《周易外传·系辞上传第十二章》)

一切"道"、"理"、规律、秩序、法度都必须寓于现实物质事物之中,而不能离开这些具体事物去探求。这种由心性探求而转向外在世界的实践,即由"尊德性"而日趋"道学问",如已指出,是明中叶以后程朱学派中已显露的某种共同倾向;但在王船山这里的特色是,他突出地以历史作依归。上面讲的"内圣"与"外王"、"治人"与"治法",都实际被统摄在船山的历史观念中。

王船山在思想上仍然是理学正宗,在政治上也是封建地主阶级的正统;所以他斥不知礼义的老百姓为禽兽;他痛恨李贽等人的近代个性解放思潮。但是,他却在通过评论中国各朝历史时,感受到和提出了不以人的伦理是非、认识对错、善恶动机为转移和标准的某种客观规律。这种规律不是一时一地的得失利害,而是影响久远的必然趋势。所以他不但认为社会是发展的,大不同于儒家们艳称"三代"、提倡复古,而且更强调应该从"势"来看"理"、"天",从而这个"天"、"理"也就逐渐脱出传统理学家的伦理性的"天理",而接近于客观历史总体规律的近代观念了。

顺必然之势者,理也。理之自然者,天也。君子顺乎理而
善因乎天,人固不可与天争久矣。(《宋论·哲宗》)天者,理
而已矣;理者,势之顺而已矣。(《宋论·哲宗》)

这样,也就不应再是以道德的善恶、内心的动机为尺度标准,
而是有某种"不可测"的客观外在规律在:

秦以私天下之心而罢侯置守,而天假其私以行其大公,存
乎神者之不测,有如是夫。(《读通鉴论·卷一·秦始皇》)

以一时之利害言之,则病天下;通古今而计之,则利大而
圣道以弘。天者,合往古来今而成纯者也。……时有未至,不
能先焉。迨其气已动,则以不令之君臣,役难堪之百姓,而即
其失也以为得,即其罪也以为功,诚有不可测者矣。(《读通
鉴论·卷三·武帝》)

这里,与司马光、朱熹已有所不同,应该说是达到了中国历史
意识和哲学思想的空前的理论高度。因为它开始暴露了历史与伦
理的巨大矛盾:"不令的君臣,难堪的百姓",一时的祸害,却可以
构成伟大的功业,是"恶"而并非"善"在现实中起着动力的作用。
历史的发展,百世的功过,"古往今来之道",远远超出了包括伦理
在内的人的主观愿望、动机、目的、行为和利益。它有某种客观总
体的规律在,它超过和压倒了任何主体(包括"圣君贤相")的一
切。从而,以"圣君贤相"为理想的传统伦理主义在这种历史观面
前,便显得异常空泛、苍白和迂腐了。这也就从根本理论上离开了
以伦理价值来判断历史的儒学传统,从而伦理也就不能再是最高
本体实在,只有历史自己才是这个"道"、"理"的本身。史学(历史
意识)将替代经学(伦理教义)而成为主流。

很明显,这与黄宗羲在政治理论上提出"有治法而后有治人"
一样,同样体现逐渐摆脱儒学传统的同一个时代心音。

总括起来看,在汉儒那里,伦理学从属于宇宙论,社会政治、历史系统、伦理秩序统统被安排在宇宙论的反馈图式中,尽管是他律道德(即道德由外在五行等规定),但伦理学与历史观、社会论、政治论还是一个相互沟通的整体的结构。到宋儒的时代,这个宇宙论图式早已崩毁,濂、洛、关、闽各大学派尽管也有治平理想和经世方略,但这些方略不但浮浅平常,而且也没能真正与其宇宙观历史观伦理学构成内在的理论系统。他们的成就只在内圣心性之学:把宇宙论与伦理学沟通了起来,建立了自律道德的形而上学本体论。这个本体论正由于缺乏与"外王"的深刻的理论关系,从而如前所说,对心性的个体追求走向了准宗教性的超越道路。带来的社会后果非常有害,于是遭到了从陈、叶开始到顾、王、颜、戴的猛烈批判。

但是,无论陈、叶,或者别人,也包括王船山在内,又都未能建立任何可替代宋明理学的新的哲学系统。他们在"内圣"方面,所讲不及朱、王那么精微和深刻;在"外王"方面也没有提出真正的哲学观念。只有王船山算是初步提出了上述以客观的"势"为本体的历史观,并企图与伦理学、宇宙论相联系。但是王船山并没能做到这一点,他也仍未能把伦理学、宇宙观与这种历史观真正会通溶合起来。他开始觉察到、触及到历史与伦理的并不一致,但是他并没能真正发现和展开这个巨大矛盾。他强调的仍然是天理人欲之辨、君子小人之别的伦理本体。历史观也仍然从属和局限在传统伦理学范围内。尽管他被外国学者称作是"中国思想家中最'非中国式'的一个"①,但他毕竟不能像黑格尔那样干脆将伦理

---

①   Dert Bodde,《Essays on Chinese Civilization》,第 251 页,New Jersey,1981.

学从属于历史观之下，以历史过程来统摄一切。因为他没有西方基督教背景，不能产生一个有如上帝的"绝对理念"的观念来统领全局。他遵循中国传统，追求"天人合一"。既然这个"合一"不可能实现在董仲舒式的那种宇宙五行图式里，又不能实现在朱熹、王阳明式的那种"仁即天心"的心性伦理中，而必须回归到具体的历史的现实活动上；这对于王船山，就显然是不可能的事情。王船山缠绕在"天"、"理"、"时"、"势"中而不能真正找到新的理论出路。他不能摆脱理学的框架，更不能越出儒家的藩篱；相反，他是非常自觉地和明确地捍卫和坚持着它们。中国当时还没有近代社会的背景和基础，不能像西方那样，能结合自然科学和社会现实的发展，从中世纪神学藩篱下逐渐而坚决地脱身出来，产生从笛卡儿到康德的伟大近代哲学。王船山不能脱出中国哲学的伦理主义的强固传统，他毕竟不可能建构出以"势"（客观历史规律或趋向）为基础的新的"天理"（伦理本体）观。要做到这一点，并在现实世界和历史长河中来实现这种"天人合一"，只有在以现代大工业社会为背景的基础上才有可能。这当然就不是王船山所能梦想的了。王船山走到了中国传统哲学的尽头。

王船山犹如此，比王矮小得多的颜元、戴震诸人更不用说。但他们在抨击程朱陆王的理论斗争中却仍有其意义。关于颜元，在本书《墨子初探本》文中已经讲过。至于戴震，虽以考据大师为当时所重，但他自己明确指出"生平著述之大，以孟子字义疏证为第一"，（段玉裁：《戴东原集序》）"以六书九数等事尽我，犹误认轿夫为轿中人也"。（段玉裁：《戴东原集序》）一切考据对戴本人来说，不过是"轿夫"，他为吃饭必须作这些，但这禁锢不住他的思想，他的思想（轿中人）却正对宋明理学的无比义愤。这种义愤是明中叶以来社会先进思想的最后回响，它与大体同时的曹雪芹、袁枚、扬州八怪等人同属于那个黑暗的中国十八世纪中反理学反封建的灼灼明星。

论述戴震的著作已有很多,本文不想重复。只想指出戴震在反理学中伦理学与认识论相混同的特色。理学本是伦理本体论的心性论;理学之所以要讲许多理气、心性、无极太极,都是为了归宿于封建伦理。理学的种种宇宙论和认识论本都主要是为伦理本体论服务的;戴震通过所谓"血气心知"的论证,强调"德性资于学问",实际是把宋明理学的心性论伦理学放在认识论的基础上来解释,从而,戴震所阐明的先验的内在德性必须经过后天的学习培育才有可能,实际便是对宋明理学高扬"德性之知"贬低"闻见之知"的倒转。所以钱穆说戴是继承了荀子的性恶论①,余英时认为戴是主智的②,都觉察到了这一现象。但是由于戴的目标是反禁欲主义,他强调情欲正常满足的合理性、"自然性",所以冯友兰又说戴是主情的③。我认为,戴的特点正在于表现了中世纪伦理学向近代认识论的过渡。它的实质是伦理学(反理学禁欲主义),它采取的论证角度却是认识论。实际上,它是将明李贽等人以来的重情主欲的思想初步框入哲学认识论中作为内容。但由于他以认识论来讲伦理学,不但把二者混在一起,很难讲清楚;而且也使伦理学的形而上学的意义大为褪色,在深度上反比朱、王等理学大师们简单而粗糙。西方哲学的认识论一般总与自然科学相联系而得到发展,中国近代的认识论的兴起也如此。戴震的认识论缺乏自然科学基础,又并没有与他的考据方法自觉地联系起来,所以它就

---

① 钱穆:《中国近三百年学术思想史》下卷,商务印书馆,1937。
② 余英时:《论戴震与章学诚》,龙门书店,1976。
③ 冯友兰:《中国哲学史》下卷,商务印书馆,1936。

并未能取得多少科学的成就,它的意义只在于反映了对宋明理学的伦理本体论的强烈抗议和当时整个意识形态要求走向近代的呼声。

人文学科十分发达的中国文化,这种思想的历史动向,仍然更为主要地更为波澜壮阔地表现在由经学而史学,即着眼于具体的历史意识来替代抽象的心性玄谈的思潮中。即使王船山的历史观念无人知晓长久沉埋,但无论是今文经学派以微言大义寓说时事,或者是古文经学派的章学诚"六经皆史"的著名命题,又都以不同方式表现出顾炎武最早提出"经学即史学"的这一总趋势,承续和在新条件下发扬了中国哲学的历史意识的古老传统。

关于晚清今文经学,最后以康有为为代表,也仍然附着在"三世"历史观念上,我在《中国近代思想史论》一书中已讲了不少,此处不再谈。这里只简略提一下"六经皆史"的说法。如所周知,王阳明和其他一些人已早有此提法,但毕竟是章学诚把这一命题与经世致用、与反理学、与前述"外王"路线连接了起来:

> 天人性命之学,不可以空言讲也。……儒者欲尊德性而空言义理以为功,此宋学之所以见讥于大雅也。……三代学术,知有史而不知有经,切人事也。后人贵经术,以其即三代之史耳。近儒谈经,似于人事之外别有所谓义理矣。浙东之学,言性命必究于史,此其所以卓也。(《文史通义·内篇五·浙东学术》)史学所以经世,固非空言著述也。且如六经,同出于孔子,先儒以其功莫大于春秋,正以切合当时人事耳。后之言著述者,舍今而言古,舍人事而言天性,则吾不得而知矣。学者不知斯义,不能言史学也。(同上)

这里说得相当明白了。"六经皆史"、"经学即史学"的真正含义不即是反对空谈性理的"内圣"之学么?戴震从认识论来反理学;章学诚以历史学来反理学。章自觉地和明确地承继宋代陈、叶,明确提出"六经"之为经典,是因为它们乃古代典章制度、行政事实的历史记录,连《易经》这种被宋明理学奉作宇宙伦理本体论的圣典,也被章解释为"政典"、"法宪","其所以原民生与利民用者","而非圣人一己之心思,离事物而特著一书谓以明道也"。(《文史通义·易教上》)从而,"六经"、孔孟的真传便并不在什么心性义理,而在于具体历史经验的记录。这不正是从准宗教性的伦理学本体论走向近代现实性的历史意识的表现么? 王船山是从哲学上,章学诚是从历史学上提出了同一课题。

对章来说,所谓真正的史学不只是记录事实、搜罗材料、排比现象,而在于探求规律。顾炎武说过"明古今之变而知之所以然",章学诚则说得更明确:"整辑排比,谓之史纂;参互搜讨,谓之史考,皆非史学。"(《文史通义·内篇五·浙东学术》)"撰述欲其圆而神,记注欲其方以智也。夫智以藏往,神以知来。记注欲往事之不忘,撰述欲来者之兴起",(《文史通义·书教下》)记往是为了知来,所以这不是起居录,不是记帐本,这是要求获得某种规律性的认识以卜望未来,而有助于人事,服务于现实。章学诚所谓史家"微茫秒忽之际,有以独断于一心",也正是这个意思。史学家要有眼光来作出独立判断。

章学诚《文史通义》《校雠通义》有各种错误,包括好些知识性错误,"征文考献,辄多谬误","其读书亦大卤莽灭裂矣",(《余嘉锡论学杂著·卷下·书章实斋遗书后》)但它的重要价值和影响却丝毫未减,直至今日仍为海内外学者们所推重。其所以能如此,不正是由于它体现了中国社会和文化的近代趋向的新精神,为"切于人事"的"经世致用"观念提出了历史学的论证么? 正是他的这种富有创造性的史学理论,而不是他的那些具体的论证、考核或材料,使他终于取得思想史上的重要位置。在这种意义上,章学诚也正是陈亮、叶适、顾炎武、黄宗羲、王船山等人的所谓"外王"路线的伸延和扩展。

不是宋明理学,而是这条路线与近代中国进步思想有直接的联系。从龚自珍、魏源到梁启超、章太炎,当然还有许多其他的人,都是在"经世致用"等观念影响下,注重事实、历史、经验,主张改革、变法、革命。无论是龚的"尊史",魏的"师长",还是梁的"新史学",章的"国粹",……都可以看作是中国这种传统在近代特定条件下的继承和发扬。他们愤然推开心性玄谈,而面向现实,救亡图存。谭嗣同有段话把这一点描述得最为清楚了:

> 往者嗣同请业蔚庐,勉以尽性知天之学,而于永嘉则讥其浅中弱植,用是遂束阁焉。后以遭逢世患,深知揖让不可以退崔苻,空言不可以弭祸乱,则于师训窃有疑焉。夫浙东诸儒,伤社稷阽危,蒸民涂炭,乃蹶然而起,不顾瞀儒曲士之訾短,极言空谈道德性命无补于事,而以崇功利为天下倡。揆其意,盖欲外御胡虏,内除粃政耳。使其道行,则偏安之宋,庶有豸乎?今之时势,不变法则必步宋之后尘,故嗣同于来书之盛称永嘉,深为叹服,亦见足下与我同心也①。

这就是思想史的真实。

(选自《中国古代思想史论》,人民出版社 1985 年版)

李泽厚(1930—),著名哲学家,湖南长沙人,现为中国社科院哲学研究所研究员,巴黎国际哲学院院士。主要著作有

---

① 《致唐佛尘》,见《中国哲学》第 4 辑第 425 页。

《中国古代思想史论》、《中国近代思想史论》、《中国现代思想史论》、《美的历程》等。

　　本文是其《中国古代思想史论》"经世观念随笔"一篇中的第三节,文章以王夫之、戴震、章学诚等史家为例证,认为明、清时期中国文化的走向,表现为由经学而史学,即着眼于具体的历史意识来替代抽象的心性玄谈。而"六经皆史"的史学观念,在思想史上的意义就在于为"经世致用"提出了历史学的论证。

中国古代史学理论发展大势

瞿 林 东

在丰富的中国古代史学遗产中,史学理论是一个重要的方面。这里说的史学理论,是指史家对于史学自身的认识,它不同于历史理论,即史家对于历史的认识。简言之,前者是关于史学的理论,后者是关于历史的理论。史家对于历史的认识,是他们对于史学认识的前提之一;而史家对于史学认识的发展,又反过来促进他们对于历史认识的深入。这两个方面的理论本有密切的联系,为着研究上的方便,尤其是为了总结古代史家对于史学自身认识的丰富遗产,推动当前史学理论的建设和历史研究的发展,有必要加强对于古代史学理论的研究。

中国古代史学理论的发展,大致经历了四个阶段。第一个阶段,是先秦、秦汉时期,这是它的产生阶段;第二个阶段,是魏晋南北朝隋唐时期,这是它的形成阶段;第三个阶段和第四个阶段,分别是宋元时期和明清(1840年以前)时期,这是它的发展阶段和终结阶段。

一、中国古代史学理论的产生：
从史学意识到自觉的史学发展意识

从春秋、战国之际到秦汉时期，中国古代史学理论逐步产生了。其标志是《春秋》、《左传》和《史记》等书所反映出来的对于史学的认识。从《春秋》和《左传》来看，它们的作者已经有了明确的史学意识；从《史记》来看，它更是突出地反映了司马迁的自觉的史学发展意识。这可以看作是古代史学理论产生阶段的主要特点。

《春秋》在史学意识上的突出反映，一是"属辞比事"，二是用体的思想。如《礼记·经解》所说："属辞比事，《春秋》教也。""属辞比事而不乱，则深于《春秋》者也。""比事"，是按年、时、月、日的顺序排比史事，是编年纪事的概括性说法。"属辞"，是指在表述史事时讲求遣词造句，注重文辞的锤炼。"属辞比事而不乱"，所谓"不乱"，除了编年纪事这种体裁之外，还包含了"属辞"中用例的思想。孔子修《春秋》，记二百四十二年史事，在史事和时间的关系的处理上，是"以事系日，以日系月，以月系时，以时系年"，（杜预：《春秋经传集解·序》）逐年编次。《春秋》以记鲁史为主，而包括周王朝及列国在这一时期的大事，这就要求汇集、编次同一段时间里发生在不同地区的史事。这是"比事"中对史事和空间之关系的处理。"比事"，还有一层含义，是对诸多史事比其大小、轻重而有所取舍、详略，以便用较少的文字表达出较多的历史情况和论断。这就是所谓"约其文辞而指博"。春秋时期，史事头绪纷繁，《春秋》的比事在对史事处理、史书编撰上作出了开创性的贡献。

《春秋》的"属辞"，首先也是有一定的体例上的要求。同是记战争，有伐、侵、入、战、围、救、取、执、溃、灭、败等不同的写法。同是记杀人，有杀、弑、尽杀、诱杀、歼等不同的写法。同是记人的死亡，有崩、薨、卒等不同的写法。《春秋》的"属辞"，还有缀辑文辞上的要求，即对于言辞、文采的重视。孔子重视言辞、文采的运用及其在社会实践中的效果，尤其重视对文辞的斟酌，认为："言之无文，行而不远。"(《左传》襄公二十五年)司马迁说："孔子在位听讼，文辞有可与人共者，弗独有也。至于为《春秋》，笔则笔，削则削，子夏之徒不能赞一辞。"(《史记·孔子世家》)这反映了孔子对历史撰述在文辞要求上的严肃态度。《左传》作者概括《春秋》在这方面的成就，说："《春秋》之称，微而显，志而晦，婉而成章，尽而不污"。(《左传》成公十四年"君子曰")后来《左传》、《史记》都继承、发展了《春秋》这方面的成就，取得了更大的成功。

从流传下来的远古传说里，可以看出人们很早就有了历史意识。从历史意识的产生、发展到史学意识的产生，其间经历了漫长的年代。至迟在西周晚年和春秋时期，周王朝和许多诸侯国都已经有了国史，这是当时贵族社会历史意识的反映。不过这些国史后来都失传了，我们很难推断当时人们在史学意识方面的情况。到了春秋末年，孔子修《春秋》，显然已经有了明确的史学意识。这除了上文所说的以外，还有两点是很重要的。第一，是孔子对于历史文献的认识。他说："夏礼，吾能言之，杞不足征也；殷礼，吾能言之，宋不足征也。文献不足故也。足，则吾能征之矣。"①从这里可以看出孔子对于历史文献的重视，讲授前朝的制度，不能不以

① 《论语·八佾》。按："文献"，历来有一种解释，即文，指文字记录，献指贤者言论。

历史文献为根据,这无疑是史学上的一个基本原则。作为史学家和文献整理者,孔子的这个认识和他的学术实践,对后来史学的发展有重大的影响。第二,是孔子对于历史撰述在思想上的要求。孟子这样说过:"王者之迹熄而《诗》亡,《诗》亡然后《春秋》作。晋之《乘》,楚之《梼杌》,鲁之《春秋》,一也;其事则齐桓、晋文,其文则史。孔子曰:'其义则丘窃取之矣。'"(《孟子·离娄下》)这里说的"义",是褒贬之义,即是对于史事的认识和评价。孔子以前,已有一些史官善于指陈历史形势,对历史趋势作出判论,显示出了相当深刻的历史见解。而从历史撰述上即从史学上明确提出"义"的要求,孔子是最早的,这对后来中国古代史学的发展,产生了极其深刻的影响。可以认为,孔子是中国史学上第一位具有明确的史学意识的人。

《左传》的史学意识,一方面,表现在上文所引它对《春秋》文辞的称赞。另一方面,表现在它十分关注史官记事的态度。《左传》宣公二年通过记载晋灵公被杀、大史董狐对此事的记述及其与赵盾的辩论,然后借孔子的话,称赞董狐"古之良史也,书法不隐",突出了董狐坚持如实记事的原则。《左传》襄公二十五年记齐国崔杼派人杀死国君庄公之事后,写道:"大史书曰:'崔杼弑其君。'崔子杀之。其弟嗣书,而死者二人。其弟又书,乃舍之。南史氏闻大史尽死,执简以往。闻既书矣,乃还。"《左传》作者对于这一史事未作评论,但联系宣公二年所记,这是非常鲜明地在称颂齐国大史兄弟和南史氏不惜以死殉职的精神。所谓"董狐精神"、"南、董之志",成为中国史学上秉笔直书优良传统的先声和楷模,同《左传》的史学意识及有关的记载是密切相关的。

《左传》的史学意识在这两个方面的表现,表明中国古代史学此时已开始滋生史学批评的思想。孔子对董狐的评论,《左传》对

《春秋》的评论和对史官恪守职责、秉笔直书精神的称道,说明古代史学批评从开始滋生之时起,便具有很高的境界。

比《左传》成书年代稍晚的《孟子》,在史学方面提出了一些很重要的见解。上文所引的"王者之迹熄而《诗》亡,《诗》亡然后《春秋》作"以及"事"、"文"、"义"的说法,是指出了政治形势和史书编写之间的联系,即涉及历史进程和史学发展的关系;指出了历史编撰所包含的事、文、义三个基本方面,并用孔子的话强调了"义"的重要。孟子关于历史进程和史学发展的关系的思想,包含着史学是一定历史时代的产物的认识,即认为《诗》代表一个时代,这就是"王者之迹";《春秋》代表另一个时代,这就是齐恒、晋文之世。他概括了史书应当包含事、文、义三个方面,而又不把它们作同等的看待,突出了"义"的地位,这实际上是提出了史学上的三个重要范畴及其相互关系的认识。他的这些见解,在中国史学上都是很重要的。孟子在史学方面的见解,还突出反映在他明确地提出了有关史学的社会作用的认识。他说:"世衰道微,邪说暴行有作,臣弑其君者有之,子弑其父者有之。孔子惧,作《春秋》。《春秋》,天子之事也。是故孔子曰:'知我者其惟《春秋》乎!罪我者其惟《春秋》乎!'"(《孟子·滕文公下》)还说:"孔子成《春秋》而乱臣贼子惧。"这一段话,包含的思想很丰富,一是指出了史家撰史的社会环境;二是从"孔子惧,作《春秋》",看出了史家撰史具有明确的社会目的;三是指出了史学的社会作用,即"孔子成《春秋》而乱臣贼子惧"。孟子关于史学和社会关系的认识,在先秦时期的史学上是有代表性的,对以后也有深刻的影响。

先秦时期,从《春秋》和孔子言论,以及《左传》和孟子言论中,大致可以看到人们的史学意识具有鲜明的特点和丰富的内涵。我们可以把它归结为以下几个方面:(一)重视史书的结构和文辞;

（二）重视史家对于史事的评价；（三）推崇"书法不隐"的秉笔直书精神；（四）提出史学发展同历史发展之间关系的认识；（五）关于历史撰述的社会条件、社会目的和社会作用的认识；（六）提出了事、文、义史学上的三个范畴，等等。这些，对于中国古代史学理论的发展，都具有重要的意义。

西汉时期，古代史家的历史意识更进一步增强了。司马谈临终前同其子司马迁那一番激动人心的谈话，正是这种强烈的历史意识的生动写照。不仅如此，《史记》一书还洋溢着司马迁的一种自觉的史学发展意识，这是先秦时期的史家、史著中所不曾有的、更高层次的史学意识。所谓史学发展意识，它不止是涉及有关史学的某些方面的认识，而且极为看重史学是史学家们不应为之中断的、具有连续性的神圣事业。他在《史记·太史公自序》中一字千钧地写道：

先人有言："自周公卒五百岁而有孔子。孔子卒后至于今五百岁，有能绍明世，正《易传》，继《春秋》，本《诗》、《书》、《礼》、《乐》之际？"意在斯乎！意在斯乎！小子何敢让焉。

"小子何敢让焉"，这是把"绍明世"、"继《春秋》"的工作同周公、孔子的事业联系起来，还有什么比这更重要的呢？在司马迁看来，"《春秋》辨是非，故长于治人"；"《春秋》以道义"，"拨乱世反之正，莫近于《春秋》。《春秋》文成数万，其指数千。万物之散聚皆在《春秋》"。可见，所谓"继《春秋》"，确乎神圣的事业。司马迁自觉的史学发展意识，可谓鲜明而又强烈。

司马迁的这种史学发展意识产生了伟大的成果，即写出了《史记》（他自称为《太史公书》）。他说：《太史公书》，"以拾遗补艺,成一家之言,厥协《六经》异传,整齐百家杂语"①。这是他的史学发展意识在实践上的要求,即把继承前人成果同自己的"成一家之言"结合起来,作为努力的目标。从广泛的意义上看,司马迁的"成一家之言",不仅仅是指《史记》说的,而且也是指"史家"说的。战国时期有诸子百家而"史记放绝",司马迁是要改变这种状况,他要使历史撰述也成为一"家"。这在史学发展上,是一件具有划时代意义的事情。

从孔子到司马迁,古代史家的史学意识不断滋生、发展,提出了许多史学理论上重要问题。直至提出"成一家之言"的庄严目标。中国史学走完了它的童年时代开始成熟起来,史学理论的产生是这一发展过程的重要标志。

二、中国古代史学理论的形成: 系统的史学批评理论的提出

魏晋南北朝隋唐时期,在马、班所奠定的基础上,中国史学有了更大的发展。这时期的史学理论,已不限于提出来一些重要问题进行新的探讨,而且提出了系统的史学批评理论。这是古代史学理论的形成时期。南朝梁人刘勰《文心雕龙·史传》篇、唐初政治家关于史学的言论、《晋书》卷八二有关史家的传记、《隋书·经籍志》史部诸序等,都是反映这个时期史学理论发展的重要文献。尤其是刘知几的《史通》,提出了系统的史学批评的理论和方法论,标志着古代史学理论的形成,是中国古代史学发展的里程碑。

《文心雕龙·史传》篇,是《史记·太史公自序》以后较早的评

---

①　以上均见《史记·太史公自序》。

论史学的专篇。它认为史书具有使人们"居今识古"、"彰善瘅恶，树之风声"的作用。提出撰史的要求是："贯乎百氏，被之千载；表征盛衰，殷鉴兴废；使一代之制，共日月而长存；王霸之迹，并天地而久大。"它认为在历史编纂上最难处理的是对于史事的"总会"和"诠配"；并强调"述远"而不致"诬矫"、"记近"应杜绝"回邪"，以存信史为贵。《晋书》卷八二记载了陈寿等两晋时期 12 个史家的传记，实际上是关于史家的类传。本卷后论说："古之王者咸建史臣，昭法立训，莫近于此。若夫原始要终，纪情括性，其言微而显，其义皎而明，然后可以茵蔼缇油，作程遐世者也。"这不是评论一部史书或一个史家，而是从理论上说明"史臣"的政治作用和社会作用。这反映了唐初史家对于"史臣"群体的历史地位的重视，也反映了他们对于一个朝代的史家活动的历史的重视。这两点都表明：从历史活动来看，史家成为考察和撰述的对象之一，是史学在社会生活中日益为人们所重视的结果；从史学活动来看，对于"史家"群体的研究和评论，正是史学活动主体对于自身历史的反省。《晋书》卷八二在这方面是一个开端。其赞语的最后一句话是："咸被简册，共传遥祀。"这是既涉及历史又涉及史学、意味深长的一句话。《隋书·经籍志》史部在史学发展上有重大贡献。从史学理论来看，它的贡献在于：第一，它把史书分成 13 个类别，从而对历史撰述的范围提出了明确的界说。这 13 类的名称是：正史、古史、杂史、霸史、起居注、旧事、职官、仪注、刑法、杂传、地理、谱系、簿录。第二，《隋志》的历史文献分类思想具有力图反映史书之时代特征的自觉意识，这在霸史、杂传、谱系等类尤为突出。第三，它对史官所应具备的知识和所承担的职责作了简明的概括，这就是："夫史官者，必求博闻强识，疏通知远之士，使居其位，百官众职，咸所贰焉。是故前言往行，无不识也，天文地理，无不察也;人事之纪,无不达也。内掌八柄,以诏王治,外执六典,以逆官政。书美以彰善,记恶以垂戒,范围神化,昭明令德,穷圣人之至赜,详一代之叠叠。"《隋志》还考察了各类史书的源流,并作了简要的评价,这在史学史上有重要的参考价值。

唐初政治家和史学家唐高祖、唐太宗、唐高宗、魏征、令狐德棻、朱敬则等,关于史学有丰富的言论,也提出了一些理论上的认识。首先,唐高祖、唐太宗都十分重视史学对于政治统治的重要作用。唐高祖《修六代史诏》说:"司典序言,史官纪事,考论得失,究尽变通,所以裁成义类,惩恶劝善,多识前古,贻鉴将来。"唐太宗在《修晋书诏》中讲到他自己阅读史籍的收获和认识,认为:"大矣哉,盖史籍之为用也。"指出,历代史书"莫不彰善瘅恶,激一代之清芬;褒吉惩凶,备百王之令典"①。可以认为,"贞观之治"局面的出现,跟当时的史学是有密切关系的。其次,重视对于史官的严格挑选。朱敬则《请择史官表》说:"董狐、南史,岂知生于往代而独无于此时,在于求与不求、好与不好尔!"(《旧唐书·朱敬则传》)根据他的提议,唐高宗有《简择史官诏》,指出:"修撰国史,义在典实。自非操履贞白,业量该通,谠正有闻,方堪此任。"(《唐大诏令集》卷八一)对史官的德行、学识提出了明确的要求。后来有"史德"的说法,其实这里讲的"操履贞白"、"谠正有闻"就包含了对"史德"的要求。这些认识,在政治上和史学上都产生了积极的影响,对推动史学理论的发展也有一定的意义。

这个时期,史学家在史学理论上提出的问题还有:(一)关于史书体例的认识。杜预的《春秋左氏传序》,对史书体例思想的发展有重要的作用。(二)关于历史评论的认识。范晔提出了"精意

---

① 以上均见《唐大诏令集》卷八一。

深旨”、“笔势纵放”的要求,并认为史论可以起到“正一代得失”的作用。(三)批评意识进一步加强,提出了一些史学批评原则。《文心雕龙·史传》篇提出了“详实”、“准当”、“激抗难征”、“疏阔寡要”、“文质辨洽”、“审正得序”、“约举为能”等等,有肯定的,也有否定的。唐太宗《修晋书诏》批评诸家晋史“才非良史,事亏实录”,或“烦而寡要”,或“滋味同于画饼”,或“其文既野,其事罕有”等。颜师古《汉书叙例》对“近代注史,竞为该博,多引杂说,攻击本文”等弊端,也多有批评,主张注史“翼赞旧书,一遵轨辙,闭绝歧路”的原则。

这时期,反映在史学方法上主要有:(一)比较的方法。如张辅、范晔之论马、班优劣①。(二)连类列举的方法。袁宏《后汉纪序》说:“言行趣舍,各以类书”。这种方法扩大了编年体史书的容量,在历史编纂方法论上是有意义的。(三)考异的方法。裴松之注《三国志》,“务在周悉”,但并非盲目以“博”为目的。他注意到区别补阙、存异、惩妄、论辩等不同情况,较早提出了考异的方法论②。

以上这些史学理论、方法论的新进展,为系统的史学批评理论的提出准备了条件。刘知几《史通》一书是我国古代史学中第一部以史学作为研究对象的、系统的理论著作。这部史学理论著作贯穿着强烈的批判精神,从这个意义上说,它应当被看作是一部史学批评著作。《史通》原为52篇,佚3篇,今存49篇,凡20卷。前10卷为内篇,是全书的主要部分,着重阐述了有关史书的体裁、体例、史料采辑、表述要求和撰史原则,以及史学功用等,其中以评论

---

① 参见《晋书·张辅传》、《后汉书·班彪传》后论。
② 参见裴松之《上三国志注表》。

纪传体史书的各种体例居多。后10卷为外篇,论述史官制度,正史源流,杂评史家、史著得失,并略申作者对于历史的见解。刘知几撰《史通》的旨趣,是"商榷史篇","辨其指归",又"多讥往哲,喜述前非"①。他在继承前人思想成果的基础上,提出了系统的史学批评的理论。其主要内容是:

第一,关于史书内容的范围。《书事》篇引用荀悦"立典有五志"的论点,即达道义、彰法式、通古今、著功勋、表贤能为史书内容的范围。又引用干宝对于"五志"的阐释,即体国经野之言、用兵征伐之权、忠臣烈士孝子贞妇之节、文诰专对之辞、才力技艺殊异等。刘知几认为:"采二家之所议,征五志之所取,盖记言之所网罗,书事之所总括,粗得于兹矣。"同时,他又认为,要使书事没有"遗恨",还必须增加"三科",即叙沿革、明罪恶、旌怪异。"五志"加上"三科","则史氏所载,庶几无缺"。这里所说的史书内容范围的问题,实质上已触及到史家主观意识如何更全面的反映客观历史的问题了。

第二,关于撰史原则。《采撰》篇一方面主张要慎于"史文有阙"的问题,一方面也强调"征求异说,采摭群言,然后能成一家"。刘知几肯定魏晋南北朝以来史籍繁富,皆"寸有所长,实广见闻",但也产生了"苟出异端,虚益新事"的弊病。他告诫人们:"作者恶道听途说之迷理,街谈巷议之损实";"异辞疑事,学者宜善思之"。《杂述》篇还说:"学者博闻,盖在择之而已。"慎于采撰,根本的问题是要辨别什么是历史事实,这是刘知几论撰史原则的核心。

第三,关于史书的体裁、体例。《史通》以精辟地论述史书体裁、体例而享有盛誉。《序例》篇说:"夫史之有例,犹国之有法。

————————————

① 参见《史通》原序及《自叙》篇。

国无法,则上下靡定;史无例,则是非莫准。"这是指出史书体例本是史家反映历史见解的一种形式。刘知几推崇《春秋》、《左传》、范晔《后汉书》、萧子显《南齐书》的体例思想;而他的新贡献是提出了"诸史之作,不恒厥体"的理论,并通过《六家》、《二体》、《杂述》等篇,对史书体裁作了总体上的把握,论述了纪传体史书的各种体例。

第四,关于史书的文字表述。《叙事》篇较早的从审美意识提出了这个问题,"夫史之称美者,以叙事为工"。他认为"简要"是"美"与"工"的基本要求,主张"用晦",认为:"夫能略小存大,举重明轻,一言而巨细咸该,片语而洪纤靡漏,此皆用晦之道也。"他还提出史书文字表述应采用"当时口语","从实而书",以不失"天然"。同时,他也反对"虚加练饰,轻事雕彩"、"体兼赋颂,词类俳优"的文风,反对"文非文,史非史"的文字表述。

第五,关于史家作史态度。《直书》、《曲笔》两篇提出了"直书"、"曲笔"两个范畴,并作了理论上的说明,认为这是"君子之德"和"小人之道"在史学上的反映。从刘知几所揭示出来的"直书"与"曲笔"对立的种种情况;说明它们的出现不仅有撰史者个人德行上的迥异,也有社会的原因,如皇朝的更替、政权的对峙、等级的界限、民族的隔阂等。刘知几认为,直书才有"实录",曲笔导致"诬书",它们的对立从根本上决定了史书的价值和命运。

第六,关于史学的功用。《史通》讲史学功用的地方很多,如《直书》、《曲笔》、《自叙》、《史官建置》等。《辨职》篇尤为集中,提出了史学功用的三种情况:"史之为务,厥途有三焉。何则?彰善贬恶,不避强御,若晋之董狐、齐之南史,此其上也。编次勒成,郁为不朽,若鲁之丘明、汉之子长,此其次也。高才博学,名重一时,若周之史佚,楚之倚相,此其下也。苟三者并阙,复何为者哉!"刘知几对于这三种情况的划分,明确地显示出他的史学价值观。

以上这几个方面,是从史学工作的内在逻辑联系分析了《史通》一书所提出来的史学批评理论体系;尽管《史通》本身不是按照这个体系来编次的,但这个体系却包含在全书当中。它标志着古代史学理论的形成,也是古代史学发展的新阶段。同这个理论体系相表里的,是刘知几的"史家三长"说。他提出了史才、史学、史识即"史家三长"这三个范畴,阐释了它们各自的内涵和相互间的关系①,是史学家自我意识的新发展,精神境界的新的升华。从整体来看,刘知几在史学理论发展上所达到的高度,的确是前无古人的,《史通》写成于唐中宗景龙四年(710),这在世界史学史上,大概也是无与伦比的。

这个时期在史学理论发展上还值得提到的,主要有皇甫湜和柳宗元。皇甫湜的《编年纪传论》一文,是对东晋以来编年、纪传孰优孰劣数百年之争的总结。他指出:"编年、纪传,系于时之所宜、才之所长者耳,何常之有?故是非与众人同辨,善恶得圣人之中,不虚美,不隐恶,则为纪、为传、为编年,是皆良史矣。"②这反映了古代史家在理论上对史书体裁认识的成熟。柳宗元的《非国语》和《与韩愈论史官书》,也都是史学理论方面的重要文献。《非国语》67篇,是一部史学批评专书。它主要从历史观点上,批评了《国语》在天人关系、历史进程中的因果关系、历史评价标准,以及史家书法等问题上的错误。③ 在这以前,对一部史书从历史观点上作这样严峻的批评,还没有先例。这反映了史学批评的发展。

---

① 详见《旧唐书·刘子玄传》。

② 见《文苑英华》卷七四二。

③ 见《柳河东集》卷四四、四五。

20世纪儒学研究大系

《与韩愈论史官书》指出了史家应具有坚定的信念和崇高的责任感,这就是"道苟直,虽死不可回也"和"孜孜不敢怠"的精神①。这是继《隋志》史部总序、朱敬则《请择史官表》、唐高宗《简择史官诏》、刘知几史家"三长"说关于史家的评论之后,又一个重要的补充,反映了对于史学主体认识上的新进展。

三、中国古代史学理论的发展: 史学批评的繁荣和理论形式的丰富

五代、辽宋西夏金元时期,尤其是两宋时期,中国古代史学有了更大的发展。通史、民族史、当代史、历史文献学等方面,在这时期都取得了许多新成果。史学批评在相当广泛的范围里进一步展开,史学理论在不少问题的认识上更加深入,在表现形式上亦更加丰富了。这几个方面表明,中国古代史学理论进入了它的发展阶段。

没有批评就没有发展。史学理论的发展,在很大程度上是通过史学批评来实现的。这个时期的史学批评范围扩大了,不少问题的讨论更加深入了。北宋,如《册府元龟·国史部》诸序、吴缜、曾巩;南宋,如郑樵、朱熹、洪迈、叶适、陈振孙、晁公武;元初,如马端临等,在史学批评方面都各有成就。

北宋官书《册府元龟》国史部在编纂思想上有很明确的批评意识,其公正、采撰、论议、记注、疏谬、不实、非才等门的序,以及国史部总序,在史学批评的理论上都提出了一些新问题。《论议》门序说:"至于考正先民之异同,论次一时之类例,断以年纪,裁以体

① 见《柳河东集》卷三一。

范,深述惩劝之本,极谈书法之事,或列于封疏,或形于奏记。"这是对前人"论议"的问题作了归纳,也反映出作者在史学理论方面所作的思考。其以《公正》、《恩奖》等门称赞史学上"执简之余芳,书法之遗懿者"与"鸿硕之志,良直之士";而以《疏谬》、《不实》、《非才》诸门批评史家撰述上的种种弊端。《册府元龟》国史部立《疏谬》门,并增立《不实》、《非才》两门,使三者有所区别,是对《史通·纰缪》篇的继承和发展,在理论上是有价值的。吴缜撰《新唐书纠谬》、《五代史纂误》,都是专就一部史书的"谬"、"误"进行评论。如《新唐书纠谬》按其所摘举之谬误,取其同类,加以整比,厘为20门,即:以无为有,似实而虚,书事失实,自相违舛,年月时世差互,官爵姓名谬误,世系乡里无法,尊敬君亲不严,纪志表传不相符合,载述脱误,事状丛复,宜削而反存,当书而反阙,义例不明,先后失序,编次未当,与夺不常,事有可疑,字书非是。它能列举出这么多的批评项目来,虽然未必都很中肯,但人们还是可以从中得到不少启发的。作者指出《新唐书》致误的8条原因,也具有这样的性质。在史学批评理论方面,吴缜提出了两个问题。第一,什么是"信史"?他给"信史"作了这样的理论概括:"必也编次、事实、详略、取舍、褒贬、文采,莫不适当,稽诸前人而不谬,传之后世而无疑,粲然如日星之明,符节之合,使后学观之而莫敢轻议,然后可以号信史。反是,则篇帙愈多,而讥谯愈众,奈天下后世何!"(《新唐书纠谬》序)给"信史"作这样的规范、下这样的定义,在史学上以前还没有过。第二,史学批评的标准是什么?他说:"夫为史之要有三:一曰事实,二曰褒贬,三曰文采。有是事而如是书,斯谓事实;因事实而寓惩劝,斯谓褒贬;事实、褒贬既得矣,必资文采以行之,夫然后成史。至于事得其实矣,而褒贬、文采则阙焉,虽能成书,犹不失为史意。若乃事实未明,而徒以褒贬、文采为事,则是既不成书,而又失为史之意矣。"(《新唐书纠谬》序)把事实、褒贬、文采尤其是事实作为史学批评标准,在以前也是不曾有过的。《新唐书纠谬》在史学批评的理论和方法上,都有不可忽视的价值。曾巩撰有《南齐书目录序》、《梁书目录序》《陈书目录序》等文,反映出他的史学批评思想。曾巩指出:历史上的经验教训要能"传于久",为后人"法戒","则必得其所托","此史之所以作也"。这实际上是讲到了历史的鉴戒作用是通过历史撰述作为中介来实现的,其中包含了把客观历史和历史撰述加以区别开来的思想。曾巩还对"良史"提出了明确的标准:"尝试论之,古之所谓良史者,其明必足以周万事之理,其道必足以适天下之用,其智必足以通难知之意,其文必足以发难显之情,然后其任可得而称也。"①这里提出了"明"、"道"、"智"、"文"四个概念,同刘知几提出的才、学、识相参照,前者更强调了"适天下之用",这一个变化是值得注意的。

　　郑樵的"会通"之论、叶适的"史法"之议、朱熹的读史之论,在史学批评上都占有重要的位置。郑樵的《通志·总序》是一篇阐释"会通之义"的宏文。他认为,孔子和司马迁是两位最深谙"会通之义"的史家。孔子"总《诗》、《书》、《礼》、《乐》会于一手,然后能同天下之文;贯二帝、三王通为一家,然后能极古今之变"。司马迁"上稽仲尼之意,会《诗》、《书》、《左传》、《国语》、《世本》、《战国策》、《楚汉春秋》之言,通黄帝、尧、舜至于秦、汉之世,勒成一书","使百代而下,史官不能易其法,学者不能舍其书。六经之后,惟有此作"。郑樵说的"同天下之文",是从空间上同时也是从文献上着眼的;他说的"极告古今之变",是从时间上亦即历史进

────────────

① 以上均见《曾巩集》卷一一。

程上着眼的。郑樵所谓"会通之义"的涵义，从对司马迁的称赞和
对班固的批评中，可以归结为重古今之相因、极古今之变化这两句
话。他在这方面的理论阐释是有理论价值的，而他对班固"断代
为史"的批评，则未免失之过当。叶适有不少关于"史法"的议论，
并对自《春秋》以下至《五代史》均有评论。叶适认为，《春秋》以
前已有"史法"，但"史有书法而未至乎道，书法有是非而不尽乎
义，故孔子修而正之，所以示法戒，垂统纪，存旧章，录世变也。"①
叶适论"史法"，有一个中心，即反复批评司马迁破坏了"古之史
法"，而这些批评大多是不可取的。他的"史法"论，在史学批评史
上，只能是是非得失两存之。朱熹有许多史学批评方面的言论，其
中不乏精辟论断。他评论史家才、识，说："司马迁才高，识亦高，
但粗率。"他评论史书之通俗、可读，说："温公之言如桑麻谷粟。
且如《稽古录》，极好看，常思量教太子诸王。……人家子弟若是
先看得此，便是一部古今在肚里了。"他评论史家的史论，说："《唐
鉴》意正有疏处。孙之翰《唐论》精练，说利害如身处亲历之，但理
不及《唐鉴》耳。"他论史家经世致用思想，说："杜佑可谓有意于世
务者。"朱熹论读史有一个很重要的见解，就是："读史当观大伦
理、大机会、大治乱得失。"②这实际上是提出了一条重要的史学批
评标准，即以此可以审察历史撰述是否真正把握了有关时代的
"大伦理、大机会、大治乱得失"。历史的内容纷繁复杂，并非所有
的事件、人物都可以写入史书。史家究竟应当着重写什么？朱熹
提出的见解是有启发的。南宋时期，还有不少史家在史学批评上
也都有所建树，不一一列举。

---

① 《习学记言序言》卷九、一〇、一一。
② 以上均见《朱子语类》卷一三四、一三六、一一。

元初马端临撰《文献通考》,在史学理论上颇提出一些新问题。他认为《资治通鉴》"详于理乱兴衰,而略于典章经制",这是因为"著述自有体要,其势不能以两得也"。关于典章经制的著作,他称赞杜佑《通典》"纲领宏大,考订该洽,固无以议为也"。马端临同郑樵一样,也是力主"会通"思想的。他在郑樵的基础上又提出了一个新的认识,就是:"理乱兴衰,不相因者也";"典章经制,实相应者也"①。这是说:历代治乱兴衰,在具体史事上不一定相承相因;而历代典章制度,却是相承相因的。换言之,治乱兴衰有种种景象,不以连续性为其特点;典章制度虽有损益,而发展的连续性则是其特点。他把对于史事的记载同对于制度的记载作区别,在理论上还是第一次。

以上这些,都在不同的方面反映出古代史学理论处于新的发展阶段。

四、中国古代史学理论的终结: 批判、总结、嬗变

中国古代史学发展到明清时期,有两个极明显的特点,一是越来越具有更广泛的社会性,二是出现了批判、总结的趋势,同时也萌生着嬗变的迹象。大致说来,史学理论的发展,也不能脱离这两个特点,而在后一个特点上表现得更突出一些。因此,这可以看作是中国古代史学理论的终结阶段,其特征便是批判、总结和嬗变。明后期的王世贞、王圻、李贽,明清之际的顾炎武、黄宗羲、王夫之,清前期的王鸣盛、赵翼、钱大昕、崔述、章学诚、阮元、龚自珍等,在

① 均见《文献通考》序。

史学理论、方法论方面,都各有不同的成就和贡献。

在史学的批判总结方面,王世贞对国史、野史、家史的总体性评论,具有方法论的意义。他曾著《史乘考误》100卷。在卷首小引中,他指出了国史、野史、家乘的种种弊端,然后写道:"虽然国史人恣而善蔽真,其叙章典、述文献、不可废也;野史人臆而善失真,其征是非、削讳忌,不可废也;家史人谀而善溢真,其赞宗阀、表官绩,不可废也。"他对国史、野史、家史的这种估价,不同于一些史家所持的片面性看法,而带有辨证的因素。同时,他的这个见解,是建立在对于许多文献、史料辨析的基础上提出来的,故尤其具有方法论的价值。李贽在史学理论上的批判精神,比王世贞要突出得多。其主要之点,是针对以往的社会历史观提出来的,而核心又在于历史评价的是非标准。李贽认为:"人之是非,初无定质;人之是非人也,亦无定论。无定质,则此是彼非并育而不相害;无定论,则是此非彼亦并行而不相悖矣。"这是肯定了人们认识事物的"是"与"非"是可以同时存在的,甚至可以"并育"以促进认识的发展。他进而指出:汉、唐、宋三代,"中间千百余年而独无是非者,岂其人无是非哉?咸以孔子之是非为是非,故未尝有是非耳。"①这是明确地提出,在历史评价上应当改变"咸以孔子之是非为是非"的传统价值观念。李贽的这一认识,包含有相对主义的因素,但在当时对于突破传统历史思想的束缚方面,是有积极意义的。这反映出史家在史识的理解上已开始提出了新的认识。王圻有丰富的历史撰述,《续文献通考》是他的代表作。《续文献通考》在史学理论上有两点是极为突出的,一是重视历史撰述上的批判继承,二是重视史学的经世致用。他对马端临《文献通考》的批判

---

① 均见《藏书·世纪列传总目前论》。

继承表现在:第一,是要改变"详于文而献则略"的情况;第二,是增加辽、金典制;第三,是增设若干新的门类。从《通典》、《通志·略》、《文献通考》到《续文献通考》,古代史家尊重前人成果又不囿于前人陈说的学风和思想,表现得十分明显。对前人著述和思想批判继承的理论,无疑是古代史学理论的一部分。

顾炎武、黄宗羲、王夫之是大思想家,也是史学的大师。他们在史学理论上有一个共同的特点,即十分强调史学的经世致用,从而把唐宋以来逐渐明确起来的经世致用的史学思想发展到新的阶段。顾炎武认为,重视史学,若干年间,"可得通达政体之士,未必无益于国家"。(《日知录》卷一六《史学》条)黄宗羲在为万斯同所撰《历代史表》写的序言中说:"二十一史所载,凡经世之业,亦无不备矣。"这反映了他对史学社会作用的认识。他和顾炎武一样,深感史学对于人才培养的至关重要。他说:"自科举之学盛,而史学遂废。昔蔡京、蔡卞当国,欲绝无史学,即《资治通鉴》板亦议毁之,然而不能。今未尝有史学之禁,而读史者顾无其人,由是而叹人才之日下也。"王夫之《续通鉴论》叙论四之二,对"资"、"治"、"通"、"鉴"作了深刻的阐述,通篇是论述了优秀的历史著作何以对政治、社会、人生有极大的关系。他认为,读史,既置身于现实之中,又要设想置身于历史环境之中,作认真的思考、比较,就会认识到历史的借鉴作用。他说:"设身于古之时势,为己之所躬逢;研虑于古之谋为,为己之所身任。取古人宗社之安危,代之以忧患,而己之去危以即安者在矣;取古昔民情之利病,代之以斟酌,而今之兴利以除害者在矣。得可资,失亦可资;同可资,异亦可资也。故治之所资,唯在一心,而史特其鉴也。"这一段话,把历史和现实,古人和今人,成功和失败,经验和教训,相同和相异,这几层关系都讲到了,而且洋溢着辨证的思想。顾炎武、黄宗羲、王夫之三人的经世致用史学思想,把中国古代史学经世致用的优良传统推到了那个时代的最高峰。

王鸣盛、赵翼、钱大昕、崔述、阮元等,是清代前期在历史文献学的理论和方法论上都各有建树的几位名家。他们在史学理论上的一个共同的重要论点,就是认为由于种种不同的原因,前人的历史撰述以及其他一些历史文献,有不少是可以商榷、考异或考信的,只有经过严格的考证和辨析,人们才可能更清楚地认识到历史的真实。其核心在于求实、求信。钱大昕说:“史非一家之书,实千载之书,袪其疑,乃能坚其信;指其瑕,益以见其美。”①王鸣盛认为:“大抵史家所记典制,有得有失。读史者不必横生意见,驰骋议论,以明法戒也。但当考其典制之实,俾数千百年建置沿革,了如指掌,而或宜法,或宜戒,待人之自择焉可矣。其事迹则有美有恶,读史者亦不必强立文法,擅加与夺,以为褒贬也。但当考其事迹之实,俾年经事纬,部居州次,记载之异同,见闻之离合,一一条析无疑,而若者可褒,若者可贬,听之天下之公论焉可矣。”②一是“考其典制之实”,二是“考其事迹之实”,这是求实的两个方面。跟王鸣盛、赵翼、钱大昕有所不同的是,崔述是从社会历史的变迁和学风的变化发现了历代经师所说古史的可疑之处,即他说的“二帝、三王、孔门之事于是大失其实”③,从而提出了古史考信的理论和方法。阮元是古代最后一位历史文献学大师,他“论学宗旨在实事求是,自经史、小学、历算、舆地、金石、辞章,巨细无所不包,尤以发明大义为主”。他的不少著作,“推阐古圣贤训世之意,

---

① 《廿二史考异》序。
② 《十七史商榷》序。
③ 《考信录提要》卷上。

务在切于日用,使人人可以身体力行"①。他们在考证、校勘、汇刻历史文献的方法上,各具特色。王鸣盛是搜罗正史以外群书,"尽取以供佐证,参伍错综,比物连类,以互相检照,所谓考其典制、事迹之实也"。他不主张"以议论求法戒"、"以褒贬为与夺"。赵翼则认为:"盖一代修史时,此等记载无不搜入史局,其所弃而不取者,必有难以征信之处,今或反据以驳正史之讹,不免贻讥有识。"②所以他的考证工作,主要是就正史纪、传、表、志中"参互勘校"。同时,他对于"古今风气之递变,政事之屡更,有关治乱兴衰之故者,亦随所见附著之"。王、赵在考证的方法论上,各有长短,而历史见识上则赵胜于王。钱大昕在方法论上更有一种近于历史主义的认识,他反对"空疏措大,辄以褒贬自任,强作聪明,妄生疥痏,不卟年代,不揆时势,强人以所难行,责人以所难受,陈义甚高,居心过刻"的治学态度,而持"唯有实事求是,护惜古人之苦心,可与海内共白"③的治学态度。钱大昕作为考史学派的最主要的代表人物,跟他的这种治学态度是密切相关的。崔述的方法是"取经传之文,类而辑之,比而察之,久之而后晓然知传记、注疏之失";阮元整理、校勘、阐释历史文献的方法则是"汇汉、宋之全"即"持汉学、宋学之平"④,把考证和义理结合起来。而王、赵、钱、崔、阮在方法论上有一个共同的地方,即他们都强调"实事求是"。他们从历史文献学方面提出的理论和方法论,正是古代史学理论和方法论在这个领域里的批判性总结。

---

① 《清儒学案》卷一二一《仪征学案》上。
② 《廿二史札记》小引。
③ 《廿二史考异》序。
④ 龚自珍:《定庵续集·阮尚书年谱第一序》;《拟国史儒林传序》跋语,见《研经室集》一集卷二。

从理论上全面总结中国古代史学的史家,还是章学诚。他的成就主要在理论方面,所著《文史通义》、《校雠通义》在史学理论上有重大建树,其中也有论及历史理论的名篇(如《文史通义》中的《原道》三篇)。章学诚在史学理论方面的新贡献主要有以下几点:(一)在继承、发展前人认识的基础上,提出了"六经皆史"的论点,这是继《隋书·经籍志》确立史学从经学中分离出来的经史分途格局之后,进而以史学来说明经书的新认识,这就进一步扩大和丰富了史学的内涵。(二)提出了"史法"和"史意"的区别,而重于"史意"的探索。他说:"吾于史学,盖有天授,自信发凡起例,多为后世开山,而人乃拟吾于刘知几。不知刘言史法,吾言史意,刘议馆局纂修,吾议一家著述,截然两途,不相入也。"(《文史通义·家书二》)简要地说,"史法"是探讨历史撰述的形式和内容,"史意"是探讨历史撰述中的思想。刘、章的联系和区别,继承和发展,即在于此。(三)提出了"撰述"与"记注"的区别,以"圆神"、"方智"为史学的两大宗门。他说:"记注欲往事之不忘,撰述欲来者之兴起,故记注藏往似智,而撰述知来拟神也。"①"记注"与"撰述",亦可从"史法"与"史意"中得到说明。(四)提出了历史编撰上"神奇"与"臭腐"互相转化、发展的辩证法则。他认为:"事屡变而复初,文饰穷而反质,天下自然之理也。"他从《尚书》圆而神一直讲到袁枢《通鉴纪事本末》的出现,并说:"神奇化臭腐而臭腐复化为神奇,本一理耳。"②(五)总结了通史撰述的品类及其所具有的六便、二长、三弊,建立了古代通史学理论③。(六)提出了

---

① 《文史通义·书教下》、《与邵二云论修宋史书》。
② 参见《文史通义·书教下》。
③ 参见《文史通义·释通》。

"史德——心术"论，发展了刘知几的"史家三长"说，把关于史家自身修养的理论提高到一个新的阶段①。（七）提出了"临文心敬"、"论古必恕"的文史批评的方法论原则。他说："不知古人之世，不可妄论古人文辞也；知其世矣，不知古人之身处，亦不可以遽论其文也。"（《文史通义·文德》）这是关于知人论世的精辟见解。（八）总结了关于历史文学的理论，提出了"闳中肆外，言以声其心之所得"、"传人者文如其人，述事者文如其事"②等文字表述的原则。（九）提倡"别识心裁"、"独断之学"的断承、创新精神，强调在认识前人"著述之源，而知作者之旨"的基础上进行新的创造，此谓之"心裁别识，家学具存"③。

章学诚的《校雠通义》是一部系统的历史文献学的理论著作，其中《原道》篇结合社会发展总结了历史文献发展的规律，《宗刘》以下诸篇从理论和历史两个方面总结了古代历史文献学的成就。

龚自珍所处的时代，中国社会正处于历史大变动的前夜。随着这个历史大变动的到来，史学和史学理论的发展都逐渐开始发生新的变化。

（选自《历史研究》1992年第2期）

瞿林东（1937—），安徽肥东人，现为北京师范大学史学研究所教授，主要著作有《唐代史学论稿》、《中国史学散论》、《中国古代史学批评纵横》、《史学与史学评论》、《史学志》、

---

① 参见《文史通义·史德》及《质性》、《言公》等篇。
② 参见《文史通义·文理》及《古文十弊》等篇。
③ 参见《文史通义·申郑》及《答客问》等篇。

《中国史学史纲》、《史学的沉思》、《杜佑评传》、《白寿彝史学的理论风格》等。

　　本文以先秦秦汉、魏晋南北朝隋唐、宋元、明清四个历史阶段为线索，对包括儒家史学思想在内的中国古代史学理论发展大势进行了全面、深入的分析，是一篇从宏观上整体把握中国古代史学思想的力作。

史学传统与民族精神

陈 其 泰

进入新时期以来丰富而广泛的学术实践,特别是关于文化问题持久而深入的讨论,对于史学工作提供了许多宝贵的启示。我认为,其中最有学术价值和理论价值的启迪,是使我们清楚地认识到,阐发史学传统所蕴含的民族精神,同实现现代化大业有密切关系。中国优秀史学遗产是一笔宝贵的精神财富,认真发掘和总结其中包涵的不断加强的民族凝聚力,在不同时代奋发进取、建树出色业绩的伟大创造力,在任何情况下视国家民族利益至上的强烈责任感,和勇于反抗侵略、不屈不挠争取光明前途的精神,以这些生动教材教育群众,将是学术界对振兴中华所作的贡献。

"文化热"在我国兴起历时已有十几年,从 80 年代掀起热潮,90 年代中仍不衰退,依然吸引着学界和许多人们的关注,其中有着极为深刻的原因。我以为,最重要的是两项:

第一,我们民族在几千年的久远历史中创造了灿烂辉煌的文化,对于全人类文化作出杰出的贡献,不仅表现出中华民族的高度智慧,并且显示出民族的优秀精神。今天处在改革开放的形势下,我们用现代观点阐发传统文化的精华,总结民族的优秀精神,赋予新的时代意义,加以发扬光大,这是激发爱国思想、提高民族自尊心的必要条件。对于民族文化中存在的消极落后的东西,我们也要通过总结将之剔除,消除其不良影响,并努力采取有效的弥补措施,包括学习外国进步文化和根据我们现时代的经验进行新的创造,这对于建设民族新文化同样具有重要意义。

第二,文化史研究还为学术工作提供了新视野、新思路,注入新的灵感。以往我们的学术工作成就巨大,但毋庸讳言,又存在分科过细和局限在单学科范围内思考问题的缺点。近代以来各个学科门类的出现和明确划分,是认识史上的巨大进步,促进各门科学趋于精密和系统化。但伴随而来的缺点是过分强调学科之间的界限,削弱了学科之间本身固有的联系,限制了人们的视野。事实上,人类社会本来就是一个整体,80年代以来兴起的文化史研究,恰恰注重对社会生活、时代思潮、民族心理、文化价值相互间的联系,作宏观的整体性考察。这种重视整体性考察的特点,正好弥补我们以往研究工作的不足。整体性研究,从社会生活和学术观点的广泛联系和相互比较进行考察,能开阔我们的视野,丰富智慧,增加灵感。

就史学研究而言,我国历代史家辈出,史学典籍极为丰富。以往对中国史学的研究,尽管成绩可观,但也存在就典籍论典籍的缺陷,而未能足够重视对优秀史著中文化蕴含的发掘。实际上,由于历史学本身是过去社会生活的反映,因此它又是文化的重要载体。我国历史上志士仁人的活动,学者先哲的学说、主张,以至平民大众的心理、习俗,大量的正是靠历史典籍记载下来的。文化史研究所强调的整体性,有力地启发史学史研究者更加自觉和充分地考察优秀史著如何反映了时代的脉搏,怎样体现出我们中华民族自强不息,奋发进取,勇于创造,不畏强暴,从不屈服于外来压迫的精神。由"文化热"所引发的这种"视角的转换",大大推进了对史学传统研究的深度,反过来又有助于加强我们对民族精神丰富内容的认识,成为今天激发我们振兴中华的巨大力量。以下即从最为突出的四个方面加以论述。

一 从历史记载的连续性看民族的凝聚力

我国史学传统可以追溯到很早。相传夏代有史官终古,殷代有史官向挚。商代甲骨文中已有大量记事的卜辞,并有意识地保存备查。周初的记载还称:"惟殷先人,有册有典",(《尚书·多士》)更说明殷商时代对历史记载的重视。到西周初年,即产生了重要的历史典籍《尚书》。这部商代和周初历史文献的汇集,不仅有宝贵的文献价值,而且有重要的史学价值,因而成为几千年间中国文化最重要的典籍之一。影响我国达几千年的"殷鉴"观念,即是在这时形成的。《尚书·召诰》篇说:"我不可不监于有夏,亦不可不监于有殷。"《酒诰》篇说:"人,无于水监,当于民监,今惟殷坠厥命,我其可不大监,抚于时。"十分明确地提出以殷朝灭亡的历史为鉴戒,警惕周重蹈覆辙。

历史是昨天的现实,今天是历史的发展,总结历史的教训可以作为今天国家治乱兴亡的鉴戒。这种重视历史、作为现实社会教材的思想,我们祖先在 3000 年以前即已产生,这就成为我们民族的一笔精神财富。此后从西周共和元年,即公元前 841 年开始,我国就有明确的纪年,从此连续不断。至春秋末年,儒家创始人孔子把历史作为教育学生的主要教材之一,并依据鲁国国史记载而修成《春秋》,成为我国第一部史事、史文、史义三者结合的最早的编年史。孔子重视历史记载对后人产生极大影响,战国时期产生了《左传》、《国语》等著作,到西汉武帝时代,伟大史学家司马迁以"继《春秋》"为己任,著成不朽的《史记》,不仅记载了自传说以来中华民族全部的历史,而且把周初以来"殷鉴"的思想大大向前推进,提出"原始察终,见盛观衰","考之行事",稽其成败兴衰之理"①,成为整个中古时代历史学很有光辉的命题。

中华民族自西周初年"殷鉴"思想的提出,到司马迁"原始察终"思想的形成,若以西方哲人黑格尔的话作为参照系来评价,恰恰标志着历史意识达到自觉和臻于成熟的阶段。黑格尔在《历史哲学》一书中有以下论述:"'历史'这样东西需要理智——就是在一种独立的客观的眼光下去观察一个对象,并且了解它和其他对象之间合理的联系的这一种能力。所以只有那些民族,它们已经达到相当的发展程度,并且能够从这一点出发,个人已经了解他们自己是为本身而存在的,就是有自我意识的时候,那种民族才有'历史'和一般散文。""历史对于一个民族永远是非常重要的;因为他们靠了历史,才能够意识到他们自己的'精神'表现在'法律'、'礼节'、'风俗'和'事功'上的发展行程。……假如没有历史,他们在时间上的生存,在本身中便是盲目的——任性在多种形式下重复表演而已。历史使这种偶然性停止"②。黑格尔的话说明,重视历史记载对于一个民族的发展而言是极为重要的尺度,表明它已达到相当发达的程度,有了"自我意识",能从以往历史经验中吸取智慧,总结出有规律意义的东西,按照它来确定未来的行动,以达到更合理的政治、社会状况。换言之,以史为鉴,使中华民族能够不断获得智慧和激发创造力,选择未来行程的方向,在经历挫折之中不断发展。这也是中华民族自古以来珍视历史传统的意

---

① 《史记·太史公自序》及司马迁《报任安书》。

② 黑格尔:《历史哲学》,王造时译,三联书店 1956 年版,第 205 页,第 206 页。

义所在。因此黑格尔又通过对比中国的和印度的发展情况,而十分感慨于两者在历史记载连续性上的巨大反差:"中国人具有最准确的国史……中国凡是有所措施,都预备给历史上登载个仔细明白。印度则恰好相反。"①

中国史学的发达,历史记载的世代连续、绵延不断,是举世无匹的。历史记载的长期连续性,即是我们民族强大生命力和凝聚力的明证。在世界四大文明古国中,只有中国历史记载保持连续不断。中华民族这种强烈的历史感,其实质意义即是重视民族自身的由来、发展,并且自觉地将它传续下去。自司马迁首创纪传体通史《史记》之后,班固继之撰成纪传体断代史《汉书》,以后历代相因,一直到清朝修成《明史》,一共完成了纪传体史书二十四部。《二十四史》是自有文字以来前后相接的历史巨著,共3200多卷,是世界各国历史著作中所仅有的。另外两种重要体裁的史书,编年体自《春秋》以后,有《左传》、《汉纪》、《后汉纪》、《资治通鉴》等,直至《明通鉴》;纪事本末体,有《通鉴纪事本末》至《明史纪事本末》等,也都能贯穿古今而自成系统。

修史工作在中国古代备受重视,许多史家把撰史视为名山事业,当权者也视保存历史记载是一代大事。唐初李世民在诏书中说:"前代史书,彰善瘅恶,足为将来之戒。……将欲览前王之得失,为自身之龟镜。"②把历史视为治国者的教材。至清代龚自珍更进一步说:"史存而周存,史亡而周亡。""灭人之国,必先去其史;隳人之枋,败人之纲纪,必先去其史;绝人之材,湮灭之教,必先去其史;夷人之祖先,必先去其史。"(《龚自珍全集·古史钩沉论》)则更认为史学直接关系到天下兴亡、民族存灭了。

我国历史记载的长期连续,体现出古代儒家经典所概括的"生生不已"、"天行健,君子以自强不息",奋发进取、不屈不挠的精神,保证我们民族虽然历经劫难,却能衰而复兴,蹶而复振!值得注意的是,当历代鼎革之际,继起的皇朝都十分重视修纂前朝历史,入主中原的少数民族建立的政权也不例外,以此作为朝政大事。元朝至正三年(1343),即诏令纂修宋、辽、金三史。清朝入关第二年(1645),即下诏修明史。由于实际未进行,至康熙十八年正式设馆纂修,至乾隆四年最后定稿,历时60年。元、清两朝如此重视修撰前朝历史,表现出少数民族建立的政权对于中原先进文化的认同感,当然也增强了全民族的凝聚力和生命力。

二　从史学的演进看民族的创造力

中华民族昂扬奋发、勇于创造的精神,不仅表现在古代物质财富、科学技术、文学艺术等项的发明建树上,而且突出地表现在史学的演进上。由于中国史学蕴积深厚,历代备受学者和一般士大夫的重视,因而各个时期的史学都能取得独特性成就,显示出不同于前人的时代风采。先秦、两汉时期,《左传》、《史记》、《汉书》这三部史学名著的先后产生,即堪称为民族伟大创造力在文化上的缩影。

《左传》是在史事上解释《春秋经》的,而它所记史事丰富翔实,展开了春秋时期政治、军事和社会生活的生动图画。全书以年为经,以事为纬,记载详略得法,前后联贯,尤其做到了相当深刻地反映社会矛盾,并开创了记载完整人物形象的先例,如晋文公、郑子产、伍子胥等。《左传》又擅长写战争场面,写行人在敌强我弱的条件下,以真情至理,巧妙地运用辞令,维护本国主权,折服了对方。因而被刘知几赞誉为:"若斯才也,殆将工侔造化,思涉鬼神,著述罕闻,古今卓绝。"(《史通·杂说上》)《史记》这部巨著的宏伟规模,则与西汉皇朝处于鼎盛局面相适应。杰出史学家司马迁的一生,基本上与汉武帝同时,当时,西汉国家达到空前的统一,开拓边境,兴造制度,政治、军事、经济、外交、学术各方面都产生了杰出的人材,司马迁在构建史学体系上的恢宏创造力,正与这一时代特点相适应。司马迁一生多次到全国旅行、访问,考察史迹,了解各地形势、物产、民情、风俗,《史记》的成功包含有他从民众中吮吸的营养,寄托着他对祖国壮丽山河的热爱。司马迁因替李陵辩护遭受屈辱的宫刑,但他从悲愤中奋起,用生命完成这部不朽的巨著。《史记》以"究天人之际,通古今之变,成一家之言","网罗天下放失旧闻,王迹所兴,原始察终,见盛观衰"①为著述宗旨。从纵的方面贯通古今,自远古一直写到汉武帝时代,总结了以往的全部历史,叙述其变化;尤其重视历史时势的"变"和推动社会前进的改革措施。在横的方面记载了政治、经济、军事、典章制度、学术文化、人物活动、天文地理、河渠工程、医药卜筮,以至民族关系、中外关系等,一句话,把当时中国人社会生活的各个方面,都置于历史考察的范围之内。这样做,在先秦《左传》《国语》等书成就的基础上,根据当时客观条件许可的范围,最大限度描绘了社会史的丰富内容,这不但在中国,乃至在世界文化史上都有重大意义。在历史编撰上,司马迁也有很高的成就。他把过去初具规模,或尚属草创阶段的史书形式,加以综合、改造,创造出本纪、表、书、世家、列传五种体裁形式互相配合的成熟的著史体例,容量广阔,规模宏

---

① 分别见司马迁《报任安书》及《史记·太史公自序》。

大,足以表现一个时代的全史。后代学者盛赞说:"百代以下,史官不能易其法,学者不能舍其书。"①"参酌古今,发凡起例,创为全史,……信史家之极则也。"②《史记》在文学上也有高度的成就,当之无愧地是世界文化史上的瑰宝,远传东西方各国。仅是取材于《史记》改编而成的剧目,即有《卧薪尝胆》、《赵氏孤儿》、《伍子胥过关》、《虎符》、《屈原》、《渑池会》、《将相和》、《马陵道》、《荆轲》、《鸿门宴》、《霸王别姬》、《萧何月下追韩信》、《卓文君》等,令世代观众赞叹不已,感动落泪。这也从一个侧面证明《史记》的雄奇创造力和久远生命力!在《史记》成书以后约一百七八十年,东汉明、章时期产生了纪传体史书又一杰作《汉书》。《汉书》上起高祖,下迄王莽,断汉朝历史自为一书,在当时,具有驳倒俗儒尊古卑今意识的进步意义。与班固同时代的学者王充在其《论衡》一书中曾尖锐地批评俗儒"好襃古而贬今"的偏见,指出这些人迷信古代达到荒谬的程度:"俗好高古而称所闻,前人之业,菜果甘甜;后人新造,蜜酪辛苦。"并分析俗儒之所以形成这种颠倒历史的看法,是因为他们自生下来读的就是记述和颂扬三代的书,"朝夕讲习,不见汉书,谓汉劣不若。"③因此他断言若果有一位擅长著述的人修成这样一部"汉书",记载汉代的政治功业,让读书人从小诵习,那么这部书的价值便可与《尚书》、《春秋》相媲美。班固恰恰以成功的史学实践回答了时代的需要。他不满意"以汉代继百王之末",要独立修成一部汉史,这种认识和努力实具有破除浓厚的复古倒退思想的积极意义。班固的创造性还表现在解决了司马迁

---

① 郑樵:《通志·总序》。

② 赵翼:《廿二史札记》卷一"各史例目异同"条。

③ 分别见《论衡·超奇》篇及《齐世》篇。

以后历史编纂的难题。《史记》产生之后,后人相继补作,自褚少孙至班彪,先后有 10 余人之众。然则这些续作绝大多数流传不下来,证明若只限于修修补补,史学便无法前进。班固以过人的见识和创造才能实现了重大突破,撰成纪传体断代史的巨著。从此为历史编撰开了一条新路,以后自《三国志》、《后汉书》至《明史》一直沿用,说明断代为史与中国封建皇朝更迭的周期性特点相适应,所以章学诚推崇《汉书》为历史编撰上"不祧之宗"。(《文史通义·书教下》)

唐代史学在纪传体史书编撰方面获得了显著成就,并确立了官修前代正史的惯例。贞观三年(629),诏令狐德棻、李百药、姚思廉、魏征等分别修周、北齐、梁、陈、隋书,房玄龄为总监。贞观十八年(644 年),命房玄龄主修晋书。再加上李延寿所撰《南史》、《北史》,成于唐初的纪传体"正史"共有八部,占了二十四史的三分之一。但朝廷设局监修又带来互相掣肘、互相推诿、压抑史家独立见解的弊病。于是有刘知几总结史法的得失,提倡敢于抒发个人见解的"独得"之学。他著成我国古代史学批评的第一部名著《史通》,痛切地批评朝廷官僚对修史的干预:"凡居斯职者,必恩幸贵臣,凡庸贱品,饱食安步,坐啸画诺。"(《史通·辨职》)致使任史职者"每记一事,载一言,皆阁笔相视,含毫不断。故头白可期,而汗青无日。""十羊九牧,其令难行;一国三公,适从何在?"(《史通·忤时》)确能打中监修制度的要害,表现出高明的史识和非凡的勇气。故梁启超对刘知几作了高度评价:"史学之有人研究,从他始,这好像在阴霾的天气中打了一个大雷,惊醒了许多迷梦,开了后来许多法门。"(《中国历史研究法补编》)所以唐代史学,既有编撰正史的显著成就,又有针对监修制度的弊病而发的史学理论名著。这两个方面,都是中华民族创造力在唐代历史条件下的特殊表现。

又如清代乾嘉考据学,在整理历史文献上作出很大成绩。这一时期史学向"窄而深"方面发展,其成就不能低估。如郭沫若所说,若欲研讨古史,不利用清儒成绩,是舍路而不由。他又说,乾嘉学者"虽或趋于繁琐,有逃避现实之嫌,但罪不在学者,而在清廷政治的绝顶专制。聪明才智之士既无所用其力,乃逃避于考证古籍。"(《读随园诗话札记》)清初因时代剧变的刺激,曾出现学术经世致用思想的高涨。此后,自康熙中至乾隆年间,一方面是统治者屡兴文字狱,不准学者关心现实问题,另一方面是社会出现相对稳定,封建经济发展,为学者潜心研究提供了物质条件,结果乾嘉史坛出现了考证学繁荣的局面,产生了考史三大家王鸣盛、钱大昕、赵翼和其他众多学者。

纵观整个传统文化演进的趋势,每个时代都出现内涵和风格迥异的文化高潮,战国诸子,两汉经学,魏晋玄学,隋唐佛学,宋明理学,清初实学,乾嘉朴学,无不阶段分明,而又各具特色,如群峰竞秀,各放异彩。史学作为传统文化发达的一门也是如此,一个时代有一个时代的独特成就,在史学长河中一再出现巨大的波峰。

三　史家旨趣与"以天下为己任"的情怀

我国历代优秀知识分子,对国家民族怀抱高度责任感,以救世安民为己任,形成了优良传统,同广大群众的生产和斗争一同推动社会前进,这是民族精神的重要组成部分。孔子"博施于民而能济众"、"修己以安百姓",北宋范仲淹"先天下之忧而忧,后天下之乐而乐",清初顾炎武"天下兴亡,匹夫有责",这些名句集中体现了这种精神,千百年来一直是激励人们崇高爱国心和强烈责任心的巨大力量。历代优秀史家撰成有生命力的史著,也正是由于把这种"以天下为己任"的崇高精神灌注到史书之中,崇善黜恶、激浊扬清,讴歌志士仁人的业绩,从而世世代代产生了广泛深远的教育作用。

孔子著《春秋》,是第一次有意识地把"史义"灌输到"史事"、"史文"之中,通过褒贬书法表达他的社会理想,希望实现诸侯各国共同尊奉周王室、社会有序发展的所谓"天下有道"时代。因此,中国史家关心国家民族命运的根本观念来自孔子。司马迁著史以"继《春秋》"自任,且达到极大的成功,郭沫若为韩城司马迁祠墓所题的诗句"功业追尼父,千秋太史公",可谓恰如其分。《史记》全书突出地体现出西汉的时代精神,他记述并赞扬"汉兴,海内一统",扫秦繁苛,发展生产等历史功绩。同时,他又出于对国家民族强烈的责任心,尖锐地批评汉武帝连年征伐的政策。他不怕专制皇帝的淫威,在《平准书》中直书无隐,指出长期大规模出兵,造成士卒大批死亡,民众困苦不堪,造成"天下苦其劳"、"财赂衰耗而不赡"的危险局面,并正告当政者要"见盛观衰"。又在《货殖列传》中批评汉武帝"与民争利",主张放任发展,让人们自由获得财富。《史记》久远生命力的秘密,就在于他从关心民众生活和国家前途出发,形成了不同于官方思想的独立思想体系。《汉书》产生在东汉初年,处于封建专制加剧的儒学"法典化"时代,不可避免地打上时代的印记,而全书仍然具有进步的思想倾向,表现出班固关心民众的社会责任感。《汉书》既宣汉,又据实暴露统治阶级的罪恶。如揭露土地兼并恶性发展,贫者无立锥之地。诸侯王及外戚奢侈纵欲,无法无天。地方豪强为非作歹,居民白天不敢出门走路。揭露独尊儒术之后,儒学成为进身任官的阶梯,是打开为利禄奔竞之门。自武帝以后"以儒宗居宰相位"那班人物,如公孙弘、匡衡、张禹、孔光等，都是"服儒衣冠，传先王语，持禄保位，被阿谀之讥"（《汉书·匡张孔马传·赞》），尖锐地抨击这些以儒学大师进身的显赫人物，都是庸禄自私、巧于饰己、专事谄媚之徒，根本不配居于宰相地位，对他们表示极度蔑视。尤其是，班固在《刑法志》中既记载西汉刑法取得的进步，又举出大量史实批评汉朝刑法的苛滥。他以长段议论，强调刑律不公是关系到封建政治全局的严重问题。并且严厉批评东汉初年，将判重罪、多判罪当作狱吏能干的标准，狱吏上下互相驱使，加害于无辜者，因此他强烈地主张要根据现实情况，删除繁苛的刑律，制定简明而能"便民"的新律令。读着班固出于关心民众而发出的痛切的议论，我们不能不肃然起敬。

　　唐、宋时期著名史学家杜佑、司马光都继承了由孔子、司马迁开创的史家关心国家命运的传统。安史之乱后，国势显赫的唐皇朝一下子陷于衰微破败，形势的变化刺激人们寻找改革的办法，救治社会弊病。杜佑《通典》的撰著即适应这一时代需要，"实取群言，征诸人事，将施有政"，寻找"匡拯之方"，（《通典》自序）让史书直接为现实政治变革服务。他明确提出"教化之本，在于足食"，全书八典以"食货"为首，而食货又以"田制"为先。杜佑把封建社会的经济结构，特别是历代土地关系的变革，放在首要地位加以论述，证明他对国家治理和民众生活的深切关注。司马光著《资治通鉴》，进一步把史学经世致用传统推向新的阶段。这部294卷的巨著，书名即突出地显示出他撰史是为了"资"封建国家之"治"，以历史上治乱兴衰的教训，作为当政者的历史教科书，因此"专取关国家盛衰，系生民休戚，善可为法，恶可为戒者"。（司马光：《进书表》）书中对历代政治、经济兴衰，政风、用人的得失，以及民众生活、民族关系的状况，均有翔实的记载。尽管司马光在政治上态度比较保守,但是他著史态度严肃认真,所提供"资治"的东西是可靠的史实,这是《通鉴》成为继《史记》之后最优秀的通史巨著的根本原因。

明清之际著名学者顾炎武、黄宗羲处在朝代鼎革、"天崩地解"的形势下,分别撰成著名的史论《日知录》和《明夷待访录》,实是代表当时有识之士总结明朝灭亡教训,对封建专制制度的残酷、腐朽进行严厉的抨击。《日知录》虽有不少条目谈考据,但其重点是讲"治道"。顾炎武明确地区分"亡国"和"亡天下",他说:"保国者保其君其臣,肉食者谋之;保天下者,匹夫之贱与有责焉。"[1]成为近代以来激励人们爱国精神的警句。书中有力地批评理学空谈严重毒害知识分子,"以明心见性之空言,代修己治人之实学,股肱惰而万事荒,爪牙亡而四国乱",最后造成"神州荡覆,宗社丘墟"[2]的惨剧!黄宗羲的《明夷待访录》是一部反对君主专制的破天荒著作,闪耀着民主思想的光芒。黄宗羲尖锐地揭露、批判封建政体的腐朽和罪恶,爆发出"为天下之大害者,君而已矣"[3]的呐喊,书中这些战斗性内容具有早期启蒙的意义,一直到中国历史进入近代,这部书还起了鼓舞青年人献身革新事业的作用。

四　近代爱国主义史学与探索民族救亡之路

由于封建统治的腐朽和列强的野蛮侵略,中华民族在近代饱经忧患,灾难深重。然而,民族屈辱的命运激起民众的英勇反抗和

---

[1]　《日知录》卷一三"正始"条。
[2]　《日知录》卷七"夫子之言性与天道"条。
[3]　黄宗羲:《明夷待访录·原君》篇。

志士仁人前赴后继探索救国之路。中国近代爱国主义史学的高涨，正是对于探求救国之路的有力推动。

　　近代志士仁人探索救亡图强的道路包括互相紧密联系的两大主题，一是发扬中华民族酷爱独立自由、不屈不挠的精神，动员广大民众抗击列强侵略，保卫国家神圣的领土和主权，二是批判封建制度的腐朽，认识中国的落后，学习西方的民主制度和先进文化，同时发扬本民族的优秀遗产。包括近代杰出爱国史家魏源在内的一批先进人物，确实把中华民族的伟大精神提高到新的高度。魏源是近代史开端时期爱国史家的代表人物。他在鸦片战争前已经认识到清朝统治的腐朽，时代大变动即将到来，并搜集清皇朝前后期国势升降变化的史料。至鸦片战争爆发，他满怀爱国义愤从事著述，及时撰成《圣武记》，探索清朝的盛衰，同时从乾隆末年以后政治、军事的腐败，揭露鸦片战争中致败的原因。《海国图志》的著成是魏源更重要的贡献，这部著作突破了封建时代对外国闭塞无知的旧格局，系统、大量地介绍外国史地知识，第一次把世界的真实面貌展示在国人面前。魏源明告西方列强东来，"遇岸争岸，遇洲争洲"，使东方国家面临严重威胁，呼吁中华民族百倍警惕，奋起反抗："此凡有血气者所宜愤悱，凡有耳目心智者所宜讲画也。"①他大声疾呼改变对外部世界闭目塞听的颠顶状态，把了解外国作为当务之急，做到瞭彼情伪洞悉机宜，同时明确提出"师夷长技以制夷"的口号，成为近代先进的中国人向西方国家寻找救国真理的起点。《海国图志》受到了社会各方面人士的欢迎，在国内多次刊刻，证明魏源的思想随着时代而前进，他所撰成的爱国史学著作反映了抗击侵略、了解西方的迫切需要，它对近代社会的积

① 　魏源：《海国图志叙》。

极影响直至本世纪前期。梁启超在 1924 年著书仍评价说:《海国图志》一书奖励国民对外之观念,"其论实支配百年之人心,直至今日犹未脱离净尽,则其在历史上之关系,不得谓细也。"(梁启超:《中国近三百年学术史》)

魏源所开创的近代爱国史家学习外国、探求图强之路的传统,被黄遵宪和王韬所继承。黄遵宪在 19 世纪七八十年代撰成近代爱国史学又一名著《日本国志》。他以驻日使馆参赞身份到日本,正值日本明治维新时期,他体察日本社会的巨变,认识到学习西方、维新改革,确实使日本走上由弱变强的道路。他还直接阅读卢梭、孟德斯鸠的著作,对民权学说由"惊怪"转为信服,"心志为之一变,以为太平世必在民主。"[1]由祖国本土形成的革新观点和爱国热忱,促使他克服种种困难,著成《日本国志》,及时地向国内介绍日本学习西方、走上资本主义道路的经验,并且成为中国人观察世界潮流的窗口,对于戊戌运动产生了直接的影响。较黄遵宪稍前一点,有王韬著成《法国志略》,把法国历史介绍给国内,特别表达了以法国的富强和进步激励国人觉醒,打破闭塞陋习的深刻寓意:"方今泰西诸国,智术日开,穷性尽理,务以富强其国,而我民人固陋自安,曾不知天壤间有瑰伟绝特之事,则人何以自奋? 国何以自立?"(《重订法国志略·序言》)书中对于法国当代促进资本主义生产和贸易的一套办法,如银行、商会、邮政、铁路都有评论,尤其介绍法国 300 年来科学技术的发明,记载国会根据公众意见制订法律,选举统领、首辅的制度,对于当时有识之士要求变革中国旧的封建体制,都有启迪的意义。

---

[1] 《东海公来简》,即黄遵宪致梁启超信(1902 年),《新民丛报》第十三号。

本世纪初年,新史学思潮涌出,对于激发爱国主义和推进思想启蒙意义尤为重大。梁启超于 1902 年撰成《新史学》,倡导实行"史界革命",即用国民意识和进化论哲学为指导,创造出符合于"提倡民族主义,使我四万万同胞强立于此优胜劣败之世界"这一时代需要的新史学,发挥激励爱国心和团结合群之力的巨大作用。① 同年,他著成《论中国学术思想变迁之大势》,用进化发展和阶段性演进的历史观点论述中国数千年学术思想之变迁,尖锐地批判专制政体和文化专制造成的祸害。梁启超撰成的多种史学论著,以及夏曾佑的通史著作,都是"新史学"理论的出色实践。至"五四"时期,为新史学发展做出重要贡献的还有运用"二重证据法"考证古史的王国维,和开创"古史辨"学派的顾颉刚,他们的史学成就与中国社会近代化的方向和"五四"运动反封建的潮流是相符合的。

新史学的成就,又被"五四"以后崛起的马克思主义史学所吸收。郭沫若于 1929 年著成《中国古代社会研究》,它标志着中国马克思主义史学从其奠基之时,便成为革命党人寻求民族解放正确道路的伟大事业之重要组成部分。他以科学的历史研究,帮助革命者认清中国要走全世界各国的共同道路,并对未来的光明前途树立坚强的信心。抗战时期,范文澜在延安先后著成《中国通史简编》(1941)和《中国近代史》(1945)。这两部著作,全面、系统地阐明中国几千年历史,一反历来剥削阶级美化统治者所作所为、污蔑人民大众在历史上的作用的旧观点,用阶级斗争的主线解释中国的历史,肯定人民群众的首创精神和推进历史的作用。这两部产生于烽火连天的抗日战争中的著作,标志着历来进步史学

① 见《新史学》,《饮冰室合集》文集之九。

家以天下为己任的爱国精神达到新的飞跃。戴逸教授评价说："这两部杰出的著作，……第一次系统地说出了革命者对中国历史的全部看法"，"是时代精神的体现，教育、影响了后代历史学家，也教育、影响了千千万万的革命者"，成为"当时许多革命干部案头的必读书。"①在抗日战争这场决定民族生死存亡的关头，不仅马克思主义史学家郭沫若、范文澜、翦伯赞、吕振羽、侯外庐等人成为这场伟大斗争的一员，其他爱国史学家也依据本人所处的具体环境，同全国抗战军民同命运。陈垣八年抗战间处在危城北平，不怕特务迫害，处处表现出凛然的正气。他在课堂上向学生讲《日知录》和《鲒埼亭集》，以顾炎武的经世思想和全祖望的民族气节激励学生。在著述上，他将爱国思想熔炼在阐发历史上人民的正义斗争和气节之士坚守民族大义的著作中，写出《明季滇黔佛教考》、《通鉴胡注表微》等有名史著，产生了很好的影响。陈寅恪颠沛流离，到达昆明任教，他为陈垣《明季滇黔佛教考》作序，同样表达出高尚的民族气节，表明在国难当头情况下，两位史家以热爱祖国、坚守志节相勉励。顾颉刚于"九一八"事变后，即在北平发起组织"禹贡"学会，从事维护祖国版图的边疆历史地理研究。继又提倡以通俗读物形式，宣传抗日主张，因此受日本特务迫害，他辗转到达西北、西南一带，继续抗战宣传和学术工作。中国人民经过浴血奋战，终于打败极度野蛮凶残的日本侵略者。中华民族不屈不挠的伟大精神在抗战中得到空前大发扬，而在人民胜利的巍峨丰碑上，也记载着进步史家的功绩。

阐发中国史学传统所蕴含的民族精神，同我们当前振兴中华的宏伟事业无疑有密切的联系。历史已经行进到20世纪的最后

---

① 戴逸：《时代需要这样的历史学家》，《近代史研究》1994年1期。

路程,新的 21 世纪即将到来,我们处在继往开来的伟大时代。未来的世纪将更加有希望,又将更加充满挑战。我们要在激烈的国际竞争中继续发展壮大自己,就要在大力学习外国先进事物的同时,不断增强民族自尊心、自信心,更加激发民族创造力。当今国际间激烈的竞争,关键是综合国力的竞争,归根结底又是人的素质的竞争。对于我们来说,就迫切需要加强爱国主义和民族精神的教育,这是关系到我们民族前途的重大事情!中国几千年史学的优秀遗产是我们的先人留下来的一笔宝贵财富,认真发掘和总结其中包涵的不断加强的民族凝聚力和强大生命力,不同时代的学术所表现的勇于创新、不断进取的精神,历代志士仁人"以天下为己任"的高尚情怀,以及近代以来勇于反抗侵略、探求民族自救自强道路的气概,以此教育广大群众,提高全民素质,这是我们研究者义不容辞的光荣责任。

(选自《北京师范大学学报》1996 年第 3 期)

陈其泰(1939—),广东丰顺人,现为北京师范大学史学研究所教授,主要著作有《史学与中国文化传统》、《史学与民族精神》、《清代公羊学》、《中国近代史学的历程》、《范文澜学术思想评传》等。

本文是一篇宏观把握中国古代史学与史学思想的力作,文章深入发掘了包括儒家史学思想在内的传统史学对中华民族民族精神形成和发展的积极推动作用,并高度评价了古代史家"以天下为己任"的情怀。

儒教伦理与中国传统史学

陈 剩 勇

中国传统文化以人际伦理为原点,以"礼"为架构,以求善、求治为取向,整个文化系统投射出强烈的伦理化特征,故此一些当代学者把传统文化界定为"伦理型"文化。在中国文化的大系统中,历史学居于仅次于经学的显赫地位,自其萌生定型之时起,便受到这种伦理型文化内在机制的制导和影响。

如果说,历代专制皇朝对史学的制控使之一直隶属于官方而成为朝廷的御用工具;如果说,中国传统集权型政治对史学的超强干预和制约使史学一贯服务于现实政治而沦为政治的附庸、侍从或婢女;那么,中国传统文化高度重视伦理道德、全神贯注于"求善"的价值取向,则无疑陶铸玉成了传统史学的伦理化特质。

中国历代的史书,其主要内容是历史上各个皇朝的政务记录、王公将相的世系家谱、专制政治的政教典章。从总体上说,这些是以"礼"(或儒教伦理纲常)一以贯之的。历代史家撰史编史,都严格恪守儒教伦理,以《五经》为具体操作的法典,以"三纲五常"为判断是非的标准,对此,清代乾嘉史官说得很明白:"盖千古之是非系于史氏之褒贬,史氏之是非则待于圣人之折衷。"(《四库全书总目·史部·史评》)从此意义上说,中国传统史学实乃儒教经典之注脚、"三纲五常"的外化。

一

　　先秦时代,学在王官,六艺皆掌于史官,王朝统治者从一开始就把学术文化纳入了传统文化求善、求治的总目标之下。用儒教创始人孔夫子的话说:"六艺于治一也,《礼》以节人,《乐》以发和,《书》以道事,《诗》以达意,《易》以神化,《春秋》以道义。"(《史记·滑稽列传》)在他看来,传统史学滥觞时期的史书如《尚书》和《春秋》,在当时社会中已经有效地发挥着政治功能和教化功能。"《书》以道事、《春秋》以道义",就是说,其重要功能不在于载录过往的历史事件,而在于阐扬"礼义"。

　　所谓"道义",其具体内涵一为定名分,《庄子·天下篇》:"《春秋》:以道名分";二是辨是非,《史记·太史公自序》:"《春秋》辨是非,故长于治人。"这就表明,在中国传统史学的萌生时代,王朝史官们就把历史学视为阐扬礼义人伦的工具,试图通过正名定分、褒善贬恶,以达到诤谏君王、赞助政治的目的。因此,中国传统史学早在萌生阶段,就已经被专制王朝统治者按照"周礼"原则予以伦理化了。

　　从文献典籍记载看,传统史学萌生期的历史家及其著作,往往从求善、求治的总目标出发,通过历史人物和事件的记录和评判,明辨是非善恶,匡正名分纲纪,从历史中向人们展示礼义道德规范和判断是非的标准尺度。史官们在从事这种类型的史学操作时,遵循的具体规则程序是史书中所说的"书法"。在当时,史官的职守是据礼以司功过,通过对圣君贤臣嘉言懿行的褒贬和对于昏君乱臣倒行逆施的贬斥,以达到维护和巩固现存统治秩序的目的。因此,史官记载和评判历史人物历史事件,始终都坚持王朝统治者制定的宗法礼制。在先秦史官看来,记事贯彻和体现了"礼"的原则,就可以谓之"直书",或谓之"书法不隐",而不管其记录是否符合历史的真象。

据古代典籍记载,周代史官撰史,大都奉君命而书,据礼义撰史。《左传·隐公十一年》释《春秋》体例说:"凡诸侯有命,告则书,不然则否,师出臧否亦如之。"《左传·隐公元年》解释《春秋》不载费伯帅师城郎事说:"不书,非公命也。"杜预注曰:《传》曰君举必书。然则史之策书,皆君命也,今不书于《经》,亦因史之旧法。"这就明白告诉我们,史官撰史须奉君命而书,实乃周代史官的成法。

春秋时期,诸侯列国史官记载史事,仍然沿袭旧制,即遵循礼义原则,根据既定的"书法"进行的。历史上以秉笔直书而大受古今学者赞扬的董狐、南史、齐太史等等,其所谓"直书"实际上也不是如某些人所理解的按照历史的本来面目如实地记载历史,而是他们的撰史活动严格恪守和体现了周礼精神,这个精神就是如孔夫子所谓"子为父隐,直在其中",(《论语·子路》)所谓"义不讪上"、"善则称君,过则称臣"、"美则称亲,过则称己"。在中国古代史学传统中,只要撰史时做到恪守臣子之义,亲亲之道,为君、为贤、为亲、为尊隐恶扬善,褒礼义之举,贬非礼之行,"直"也就在其中了。

先秦史官的"书法",可以溯源到殷墟卜辞和周初的彝铭,经一代代史官的不断完善,至春秋史官手中成一定制。从《春秋》及其三传的记载看,"书法"实际上是史官依据伦理化了的西周宗法礼制制定的。史官们遵循"书法"而评判记录历史,也就是以礼义或伦理原则审判历史人物和历史事件。无论是晋国史官董狐的"书法不隐",还是齐太史舍身以书"崔杼弑君",列国史官都是用历史事实去注解和阐述礼义原则，为此，他们往往歪曲历史事实，曲笔讳书，以便使历史事实屈从于所谓的原则。只要"书法"符合礼义，史官们可以置历史的真实性于不顾！他们编撰史书，在今人看来是记载历史，而在他们自己却是在展示弘扬礼教伦理道德的规范。因此，在先秦史官那里，历史操作实际上无异于为礼义原则作注脚。

正是基于这一基本的事实，古人往往把《春秋》等史书视作伦理的教科书，认为读之可以"崇善而抑恶"，可以"昭明德而废幽昏"。直到西汉时，历史家还作如是观，例如司马迁就曾一再强调："为人君父而不通于《春秋》之义者，必蒙首恶之名，为人臣子而不通于《春秋》之义者，必陷篡弑之诛、死罪之名。其实皆以为善，为之不知其义，被之空言而不敢辞。夫不通礼义之旨，至于君不君、臣不臣、父不父、子不子。夫君不君则犯，臣不臣则诛，父不父则无道，子不子则不孝。此四行者，天下之大过也。以天下之大过予之，则受而弗敢辞。故《春秋》者，礼义之大宗也。"（《史记·太史公自序》）

由此不难看出，原生形态的中国历史学，从某种意义上只不过是伦理学的外化形式。实际上，也唯有作如是观，我们才可以理解古代学者如刘歆、班固等撰《艺文志》编订学术著作的目录时以"史"附"经"、把史书附隶于经类的本意。

二

历史学依附于经学，史书为"礼义"张目，中国史学萌生期的伦理化特质，后来便形成了两千多年间历史学为儒教经典作注脚的传统。

从历史学的观念形态看,儒教伦理纲常作为历史学的主导思想,几乎贯穿于传统史学发展演化的全过程,构成了中国传统史学的灵魂、核心和精髓。几千年来,历史家们在其史学实践中,几乎无一例外地躬行着"寓褒贬,别善恶"的取向,着意于儒教伦理纲常的阐扬,一味用历史去论证和阐释宗法等级制度和君主极权统治的合法性和永恒性。

自汉武帝"罢黜百家,独尊儒术"以后,公羊家的历史观念经皇朝统治者的钦定而逐渐成为中国传统史学的正统思想。西汉时公羊家董仲舒等人用阴阳五行学说神化《春秋》,把"三纲五常"和阴阳五行相杂糅的神学思想搬到历史学中,这套理论架构将天地与人、宇宙与人类、自然与社会混为一谈,又通过概念的抽取和置换,把天地自然的演化与社会历史的发展历程等同起来,以论证宗法——专制社会的君臣关系如同自然法则一样恒定持久、不可移易。

系统而又完整体现公羊家这套正统理论的,是东汉历史家班固。班固奉御旨撰作的《汉书》,实际上就是公羊学正统史观的具体化。

如果说,生在西汉初儒教刚刚在学术思想文化界形成独霸局面时期的历史家司马迁,在历史中尚能倡导"通古今之变,成一家之言",并且在某种程度上表现出异端倾向;那么,随着专制皇朝对学术文化控制的强化,班固以后的历史家就只能围绕着儒教经典亦步亦趋了。班固指责司马迁及其《史记》"是非颇谬于圣人",未能完体现儒教伦理,他自己撰述汉代历史,就处处推崇儒教经典,恪守正统观念,用班固自己的话说:"旁贯《五经》,上下洽通","纬《六经》,缀道纲"。这样一来,历史也就完全编成了明天道、正人序的儒教伦理教科书,《汉书》在历史上博得历代皇朝统治者的青睐,并得以高居"与《五经》相亚"的显赫位置,显然与该书"宗经矩圣"的著作特点有关。

在传统历史家看来,历史与儒教伦理的相异处,是它具有"通古今因革之变以博其施"的特长,而不是如"载之空言"的理论,只是一些抽象空洞的理论说教。传统史家撰写史书,从礼教伦理的普遍性原则去认识、解释和评断历史上的过往人物和事件。如孔子所说:"我欲载之空言,不如见之于行事之深切著明也。"从"行事"(具体的历史事实)中体现儒教伦理思想,用历史宣传礼教,显然要比空洞的说教更有利于实现惩恶扬善、裨益风化的目的。

在这方面,如果说司马迁《史记》尚不能称尽善尽美的话,班固《汉书》、荀悦《汉纪》显然已经走得相当远了。但是,东晋的袁宏似乎还觉得不够。袁宏认为,"夫史传之兴,所以通古今而笃名教也。"换句话说,历史学的任务就是阐扬"名教元本"以"弘敷王道"。(《后汉纪·序》)所谓名教,指称的是以正名定分为基本内容的专制礼教,"君臣父子,名教之本也。"在宗法——专制社会中,君臣、父子是两对基本的社会关系,是维系专制皇朝统治秩序之和谐与恒定的根本。在袁宏看来,"高下莫尚于天地,故贵贱拟斯以辨物;尊卑莫大于父子,故君臣象兹以成器。天地,无穷之道;父子,不易之体。夫以无穷之天地,不易之父子,故尊卑永固而不逾,名教大定而不乱,置之六合,充塞宇宙,自今及古,其名不去者也。"(《后汉纪》卷二十六)因此,编纂史书、记载史事和评断人物,倘若违悖儒教伦理中这两对基本的礼仪原则,就无以序定人伦、彰明治体。袁宏用这一尺度去评估前代史书,得出结论说:《史记》、《汉书》、《汉纪》虽足以"扶明义教,网罗治体",但在阐扬"名教之本、帝王高义"上还显得很不充分。这种史学阐扬礼教的历史观,对后来的历史学产生了相当大的影响。

　　虽然,魏晋以来儒教式微,玄学大盛,哲学、文学都表现出摆脱经学束缚的趋势,思想家如王弼、何晏、向秀、郭象等,崇尚庄老,鄙弃名教,探求天地自然玄虚之体,追求人生玄远旷放之境,文学家如曹植、嵇康、阮籍、谢灵运、陶渊明等,游仙招隐,讴歌山水,赞美田园,抒发人生之感慨,倾吐仕途之坎坷。唯独迟钝的历史学却依然如故,丝毫感受不到时代精神的变化,还是在注解儒经、彰明治体的老路上踽踽独行。这一时期的历史家,如陈寿撰《三国志》,范晔编《后汉书》,沈约著《宋书》,萧子显纂《齐书》,魏收修《魏书》,等等,多是阐扬礼教伦理,序定专制人伦之作。

　　其后,唐朝君臣虽倡言取鉴资治,试图把史书编纂与从亡国取鉴更加紧密地结合在一起,他们在高倡鉴戒史观的同时,更注重以史释经,宣扬儒教伦理纲常。唐太宗曾经给史书编纂定下这样一条原则:"极为治之体,尽君臣之义。"(《旧唐书·李大亮传》)所谓"极为治之体"就是要求史书内容体现出取鉴资治的思想,有利于当朝统治者从中阅览前代帝王之得失;所谓"尽君臣之义",则要求史书编纂要贯彻儒教经典的思想,用史实去阐释礼义纲纪,惩恶劝善,贻鉴将来。如果说魏征等人编修的《隋书》多着眼于"为治之体",体现了唐太宗从前朝亡国取鉴的原则,从而向唐朝统治者提供了一整套可以取鉴的治国方略;那么,由唐太宗御撰的《晋书》则更加偏重于宣扬儒教伦理的那一套。《晋书》编修者以"敦励风俗"为旨趣,一味用历史阐释君臣纲纪,特别推崇"孝道",全书把孝道与忠君融为一体,鼓吹"君王居在三之极,忠孝为百行之先",宣称为人之道必须"全其孝"、"竭其忠",反映在史书内容上,编修者不厌其烦地罗列所谓的"孝悌名流"编为《孝友传》,搜集所谓的"贞烈守节"编为《烈女传》,又特辟了孝父忠君的《忠义传》,通篇之中,伦理说教的色彩尤为浓烈。

　　传统史学的伦理化、注经化特质，随着两宋以后理学的崛起而登峰造极。欧阳修、司马光、朱熹等历史家，都倡导以历史解儒经，把史学完全等同于经学的仆隶和附庸。例如司马光，干脆把历史学界定为"儒之一端"，他在评论南朝刘宋王朝立玄学、史学、文学和儒学为四学时曾指出："《易》曰：'君子多识前言往行以畜其德。'孔子曰：'辞达而已'。然则史者，儒之一端；文者，儒之余事；至于老庄虚无，固非所以为教也。夫学者所以求道；天下无二道，安有四学哉！"（《资治通鉴》）这则阐释经、史关系的评论，在宋儒中颇具典型性。把历史学视为儒教伦理学说之一端，也就从根本上抹杀了史学作为一门学术所应具有的独特的认识价值。

　　因此，传统史学发展到宋儒那里，实质上已经成了地地道道的"道德经"，成了阐释名分纲常的"理学传"。欧阳修编撰《五代史记》（《新五代史》），就是以史解经，用历史事实来弘扬三纲五常的一次典型操作。

　　在欧阳修看来，礼教伦理纲常是为治的根本。据此，他认为《旧唐书》重取鉴而少褒贬，伦理色彩太过淡化，"使明君贤臣、隽功伟烈与夫昏虐贼乱祸根罪首，皆不得暴其善恶"。（《进唐书表》）他有感于"五代之乱，君不君，臣不臣，父不父，子不子，至于兄弟夫妇人伦之际，无不大坏，而天理几乎其灭矣"（《新五代史·一行传》）的史实，而《旧五代史》又未能很好地体现礼教伦理纲常，遂立志效法《春秋》，"一本于道德"，试图通过五代史的编纂，重建"人伦之大本"、"臣子之大节"（欧阳修：《新五代史》）以恢复君君、臣臣、父父、子子的宗法专制等级秩序。正是基于这一宗旨，《五代史记》不惜用大量篇幅，一方面猛烈抨击五代时曾经历任各朝宰相的冯道等人不顾名节寡廉鲜耻之徒，严厉谴责以子弑父的朱友珪和临阵射杀其母的李彦珣等人为不忠不孝之徒；另一方面则以大量篇幅褒扬所谓"挚利不屈其心,去就不违其义"的死节之士,吹捧那些"能以孝悌自修于一乡,而风行于天下"的忠义之徒。

历史学向"道德经"、"理学传"异化的倾向,因宋明理学在思想文化界的长盛不衰而整整风靡了史坛一千多年。元、明、清各朝的历史家尤其是皇朝的御用史官,纷纷鼓吹史学"以表彰道学为宗",直言不讳的宣称撰史要"先理致而后文辞,崇道德而黜功利,书法以之而矜式,彝伦赖是以匡扶"。(《进〈宋史〉表》)在传统史家看来,"文不本于六艺(儒教经典),又乌足谓之文哉?"(《元史·儒学传》)也就是说,只有阐扬解释儒教三纲五常之道的史书,才配称为历史学。此风影响所及,宋元以后的官修诸史,如清皇朝四库馆臣的评语说,大多"以表彰道学为宗,余事皆不甚措意"。(《四库全书总目》卷四十六)《道学传》、《忠义传》、《奸臣传》、《逆臣传》连篇累牍,正史、别史尽是"鼓吹六经,羽翼名教"之作,历史完全成了伦理道德的说教!

历史学为"经学"作注解,为儒教伦理纲常说教传道的特质,显然不仅仅是历代皇朝钦定的"正史"和朝廷史官纂修的国史所独具的特殊现象。从中国传统史学的整体看,两千多年间传统社会中产生的私史、别史、杂史及至野史,大都未能脱出以史解经的传统范式。历史家柳诒徵所著《国史要义》中谈到"礼"(儒教伦理)与中国历史学的关系时,曾经有如下一段精辟的论述:

"夫本纪世家何以分? 分于礼也。封爵交聘何以表? 表以礼也。列传之述外戚、宦官、佞幸、酷吏、奸臣、叛逆、伶官、义士,何以定名? 以礼定之也。不本于礼,几无以操笔属辞。故礼者,吾国数千年全史之核心也。"

儒教伦理对传统史学的影响和渗透、礼教纲纪对传统史家的掌握和制控,即使是那些以反传统相标榜的历史家也难以摆脱恢恢天网的笼罩。明代思想家兼历史家李贽,是以反传统的异端见称于当时和后世的。他独立特行,放荡不羁,发誓要"颠倒千万世之是非",(李贽:《藏书·世纪列传总目前论》)"主张不以孔子之是非为是非",而断以"予李卓吾一人之是非"。这在当时也确实算得上是惊世骇俗之壮举了。李贽本人最终因"惑世诬民"而遭杀身之祸,他的著作如《焚书》《藏书》和《续藏书》,也因不容于当时而屡遭朝廷官府禁绝、毁版和焚弃。

但是,如果我们细细地读一遍李贽的著作,就不难发现,在貌似标新立异、超凡脱俗的表象之下,隐藏着的依然是传统儒教伦理的本质。李贽抨击道学虚伪的伦理道德,但却没有也无意背离儒教伦理;他反对以孔子是非为是非,拒绝以传统的历史观为自己的历史观,但他在事实上却并没有也不愿摆脱儒教传统伦理思想的束缚。李贽的历史著作,追求的是那被他称之为"伪儒","迂儒"歪曲篡改修正了的"纯儒","真儒"的道德伦理观,因此,他的历史著作也就不可避免地陷入传统的模式之中。他的好友祝世禄为《藏书》撰序,揭示了李贽著史的良苦用心:"能读先生之书,必有善治,必有真儒。既能善治而有真儒,则虽谓先生是非谬于圣人也,先生亦任之可也。"众所周知,刘知几因撰《史通》,倡导直书实录,疑古惑经,而颇受后世史家的推崇。实际上,学者们在赞扬刘知几的时候,恰恰忽视了刘知几史观中更为重要也是具有本质意义的一面,在刘知几那里,直书实录,疑古惑经,其实都是为了在史书中更好地贯彻和体现儒教伦理,用他自己的话说,无非是"法夫子之凡例,宗名分之大体"。只有作如是观,我们才可以理解《史通》一面大力主张历史家要具备史才、史学和史识,抨击阿时趋势之徒曲笔讳书的可耻行径,高扬不畏强暴直书实录的精神;一面又鼓吹历史操作中要辨善恶、寓褒贬。"申以劝诫,树之风声",主张历史家要恪守臣子之义,并且认为历史家撰史为君父讳大恶,"虽直道不足,而名教存焉"。(《史通·曲笔》、《惑经》)因此,为了维护儒教伦理纲常的现实需要,"夫臣子所书,君父是常,虽事乖正直,而理合名教,……讳之可也。"(《史通·曲笔》、《惑经》)

《史通》从理论上论证了史以注"经",历史为儒教伦理作注脚的合理性;而欧阳修主持和撰修《新五代史》、《新唐书》则是史学为礼教伦理而牺牲历史事实的一次颇具典型意义的实践。在《新五代史》中,欧阳修往往不惜更改史实以曲从书法义例。任意删削历史以迁就儒教伦理。这种违背历史真实性而屈从君臣伦理纲纪的做法,连后来的传统史家都觉得过分。吴缜撰《五代史记纂误》列举和订正《新五代史》谬误不实处达二百多条;杨陆荣撰《五代史志疑》,也批评其文献无证,传闻多谬。

传统史家以史解"经",强史就"经",强把历史当作儒教经典的注解,曲解事实,篡改历史,这种治史旨趣与史学的官文化、政治化、工具化取向结合在一起,正是中国传统史书失真失实的主要症结所在。

(选自《学术研究》1995 年第 2 期)

陈剩勇(1956—),浙江大学比较政治与公共管理研究所所长,教授,主要著作有《越轨与回归:中国当代历史学反思》、《礼的起源》等。

本文对儒家思想与中国传统史学的紧密关系进行了考察,认为中国传统史学实乃儒家经典之注脚、"三纲五常"的外化。

孔子的史籍整理及史学思想

李 民

我国古代史学历史悠久，其源可上溯到两汉以前，正如刘节先生所说："先秦时代确有史学渊源可寻。"（刘节：《中国史学史稿》，中州书画社 1982 年版）先秦时期，不仅有许多典籍辗转流传于后世，而且那时的一些史家治史的可贵思想和方法，也为后人编纂史书和研究历史提供了不少借鉴，就以孔子而论，他虽离开现今已有两千多年，然而他对史籍的整理以及他的治史思想的某些积极因素，至今仍值得我们注意和重视。

一

孔子整理史书的成就不应抹煞。据《庄子·天道》说："孔子西藏书于周室。子路谋曰：'由闻周之征藏史，有老聃者，免而归居，夫子欲藏书，则试往因焉。'……于是翻十二经以说。"《史记·十二诸侯年表》曰："（孔子）西观周室，论史记旧闻，兴于鲁而次《春秋》，上记隐，下至哀之获麟，约其辞文，去其烦重，以制义法。"又《史记·太史公自序》也说："孔子修旧起废，论《诗》、《书》，作《春秋》，则学者至今则之。自获麟以来四百有余岁，而诸侯相兼，史记放绝。"种种记载表明孔子不仅重视历史资料的搜集和整理，而且也确实整理过《春秋》。

《春秋》本为史书之名,其源应始于周。《管子·法法》:"《春秋》之记",尹知章注曰:"《春秋》即周公之凡例而诸侯之国史也。"《春秋左氏传序》也曾说:"韩宣子适鲁,见《易象》与鲁《春秋》曰:'周礼尽在鲁矣',韩宣子所见,盖周之旧典礼经也。"降至春秋时期,列国也纷纷采用《春秋》以名史书。《国语·晋语》载司马侯曰:"羊舌肸(即叔向)习于《春秋》。"《楚语》记申叔时说:"教之《春秋》而为之耸善。"当时,不仅晋、楚有《春秋》,燕、宋、齐诸国也都有《春秋》。(详见《墨子·明鬼》)

孔子所整理的《春秋》是在鲁史《春秋》的基础上参考周之旧典及其它文献资料删削而成的。所以《史记》说孔子"乃因史记作《春秋》,上至隐公,下讫哀公十四年,十二公。据鲁,亲周,故殷,运之三代。约其文辞而指博。"(《史记·孔子世家》)《春秋左氏传序》也说:"仲尼因鲁史策成文,考其真伪而志其典礼。"当然,孔子所整理的《春秋》原书,确实与现今传世的《春秋》不尽相同,但不能以此来否认孔子曾整理过《春秋》。①《孟子》中曾明确说过:"孔子惧,作《春秋》。"并引孔子的话说:"知我者其惟《春秋》乎!罪我者其惟《春秋》乎!"(《孟子·滕文公》)孔、孟生年仅差百有余岁,孟子所说应该是有所依据的。

除整理《春秋》外,孔子还曾经整理过《书》。据《史记》载:"孔子之时,周室微而礼乐废,《诗》《书》缺,追迹三代之礼,序《书传》,上纪唐虞之际,下至秦缪,编次其事。……故《书传》、《礼记》自孔氏。"《史通·六家》则说:"孔子观书于周室,得虞、夏、商、周

---

① 按:《春秋左氏传序·疏》说:"修者,治旧之名。"孔子修《春秋》应与后世整理史书同义。

四代之典,乃删其重者,定为百篇。"《史通》说《尚书》百篇皆由孔子所定,这显然不足为据。先秦时期的《书》(汉以后称之为《尚书》)是否就是百篇,是否全由孔子删定,此实难定论。(李民:《尚书与古史研究》,河南人民出版社1981年版,4—6页)但孔子整理过《书》的说法,则是可信的。又如《史记·孔子世家》说,《书》的起止年代是"上纪唐虞之际,下至秦缪";《汉书·艺文志》也说:"至孔子纂(即撰)焉,上断尧,下讫于秦。"这个起讫年代与现今传世的《尚书》的起讫年代大致相同。

《书》在孔子所处的那个历史时期,虽然仅仅作为一部重要的教科书,即所谓的"孔子以诗书礼乐教"。可是由于它是历代重要的政典汇集,所以又可称之为史书。正如《汉书·艺文志》所说:"古之王者世有史官……左史记言,右史记事,事为《春秋》,言为《尚书》。"现今传世的《尚书》和《春秋》是今天我们所能见到的中国古代最早的两部史书,它们虽与孔子所修《春秋》序《书传》的内容不完全相同,然而应该肯定,现今传世的《尚书》和《春秋》确有孔子的心血和功绩在内。从这个角度看,孔子应不失为我国古代最早的史家之一。

二

作为史家的孔子,其治史思想也应该认真地加以研究。《论语》、《左传》、《史记》等文献都为探索这一重要问题提供了可贵的资料。

孔子治史思想的一个重要方面就是讲"直",用后世的话来说,就是讲"正直"、"实录"和实事求是。如《论语·卫灵公》载:"子曰:'吾之于人也,谁毁谁誉?如有所誉者,其有所试矣。斯民也,三代之所以直道而行也。'"这段话的意思是说:我对于别人,诋毁过谁? 又赞美过谁呢? 如果说赞美过谁,那一定是经过了验证的。三代的人就是按直道行事的。言外之意,这种行直道的人是值得赞美的。孔子还说过:"直哉史鱼! 邦有道,如矢;邦无道,如矢。"(《论语·卫灵公》下凡引此书者,只注篇名)他称赞史鱼(即子鱼)的做法:国家有道,要直言直行,即使国家无道,自己也应该直言直行。孔子竭力反对那种狂妄不直的人,他曾说:"狂而不直,侗而不愿,悾悾而不信,吾不知之矣。"(《泰伯》)又说:"人之生也直,罔之生也幸而免。"(《雍也》)他的这个一贯贯之的主张也反映到他的治史态度中。他对能坚持"直书"的史官是大加赞扬的:"孔子曰:董狐,古之良史也,书法不隐。"(《左传》宣公二年)对那些"正直"的历史人物他也颇有褒词:"晋文公谲而不正;齐桓公正而不谲。"(《宪问》)两人相较,他是推崇齐桓公的。此外,他竭力主张治史、撰文只要"辞达而已矣"。反对巧言诡辩,无怪被誉为能"实录"的司马迁就说过:"《诗》有之:'高山仰止,景行行止。'虽不能至,然心向往之,余读孔氏书,想见其为人。"抒发出他对孔子的景仰、慕念的心情。

与主张"直书"的同时,孔子还强调治史要十分慎重。这二者本来是互为因果的。他认为治史要占有大量资料,"多闻"、"多见",提出:"我非生而知之者,好古,敏以求之者。"(《述而》)当子路问他:"有民人焉,有社稷焉,何必读书,然后为学?"孔子直截了当地回答说:"是故恶夫妄者。"(《先进》)在他看来,不读书就想有真正的学问,就硬发表议论,那只能是狡诈。这一思想也贯穿于他的治史态度中:他认为探究历史一定先要掌握大量史料,才能议论,如果史料不足,宁可存疑也不能妄言。《论语·卫灵公》载:"子曰:'吾犹及史之阙文也。有马者借人乘之,今亡矣夫。'"何晏

注:"包曰:'古之良史于书字有疑,则阙之以待知者。'"《论语·子路》也记孔子的话说:"君子于其所不知,盖阙如也。"在研究具体历史问题时他也是采取这种"不知,则存疑"的态度。例如,在对待夏、商历史的研究上,他曾说过:"夏礼,吾能言之,杞不足征也;殷礼,吾能言之,宋不足征也。文献不足故也。足,则吾能征之矣。"(《八佾》)再如,在研究夏、商以前的历史时,在一部《论语》中可以看到,孔子只言尧、舜时代和尧、舜以下的历史,并不言及尧、舜以上。当然,我们并非赞同孔子的这一结论,而是要肯定他治史的态度。因为在他所处的那个时代,他手里所掌握的有关尧、舜以前的历史资料十分匮缺,而且多属口耳相传的故事。以他当时所能肯定的"信史"资料,只能把历史上溯到尧、舜时代。至于尧、舜以前的历史他只好阙而不论,既不言浑浑沌沌的开天辟地的神话,也不言及有关黄帝的种种相互矛盾的传闻,确乎反映了他治史的慎重态度。相当于尧、舜以前的原始社会的历史,那是我们今天在历史唯物主义的指导下,通过对大量考古发掘资料的研究并参考某些有关古史文献而得出的结论。在孔子那个时代当然不可能具备这种条件,因而也不可能得出这样正确的结论。但是,他并没有把口耳相传的故事当成"信史"。以此可见,孔子治史的这种慎重态度在先秦诸子中实在是难能可贵的。司马迁在《史记·五帝本纪》中曾经说过:"五帝尚矣,然《尚书》独载尧以来,而百家言黄帝,其文不雅驯。荐绅先生难言之。"他实际上是支持孔子对这一历史问题所持的慎重态度。

由于孔子治史所持的这种严肃认真的态度,使他所做出的有关某些历史问题的论断,至今仍值得我们赞叹。例如,他在论及舜和禹时,曾说:"魏巍乎,舜、禹之有天下也而不与焉!"(《泰伯》)其意是说,多么崇高啊!舜和禹得到的天下并非是夺来的啊。又说过："无为而治者,其舜也与? 夫何为哉? 恭己正南面而已矣!"
(《卫灵公》)这个说法与我们今天得出的舜、禹是处于原始社会末
期的军事民主制阶段的结论大致相同。孔子还说过:"禹,吾无间
然矣! 菲饮食而致孝乎鬼神;恶衣服而致美乎黻冕;卑宫室而尽力
乎沟洫。"(《泰伯》)在这里,他既没有神化大禹,因为孔子从来就
是"不言怪、力、乱、神"的;又没有否认大禹的存在,而是比较恰当
地指出了大禹时期的历史状况和大禹的功绩。这同我们所说的大
禹后期已进入阶级社会的结论也相暗合。这不能不说是孔子的一
个惊人的见解,即以今日对夏史的研究而论,大禹后期充其量也只
是具备了早期的宫殿和已有了原始的水利而已。

在孔子论史思想中还有一个应该引起重视的问题,即他一贯
重视历史上有"才能"的人物。一如在现实生活中倡导"举贤才"、
"见贤思齐"、"举直错诸枉"那样,在涉及到历史人物评价时,他也
是非常赞扬有"才能"的人。例如,在对待管仲的评价上,他虽然
也有过贬词,说:"管仲之器小哉";又说"管氏有三归,官事不摄,
焉得俭?"(《八佾》)但这些并没有淹没他对管仲的才能和功绩的
总的评价。《论语·宪问》载:"子贡曰:'管仲非仁者与? 桓公杀
公子纠,不能死,又相之。'"子贡认为管仲不值得称道,而孔子回
答子贡说:"管仲相桓公,霸诸侯,一匡天下,民到于今受其赐。微
管仲,吾其被发左衽矣。岂若匹夫匹妇之为谅也,自经于沟渎而莫
之知也?"在此,他既肯定了齐桓公不记前嫌的"任贤"精神,更肯
定了管仲的治国功绩和才能。再如,孔子是很敬重周公的,这除了
他是出于崇拜周公的政治主张,另当别论外,还由于他异常佩服周
公的才能和美德。他说:"如有周公之才之美,使骄且吝,其余不
足观也已。"(《泰伯》)可见,他认为周公既有才能又有美德,而且
做到了不骄不吝。又《论语·泰伯》载:"舜有臣五人而天下治。

武王曰:'予有乱臣十人。'孔子曰:'才难,不其然乎?唐虞之际,于斯为盛。有妇人焉,九人而已。三分天有其二,以服事殷。周之德,其可谓至德也已矣。'"孔子认为人才是难得的,从"才难"的呼声中,充分反映出他慕贤的邈邈幽思。

不仅如此,孔子在评论某些历史人物时,决不因其亡国而抹煞他们的德行和才能。例如,在《论语·微子》中曾记载说:"微子去之,箕子为之奴,比干谏而死。孔子曰:'殷有三仁焉!'"即使殷纣王不听规劝,微子因而离开了他;箕子被降为奴;比干也因屡谏触怒纣王而被处死。殷虽然亡了国,但责任并非在于他们,所以孔子仍说他们是"仁人",是应该肯定的人物。孔子这种重视"贤才"的思想,是与他的治史慎重和强调"直道"(即"直书")的思想一脉相承的。

三

孔子治史的某些积极因素至今仍不失其借鉴作用。恩格斯在评论黑格尔时所说:"黑格尔不同于他的门徒,他不象他们那样以无知自豪,而是所有时代中最有学问的人物之一。"又说:"尽管他的历史哲学中的许多东西现在在我们看来十分古怪,如果把他的前辈,甚至把那些在他以后敢于对历史作总的思考的人同他相比,他的基本观点的宏伟,就是今天也还值得钦佩。"(《马克思恩格斯全集》第 13 卷 531 页)孔子整理史籍的成就和治史思想中的积极因素,同样也值得我们钦佩。他的成就的取得决非偶然,是他所受的文化教养、他本人的"博学多问"、勤奋好学和善于继承前人史学造诣的结果。

当然,我们在肯定他的史学成就的同时,也必须指出:由于时代、阶级以及文化教养的关系,致使他的治史态度和方法有着许多落后、消极的因素,应该有所批判、有所屏弃,否则我们就会兼收并蓄,离开历史唯物主义的原则。马克思说过:"在我们这个时代每一种事物好象都包括有自己的反面。"(同上,第12卷4页)在古代也是一样,就以孔子治史而言,同他的治史思想的积极因素所对立的是其落后、保守的另一面。诸如他强调"父为子隐,子为父隐。直在其中矣。"(《子路》)说为政者要恪守"君君,臣臣,父父,子子。"(《颜渊》)主张"天下有道,则礼乐征伐自天子出;天下无道,则礼乐征伐自诸侯出。"甚至说:"天下有道,则庶人不议。"(《季氏》)等等,这显然是消极、陈腐的主张,我们应该给予批判和清理。

但是,孔子治史思想中的某些消极因素,其程度并非那么严重,而是由后儒们加以发挥或改造而成的,旨在于适应封建专制主义的需要,如宣扬孔子修《春秋》的"微言大义",以及施"褒贬"的封建主义准则,则明明是后儒涂在孔子治《春秋》之上的一层神秘色彩。对此,刘知几早就指出过,那是"妄生穿凿",是"乖作者之深旨"(《史通·探赜》)。因此,哪些陈腐因素是孔子思想中所原有的,哪些是被后儒强加或改造出来的,这在批判其消极因素时,应加以区别,不能一古脑儿都记在孔子一人的账上。

总之,孔子不愧为我国古代的一位史籍整理家,从某种意义上讲,若说他是中国史学的创始人之一,那也不算过分。对他整理古籍的成就及其史学思想,应该批判地加以总结。

(选自《天津社会科学》1984年第4期)

李民(1934—),河北元氏人,现为郑州大学殷商文化研究所所长,教授。主要著作有《〈尚书〉与古史研究》等。

　　本文对孔子的史籍整理活动及史学思想进行了论述,认为孔子是中国古代史学的创始人之一,他的史学思想除了强调治史要慎重,重视历史上有才能的人物以外,主要侧重于讲正直、实录和实事求是。

西汉时期经学对史学的影响

张　涛

西汉时期,儒家经学十分繁盛,成为社会的主导思想和正统学术,并对其他各种学术产生了巨大而深刻的影响,在史学上表现得尤为突出。这种影响有积极的一面,但同时也带来不少消极因素。对此应做出客观、全面的分析和评判。

一

经学产生于春秋战国时期。春秋末年,孔子删定"六经"(汉代亦称"六艺"),即《诗》、《书》、《礼》、《乐》、《易》、《春秋》,以其为教材,从事私人讲学,创立了儒家学派。"孔子卒后,七十子之徒散游诸侯,大者为师傅卿相,小者友教士大夫,或隐而不见。故子路居卫,子张居陈,澹台子羽居楚,子夏居西河,子贡终于齐。如田子方、段干木、吴起、禽滑釐之属,皆受业子夏之伦,为王者师。"(《史记·儒林列传》)战国之世,儒家与墨家并称显学。儒家分为八派,"有子张之儒,有子思之儒,有颜氏之儒,有孟氏之儒,有漆雕氏之儒,有仲良氏之儒,有孙氏之儒,有乐正氏之儒"(《韩非子·显学》),其中以孟氏(孟轲)、孙氏(荀况)影响最大。及至秦始皇统一六国,尊崇法家型名法术之学,对儒家则大打出手,焚烧经书,坑杀儒士,禁止私藏、私授《诗》、《书》等典籍。

秦始皇这一举动,既使经学损失惨重,也使史学蒙受厄运。经书之中,《春秋》是我国最早的编年体史书(《左传》更是以《春秋》为纲的典型的编年史),《书》(《尚书》)则是一部偏重记言,带有政典性质的历史著作,《诗》(《诗经》)、《礼》(《周礼》、《仪礼》)、《易》(《周易》)亦保留了大量历史资料。这些著作被禁毁,无疑是史学的损失。另外,非秦国所记的史书同时罹祸被焚,更是有碍于史学的发展。

西汉王朝建立后,儒家经学开始复兴。经过叔孙通定朝仪,最高统治者逐渐意识到儒家"列君臣父子之礼,序夫妇长幼之别"的重要性,有意推崇经学。汉高祖刘邦曾到曲阜祭祀孔子。惠帝时废"挟书之律",儒生们根据师说,写成经书定本,教授生徒,孔子九世孙子襄还当上了博士。吕后掌政时,儒生浮丘伯在京师传授《诗》(《鲁诗》),楚元王刘交派儿子刘郢客与申公(培)一起前往学习,文景之后,最高统治者进一步广开献书之路,着力搜求旧典,表现出对经学的特殊兴趣。"孝文帝时,欲求能治《尚书》者,天下无有,乃闻伏生能治,欲召之。是时伏生年九十余,老,不能行,于是乃诏太常,使掌故晁错往受之。"(《史记·儒林列传》)文帝还立《诗》(《韩诗》)博士。至景帝即位,又立《诗》(《齐诗》)博士和《春秋》博士。申公弟子王臧因明《诗》为太子少傅。武帝登基后,罢黜百家,独尊儒术,表章六经,兴立太学,重用儒生。他深感"书缺简脱,礼坏乐崩","于是建藏书之策,置写书之官,下及诸子传说,皆充秘府"(《汉书·艺文志》)。此后"百年之间,收积如邱山,故外有太常、太史、博士之藏,内有延阁、广内、秘室之府"(《七略》姚振宗辑本)。随着经学的繁盛,社会上出现了一个重视学术文化事业的良好氛围,这有利于史学的发展。唯其如此,"天下遗文古事,靡不毕集太史公",司马迁才可以"䌷史记石室金匮之书",(《史记·太史公自序》)刘向也才可以获得校书撰史的机会和条件。另外,大部分史家也都是在接受儒家教育,研习各种经典的过程中成长起来的,有的既是史家,又是经学大师。

众所周知,修史离不开历史事实。《说文解字》云:"史,记事者也。"记事有赖于史料,它是历史著述的凭证和前提。儒家经典的复出,众多经学著述的涌现,为历史著述准备了大批资料,而这些资料在秦火以后又显得特别珍贵。司马迁著《史记》,采录至为宏博,但主要还是"厥协六经异传,整齐百家杂语",(《史记·太史公自序》)即以六艺经传为基本资料,尧、舜、夏殷、周诸纪,三代、十二诸侯两年表,齐、鲁、燕、晋、宋、卫、孔子诸世家,仲尼弟子列传等更是如此。司马迁本人于《殷本纪赞》中也指出:"余以《颂》次契之文,自成汤以来,采于《书》、《诗》。"他还把"考信于六艺"。(《史记·伯夷列传》)作为选择和解释史料的一个标准。刘向编撰《列女传》,亦是"采取《诗》、《书》所载贤妃贞妇,兴国显家可法则,及孽嬖乱亡者,序次"而成。(《汉书·楚元王传》)如卷一《母仪传》今存的 14 篇传记中,有 9 篇主要采自经传。

史家们创立的史书编纂形式,也有不少取资于经学著作。司马迁在《史记》中开创了纪传体的编纂形式,其体制结构的形成,曾深得经学之沾溉。唐代刘知几指出:"盖纪者,编年也;传者,列事也。编年者,历帝王之岁月,犹《春秋》;列事者,录人臣之行状,犹《春秋》之传。"(《史通·列传》)近世梁启超、范文澜进一步论及《史记》体制结构与经学间的渊源关系。梁启超说:"其本纪以事系年,取则于《春秋》;其八书详纪政制,蜕形于《尚书》。"[1]范文

---

① 梁启超:《中国历史研究法》第 15 页,上海古籍出版社 1987 年版。

澜说:"本纪仿《春秋经》十二公,按年月标举大事,为全书总纲。……书仿《尚书·禹贡篇》及《礼经》、《乐经》的体制,总述古来文化的成就。"①这些说法都是很有见地的。另外,《史记》的论赞"太史公曰",形式上亦仿自《左传》的"君子曰"。刘向编撰《列女传》这部我国最早的妇女通史和独立的传记体著作,也曾吸收了经学著作的合理因素。各传虽独立成篇,首尾完具,但又是选取一个或几个事迹去写,别的仅用一语或数语略记,近似随举一事而为之传的《左传》传经之体。在文风上,《列女传》甚有《穀梁传》清而婉的影子,清丽简约,朴实明达。同时,除了引《诗》证事,各传末尾皆以"君子曰"、"君子谓"来阐述己见,毫无疑问,这里采用的是《左传》的模式。清代章学诚说它"引风缀雅,托兴六艺,又与《韩诗外传》相为出入,则互注于《诗经》部次,庶几相合",(《校雠通义·汉志诸子》)是有一定道理的。

经学的繁盛,也使经学思想特别是《公羊》学的大一统理论渗透到史家的历史理论与历史认识之中。《公羊传》头一句就讲到"大一统"。《春秋·隐公元年》:"春王正月。"《公羊传》说:"何言乎正月?大一统也。"汉承秦制,封建专制主义的中央集权政治进一步发展。为适应这一时代需要,以董仲舒为代表的《公羊》学派极力宣扬大一统思想。董仲舒强调:"《春秋》大一统者,天地之常经,古今之通谊也。"(《汉书·董仲舒传》)曾师事董仲舒的司马迁,接受了这一思想,并用以考察社会历史的演进。在《史记》中,他以"道名分"为依据,把王朝更迭和帝王兴替当作科条分析的大纲,对于入传人物,按照身份、地位、等级,分别以本纪、世家、列传的规格加以载录,体现出君王居高临下,人臣拱卫主上的主题。这

① 范文澜:《中国通史简编》第二编第123页,人民出版社1964年版。

种体制结构,集中反映出司马迁的大一统观念。持《榖梁》义而又曾为《公羊》大师颜安乐弟子的刘向,在《列女传》中虽然没有设立类似本纪的名目来冠冕全书,但各卷一般也是以帝王后妃居前,庶民妇女居后,明显是一种上下有序的等级制度的体现。

《史记》上限起于黄帝,其旨在于突显大一统的历史观。《五帝本纪》黄帝之前,是一个四分五裂,争战不已的部族社会,至黄帝屠灭炎帝、蚩尤,才趋于统一。夏、商、西周三代之后,经过春秋战国时期的诸侯混战,秦始皇一统海内。尽管秦王朝二世而亡,但司马迁却高度评价了它的历史功绩和地位。此举的深层意义在于肯定汉武帝的大一统功业,也就是肯定黄帝的统一业绩。从黄帝的统一到秦皇、汉武的大一统,代表着历史发展的方向,象征着帝王德业的日益兴盛。中华民族不断壮大,各地习俗渐趋一致,这就是司马迁大一统历史观的基本内容。它象一条红线,贯穿于《史记》全书之中。三代君王,秦汉皇帝,春秋以降列国诸侯,四方民族,皆是黄帝子孙。这种民族一统的思想奠基于《史记》,而其渊源则是儒家经学的大一统观念。刘向的《列女传》,作为一部妇女通史,也体现了大一统思想,其书的第一篇传记,有人认为传主就是黄帝妃嫫母,只是今本已经佚去①。在史学发展史上,大一统是一种进步的,具有积极意义的历史观。

儒家经典有所谓今文经和古文经之分。西汉前期,今文经首先在朝野广为传播,并得到统治者的赏识,武帝尊崇的儒术,实际就是以《公羊》学为主的今文经学。五经博士均为今文经学家,他们垄断仕途和经书的解释权,显赫一时。与今文经传播的同时,古

---

① 清代吴骞校《列女传》、孙志祖《读书脞录》、孔广陶校注《北堂书钞》等均持此说。

文经也陆续在各地发现和传播,但未被列为学官。在对待今文和古文的问题上,史家们大都能持一种兼收并蓄的态度,只要是有利于历史著述的资料和形式就予以采用,并不墨守当时立为学官的今文经及其经说。对此,前文已有所涉及。再如司马迁撰写《史记》的《鲁周公世家》时,引《尚书》之《金滕》,兼取今古文说,引《费氏》基本为今文,但又大量引据《左传》、《国语》。司马迁特别注意《左传》的资料,在《史记》中多予采撷。范文澜曾指出:"太史公作《史记》,春秋时事取《左传》者泰半,谓《史记》之一部,蜕化于《左传》,或无不可。"①还有刘向,著述时持今文经义,但又多取《左传》等古文经的资料。其实,早在着笔著述之前,他们就没有专守一家之说。司马迁先向董仲舒学习《公羊春秋》,又师从于古文学大师孔安国,学习《古文尚书》。刘向年轻时习《穀梁传》,兼习《公羊传》,后来又对古文经颇感兴趣,"尤珍重《左氏》",并用以"教授予孙"②。这些都为他们著史时坚持客观求实的态度,博采古今典籍,打下了良好的基础。

二

西汉时期,经学的繁盛为历史著述提供了某些有利条件,在一定程度上推动了史学的进步。但另一方面,这种繁盛又使史学在社会文化中的地位有所下降,不利于史学的独立发展。我国的史学传统远比经学悠久,作为史学传播者和史学编纂者的史官的设置,为时极早。《礼记·玉藻》有"动则左史书之,言则右史书之"

---

① 范文澜:《正史考略》第 4 页,北平文化学社 1931 年版。
② 桓谭:《新论·识通》(严可均辑本)。

的说法,《汉书·艺文志》亦称"左史记言,右史记事"。唐代杜佑
进一步指出:"史官肇自黄帝有之,自后显著,夏太史终古,商太史
高势,周则曰太史、小史、内史、外史,而诸侯之国亦置其官。"(《通
典》卷二十一)前此,刘知几在《史通·史官建置》中对此也有详尽
论述。史官们大都学识渊博,而且政治地位甚高。《隋书·经籍
志》史部总序说:"夫史官者,必求博闻强识,疏通知远之士,使居
其位,百官众职,咸所贰焉。是故前言往行,无不识也;天文地理,
无不察也;人事之记,无不达也。内掌八柄,以诏王治,外执六典,
以逆官政。"九流学术皆源于史,史官几乎成了整个社会文化的垄
断者。同时,由史官编纂的史书也十分繁多,一般以"春秋"为名。
相传商太丁时曾有《夏殷春秋》。墨子有言:"吾见百国《春秋》。"
(《隋书·李德林传》、《史通·六家》并引)《墨子·明鬼下》提到
"周之《春秋》"、"燕子《春秋》"、"宋之《春秋》"、"齐之《春秋》"。
孟子亦言:"晋之《乘》、楚之《梼杌》、鲁之《春秋》,一也。"(《孟
子·离娄下》)各国统治者对史书颇为重视。早在孔子删定"六
经"之前,晋国大夫叔向就已"习于《春秋》",(《国语·晋语七》)
另一大夫韩宣子到鲁国聘问,曾专门"观书于太史氏,见……《鲁
春秋》"。(《左传·昭公二年》)孔子的《春秋》即以《鲁春秋》为蓝
本,兼采周王室及各诸侯之史书,编纂而成。后来,各国史书逐渐
亡佚,"春秋"之名便专属孔子之书了。

　　史学本与政治密切相关,带有浓烈的经世致用色彩,史书也于
事见理,给人教诫,不过重要的还是应阐述客观的历史发展过程,
再现往日的各种社会风貌,同专门的道德训教之书有很大差异。
而孔子作《春秋》,虽以准确的时间为线索编次史事,但又只是以
历史记载为手段,进行道德批判,力图通过史鉴、史教的功效,针砭
世事,垂法后人,最终达到振兴礼治,恢复周王朝原有统治秩序的

目的。孟子曾明确指出："世衰道微,邪说暴行有作,臣弑其君者有之,子弑其父者有之,孔子惧,作《春秋》。《春秋》,天子之事也。"又说:"孔子成《春秋》而乱臣贼子惧。"(《孟子·滕文公下》)孟子强调,《春秋》所重的不是史实,而是微言大义,即孔子的政治观点和社会理想,它们具有治理国家,纲纪人伦的非凡作用。司马迁也曾称述董仲舒之言:"周道衰废,孔子为鲁司寇,诸侯害之,大夫壅之。孔子知言之不用,道之不行也,是非二百四十二年之中,以为天下仪表,贬天子,退诸侯,讨大夫,以达王事而已矣。"(《史记·太史公自序》)正因为这样,《春秋》才被儒家尊为经,并由此开始了史学对经学的依附。

西汉王朝建立后,为了总结历史经验和教训,注意到史书的编纂。汉初,陆贾著《楚汉春秋》,记述楚汉战争的历史。朝廷沿用周代旧称,设太史令(太史公)一职,兼掌天时星历、祭祀礼仪、搜罗并保管典籍文献,"天下计书,先上太史公,副上丞相,序事如古《春秋》。"①但史官的政治地位较之治经儒生就大为逊色了。随着儒家经学在维护专制政权上的重要作用日益明显,越来越多的治经儒生受到统治者的青睐和重用,治经成了他们立身扬名,捞取高官厚禄的资本和手段。公孙弘就曾以治《公羊春秋》而登丞相之位。然而在这同时,统治者又把保持秉笔直书传统的史官看作对神圣皇权的一种威胁,并未多予重视。太史令厕于下大夫之列,秩比六百石,俸禄很低,且其存在于统治者看来是可有可无的。武帝东巡泰山封禅,太史令司马谈未能参与其事,尽管这是由于他身体欠安,中途病倒,但也说明,他是否随行执笔记事,武帝并不在意。司马迁继承父职,秉其遗志,著述《史记》,却因李陵之祸,招

---

① 卫宏:《汉旧仪》(孙星衍辑本)。

致奇耻大辱,被处宫刑。事后他曾不胜感慨地说:"文史星历近乎卜祝之间,固主上所戏弄,倡优畜之,流欲之所轻也。"(《汉书·司马迁传》)晋代虞喜《志林》说史官"自周至汉,其职转卑",只不过"仍以旧名尊而称公"。(《史记·孝武本纪》索隐引)这是十分确当的。

　　到了西汉后期特别是元成之时,最高统治集团更是以经治国,儒家经学的独尊地位进一步巩固。一时间,上无异教,下无异学,皇帝下诏,群臣上奏,都要称引经义以为依据。朝廷公卿均由经术而进,韦贤、韦玄成父子以及匡衡、贡禹、薛广德等以通经而居丞相、权臣之位。相形之下,史学之不受重视,地位低下就更显而易见了。当时,从事历史记载的学者,主要不是史家,而是经学大师。如补续《史记》的褚少孙(褚先生),以经术为郎,后为博士,并师事大儒王式。刘知几《史通·史官建置》提到:"司马迁既殁,后之续《史记》者,若褚先生、刘向、冯商、扬雄之徒,并以别职来知史务,于是太史之署,非复记言之司,……唯知占候而已。"太史令一职已经名存实亡,仅仅执掌天时星历之事,这不能不有害于史学。

　　在充分利用经学著述的资料和形式的同时,史家们也大都以经学为宗镜,将自己的史著视为经学的辅翼和解说。司马迁撰写《史记》,是要"窃比《春秋》",以"继《春秋》"自任,自觉地继承和弘扬孔子的事业。他曾称述其父司马谈之语:"自周公卒五百岁而有孔子,孔子卒后至于今五百岁,有能绍明世,正《易传》,续《春秋》。本《诗》、《书》、《礼》、《乐》之际?"当时武帝改元太初,又值孔子死后五百年,正是"孔子修旧起废,论《诗》、《书》,作《春秋》"时代的再现。司马迁著史的理想和宗旨,于此表现得十分清楚。司马迁对六经有过全面论述，并屡屡加以颂赞，对《春秋》更是推崇备至："夫《春秋》，上明三王之道，下辨人事之纪，别嫌疑，明是非，定犹豫，善善恶恶，贤贤贱不肖，存亡国，继绝世，补敝起废，王道之大者也。……拨乱世反之正，莫近于《春秋》。《春秋》文成数万，其指数千。万物之散聚皆在《春秋》。……《春秋》者，礼义之大宗也。"（《史记·太史公自序》）他突破《史记》著述体例的限制，破格撰写了《孔子世家》，并称孔子为"至圣"，由衷地发出"高山仰止"的赞叹。实际上，他是要使自己成为第二个孔子，使《史记》成为第二部《春秋》。撰著《史记》时，司马迁力求"折中于夫子"，（《史记·孔子世家》）贯彻了《春秋》褒贬精神，接受并宣传了儒家经学的思想理论，如大一统思想及天人感应论、历史循环论等。他还为孔门弟子及治经儒生立了列传，（《仲尼弟子列传》、《孟子荀卿列传》、《儒林列传》）使儒家经学在历史著述中占有了特殊地位。所以，梁启超说："太史公最通经学，最尊孔子。"① 又说："其书最大目的，乃在发表司马氏'一家之言'，与荀卿著《荀子》，董生著《春秋繁露》，性质正同，不过其'一家之言'乃借史的形式以发表耳。"② 也就是说，司马迁作史的首要目的，是要用深切著明的历史事实阐述《春秋》大义，为完善、巩固和发展封建社会形态，提供理论指导，同时也希望统治者注重史鉴、史教的作用，按照孔子和儒家经学的政治理想治理国家。当然，司马迁并没有

---

① 梁启超：《读书分月课程》第 3 页，《饮冰室合集》专集之六十九。

② 梁启超：《要籍解题及其读法》第 18 页，《饮冰室合集》专集之七十二。

简单停留在经学的思想与精神上，而是以其特有的史识、情趣和"良史之材"，"善序事理，辨而不华，质而不俚，其文直，其事核，不虚美，不隐恶"，使《史记》成为规模宏大，兼采众说，内容丰富的"实录"。（《汉书·司马迁传》）这种情况又使得《史记》表现出许多与经学相左甚至完全相悖的倾向。西汉前期，儒家经学受到重视，但黄老之学却是社会的主导思想。武帝至宣帝之时，最高统治者也未真正专用儒术，而是兼重刑名法术之学，用宣帝的话来说，就是"以霸王道杂之"。（《汉书·元帝纪》）《史记》的这些特点，亦是此种现象的曲折反映。

元成以后，随着儒家经学完全独尊，史家们更自觉地依循其宗旨和标准进行历史著述。刘向"睹俗弥奢淫，而赵、卫之属起微贱，逾礼制。向以为王教由内及外，自近者始，故采取《诗》、《书》所载贤妃贞妇，兴国显家可法则，及孽嬖乱亡者，序次为《列女传》，凡八篇，以戒天子"。（《汉书·楚元王传》）他本人也明确指出，自己撰《列女传》，是要"著祸福荣辱之效，是非得失之分"①，换言之，就是要达到儒家经学正人伦、迪教化的政治目的。在《列女传》中，刘向又对《春秋》褒贬精神做了更贴切、更具体的发挥。他所设的 7 个类目（母仪、贤明、仁智、贞顺、节义、辩通、孽嬖）及其次序的安排，本身就是这种精神的体现。另外，从内容到形式，《列女传》终究是一部史家传记之书，《隋书·经籍志》以后各目录都将此书列入史部杂传类或传记类，而刘向在其创始，其子刘歆完成的《七略》中，却把此书与《新序》、《说苑》等一起列入诸子略儒家类，其旨在于显示此书的道德批判作用。总之，由于经学的独尊，史家独立的人格意识和认识模式没有了，经学成了史家认识历

① 《七略别录》（姚振宗辑本）。

史、编写历史的思想原则,史学的地位降低了。

社会各界特别是最高统治集团也把史学看得很低,认为它只是经学的附庸,史书同经书相比,颇不足观。《史记》成书后,并没有很快公之于众,直到汉宣帝时,司马迁外孙杨恽祖述其书,才得以公开传布。但要读到此书,仍非易事(其中有简策书写,流传不便的因素),对皇室成员来说亦是如此。成帝初年,东平王刘宇来朝,上疏求诸子著作及《史记》,权臣王凤劝成帝不许,让他对刘宇讲:"五经,圣人所制,万事靡不毕载。王审乐道,傅相皆儒者,旦夕讲诵,足以正身虞意。夫小辩破义,小道不通,致远恐泥,皆不足以留意。诸益于经术者,不爱于王。"尽管王凤、成帝的真实想法是《史记》"有战国纵横权谲之谋,汉兴之初谋臣奇策,天官灾异,地形厄塞,皆不宜在诸侯王",(《汉书·宣元六王传》)但于此也可看出官方对经史关系的态度,反映出史学在整个社会文化中的地位之低。

在这不久,成帝"诏光禄大夫刘向校经传、诸子、诗赋,步兵校尉任宏校兵书,太史令尹咸校数术,侍医李柱国校方技",(《汉书·艺文志》)并未将史书独立一类。随后,刘向、刘歆成《七略》,将史书附于六艺略春秋类下。这固然也是由于史书数量较少,且与《春秋》有着重要的渊源关系,但最根本的原因却在于史学地位的降低,史家对经学标准的普遍认同。在负责校书的过程中,刘向还以经学的角度,判断史书的价值。例如,他说《战国策》虽语言"可喜"、"可观",但却"不可以临国教化"①。

西汉末年,扬雄也给了史学以很低的评价。扬雄以当代孔孟自居,力倡宗经,对儒家经典极致推崇。《法言·吾子》:"或曰:人

---

① 刘向:《战国策书录》,《全汉文》卷三十七。

各是其所是,而非其所非,将谁使正之? 曰:万物纷错,则悬诸天;众言淆乱,则折诸圣。或曰:恶睹乎圣而折诸? 曰:在则人,亡则书,其统一也。"扬雄还强调:"舍舟航而济乎渎者,末矣;舍五经而济乎道者,末矣。弃常珍而嗜乎异馔者,恶睹其识味也? 委大圣而好乎诸之者,恶睹其识道也?"(《法言·吾子》)比较起来,他对史书的看法就不太怎么好了。他曾校理群书,兼"知史务",续《史记》(续写的是宣帝到哀帝、平帝时的历史),并肯定了司马迁的"实录"精神,但另一方面又对司马迁其人其书没有完全皈依儒家经典之旨,多有微词。《汉书·扬雄传》载,"雄见诸子各以其知舛驰,大氐诋訾圣人,即为怪迂,析辩诡辞,以挠世事,虽小辩,终不破大道而或众,使溺于所闻而不自知其非也。及太史公记六国,历楚汉,讫麟止,不与圣人同,是非颇谬于经。"这里扬雄不仅是对《史记》不满,也是对所有未起到道德批判作用的史书的不满,表现出经学尊于史学,优于史学的偏见。

进入东汉以后,史学又有了进一步发展,但却依然笼罩于经学的影响之中。班固著《汉书·艺文志》,一依《七略》,将史书附列于六艺略春秋类下。史学仍居六艺之末,处于经学附庸的地位。直到魏晋南北朝时期,由于儒家经学受到冲击,史学才从经学的禁锢中解放出来,在学术领域内形成一门独立的学科,并得到飞速发展,出现了十分繁荣的景象。史书数量激增,质量也有显著提高。不过,在我国封建社会各个时期,经学对史学的影响始终存在,只是都不如西汉和东汉之时那样突出,那样浓烈罢了。

(选自《辽宁师范大学学报》1992 年第 5 期)

张涛(1961—),山东临清人,历史学博士,现为北京师范大学,山东大学教授。主要著作有《经学与汉代社会》、《秦汉易学思想研究》等。

本文认为:不论是在史书编纂形式,还是在史家的历史理论与历史认识方面,西汉史学都深受儒家思想的影响,并对这种影响的积极和消极因素都进行了剖析。

刘 向 和 班 固

白 寿 彝

两汉之际的史学

自司马迁《史记》成书以后，约一百七八十年，班固写成了《汉书》，这是中国史学史上第二部巨著。

《史记》的创造性的工作曾吸引了这一百七八十年间的历史学者，成为模仿、学习的榜样。宣帝时，《史记》经司马迁外孙杨恽的祖述，得以宣布于世。元、成之间，褚少孙为《史记》作了一些续补。后来，刘向、刘歆、冯商、卫衡、扬雄、史岑、梁审、肆仁、晋冯、段肃、金丹、冯衍、韦融、萧奋、刘恂等相继撰续《史记》。东汉初年，班彪不满意《史记》的这些续作，"于是采其旧事，旁贯异闻，作《后传》六十五篇"。（见《史通·古今正史》）班固是班彪的儿子，他的《汉书》是在这些已有的基础上，断代为史，写出了起于汉高祖、终于王莽的二百三十年间的史事。他的工作代替了各家续补的《史记》，得以单独地流传下来。后人曾经长时期地以《汉书》与《史记》并称，作为纪传体史书中最有代表性的著作。

在这一百七八十年间，时代的特点，第一，是阶级矛盾的尖锐。继武帝晚年南阳、齐、燕各地暴动之后，成帝时有颍川、山阳铁官徒的起义，广汉郑躬、尉氏樊并的起义，王莽称帝后有绿林、赤眉的大起义。这次大起义，首尾约十年（公元 17—27），在规模的壮大上，在历时的长久上都超过了秦末的大起义。第二,是统治阶级内部矛盾的尖锐,帝室和外戚间的矛盾是其中的一个侧面。自成帝时王氏当权,发展到王莽称帝,而达于极点。第三,是皇家对学术思想控制的加强。继武帝独尊儒术、罢黜百家之后,公元前51年石渠阁讲五经同异,宣帝亲临决断;公元79年白虎观讲五经同异,章帝亲称制临决;其间又有公元56年光武帝宣布图谶于天下。这些时代的特点不能不在当时的史学上加了烙印。《史记》的体例和司马迁史学才能虽受到推重,《史记》的进步的历史观点却决不会在正宗学者或正宗思想中得到地位。扬雄称《史记》为“实录”,(见《法言·重黎》)但讥其“不与圣人同,是非颇谬于经”,(见《汉书·扬雄传》)班彪称《史记》“善述序事理,辩而不华,质而不野,文质相称,盖良史之才”,但很反对它的论议,说是“浅而不笃”,“大敝伤道”,其罪状是“论术学则崇黄老而薄五经,序货殖则轻仁义而羞贫穷,道游侠则贱守节而贵俗功”。(见《后汉书·班彪传》)班固略同于班彪的看法,而措词少有不同。明帝也曾称“司马迁著书,成一家言,扬名后世”,但因《史记》“微文刺讥,贬损当世”,就断定司马迁“非谊士也”!(见《文选》卷四十八班固《典引·序》)两汉之际的史学是为阴阳学说和儒家伦理思想混合起来的正宗观点所支配的,这一时期史学的发展过程正是正宗史学形成的过程。正宗学者继承了司马迁的技术的方面而阉割了他思想上的精华。

　　两汉之际的学者如刘向,向子歆和班彪的思想,都是折衷主义的。①　刘向、歆父子各著书论《洪范五行传》,“集合上古以来历春

20世纪儒学研究大系

---

　　①　以下关于折衷主义多参用侯外庐主编《中国思想通史》说,人民出版社1957年版。

秋六国至秦汉符瑞灾异之记。推迹行事,连传祸福",是以天人感应的神学说历史。(《汉书·楚元王传》附传,又《五行志》)但他们考镜学术源流,就脱离了神学的支配。班彪著《王命论》,(见《汉书·叙传》)旨在申明汉承尧祚,有灵命之符,"神器有命,不可以智力求"。但同时又以汉所以成帝业,归功于刘邦之略,说他能使"英雄陈力,群策毕举",智力在这里便又起很大的作用了。班固继承了班彪的看法,力图使史学能更好地为皇家的封建统治服务。

　　扬雄(公元前52—公元18)字子云,成都人,有无神论的倾向。他认为"神怪茫茫,若存若亡";仙人号称永生,"名生而实死";天"如物刻而彫之,焉得力而给诸"。他论秦亡六国,由于天时、地利、人事的具备。论项羽之灭,也是反对项羽"此天亡我"之说,而归结为"汉屈群策,群策屈群力,楚憞群策而自屈其力",(见《法言·重黎》,又《君子》,《问道》)但他著《太玄》,却又捡起了阴阳学家历数之说,用神秘的数字去陈说宇宙的构成,把人们的富贵贫贱祸福和思维活动都用一定的数字去安排起来。实际上这就把数当作宇宙和人类社会的主宰了,这仍是一种神学的形式。扬雄是统治阶级内部被放置在闲散角落的人,他不满现实,但怯于斗争,在世界观和历史观上摇摆不定。他的无神论倾向在西汉末年阴阳学说盛行的时候是有历史价值的,但他终于堕入了折衷主义。他在晚年献《剧秦美新》,盛陈符命,颂新朝威德。说者以"非本情"(见《文选》卷四十八《剧秦美新》李周翰注)为扬雄辩解,但从扬雄的思想特点来说,他写出这样的赋来,也并没有什么可以奇怪的。

　　两汉之际正宗史学的建立及折衷主义的历史观的出现,这一方面表示正宗思想已在史学领域内建立了阵地,又一方面则表示正宗思想的危机,它在社会矛盾的剧烈冲击下已显露出其内在的贫困,而不得不谋求某些合理的因素以增加自己的力量。在这个意义上,有如司马迁进步的历史观之为当时正宗思想的对立物一样,折衷主义历史观是作为司马迁进步的历史观之对立物而出现的,这是正宗思想向进步思想反攻的对立物。

两汉之际的史学也有它的新的发展。第一,纪传体逐渐为历史学者所普遍采用。有的学者还试图加以改进。成帝时,冯商"受诏续太史公十余篇"。(见《汉书·张汤传》注引如淳说)可见这种体裁也为皇家所认可了。明帝诏班固和陈宗、尹敏、孟异共成《世祖本纪》,班固又作功臣、平林、新市、公孙述等列传载记二十八篇,(见《后汉书·班固传》)后来刘珍、刘毅、刘陶、伏无忌等相继撰次,(见《隋书·经籍志》)称为《汉纪》。纪传体从此成为"国史"的主要体裁。尽管此后纪传史的写作流品不齐,但为各个历史时期史料的保存提供了有利的条件。第二,成帝哀帝时由刘向、歆负责进行了大规模的皇家藏书的校订,为史料的考订、书籍的分类和系统地论述学术源流提供了范例。司马迁在《史记》里已开始了论述学术源流的工作,至此是向前发展了。以上主要是属于技术性的发展,但对于后来史学的发展,是起作用的。班固作为两汉之际史学的代表者和总结者,在这两点上也体现着《汉书》的成就。

刘向、刘歆

两汉之际历史学者的著述多已不传。刘向的著述保留下来的要多一些,他对班固的影响也比较大些。在东汉学者眼中,扬雄和刘向都是博学的典范。但扬雄关于历史的著述本来不多,传下来的更少,传世的《太玄》、《法言》虽是他的代表作,却毕竟是他哲学方面的论著,仅只多少包含有一些历史观点。刘向跟他的情况,从史学史的角度来看,是不同的。

刘向(约公元前79—前7)字子政,初名更生,是汉宗室,父兄相继为阳城侯,家产过百万。他在元帝成帝时,先后两度拜光禄大夫。他热诚维护汉家的统治,企图削弱外戚的权力,因此下过两次狱,丢过三次官。他著《疾谗》、《適要》、《救危》及《世颂》八篇(均已失传),就是"依兴古事,悼己及同类"。他著《洪范五行传论》,是结合当时"灾异",对外戚王氏而发。他著《列女传》,是因为赵皇后、卫婕好的家人"起微贱,逾礼制",乃"采取《诗》、《书》所载贤妃贞妇、兴国显家可法则,及孽劈乱亡"的故事以成书。他编次《新序》、《说苑》,也是采集前人行事和论议,奏上成帝,以期有益于政治。他的儿子刘歆也是一个博学的人,但在政治上是跟王莽在一起的。王莽称帝后,刘歆拜国师,封嘉新公,为四辅之一。刘歆别著《洪范五行传论》,并有《三统历谱》,这都是跟刘歆的政治态度相联系的,有一些地方跟刘向的说法很不相同。

刘向早年得《枕中鸿宝苑秘书》,"书言神仙使鬼物为金之术及邹衍重道延命方",深受神秘思想的影响。继又参与石渠阁的五经讲论,濡染于正宗的经学活动。他后来论历代兴革、国政得失,就拿出了正宗学者的派头,以阴阳五行、天人感应作为论证的依据。元帝时,他上封事,论舜及文武周公时的祥瑞和幽厉以后春秋时期的灾异而归结于"灾异未有稠如今者也"。成帝时上封事,论宗周以来大臣操持国柄之危国,借"王氏先祖坟墓在济南者,其梓柱生枝叶、扶疏上出屋"之异,申言"事势不两大,王氏与刘氏亦且不并立"。这表明刘向的历史观是神学的倒退的历史观。他这种思想反映了西汉晚年大权旁落、皇族失势的悲观情绪。(以上刘氏父子生平,略见《汉书·楚元王传》附传)

《汉书·五行志》保存了刘向《洪范五行传论》约一百五十二条。其中论灾异跟后、妃、君夫人及外戚间的关系的约三十一条，论灾异跟君主失势、国家败亡间关系的约三十九条。还不只是刘向政治立场在学术上的反映，这并且是有意地利用阴阳五行学说作政治斗争的工具。《汉书·五行志》也保存了刘歆论《洪范五行传》的材料，约七十三条，尽管论述的对象基本上都在刘向曾经论述的范围内，但没有一条的具体论述是跟刘向相同的。这也由于刘歆的政治态度跟父亲不同，在学术上就也有不同的反映。刘氏父子学术见解的不同，是当时统治阶级内部斗争的反映。

刘向虽相信"天命所授者博，非独一姓"，"自古及今未有不亡之国"，但认为"明者起福于无形，销患于未然"，可以"刘氏长安，不失社稷"。（见《汉书·楚元王传》附传）这就等于说天命还是可以人力为转移，或至少可以多延一些时期。在刘歆的遗文里，就看不到这样的说法了。依《汉书·律历志》所保存下来的《三统历谱》的材料来看，历代的兴衰是按着五行相生的顺序进行的。按照这样的顺序，王莽以土德继汉的火德，就应该是当然的。[①] 王莽在死到临头时就还这样说："天生德于予，汉兵有如予何！"

刘氏父子作为折衷主义者，当校订皇家藏书的时候却很少运用这种神学历史观，而在很大程度上表现了人文主义的态度。

公元前27年，刘向奉命校书，（见《汉书·成帝纪》）把书分成六类，由他负责校经传、诸子、诗赋三类，步兵校尉任宏校兵书，太史令尹咸校数术，侍医李柱国校方技。每校过一书，"向辄条其篇目，撮其指意，录而奏之"。他作了这个工作约二十年之久，刘歆

---

① 班固在《律历志》里没有明文写出这一点来。《王莽传·赞》说王莽是"余分闰位"，这是东汉人的说法，应与《三统历谱》的精神不同。

在他死后奉命完成了未竟之业。刘歆把父亲的叙录,按照书籍的分类,分别概括为六艺略、诸子略、诗赋略、兵书略、术数略、方技略、另加辑略,成为《七略》一书。(见《汉书·艺文志》,并参考《隋书·经籍志》)刘向的叙录后来别辑成书,称为《七略别录》。

　　依现存《别录》零篇和《汉书·艺文志》所删存《七略》的材料来看,刘氏父子在思想上,第一,发展了学术分类的概念。先秦评论学术流别者,多以学术思想接近的学者并举,不称学派。孟子和韩非始并称"杨墨"或"儒墨"。司马谈始区别六家,加以评论。刘氏父子增六家为十家九流,作为诸子一类。另外又分诸子以外的书籍为五类。他们把皇家藏书定为六类、三十八种、六百另三家、一万三千多篇。他们在总的分类上是按着皇家进行统治的需要来安排次第的。六艺、诸子和诗赋都是属于文治方面的,列在最前。兵书属于武备,列于其后。术数和方技,或在统治上起补充作用,或与生活上有联系,就放在最后。这当然谈不上是科学的分类,在思想本质上反映了皇权思想。但这毕竟在学术分类的概念上有了很大的发展,对于书籍的具体分类、书籍的保存和检寻上是可以起一定的作用的。第二,刘氏父子注意了学术源流及其政治背景,对各家各派作出了评述。他们一方面肯定了各种学术、各个学派在不同方面的作用,论其短长,在这一点上可以说是继承了司马谈论六家要旨的形式。在另一方面,他们把诸子、诗赋、兵书、术数和方技都说成是出于王官之守,把诸子、诗赋都说成是六经的支流余裔而为衰世的产物,这里就贯穿了尊崇儒术的思想。把这两方面合起来看,好像是给了诸子一定的地位,而实际上是在有限度地承认诸子的现实影响下为儒术独尊提出了历史的依据。第三,刘氏父子称《易》为五经之原,"与天地为始终",而五经之学则"世有变改,犹五行之更用事焉"。他们肯定数术各家能测吉凶、候善恶,这又是神学思想的表现。

在技术上,刘氏父子创造了大规模校雠的范例,大规模缮写定本、编撰叙录的范例和制成系统目录的范例。这对于后来所谓"校雠学"、"目录学"有很大的影响,被称为它们的始祖。同时《七略》的形式在相当长的时期内也成为学术史的主要的表达形式。

看起来,刘氏父子是很淹博的,但在淹博的华贵外衣上掩遮着虚弱的贫困的思想。这是他们父子学风上的特点。班固称赞他们"博物洽闻,通达古今,其言有补于世"。"刘氏《洪范论》发明《大传》,著天人之应。《七略》剖判艺文,总百家之绪。《三统历谱》考步日月五星之度,有意其推本之也"。班固的赞语说明他的思想,班固正是刘氏学风的很好的继承人。

班固改《史记》

班固字孟坚,扶风安陵(今陕西咸阳东)人。七世祖壹在楼烦有马牛羊数千群,是秦汉之际的边地豪富。曾祖况以大臣名家的身份占籍长安,女儿是成帝的婕妤。大伯祖伯能说讲《诗》、《书》、《语》,辨究不同的经说。在任定襄太守的时候,以善于搜捕,使"郡中震栗"。后来官至水衡都尉,成为皇帝亲密的侍从。二伯祖斿,同刘向校书,受到成帝的器重,得到秘书副本的赏赐。当公元前一世纪二十年代,班氏同许氏是齐名的外戚,被称为"许班之贵倾动前朝,熏灼四方,赏赐无量,空虚内藏"。父彪,当两汉之际,"家有赐书,内足于财",在上层社会中颇有声誉,"好古之士自远方至,父党扬子云以下莫不造门"。他续《史记》,但反对司马迁的异端观点,坚持"唯圣人之道然后尽心"的正宗之学。(见《汉书·叙传》)

班固在公元 32 年出生在这个豪富、外戚身份、并有正宗家学,传统的人家。明帝时除兰台令史,迁郎官,典校秘书。章帝时,"数入读书禁中,或连日继夜。每行巡狩,辄献上赋颂。朝廷有大议,使难问公卿,辩论于前"。他的官职并不高,但以文章写得好,得到皇帝的喜欢。公元 79 年,章帝会诸儒于白虎观,讲论五经同异。他奉命撰集当时的论议,成《白虎通德论》,或称《白虎通议》。这是皇帝亲临裁决的正宗经学的结集,他担任了主编的角色。公元 89 年,他以中护军随大将军窦宪出兵匈奴。公元 92 年,窦宪因罪自杀,他为仇家借机罗织,死于洛阳狱中。(见《后汉书·班固传》)

班固写《汉书》,约当于公元一世纪 50 年代至 80 年代,经历了二十余年。全书记刘邦起义以至王莽的失败,共分纪、表、志、传等四个部分。表和天文志没有及身写好,是由妹昭和扶风马续相继完成的。(见《后汉书·列女传·曹世叔妻》)

《汉书》中有四篇纪、六篇表、三篇志、四十篇传是在《史记》的基础上写的,其中有的是增补了多少不等的材料,有的是就原有的材料另行编排,有的是就原文作了简单的分合,有的是基本上依原文照录。长期以来,旧史家就《汉书》是否抄袭《史记》而展开了对《汉书》的评论。其实这并不是重要的问题,重要的是《汉书》利用了《史记》在体例、史料、写作艺术以及某些观点上的成就,并且也利用了《史记》的学术威信和社会威信,但用正宗的观点挤掉了《史记》的进步精髓而加以改写。

第一,《汉书》不是像《史记》那样把汉的建国放在历史发展过程中去考虑。它反对这种作法,指责《史记》把汉史"编于百王之末,厕于秦项之列",是把汉的历史地位压低了。它在《叙传》里既特别提出"汉绍尧运以建帝业",在《高帝纪》还把刘邦的世系从唐虞夏商周、春秋、战国，一直到秦汉之际，都大体地编排起来，并申述："汉承尧运，德祚已盛，断蛇著符①，旗帜上赤，协于火德，自然之应。"《律历志》依据《三统历谱》，"删其伪辞"，把所谓太昊以至刘秀的世代更替都排列起来，一一注明所值五德之运。这也不过是要证明汉以火德代周之木德正如帝尧之以火德代替帝喾的木德一样，是按着必然的程序出现的。

《汉书》所表示的五德始终说是属于五行相生说的。这是西汉末年形成的一种说法，火生土，故王莽自称以土德代替汉的火德；土生金，故公孙述自称以金德代替王莽的土德；刘秀复兴，便要以火德继承西汉的火德。五行相生说，在东汉皇朝来说，是对农民，同时也是对统治阶级内部表达其封建统治之神学的合法的依据。《汉书·高帝纪》几乎全部因袭《史记·高祖本纪》，但却特别编排了高祖世系和斩蛇的奇迹，当然，这就改变了《史记》的原有精神。但这正是为班固的正宗思想所决定了的，是反映了东汉皇朝的要求的。由于同样理由，《汉书》虽为王莽写了一篇详细传记，但特别指出他同秦一样，都是"炕龙绝气，非命之运，紫色蛙声，余分闰位"。如果把《叙传》除外，《高帝纪》和《王莽传》恰好是《汉书》的一首一尾，表明了班固以西汉历史神化东汉皇权的企

---

①　赤帝子斩蛇的奇迹，现行本《史》、《汉》高祖纪所记同，但这决非《史记》原来所有。因汉火德之说创自西汉末年刘向父子，见于《汉书·郊祀志·赞》。从汉初以至司马迁时期只有水德土德二说。《史记》中不会出现火德的符应。现行本《史》、《汉》所记刘邦奇迹数事，都称"高祖"。这在《汉书》来说，前后的称例是一致的。在《史记》来说，前后的称例却是相矛盾的。《史记》记刘邦自起义以至立沛公以前事，都称"刘季"而不称"高祖"。现所记各奇迹，也都属于立沛公以前事，但称"高祖"而不称"刘季"，颇可疑，或也不是原本所有。

图。

《汉书》也称道高祖"明达、好谋、能听","初顺民心作三章之约",建国后"虽日不暇给,规模弘远",(见《汉书·高帝纪》)但把这些又归之于"实天生德,聪明神武",(见《汉书·叙传》)好像高祖个人的一切作为也都是天意早就规定了的。《汉书》在这里虽把皇权神授的说法说到了家,却不可能把这种说法在别的历史问题上都贯彻下去。如果都贯彻了这个说法,人们就成了天意支配下的傀儡,他们的是非善恶都不必对历史负责了。因此《汉书》在惠帝以下的各帝纪里就把"实天生德"的论点搁起来了,却就各帝的政绩和个人言行评论起来。并且《成帝纪·赞》还说到:"建始以来,王氏始执国命,哀平短祚,莽遂篡位,盖其威福所由来者渐矣。"这就完全是就历史发展形势来讲的。在这里班固又好像已经忘记了他对高祖所弹的调子。仅仅在帝纪十二篇之间,他的调子就已经是这样的不调和了。这是他的折衷主义的表现,他是看不出他自相矛盾的拼凑的。

第二,《汉书》抛弃了《史记》"究天人之际、通古今之变"的进步内容,而把天人感应的神秘学说,特别是五行灾异学说当作社会现象的永恒规律来宣扬。《五行志》是集中地表达了这种思想的,它是《史记》八书所无而班固新创的项目。它在这里集中了董仲舒、夏侯始倡、眭孟、夏侯胜、京房、刘向、刘歆、谷永、李寻等这些阴阳五行学说的大师的论述,加上自己的意见,系统地编写起来。在时间上,它包含了对春秋以来直至王莽时期某些史事在灾异上的附会。在内容上,它企图表明水火木金土等自然现象可以反映政治上的得失,貌言视听思的失当也可影响到风雨水旱寒暖蝗灾地震等等。《天文志》有许多内容同于《史记·天官书》,而特别强调"政失于此,则变见于彼,犹景之象形,响之应声",并且详记秦楚以来天变对人事的征验,这跟《天官书》主旨在于记天官职守者有很大的分歧。

在纪的部分,《汉书》依《史记》高、吕、文三篇本纪写成《高帝纪》、《惠帝纪》、《高后纪》和《文帝纪》,除了在史事的分合增减上略有不同外,最显著的一点就是按年代的顺序分别加上了灾异的记事。

在传的部分,《汉书》依《史记》写公孙弘传,而增以公元前130年贤良对策,这主要是在答复武帝所问天人之道,吉凶之效,"属统垂业,物鬼变化,天命之符,废兴何如"。它把董仲舒从《史记·儒林传》里分离出来,为立专传,而以天人三策占了主要的篇幅。它改《史记·楚元王世家》为《楚元王传》,实际上是以刘向言天变的封事占了大量的篇幅。它新创的传,如《萧望之传》、《翟方进传》、《谷永杜邺传》等,都盛言灾异。《眭两夏侯京翼李传》是专为阴阳五行学者立的合传,赞语中说他们"假经设谊,依托象类,或不免乎亿则屡中",这对于他们的本领虽好象不太尊敬,但既能"屡中",实际上还是在肯定阴阳五行学说之正确性的。

我们知道,《史记》还不能完全摆脱神秘思想的束缚,但它是走向无神论并且已具有无神论思想的。《汉书》就不是能否摆脱的问题,而是抱住有神论,多方宣传有神论。它强调灾异的作用,只不过是要表明皇帝的一举一动都受到上天的注视,都必然发生相应的影响。这跟《史记》的历史思想是背道而驰的。

第三,《汉书》以强调封建性代替《史记》的进步性。班固说《史记》"论大道则先黄老而后六经,序游侠则退处士而进奸雄,述货殖则崇势利而羞贱贫",这并没有批评倒司马迁,反而是显示了自己拥护封建的面貌。《史记》本来也尊信《诗》、《书》,"折衷于夫子",详于孔子、七十弟子、孟荀等儒家之传记的,但决不同意独尊儒术、罢黜百家,并且还自命为"一家之言"。《汉书》于《艺文志》也序列诸子,但却是把"艺"置于"文"之首,把诸子诗赋都看作"六经之支与流裔"。《史》、《汉》各有《游侠》、《货殖》二传。《史记·游侠列传》以布衣之侠跟好宾客的贵人、跟恣欲自快的豪暴严格地加以区分,称颂布衣之侠"设取予然诺,千里诵义,为死不顾世"的行为,以与"窃钩者诛,窃国者侯,侯之门仁义存"之虚伪的封建道德相对照。《汉书·游侠传》正相反,是把结宾客,广交游、能形成一种社会势力的人都叫作游侠,而把孟尝君、淮南王安、魏其侯婴、效忠于王莽的楼护和陈遵,再三以报自己私仇著名的原涉,同布衣之侠剧孟、郭解等同列,一律谴责他们"背公死党",说他们废弃了"守职奉上之义"。《史记·货殖列传》申述财富的不齐决定了人们社会身份的贵贱,并肯定农工商虞治生谋利的活动是人类生活资料的来源,从而反对官方的经济垄断。《汉书·货殖传》也与此相反,以封建等级是不可逾越的永恒秩序,说什么"爵禄奉养宫室车服棺椁祭祀死生之制各为差品,小不得僭大,贱不得逾贵";以生产活动归之于圣王之教,说什么"后以财成辅相天地之宜,以左右民";并且要求当老百姓的要"有耻而且敬,贵谊而贱利"。《史》、《汉》的《游侠》、《货殖》两传,篇名同,篇内的材料也多相同,但精神面貌却完全是两样了。

《汉书》依据《史记》的五十多篇,改写的并不多。如果除去了技术性的修改,改写的就更少了。可是这种不多的改写却突出地体现了《史》、《汉》的对立。这是封建性和进步性之政治倾向性的对立,是有神论和无神论、永恒不变和不断变化之历史观的对立。总之,这是正宗史学和异端史学的对立,这种对立,在中国封建时代史学发展中是有深刻意义的;它体现着中国封建时代史学前进行程中矛盾运动的基本规律。

《汉书》的博洽

《汉书》的正宗史学为后来的封建政权和正宗学者所支持,但它在史学史上的重大影响并不在于它的正宗思想而在于它的博洽。它曾以"博物洽闻"推重司马迁、刘向和扬雄。它在《叙传》里提出了的任务,也是在建立正宗史学的同时,要求各方面的淹博贯通。范晔称它"文瞻而事详",颜师古称它"宏瞻",都是从博洽的角度去肯定它的。

《汉书》的博洽,首先在于创立了一个纪传体断代史的规模。在全书百篇中,十二篇记述了高、惠、高后、文、景、武、昭、宣、元、成、哀、平十二世的大事,作为全书的纲领。在跟《史记》有关的四篇里,有了史事的隐讳,有了灾异和符应的增加,但也有更详明的年月,有了更多的纲领性。八篇表,有六篇王侯表是分合增减《史记》有关各表而成。《百官公卿表》记秦汉官制和西汉将相大臣的迁免死,《古今人表》分九等谱列远古至秦楚之际的历史人物,都是《汉书》所新创。十篇志,有律历、礼乐、刑法、食货、郊祀、天文、五行、地理、沟洫、艺文。《郊祀志》是承袭《史记·封禅书》而作,但把原来讽刺世主之作改为祭神求仙的简单记录了。《天文志》和《沟洫志》也承袭了《史记》的一些材料而增加了新的内容,其他七篇,虽有篇名同于《史记》或承袭了《史记》的一些材料,但实际上都可说是新创立的。十志和《古今人表》都不限于西汉年代的断限,而《古今人表》却又是专谱汉以前的人物。七十传,有陈胜、项籍、张耳、陈余等秦汉之际的起义人物,有韩信、张良、萧何、晁错等汉家将相名卿,有荆燕吴楚等同姓王侯,有窦田王史等外戚,还有经师、文学、说士、行人、清节、循吏、酷吏、货殖、游侠、佞幸、妃后嫔御、国内外民族,最后是《王莽传》和《叙传》。除了在《史记》原有基础上写的四十篇外,有三十篇是新创立的。全书具备两汉二百三十年的史事,共八十余万言。

《汉书》的十志是最足表示其博洽的。这里包含了自然的和社会的学问,也包含了可信的和神秘的学问;包含了理论,也包含了技术。《沟洫志》详于《史记·河渠书》所缺的一些史事和治河对策,备载了贾让治河三策这一重大的治河文献。《食货志》基本上是《汉书》新创立的,它采用了《史记·平准书》的材料而冲淡了《平准书》对于当时社会矛盾的揭露。但另一方面,它系统地记述了宗周以至王莽时期的农政和钱法,反映了这一千多年社会经济发展的重要的侧面。《刑法志》是《汉书》完全新创立的,它记述宗周以来至东汉初年军制和刑法的变化。《地理志》和《艺文志》也是《汉书》所创立的。《地理志》记载《禹贡》、《周官》的九州,汉郡县封国建置由来和变革、它们的山川户口、各地区的风土及海外交通。《艺文志》概括了刘向刘歆《七略》的成果而有所出入,反映了西汉官府藏书的基本情况,并综述了各个学科和学派的源流和短长。这五个志,对于纪传体史书中经济史、政治史、文化史,或提供了新的具体内容和新的写法,或创始了一个新的探索的部门,对于后来纪传体史书的书志部分有很大的影响,对于后来《通典》、《文献通考》等书也有很大的影响。而《地理志》在地理沿革的研究上,《艺文志》在目录学的研究上,后来逐渐成为最有代表性的作品。

《汉书》对于国内外民族历史的记载,也是可以表示其淹博的一个部分。它在这方面继承了《史记》的传统而有所发展。它合并了《史记》的有关列传而为《西南夷两粤朝鲜传》,于西南夷传增益了史事几乎一半。它承袭了《史记·匈奴列传》,而增益了史事约五分之三,整齐了自远古以至更始末年匈奴的历史。后来史家相继传述,因而匈奴民族历史在汉文载籍中得以保持首尾相当完整的记载。它又创立了《西域传》,记述了今新疆境内各民族、城邦的风土、户口和道路远近,记述了安息、大月氏、大夏、犁轩、条支等中亚、西南亚国家的历史。无论在国内民族史或中亚、西南亚古民族史的研究上,《西域传》占了重要的文献地位。

《汉书》承袭《史记》的纪传,有时增多了诏疏或论议。如《汉书》所增董仲舒天人三策、公孙弘贤良对策,这可以说是《史记》作者有意地摒而不取。然如《汉书》所增晁错的募民徙塞下疏、韩安国和王恢关于伐匈奴的辩论,这就可能是由于司马迁的疏漏或当时未能见到,因而未入《史记》。《汉书》的正宗思想在《史记》进步思想的照耀下是黯然无色的,但在历史文献搜集上,班固有更方便的条件,他记下了更多的、有时是在历史文献上更重要的东西。

《汉书》记载西汉一代的学术,是丰富的。十志中本来就有很大一部分是对西汉学术某些方面的总结,而《汉书》在传记中也给西汉学人以相当多的篇幅。它给贾谊、董仲舒、司马相如、司马迁、东方朔、扬雄都立了专传。刘向刘歆的传虽附在《楚元王传》中,篇幅并不算少。《汉书》记载了贾山的《至言》、邹阳的狱中上书、杨王孙的论裸葬、贡禹的奏议和夏侯胜等的论灾异;记载了楚元王、淮南王安和河间献王的学术活动;记载了陆贾、蒯通等的著作;还记载了著名政治人物与学术的关系,如晁错学申商,韩安国学韩非,汲黯好黄老及韦贤、萧望之、张禹、翟方进等的经学。

《汉书》的博洽还表现在另外的两个方面。一个是《汉书》多古字古义。因而东汉末年以后的所谓《汉书》之学,差不多可以说是《汉书》训诂之学。又一个是《汉书》收载文章诗赋,具备多种文体,富于辞藻,为后来文章家所取资。这就是柳宗元所说:"由高

帝迄于哀平王莽之诛,四方之文章盖烂然矣。史臣班孟坚修其书,
拔其尤者,充于简册。"(见《唐柳先生集》卷二一,《柳宗直西汉文
类序》)这两个方面都不属于史学的范围,第二个方面也只是指
《汉书》所收的文章,而不是说《汉书》本身的文学成就。但后人评
论《汉书》者往往因这两方面的影响,不适当地抬高《汉书》在史学
史上的地位。

　　《汉书》的博洽,是从具体的历史资料和历史知识说的,也是
从它能把后者组成为一部断代史来说的。它在这方面作出了成
绩,并有利于后人对西汉史的研究,这是可以肯定的。但这种博洽
并不能解救它在历史思想上的贫困,也掩盖不了这种贫困,正相
反,这种博洽却助长了它的驳杂,成为折衷主义的工具。

　　上文已说到十志最足以表现《汉书》的博洽,但折衷主义的面
貌也在十志里暴露得更显著。《律历志》、《天文志》和《五行志》,
或把政权的兴替说成是神意规定的历史秩序,或把自然的灾异说
成是跟政治的得失有必然的联系。《刑法志》在解释国家政权的
形成时,则把它归之于人民群居的需要和对于圣王的归心,这里就
没有神意的影子了。《食货志》通过农政叙宗周以后农业生产的
发展,《地理志》从自然条件和历史条件说明各地区物产和风俗的
特点,《艺文志》总括古今学术的流变,尽管它们也偶尔点缀一两
句阴阳五行说的术语,但都是脱离神学的轨道而基本上是就具体
的现象作了解释。这是《汉书》的折衷主义首先表现为对政治史
跟经济史、政治史跟文化史之理解的矛盾,同时也表现在政治史现
象之间理解的矛盾。

　　甚至在同一历史问题上,《汉书》也遮盖不了它的折衷主义所
表现出来的混乱。例如秦楚之亡和汉之兴是一个历史问题的两个
方面,在不同方面可以有不同的具体解释,但对于这一个问题的基

本理解是应该一致的。《汉书》并不能这样作。它在《高帝纪》,采用了刘向的五德相生说,把汉之建国归之于"协于火德"。在《陈胜项籍传·赞》,用了贾谊《过秦论》,把秦亡归之于"仁义不施而攻守之势异";又用了司马迁的说法,把楚亡归之于项羽战略上的错误。在《诸侯王表·序》,又用封建论者的说法把秦亡归之于"内亡骨肉本根之辅,外亡尺土藩翼之卫"。像这样地采用众说,博洽是博洽了,但这四个说法之间却无一不矛盾。单独地就一个说法来看,却都还不失为一种看法,但合起来看,就什么问题也都不能说明了。

《汉书》的折衷主义是正宗思想在已经威信衰落时所表现的一种特殊形式。因此,它在一开始就表现出生命枯竭的窘态,另一方面它无论如何在混乱的博洽中翻跟头,却万变不离其宗,顽固地抱着拥汉的立场不放。

《汉书》在史学史上的成就,是在思想性和技术性矛盾下的成就,是技术性远远超过于思想性的成就。这种情况还会在以后的中国史学发展中,以新的形式出现的。一向把《史》、《汉》并举,应该说是一种很不相称的并举,它们在体例上虽各有创造性的地位,但就它们的史学的全部成就来说,是属于不同性质的类型的。

《汉纪》的继出

继《汉书》成书一百一二十年之后,荀悦改编的《汉纪》出世。
荀悦(148—209)字仲豫,颍川的名族。汉献帝时,荀悦官秘书监侍中。公元198年受命,按编年体改编《汉书》,省其烦文。200年成《汉纪》三十卷。又别著《申鉴》五卷。(见《后汉书·荀淑传》)

荀悦也是一个正宗史学家。他在《申鉴》卷二说到历史记载的作用:"君举必记,臧否成败无不存焉。下及士庶,等各有异,咸在载籍。或欲显而不得,或欲因欲隐而名章¨一朝而荣辱千载,善人劝焉,淫人惧焉。故先王重之,以嗣赏罚,以辅法教。"这就是明白宣称历史记载是封建统治的工具。《汉纪》选材的"五志",所谓"达道义"、"彰法式"不过是宣扬封建统治的义理和法制,所谓"著功勋"、"表贤能"不过是表扬封建统治阶级的代表人物,所谓"通古今"不过是表达封建统治的兴衰成败。《汉纪·序》说:"凡《汉纪》,有法式焉,有临戒焉;有废乱焉,有持平焉;有兵略焉,有政化焉;有休祥焉,有灾异焉;有华夏之事焉,有四夷之事焉;有常道焉,有权变焉;有策谋焉,有诡说焉;有术艺焉,有文章焉。斯皆明主贤臣命世立业,群后之盛勋,髦俊之遗事。是故质之事实而不诬,通之万方而不泥。可以兴,可以治,可以动,可以静,可以言,可以行,惩恶而劝善,奖成而惧败。兹亦有国之常训,典籍之渊林。"全书结尾说:"《易》称'多识前言往行以畜其德'。《诗》云'古训是式'。中兴已前,一时之事,明主贤臣,规模法则,得失之轨,亦足以监矣。撰《汉书》百篇以综往事,庶几来者亦有监乎?"荀悦奉命撰集,当董卓已经失败之后、曹操权力日张、汉室日就衰微的时候。他是拥戴汉室的,他对于王莽谋篡、称帝和失败的过程叙述甚详,不无微意。这里他一再在全书的首尾指出监戒之意,可见他编《汉纪》是有明确政治目的的。他说的这些话,申述以史"资治"的意义及为符合这一目的而应采取的内容,是班固没有明白说过的,对后来的正宗史学是有影响的。

关于天人之际的问题,荀悦在《申鉴》卷三还说了几条比班固要进步些的议论。如:

或问卜筮。曰:"德斯益,否则损。"曰:"何谓也?""吉而

> 济、凶而救之谓益,吉而恃、凶而怠之谓损。"

这实际上是肯定了具体的人事作用而否定了卜筮的作用。既然无论吉凶都必须把人事作好,知吉知凶也就没有多大意义了。又如:

> 东方主生,死者不鲜。西方主杀,生者不寡。南方火也,居之不燋。北方水也,蹈之不沉。故甲子昧爽,殷灭周兴;咸阳之地,秦亡汉隆。

这就公然是对天人感应的否定了。但是否天人之际也存在感应的现象呢?

> 或问:五三之位,周应也;龙虎(尾)之会,晋祥也。曰:官府设陈,富贵者值之;布衣寓焉,不符其爵也。狱犴若居,有罪者触之;贞良入焉,不受其罚焉。

这就是说,天人感应的现象也是有的,但不过是碰巧的假象,有如布衣虽到官府而无爵,贞良虽到狱中而无罪。

但荀悦进步一些的议论也就到此为止,他决不是一个无神论者。他虽看到了有神论某些论点的不可信,但却抱着有神论不放。对于《汉书》因采取折衷主义的态度而出现的种种矛盾,他不是要解决它们,而是要弥补它们。

荀悦在《汉纪》卷六提出了这样的一个问题:"灾祥之报,或应或否。故称《洪范》咎征,则有尧汤水旱之灾。称消灾复异,则有周宣《云汉》'宁莫我德'。称《易》'积善有庆',则有颜冉夭疾之凶。善恶之效,事物之类,变化万端,不可齐一。是以视听者惑焉。"他提出了这样的问题,并不是为了反对天人感应说的神学,而是为了解"惑",为了对天人感应说作辩护。紧接着,他就提出了天人三势的论点出来。他说:"夫事之性有自然而成者,有待人事而成者,有失人事不成者,有虽加人事终身不可成者。"他立论的根据只是两个比喻,一个是以疾病为喻,有"不治而自瘳者,有治之则瘳者,有不治则不瘳者,有虽治而终身不可愈者"。一个是以人性为喻,说"上智下愚不移,至于中人可上下",因而"人有不教而自成者,待教而成者,无教化则不成者,有加教化而终身不可成者"。其实,疾病现象跟历史现象的性质是完全不同的,是不能够比拟的。性三品说是封建品级在意识上的反映,是地主统治阶级抬高自己、奴视农民的论点;它作为一种论点,本身就是虚构的。

荀悦的天人三势论既把旧有所谓天命仍旧看作天意,又把一般认为人力所可左右而归来没有明确归之于天命者也作为天命的特殊形式来看。所以他的最后结论是:"犹天回日转,大运推移,虽曰遇祸福,亦在其中矣。"这在理论上固然是要抬高了天的统治地位,实际上却是来了一个掩耳盗铃,自己也未尝不知道并不能解决问题,却装作没有看见。他改编的《汉纪》约十八万多字,不到《汉书》的四分之一,但《汉书》所载西汉灾祥可以说应有尽有,这也很可表示他对正宗神学的态度。这种态度是跟他的政治立场一致的:他未尝不知道汉室已在日暮穷途,但还是拥护汉室,还是不愿看到汉室灭亡的。班固的历史思想已经无法掩盖其贫困的内容,荀悦就更沿着班固的旧路而进入虚脱的阶段了。

在技术上说,《汉纪》以《汉书》的纪为纲,大量吸收了传的材料,还吸收了一些志表的记载。正如《汉书》发展了《史记》的体例而创立了断代的纪传体,《汉纪》发展了《春秋经》和《左传》的体例而建立了断代的规模具备的编年体。过去,《春秋经》记事不记言,只能表示事件的发生而不能表示其发展的过程。《左传》克服了这样的缺点,但体例庞杂,对于无年月可考或不便分散于年月之下的史事没有能作出适当的安排,因而也没有能把编年体的规模建立起来。《汉纪》对于主要的史事是一律按照年月日顺序来编排的。它对于无年月可考或不便分散于年月之下的史事,作为补充的记事,用连类列举的方法作一些安排。例如张良是刘邦的重要谋士,不可不记其生平,但他的生平就不好按年去记,《汉纪》便把这样的记载安排在沛公二年"迁张良于留"之下,这是张良第一次在《汉纪》出现的地方。又如张骞使西域各国都不可不记,《汉纪》便在武帝元光六年"张骞封博望侯"之下,先记张骞的出使,接着就记西域各国。这一记事方法是《汉纪》在体例上的一个很重要的创造,使它避免了《左传》那样在体例上的庞杂,对于后来的编年史有相当大的影响。

《汉书》的文章无《史记》的隽永、峭拔、奔放之气,但写得娓娓动人,于从容不迫之中能摹声绘形。《汉纪》局限于篇幅,在这一方面有特殊的困难,但也能斟酌情形,对《汉书》的这一特点有了一定的保留。举《汉书·李广苏建传》为例。传中写汉使任立政至匈奴招李陵的情形:

> 立政等至,单于置酒赐汉使者,李陵、卫律皆侍坐。立政等见陵,未得私语,即目视陵而数数自循其刀环,握其足。阴谕之,言可还归汉也。后陵、律持牛酒劳汉使,博饮,两人皆胡服椎结。立政大言曰:"汉已大赦,中国安乐,主上富于春秋,霍子孟、上官少叔用事。"以此言微动之。陵默不应,孰视而自循其发,答曰:"吾已胡服矣。"

这写两人的心情、两人的神态,如见之于眉宇。对这样的描写,《汉纪》并没有采用一个字。同传又写苏武在匈奴的不屈,其中有一段说:

> 律知武终不可胁,白单于,单于愈益欲降之。乃幽武置大窖中,绝不饮食。天雨雪,武卧啮雪与旃毛并咽之,数日不死。匈奴以为神,乃徙武北海上无人处,使牧羝,"羝乳乃得归"。别其官属常惠等,各置他所。武既至海上,廪食不至,掘野鼠

去中实而食之。杖汉节牧羊,卧起操持,节旄尽落。

《汉纪》对于这一节生动的描写,却差不多全文都收入了书中。对于同一篇传的不同描写,或取或不取,《汉纪》自也有它的看法。在不多的篇幅中,《汉纪》还能保留一些这样的描写,这是对《左传》遗风的继承。后来袁宏《后汉纪》和司马光《资治通鉴》等编年史书都发展了这一传统。

《汉纪》的出现,扩大了《汉书》的影响。它们成为封建社会正宗史学两类"正史"的创始者。在后来史学的发展中,不同时期不同史学流派对于《史记》和《汉书》、《汉纪》的不同态度,常常成为其史学倾向的标志。

(选自白寿彝《中国史学史论集》,中华书局 1999 年版)

白寿彝(1909—2000),河南开封人,曾任北京师范大学历史系教授、史学研究所所长,主要著作有《中国史学史》第一册、《史学概论》、《白寿彝史学论集》、《中国史学史论集》等。

本文以刘向和班固为中心,综论了司马迁《史记》以后整个汉代史学与史学思想的发展演变,认为从两汉之际开始,儒家正统思想已经在史学领域居于主导地位,而东汉班固《汉书》、荀悦《汉纪》,就是在儒家正统史学思想指导下完成的典型作品,与司马迁《史记》形成了鲜明的对照。在后来史学的发展中,不同时期不同史学流派对于《史记》和《汉书》、《汉纪》的不同态度,常常成为其史学倾向的标志。

20世纪儒学研究大系

《汉书》的封建正统历史观

安 作 璋

　　《汉书》在详细占有史料,整齐文字、体例以及写作艺术等方面都在《史记》原有的基础上有了新的创造和发展。但是在历史观方面,它并没有继承《史记》的进步的异端思想,而是沿着他父亲班彪的思想道路向前发展的,这就是尊儒宣汉。

　　班固所处的时代已经不同于司马迁的时代。东汉的地主阶级及其政权,是豪族地主、官僚地主、商人地主的结合体。这时的地主阶级已日趋保守和反动。班固出身于显贵世家,以及他个人的经历,都和汉王朝有着血肉的联系。他的家庭尤其是他父亲对他的影响是很深的。当时的思想界儒家独尊的局面已经确立。他要继承父志、重振祖业,在政治上就不能不迎合当时统治阶级的需要,在思想上也就不能不尊儒。这一点,在他所撰集的《白虎通义》一书中已表现的非常明显。他编撰《汉书》,同样也是贯串了这个基本思想。

　　第一,《汉书》抛弃了《史记》"究天人之际,通古今之变"的进步内容,而把儒家的"天人合一"的谶纬神学,以及阴阳五行灾异学说当作社会现象的永恒规律来宣扬。《五行志》是集中地表现了这种思想的,它是《史记》八书所无而为班固所新创立的篇目,是集中了董仲舒、夏侯始昌、眭(音虽 suī)孟、夏侯胜、京房、刘向、刘歆、谷永、李寻等这些儒家阴阳五行学说大师们的论述,加上自己的意见,系统地编写起来的。《天文志》有许多内容同于《史记》的《天官书》,但它特别强调了"政失于此,则变见于彼,犹影之随形,响之应声",并且详记秦楚以来天变对人事的征验,这同《天官书》主旨在于天官职守有很大的分歧。在纪和传的部分,《汉书》也都特别强调五行灾异和人事的密切关系。

固然,《史记》也未能完全摆脱神秘思想的束缚,但它是倾向于无神论并在某种程度上已具有无神论思想因素的。而《汉书》就不是能否摆脱的问题,而是死抱住不放并多方宣传有神论。它强调五行灾异的作用,只不过是要表明"君权神授",即皇帝是受命于天的,他的一举一动都受到上天的注视而发生相互的影响。因此,《汉书》不是象《史记》那样把汉朝的建立放在历史发展过程中去考察,它反对这种做法,指责《史记》把汉史"编于百王之末,厕于秦项之列",是把汉朝的历史地位降低了。它为了证明"汉绍尧运,以建帝业",在《高帝纪赞》里特别替刘邦编造了一个从尧开始的所谓世系,并申述"汉承尧运,德祚已盛,断蛇著符①,旗帜上赤,协于火德,自然之应,得天统矣"。意思是说,汉既是尧的后代,又同属于火德,因此汉朝的建立,完全是由天命决定的,是合理

---

①　赤帝子斩蛇的事迹,《史记·高祖本记》、《汉书·高帝本记》所记相同,但决非《史记》原来所有。因汉火德之说创自西汉末年刘向、刘歆父子,见于《汉书·郊祀志赞》。从汉初以至司马迁时期只有水德、土德二说。《史记》中不会出现火德的符应。现行本《史》、《汉》所记关于刘邦的神话故事,都称高祖,这在《汉书》来说前后的称例是一致的。在《史记》来说,前后的称例却是相矛盾的。《史记》记刘邦自起义以至立沛公以前事,都称刘季而不称高祖,现所记各种神话,也都属于立沛公以前的事,称高祖而不称刘季,颇为可疑,或者也非原本所有。

的。

《汉书》所表示的五德终始说,是属于五行相生说的。这是西汉末年形成的一种说法,和旧有的五行相胜(克)说不同。它认为木、火、土、金、水五行就是"五德",它们之间的关系是相生的关系,每个朝代都代表五行中特定的一德(性质),朝代兴替,就是按五行之间前后相生的顺序,循环往复,周而复始。按照这种说法,火生土,故王莽自称以土德代替汉的火德;土生金,故公孙述自称以金德代替王莽的土德;刘秀是"受命中兴",便要以火德继承西汉的火德。五行相生说,在东汉王朝来说,是对广大农民,同时也是对统治阶级内部表达其封建统治的神学的合法依据。《汉书·高帝纪》特别安排刘邦世系和斩蛇的神话奇迹,自然是反映了东汉王朝这一要求的。由于同样理由,《汉书》虽然为王莽写了一篇详细的传记,但在《王莽传赞》中特别指出,他同秦一样,就是"亢龙绝气,非命之运,紫色蛙声,余分闰位,圣王之驱除云尔"。如果把《叙传》除外,《高帝纪》和《王莽传》恰巧是《汉书》的一首一尾,表明了班固以西汉历史来神化东汉皇权的意图。在这样的历史观指导下,《汉书》只能写成西汉一代帝王将相史。这是对历史的歪曲和颠倒。

第二,《汉书》以儒家的封建正宗思想代替了《史记》进步的异端思想。以《古今人表》为例[1],它把远古到秦的历史人物划分为九等,而把孔丘列入第一等,孟轲列入第二等;把商鞅、韩非列入第四等,陈胜、吴广更是等而下之,列为第六等,十分明显地表明了他

---

[1]　《史通·表历》认为《古今人表》"上自庖牺,下穷嬴氏,不言汉事,而编入《汉书》",破坏了《汉书》断代为史的体例,因而怀疑非班固所作(《正史篇》)。但从思想体系来看,和班固的思想是一致的。怀疑是缺乏根据的。

的尊儒立场和封建等级观念。清儒钱大昕尝称赞"此表用章儒学,有功名教"。(梁玉绳:《古今人表考序》)班固就是以这个标准批评《史记》"是非颇谬于圣人:论大道,则先黄老而后六经;序游侠,则退处士而进奸雄;述货殖,则崇势利而羞贫贱,此其所蔽也"(《汉书·司马迁传》)。但这并没有批倒司马迁,相反这正是《史记》的高明之处。《史记》和《汉书》各有游侠、货殖二传。《史记·游侠列传》把布衣之侠同结党营私、设财役贫、恣欲自快的豪暴之徒,严格地加以区分开来,称颂布衣之侠"其行虽不轨于正义,然其言必信,其行必果,已诺必诚,不爱其躯,赴士之厄困,既已存亡死生矣,而不矜其能,羞伐其德,盖亦有足多者焉"。《汉书·游侠列传》正相反,它把结宾客、广交游,能形成一种社会势力的人物,都叫做游侠;而把汉代的贵族吴王刘濞、淮南王刘安、魏其侯窦婴、武安侯田蚡以及效忠于王莽的楼护和陈遵、再三以报自己私仇著名的原涉,同布衣之侠剧孟、郭解等同列,一律谴责他们"背公死党",废弃"守职奉上之义"。而对真正布衣之侠郭解等人,则认为是"以匹夫之细,窃杀生之权,其辜(罪)已不容于诛矣"。对于游侠如何评价,姑且不论,但可以肯定班固用来批判司马迁的观点也是不正确的。《史记·货殖列传》论述财富不均决定了人们社会身份的贵贱,并肯定了农工商虞治生谋利的活动是人类生活资料的来源。《汉书·货殖列传》与此相反,它认为封建等级是不可逾越的永恒秩序,说什么"爵禄奉养宫室车服棺椁祭祀死生之制各有差品,小不得僭大,贱不得逾贵"。把劳动人民的生产活动归于圣王之教,说什么"后(君)以财成辅相天地之宜,以左右民",并要求劳动人民要"有耻而且敬,贵谊而贱利"。《史》、《汉》的游侠、货殖两传,篇名同,取材也大多相同,但精神面貌却完全两样了。

　　司马迁的"是非颇谬于圣人"的历史观,除上述班固所指责的那些以外,更难能可贵的是,他能大胆地暴露统治阶级中一些人物的暴虐、奢侈和愚昧;而对那些敢于反抗强暴而不怕牺牲的社会下层人物,则寄予一定的同情和称赞。而班固在《汉书》中,对统治阶级中的人物,有时虽然也有讥刺之辞,但总的来说,是褒多于贬,为尊贵者讳,甚至有意造作粉饰之辞。西汉成帝是一个有名的荒淫酒色的昏君,他经常化装外出,奸淫民间妇女,公卿百官一连几年都不知其所在。这在《五行志》、《外戚传》中都有记载。但在《成帝本纪赞》里,却又原封不动地照抄他父亲《后传》的原文,说什么"成帝善修容仪,升车正立,不内顾,不疾言,不亲指,临朝渊嘿,尊严若神,可谓穆穆天子之容者矣"。不惜自相矛盾,多方加以美化。更为露骨的是班固把张汤、杜周从《史记·酷吏传》中抽出,另立专传。其唯一理由就是"汤、周子孙贵显,故别传"。又盛称张汤"推贤扬善,固宜有后"。也显系阿谀之辞。另一方面,班固对于反抗强暴的社会下层人物则又力加排斥、贬低,例如他在《古今人表》中把"亡秦首事"的农民起义领袖陈涉和最后推翻秦朝统治的项羽,都列入第六等;又分别从世家、本纪中勾去,都贬入列传,称陈胜、项籍而不字。后者虽属体例所限,不得不然,但反过来指责《史记》"进项羽、陈涉而黜淮南、衡山,细意委曲,条例不经"。这就是他的儒家正宗思想在作怪了。对这一点,连封建史学家范晔也讥刺"其论议,常排死节否正直"(《后汉书·班固传赞》)。傅玄也指出他"论国体,则饰主阙而抑忠臣;叙世教,则贵取容而贱直节"(《全晋文》卷四十九)。这些评论虽不免有些绝对化,但《汉书》也确是有这些缺点的。

　　第三,班固虽然在《汉书》中给我们提供了较为丰富的历史资料和历史知识,但是相形之下,他的史学思想却显得支离贫乏而少创见,因而在他评价历史事件和历史人物上,往往是前后不一,自相矛盾。以《汉书》十志为例,《律历志》、《天文志》和《五行志》,都把历代王朝的兴替说成是上天规定的历史秩序,或把自然的灾异说成是同政治得失有必然的联系。总之,一切社会现象都是神意的安排。《刑法志》在解释国家政权的形成时,则把它归于人民群众的需要和对于圣王的归心,这里就只有阶级的偏见而见不到神的影子了。《食货志》肯定食货为生民之本,《地理志》从自然条件和历史条件说明各地区物产和风俗的特点,《艺文志》总结古今学术的演变,尽管其中也偶尔有阴阳五行的术语,但基本上已脱离了神学的轨道而就具体的社会现象和自然现象作了人文主义的解释。甚至在同一历史问题上,《汉书》所表现的思想也很混乱。例如秦楚之亡和汉朝之兴,是一个历史问题的两个方面,从不同方面去考察,可以有不同的具体解释。但对于这一个问题的基本理解应该是一致的。《汉书》并不能这样做。它在《高帝纪赞》中,采用了儒家刘向的五德相生说,把汉之建国归之于"协于火德"。在《陈胜、项籍传赞》里,用了贾谊的《过秦论》,把秦亡归之于"仁谊不施而攻守之势异";又用了司马迁的说法,把楚亡归之于项羽战略上的错误。在《诸侯王年表》中,又把秦亡归之于"内亡骨肉本根之辅,外无尺土藩翼之卫"。以上四说,如果单独地就一个说法来看,姑不论其正确与否,都不失为一种看法。但是把它们凑合起来看,其为折衷主义观点,似无可疑。《汉书》中这类事例很多,不能遍举。

(选自安作璋《班固与〈汉书〉》,山东人民出版社 1979 年版)

安作璋(1927—),山东曹县人,山东大学、山东师范大学历史系教授,主要著作有《秦汉官制史稿》、《汉史初探》、《刘邦评传》、《班固与汉书》等。

　　本文选自《班固与汉书》。文章通过班固《汉书》与司马迁《史记》的对比,论述了班固《汉书》"尊儒宣汉"的正统历史观。

班固与《汉书》的史学思想

施 丁

东汉史学家班固(32—92)撰的《汉书》,在我国古代史学史上有突出的地位和深远的影响。自其问世以来,很多学者悉心研究,论著颇多,可以说是文史方面的显学。近几十年,一些专家学者对班固和《汉书》的"正统思想"、"折衷主义"、"宣扬汉德"等史学思想作了深入探讨,取得了很大成绩。本文仅就班固与《汉书》史学思想中为皇世一统、究政治得失、评为人为政等三方面的问题,略作探讨,欢迎方家和读者指正。

一、为皇世一统

两汉时代,继秦朝之后,巩固和发展了统一,正在健全着封建制度,恢复和发展了社会经济,振兴了学术文化,人心向上,社会向荣;同时,统一付出了一定的代价,经济出现波折,学术文化宗旨不一,社会时安时乱。西汉初年,陆贾、贾谊、晁错等人,曾总结秦亡汉兴的历史经验教训,为时政画谋献策,有效地促使西汉社会的发展。汉武帝时,司马迁纵横古今,评论百代,重点撰述秦亡汉兴的历史,迄于太初、天汉。自武帝以后,虽有昭宣中兴,然错综复杂的社会矛盾,致使西汉皇朝衰亡,社会动乱不已,王莽新朝匆匆过场,刘秀趁机打出刘汉旗帜,收拾局面,振作"纲纪"。东汉的兴起,恢复了统一,社会重新安定,经济逐渐复苏,但依然程度不同地存在着西汉早就出现了的一些政治、经济、文化、社会风气等问题,而且数十年后,显然有了发展的趋势。这时的哲人智士,如班彪、王充、班固之辈,面对现实,反省历史,主要不是去走汉初学者的老路,总结秦亡汉兴,而是着重探讨西汉衰败的历史教训,为皇世一统贡献通识和思路。

班彪(3—54),自幼经历大动乱,身寄江湖。当群雄割据的两汉之际,他曾投奔拥众割据于天水的隗嚣。两人讨论世务,隗嚣问他当今是不是群雄逐鹿的形势。班彪对答:周秦以来,统一代替分裂,势之必然。刘汉政权,深入人心,它的衰败,"危自上起,伤不及下",所以王莽篡位"不根于民",自大乱以来,"假号云合,咸称刘氏","今民皆讴吟思汉,乡(向)仰刘氏,已可知矣。"(《汉书·叙传》)隗嚣不信其论,顽持其拥众割据的立场。班彪面对群雄角逐的现实,乃著《王命论》,表达己见,"以救时难"。他论说刘汉之兴,涂上了浓重的天命论色彩,说汉德承尧,有灵命之符,深入民心,不可动摇,"神器有命,不可以智力求也"。从哲学的观点去看,是毫不足取的。但其论落脚点是:"历古今之得失,验行事之成败,稽帝王之世运,考五者之所谓,取舍不厌斯位,符瑞不同斯度,而苟昧于权利,越次妄据,外不量力,内不知命,则必丧保家之主,失天年之寿,遇折足之凶,伏斧钺之诛。"(《汉书·叙传》)从总结历史经验的角度,强调统一,反对分裂,意义是重大的。同时,他离开隗嚣,投奔河西窦融,为其画策,归顺刘秀政权,总西河以拒隗嚣;继又受刘秀征用,时有奏言,对时政多所建议。

班彪这种思想和行为,对其子班固有深刻的影响。班固于永平十七年所作《典引》就是"述叙汉德"的。他说:"天乃归功元首,将授汉刘。……是高(高祖)、光(光武)二圣,辰居其域。……胡(胡亥)缢、莽(王莽)分,……盖以膺当天之正统,受克让之归运,蓄炎上之烈精,蕴孔佐之弘陈云尔。……唐哉皇哉,皇哉唐哉!"(《后汉书·班彪附固传》)李贤对最后二句作注:"'唐哉',谓尧也;'皇哉',谓汉也。言唯唐与汉,唯汉与唐。"①足见班固是"宣汉"的,并有"大一统"之意。

班氏父子的"大一统"思想,不止于此,在史学上有更突出的表现。班彪所撰《后传》,班固所作《汉书》,都是专写西汉历史,而着意肯定统一皇朝的。汉武帝时,司马迁撰写史书(后世称为《史记》),从传说中的黄帝写到当代武帝,后事缺而不录。后来褚少孙、刘向、刘歆、冯商、扬雄等十多位学者都曾缀集史事,或补或续之。班彪专心于史学,尤好汉代史,认为补续迁书之作"多鄙俗",不足以踵继司马迁之书,于是采集西汉遗事,傍贯异闻,作《后传》数十篇②。此书是续《史记》之作,"不为世家,唯纪、传而已"(《后汉书·班彪传》)。《后传》原书已佚,难以探知其原貌。但从它有几十篇纪、传,其中已写了元帝、成帝两纪及韦贤、翟方进、元后三传的《赞》③这个情况来看,它可能已基本上写了西汉后期的帝王纪及公卿大臣后妃的传记。

建武三十年(54),班彪病死,留下了遗作《后传》。班固时年二十三岁,在乡为父守丧,检阅其父著作。他感到其父"所续前史未详",于是反复思考,欲继承和发展前人的史学事业,自永平

---

① 《后汉书·班彪附固传》李贤注。
② 见《后汉书·班彪传》。《史通·古今正史》说,班彪"作《后传》六十五篇"。
③ 今本《汉书》保留了二纪、三传的《赞》语。

(58—75)初年起,用了二三十年的时间编撰《汉书》,专写西汉一代230年的历史。给统一的西汉皇朝以突出的历史地位,总结其兴亡盛衰及成败得失,完全适应了统一的东汉皇朝欲参考历史经验教训和借助思想文化进行统治的需要。

为了"大一统",如何写汉史、班氏父子都从反思史学史的得失入手,而明确自己著述的旨趣。班彪的著述义旨,范晔在《后汉书·班彪传》中有这样的论述:"彪乃继采前史遗事,傍贯异闻,作《后传》数十篇,因斟酌前史而讥正得失。"并引载班彪的《〈史学〉略论》。《略论》主要通过反省史学史及迁书思想,而表达自著的义旨。其中写道:"孝武之世,太史令司马迁(作史)……论议浅而不笃。其论术学,则崇黄老而薄《五经》;序货殖,则轻仁义而羞贫穷;道游侠,则贱守节而贵俗功:此其大敝伤道,所以遇极刑之咎也。然善述序事理,辩而不华,质而不野,文质相称,盖良史之才也。诚令迁依《五经》之法言,同圣人之是非,意亦庶几矣。……今此后篇,慎核其事,整齐其文,不为世家,唯纪、传而已。传曰:'杀史见极,平易正直,《春秋》之义也。'"班彪对司马迁著作,肯定记事有"良史之才",但认为"议论浅而不笃",其症结就在于没有做到"依《五经》之法言,同圣人之是非",而表示自己当信奉"平易正直,《春秋》之义"。可惜班彪的《后传》早佚,已无法检讨其书与迁作思想上的分歧。

班固接受了其父的这个思想,在评论司马迁著作时说:"其是非颇缪于圣人,论大道则先黄老而后《六经》,序游侠则退处士而进奸雄,述货殖则崇势利而羞贱贫,此其所蔽也。然自刘向、扬雄博极群书,皆称迁有良史之材,服其善序事理,辩而不华,质而不俚,其文直,其事核,不虚美,不隐恶,故谓之实录。"(《汉书·司马迁传·赞》)范晔说"彪、固讥迁,以为是非颇缪于圣人"(《后汉书·班彪传·论》),只是对班氏父子与司马迁的是非分歧未作具体分析。班固的著述旨趣,在其所写《汉书·叙传》中表述得很清楚。他说:"(本人)专笃志于博学,以著述为业。或讥以无功,又感东方朔、扬雄自谕以不遭苏、张、范、蔡之时,曾不折之以正道,明君子之所守,故聊复应焉。"于是作《答宾戏》。这是班固表述其著述义旨的重要文章,着重谈了两点:一是批驳"处皇世而论战国"。论曰:"若宾之言,斯所谓见势利之华,暗道德之实,守突奥之荧烛,未卬(仰)天庭而睹白日也。曩者王途芜秽,周失其御,侯伯方轨,战国横骛,于是七雄虓阚,分裂诸夏,龙战而虎争。游说之徒,风扬电激,并起而救之,其余飚飞景附,煜霅其间者,盖不可胜载。……是故仲尼抗浮云之志,孟轲养浩然之气,彼岂乐为迂阔哉?道不可以贰也。方今大汉洒扫群秽,夷险芟荒,廓帝纮,恢皇纲,基隆于羲、农,规广于黄、唐;其君天下也,炎之如日,威之如神,函之如海,养之如春。是以六合之内,莫不同原共流,沐浴玄德,禀卬(仰)太和,枝附叶著,譬犹草木之殖山林,鸟鱼之毓川泽,得气者蕃滋,失时者苓(零)落,参天地而施化,岂云人事之厚薄哉?今子处皇世而论战国,耀所闻而疑所觌,欲从旄敦而度高乎泰山,怀氿滥而测深乎重渊,亦未至也。"班固认为,战国纷争,游士驰说,但孔孟之道不可贰;今大汉盛世空前,处皇世不可纵横,而当宗汉。这与班彪《王命论》的思想是一致的。二是申论为当世皇权服务。"昔咎繇谟虞,箕子访周,言通帝王,谋合圣神;殷说梦发于傅岩,周望兆动于渭滨,齐宁激声于康衢,汉良受书于邳沂,皆俟命而神交,匪词言之所信,故能建必然之策,展无穷之勋也。近者陆子优游,《新语》以兴;董生下帷,发藻儒林;刘向司籍,辩章旧闻;扬雄覃思,《法言》、《太玄》:皆及时君之门闱,究先圣之壶奥,婆娑乎术艺之场,休息乎篇籍之囿,以全其质而发其文,用纳乎圣听,列炳于后人,斯非其亚与(钦)！若乃夷抗行于首阳,惠降志于辱仕,颜耽乐于箪瓢,孔终篇于西狩,声盈塞于天渊,真吾徒之师表也。"意思是说,历来的圣哲,都建策树勋,为当世服务,流芳于后世;如今当师法先贤,尤其应以孔子修《春秋》为师表。可见班固的著述旨趣,是要效法孔子与《春秋》,为"皇世"效劳,为"圣听"进言。这与司马迁"是非颇缪于圣人"是大异其趣的。

班固批评司马迁"是非颇缪于圣人",实际上是责其"先黄老"、"进奸雄"、"崇势利",有违于"皇世"准则,而对刘汉一统不利①。

"皇世"与"一统",既区别又联系。司马迁对汉朝和统一都是肯定的,但他鉴于君主专制的过度强化,会给社会带来消极影响,便发表了一些不同于当朝汉武帝和公孙弘辈的言论。班固鉴于西汉后期至东汉初年的曲折道路和复杂形势,为了"皇世"利益,批评了司马迁的观点,实际上是要加强思想的统一。大史学家的用心,不在乎细枝末节,而着眼于天下大局;虽是在纸上"谈兵",却心系于国家前途。

二、究政治得失

以史为鉴,是中国史学的一个古老的传统。班固注意发扬这个传统,其《汉书》总结西汉历史,首先注意究政治得失。在他看来,皇朝的政治得失,关系国家兴衰,民生苦乐,不可不探究。他所究政治得失,主要表现于对西汉的政制、礼法、经济、用人、夷夏诸方面的评议。

---

① 班固对司马迁的批评,有待具体分析,这里从略。

在政制方面,肯定郡县制有利于国家统一。秦汉统一,推广郡县制;郡县制普行,巩固了统一。司马迁谈到汉代前期诸侯与郡国势力互为消长时,曾说:汉初郡国并行,至于武帝之时,郡县制发展,"强本干、弱枝叶之势,尊卑明而万事各得其所矣"。(《史记·汉兴以来诸侯王年表·序》)虽然已提到郡县制的发展,加强了皇朝的集权和统一,但是观点尚不鲜明。而且,还有疏失和遗漏。如,贾谊政论文以《陈政事疏》(即《治安策》)为代表,其中首要的建议是"众建诸侯而少其力",司马迁却未曾记载。

班彪对郡县制的历史作用颇具卓识。他在答隗嚣今是否复起纵横之问时说:"昔周立爵五等,诸侯从政,本根既微,枝叶强大,故其末流有从(纵)横之事,其势然也。汉家承秦之制,并立郡县,主有专己之威,臣无百年之柄。……方今雄桀(杰)带州城者,皆无七国世业之资。"(《汉书·叙传》)意谓昔日周朝行分封制,诸侯擅权,以致天下分裂;如今汉承秦制,确立郡县,强化皇权,巩固统一,即使一时社会动乱,也不至于危害郡县制,而长远影响统一。这个观点,比司马迁要高一个层次。

班固继承和发展了司马迁和班彪的观点。他记述并指出,汉初郡国并行,诸侯"骄蹇,数不奉法","率多骄淫失道",是皇朝的离心势力,对统一构成严重的威胁,于是才有贾谊、晁错之议,削藩之举。他评论贾谊之议"通达国体","吴楚合从(纵),赖谊之虑";评论晁错削藩之策,"锐于为国远虑"①,比司马迁的观点显然正确。他还指出,景帝削藩,"抑损诸侯,减黜其官",武帝"推恩"而析藩国,"作左官之律,设附益之法",于是"诸侯唯得衣食税

---

① 以上分见《汉书》《淮南衡山济北王传·赞》、《景十三王传·赞》、《贾谊传·赞》、《叙传》、《晁错传·赞》。

租,贫者或乘牛车。"(《汉书·高五王传·赞》)说明诸侯大为削
弱,分封制已名存实亡。他论道:"周爵五等,而土三等,……周室
既衰,礼乐征伐自诸侯出,转相吞灭,数百年间,列国耗尽。至春秋
时,尚有数十国,五伯迭兴,总其盟会。陵夷至于战国,天下分而为
七,合从连横,经数十年。秦遂并兼四海。以为周制微弱,终为诸
侯所丧,故不立尺土之封,分天下为郡国,荡灭前圣之苗裔,靡有孑
遗矣。汉兴,因秦制度,崇恩德,行简易,以抚海内。"(《汉书·地
理志》)他还创设《地理志》,确定"(秦汉)革划五等,制立郡县"
(《汉书·叙传》),为本志首要的记述重点,详载西汉郡县情况,是
对郡县制取代分封制的历史总结。郡县制的命运,固由历史所选
择;然其价值,则由史学家所判定,班氏父子对此是早具慧眼的。

　　在礼法方面,认为礼乐政刑皆不可缺,但当以礼乐教化为先。
古代统治者往往礼法并用,软硬兼施;而在实际政治生活中用法严
酷,不择手段,草菅人命;礼教往往忽视,或徒具其名。故先贤如孔
子大力提倡"仁"、"礼";司马迁讽刺汉世酷吏横行,苛暴残民,要
求官吏"奉法循理"(《史记·循吏列传》),声称"法令者治之具,
而非制治清浊之源也"(《史记·酷吏列传》)。班固继承和发扬了
这个思想传统。

　　《汉书》的《礼乐》《刑法》两志、《循吏》《酷吏》两传,是记述礼
与法、论其孰先孰后的重要篇章。班固以为,在国家政治中,"礼
乐政刑四达而不悖,则王道备矣。"意谓礼乐政刑都不可或缺。他
在《礼乐志》中,详记历来制礼作乐的情况,以及贾谊、董仲舒、王
吉、刘向等人有关礼乐的议论,强调"《礼》《乐》之用为急"。"礼
节民心,乐和民声"。礼乐"所以通神明,立人伦,正情性,节万事
者也"。"故孔子曰:'安上治民,莫善于礼;移风易俗,莫善于
乐'。"(《汉书·礼乐志》)意谓若要统治稳定,秩序井然,莫大于

先倡礼乐。当他接触现世时说:"今海内更始,民人归本,户口岁息,平其刑辟,牧以贤良,至于家给,既庶且富,则须庠序礼乐之教化矣。"(《汉书·礼乐志》)这与《管子》的"仓廪实而知礼节,衣食足而知荣辱",司马迁的"人富而仁义附焉"(《史记·货殖列传》)等说法有所不同。富庶不等于仁义,为富不仁,富者刻薄,汉时已成定识。班固认为关键在于"富而教之"(《汉书·食货志》)。

刑法,在班固看来固然必要,但问题是摆在什么位置,如何执行。《刑法志》前无成例,《汉书》新置。它专讲刑法史,然强调的是"制礼以崇敬,作刑以明威","制礼作教,立法设刑","文德者,帝王之利器;威武者,文德之辅助也。"意谓先礼教,后刑法,以文德为主,以威武为辅。班固对尚刑法是否定的。写子产铸刑书,引用叔向的批评,又转叙孔子之论:"导之以德,齐之以礼,有耻且格;导之以政,齐之以刑,民免而无耻。""礼乐不兴,则刑罚不中;刑罚不中,则民无所错(措)手足"。写秦朝"专任刑罚",指出"奸邪并生,赭衣塞路,囹圄成市,天下愁怨溃而叛之"。写到汉初"无为"而治,则"刑罚用稀",后又补论"然其大辟,尚有夷三族之令"。写到文帝用执法持平的张释之,"是以刑罚大省",但又指出,是时除肉刑,"犹有过刑","外有轻刑之名,内实杀人"。写到武帝用酷吏,严用刑,则"禁罔(网)寝密","奸吏因缘为市","议者咸冤伤之"。写到宣帝时"狱刑号为平",则指出是时路温舒上疏,"言秦有十失,其一尚存,治狱之吏是也"(《汉书·路温舒传》)。这是借秦讽汉的。写到元帝、成帝都下诏要求议法省刑,但只是具文,敷衍塞责而已。此处附加一句:"是以大议不立,遂至于今。"(《汉书·刑法志》)这就带刺及班氏当世了。

更值得注意的是,班固认为西汉时狱刑繁重:"今郡国被刑而死者岁以万数,天下狱二千余所,其冤死者多少相覆,狱不减一人,此和气所以未洽者也。"其原因是因存在"五疾"：一是"礼教不立"；二是"刑法不明"；三是"民多贫穷"；四是"豪桀务私"而匿奸；五是"狱犴不平"。(《汉书·刑法志》)这"五疾"之论很有见识，意味深长。

班固所写《酷吏传》，其议与《史记·酷吏列传》大略相同，论旨不出《刑法志》的范围。他所写的《循吏传》，记事与议论都比《史记·循吏列传》丰富深刻一些。司马迁写循吏，列举的是先秦人物，标榜"奉法循理"，有以身作则的特点。班固传循吏，写的都是汉代人物，而以宣帝时人居多，其业绩是务农桑，兴学校，"所居民富，所去民思"，有先礼教的特点。

在经济方面，强调四民各安其业，重视农业、土地和水利问题。在《食货志》中，班固强调"食足货通"、"四民有业"，所谓"食足货通"，就是足衣足食，互通有无。所谓"四民有业"，就是士农工商各务其业，各尽其职。总的要求是社会经济正常运转，富足而井然有序。

在《货殖传》中，班固认为，自天子至于平民，爵禄富贵及生活日用各有等级，大小贵贱不能逾越，这样才能上下有序，百姓安分守己。只有"欲寡而事节，财足而不争"，"四民食力，罔有兼业，大不淫侈，细不匮乏，盖均无贫，遵王之法"，(《汉书·叙传》)要求为商不奸诈，富者不淫侈兼并，贫者得温饱，遵守法纪，社会才能安宁。他对春秋以来"奸夫犯害而求利"深恶痛绝，以为唯利是图，世风日下，不可听之任之，而要提倡和宣扬"贵谊(义)而贱利"，这与"富而教之"是一致的。

《食货志》首先是"食"，其上篇记述先秦至汉代的农政，其中详载了贾谊、晁错等人的重农言论，可察见其重农倾向；尤可注意者，是其"理民之道，地著为本"的思想。强调"地著"，即要使农民有地可耕种，安附于一地而不流窜。重点论述了先秦井田制至汉代的土地问题,以及乡里之制及庠序礼教,结论为"此先王制土处民、富而教之之大略也";谈周衰之后,则先曰"暴君污吏慢其经界",然后"徭役横作"、"初税亩",李悝"作地力之教",商鞅"坏井田,开仟佰(阡陌),急耕战之赏";论及汉代,则记载了董仲舒"限民名田,以赡不足,塞并兼之路"之议,哀帝时限田的办法与不了了之,王莽的王田制及其惨败。战国以来,土地兼并日益严重,农民往往因此流离失所,以致酿成严重的社会矛盾。西汉末年的农民大起义,就与土地兼并大有关系,至东汉初年,仍然存在土地不均、占地不实的情况,故有"度田"措施。可见班固注重土地问题,是有历史识见和现实意义的。

班固与司马迁一样,很重视水利事业。司马迁游历各地时,很注意考察水利事业,还曾在武帝指挥下,参与治理黄河。他说:"甚哉,水之为利害也!余从负薪塞宣房,悲《瓠子》之诗而作《河渠书》。"(《史记·河渠书》)班固继承了这个传统,在《汉书》中写了《沟洫志》。此志名曰"沟洫",主要是写治河。汉代以农业为基础,国家经常"劝农",注意兴修水利;水利的得失,直接影响到国计民生。尤其是大江大河的治理与否,同国家盛衰有直接关系;汉代武帝时之强盛而汉末之衰败,同黄河的治理与失修关系甚大。

在用人方面,强调任贤使能。任人唯贤,还是任人唯亲,这是中国数千年文明史上哲人学者议论的老问题,而多主张任贤使能。班固写西汉的政治与人物,处处接触到这个问题,字里行间透露出来的思想是任贤使能。对于汉初使用智士,曾经发议:"高祖以征伐定天下,而缙绅之徒骋其知(智)辩,并成大业。语曰'廊庙之材非一木之枝,帝王之功非一士之略',信哉!"(《汉书·郦陆朱刘叔孙传·赞》)这里所谓"语",是当时的俗谚。可见"帝王之功非一士之略",已为人们共同接受的认识。

对于西汉一代用人,班固以为武帝时代为"盛"。他在《汉书·公孙弘卜式兒宽传·赞》说,"是时,汉兴六十余载,海内艾(义)安,府库充实,而四夷未宾,制度多阙(缺)。……上(指武帝)方欲用文武,求之如弗及,始以蒲轮迎枚生,见主父而叹息。群士慕向,异人并出。卜式拔于刍牧,弘羊擢于贾竖,卫青奋于奴仆,日磾出于降虏,斯亦曩时版筑饭牛之朋已。"武帝使用人才,不拘一格。当时虽然崇儒,并不皆用儒生,也不大讲究资历,而是依据实际需要选用人才,所重用的卜式、桑弘羊、卫青等人确是出身于下层,受到武帝青睐而施展其才的。"汉之得人,于兹为盛。儒雅则公孙弘、董仲舒、兒宽,笃行则石建、石庆,质直则汲黯、卜式,推贤则韩安国、郑当时,定令则赵禹、张汤,文章则司马迁、相如,滑稽则东方朔、枚皋,应对则严助、朱买臣,历数则唐都、洛下闳,协律则李延年,运筹则桑弘羊,奉使则张骞、苏武,将率则卫青、霍去病,受遗则霍光、金日磾,其余不可胜纪。"尽管所列的人物不无缺点,但他们在当时确实各显才能,可谓群星灿烂。于是得出结论:"是以兴造功业,制度遗文,后世莫及。"

在夷夏方面,强调汉与各族各国通使和好。《汉书》中《匈奴传》上、下卷,《西南夷两粤朝鲜传》,《西域传》上、下卷,写周边各族及外国的历史,比《史记》翔实。《西域传》比较系统地记录了天山南北、帕米尔东西各族的情况,其中有不少各族风习特点、道里和户口之数的记载,反映了汉代人的开放精神和世界意识。班固信奉"《春秋》内诸夏而外夷狄"。他说:"禽兽畜之,不与约誓,不就攻伐;约之则费赂而见欺,攻之则劳师而招寇。其地不可耕而食也,其民不可臣而畜也,是以外而不内,疏而不戚,政教不及其人,正朔不加其国;来则惩而御之,去则备而守之。其慕义而贡献,则接之以礼让,羁縻不绝,使曲在彼,盖圣王制御蛮夷之常道也。"

(《汉书·匈奴传·赞》)其强调夷夏之别,鄙视匈奴族的思想需要批判;但其反对攻伐,强调守御,主张礼待友好者,值得肯定。他对汉文帝遗南越赵佗书所强调两族间"通使"而不相争的态度,非常赞赏,感叹"岂所谓'招携以礼,怀远以德'者哉!"(《汉书·西南夷两粤朝鲜传·赞》)

《西域传·赞》是篇重要的议论文。武帝为"断匈奴右臂",凭丰厚的物质条件,穷兵黩欲,以致赋繁而导致民众起事,"末年遂弃轮台之地,而下哀痛之诏"。班固认为汉朝对西域,"得之不为益,弃之不为损。盛德在我,无取于彼。故自建武以来,西域思汉威德,咸乐内属。……圣上远览古今,因时之宜,羁縻不绝,辞而未许。"虽然其中有点大汉思想,但反对索取、奴役各族,而主张以德服人,各族自愿通好,仍不失为宝贵的思想财富。

班固究政治得失,权衡的标准是视民生如何。"要在安民,富而教之"(《汉书·食货志上》)八个字是政治大纲。首先是安民,使百姓安居乐业;其次是富民,藏富于民,民富则国实;再次是教化,使民知礼守法,社会臻于文明。

三、评为人为政

如何为人为政,是中国传统史学中重要的思想内容。自古以来,人们常议善恶贤奸,常谈如何为人处世。史学家对此最能理解,所写历史很注意述评人物,通过写人物言行以反映历史,使善者、恶者、贤者、奸者都载入史册,以供后人审判及引为鉴戒。《汉书》在这方面表现得较为突出。

《汉书》一百卷,其中列传七十卷,记载了西汉王朝众多的历史人物。本文仅就儒生、儒相如何为人为政,略抒己见。

　　自汉武帝起,尊崇儒学,设立学校,培养儒生,任用儒者为官吏,故产生了一大批儒生,不少儒者进入了仕途。《汉书》的《儒林传》,叙述儒学发展的历史及《五经》传授的儒林人物。所写儒学史,大致本于《史记·儒林列传》,而述汉代儒学及《五经》授受次第,较《史记》详密而有条理,除了本书已有专传者如董仲舒、公孙弘、萧望之等人外,重点介绍了 27 位经师。细读本传,可以了解到汉代经师如何穷经立说,博士弟子如何埋首诵经读注,还可了解到他们如何学而优则仕。《书》学大家夏侯胜就曾坦然地教导弟子:"士病不明经术;经术苟明,其取青紫如俯拾地芥耳。"(《汉书·夏侯胜传》)

　　夏侯胜的话并非吹嘘。以汉相为例,自武帝兴学,以公孙弘为相至于汉末(元朔五年——元始五年,即公元前 124—5)129 年间,共有丞相(哀帝时改丞相为大司徒)29 人,其中儒者为相占了大多数,"儒宗"(大儒)为相者就有 11 人,占丞相数的五分之二多。(参见《汉书·百官公卿表》)

　　班氏父子曾论及儒相的特点和作用。班彪说:元帝"少而好儒,及即位,征用儒生,委之以政,贡、薛、韦、匡迭为宰相。而上牵制文义,优游不断,孝宣之业衰焉。"(《汉书·元帝纪·赞》)颜师古于"贡、薛、韦、匡迭为宰相"作注:"贡禹、薛广德、韦贤、匡衡迭互而为宰相也。"(《汉书·元帝纪》颜师古注)这里有点小误,班彪所谓"韦",不是指"韦贤",贤为相于本始三年六月至地节三年正月间,是在宣帝之时;当是指韦玄成,玄成为相于永光二年二月至建昭三年六月,正是元帝之时[1]。还要说明的是,贡禹、薛广德两人在元帝时只做过御史大夫,即所谓"副丞相";为相的 11 位"儒

---

　　① 参见《汉书·百官公卿表》、《贡禹传》、《薛广德传》。

宗"，并未将这两人计算在内。

班固说："自孝武兴学，公孙弘以儒相，其后蔡义、韦贤、玄成、匡衡、张禹、翟方进、孔光、平当、马宫及当子晏咸以儒宗居宰相位，服儒衣冠，传先王语，其醖藉可也，然皆持禄保位，被阿谀之讥。彼以古人之迹见绳，乌能胜其任乎!"（《汉书·匡张孔马传·赞》）这里指出，公孙弘等"以儒宗居宰相位"者11人，特点是衣冠整齐，言谈正经，举止文雅；但都持禄保位，有阿谀之嫌。若以古人直道而行的标准衡量，差距甚大。他们为人为政的特点，主要是：（一）好学，"明经"，享有声誉。故君主擢其为相，以为辅佐或摆设。（二）从政多无建树，而有阿顺君主、畏惧权贵之嫌。故大多尸位素餐。（三）贪图利禄有术，而兴国安民少方。班固所论并不失实，也不偏激。

班固如此述评儒生和儒相，是否存在偏见？汉代独尊儒术，任用儒相乃时代特点。史学家写历史，抓住时代特点，说明其史识卓越。而且，班固出身于儒学世家，本身又是大儒，不可能有意讥贬儒生和儒相。如此述评，确为实录精神的体现。同时，他还有意于使后世儒者引为鉴戒。

班固决非一概贬斥汉儒。汉儒中不乏深学有道之士。在他笔下，董仲舒是"潜心大业"，颇有识见的大儒，实为群儒之"首"（《汉书·董仲舒传》）；魏相"少学《易》"，丙吉"本起狱法小吏，后学《诗》、《礼》，皆通大义"，两人为人为政都值得称道，誉为"丙、魏有声"（《汉书·魏相丙吉传》）；盖宽饶、诸葛丰、孙宝皆为官"刚直"，敢于谏诤、举劾权贵豪强，允为"邦之司直"（《汉书·盖诸葛刘郑孙毋将何传》）；王吉"少好学明经"，贡禹"以明经絜（洁）行著闻"，龚胜、龚舍"少皆好学明经"，鲍宣"好学明经"，五人皆为人质直，敢于谏诤，揭露世弊，宁可被贬退或致死，不怀禄耽宠,称为"清节之士"(《汉书·王贡两龚鲍传》);文翁"少好学,通于《春秋》",龚遂"以明经为官",召信臣"以明经甲科为郎",三人都曾为地方长官,治民有方,重视农桑,兴办学校,做到"所居民富,所去民思"(《汉书·循吏传》);名儒萧望之反对中书宦者弘恭、石显等弄权为奸,以致被害(《汉书·萧望之传》);刘向"忠直,明经有行",拳拳于国家,敢言时政得失,反对宦者和外戚弄权为恶,屡遭排挤和挫折,"其言有补于世"(《汉书·楚元王附刘向传》);扬雄"少而好学,不为章句,训诂通而已",好辞赋,官职小,"恬于势利","实好古而乐道,其意欲求文章成名于后世"(《汉书·扬雄传》)。可惜这些儒者在政治上并不得意,而且多遭昏君权贵贬退压抑。故班固写如此人物,多慨乎言之。

班固推崇儒学,欲以儒学统一思想。上述为皇世一统、究政治得失、评为人为政三个方面,说明他治历史、评人物、为皇世的史学思想深具特点。儒学思想,自汉武帝尊儒伊始,是汉代的统治思想,然并未立即做到以儒学统一思想,也未在政治上普遍实行,一些儒者也未起到骨干作用。这是班固所深思的问题。故他在史学上强调儒家思想,要求在诸方面一以贯之。

鉴于班固与《汉书》史学思想的时代背景,正当中国统一正在发展,皇权问世不久,儒学方兴未艾之际。不能无视其特定的时代性,也不可否认其具有一定的历史进步性。对待班固与《汉书》的史学思想,只能剔其糟粕,取其精华。

(选自《历史研究》1992 年第 4 期)

施丁(1933—),江苏丹阳人,中国社会科学院历史研究所研究员,主要著作有《马班异同三论》、《中国史学的传统与维新》、《中国史学简史》、《司马迁行年新考》等。

　　本文从为皇世一统、究政治得失、评为人为政等三个方面,对班固与《汉书》的史学思想进行了探讨。

东汉的经学与史学

张　涛

汉武帝卓然罢黜百家,表章六经,使儒家经学成为统治思想,成为官方唯一的正统学术,史学则逐渐沦为经学的附庸,地位日跌。光武中兴以后,经学的独尊地位进一步巩固,对史学的影响也越来越大。可以说,在东汉时期,经学的盛衰与史学的发展有着极为密切的关联。

一

儒家经学注重"列君臣父子之礼,序夫妇长幼之别",这便于封建统治者建立和强化宗法专制制度,特别是经过董仲舒改造的儒家经学,吸收阴阳、名法思想,形成了以阴阳五行为骨架,以三纲五常为核心的天人感应的神学目的论,适应了统治者大一统的政治需要。这些理论的提出,往往是借助历史记载,通过对某些历史事件和人物的主观评述来进行的。而史学本来就是一门经世致用之学,与政治有着千丝万缕的联系,史书也于事见理,给人教诫。另外,现在看来,经书之中,《春秋》(包括三传)、《尚书》实际上都是历史著作,《诗经》、三礼和《周易》亦保留了大量历史资料。这样,经学和史学便结缘了。然而,史学最重要的职能还是要阐述客观的历史发展进程,反映往日的各种社会风貌,所以又同专主道德训教的经学有很大差异。于是,从西汉中后期开始,最高统治集团和经学之士以及深受经学影响的史家,就一直注意史学的动向,并将其引入经学思想的指导之下,从而使史学依附于经学,处于六艺之末的地位①。

光武帝刘秀建立东汉王朝以后,爱好经术,探访儒雅,召集四方经学之士,恢复西京旧制,立博士,兴太学,并借助史书,宣扬天人感应,君臣大义的经学理论,维护皇权权威。刘秀曾将《史记》中与窦融家世有关的《五宗世家》、《外戚世家》、《魏其武安侯列传》赐给窦融,鼓励他全力进攻隗嚣等割据势力。刘秀还利用饰终入史,留名后世来诱使臣下绝对效忠自己。他曾告诫冯勤说:"人臣放逐受诛,虽复追加赏赐赙祭,不足以偿不赀之身。忠臣孝子,览照前世,以为镜诫。能尽忠于国,事君无二,则爵赏光乎当世,功名列于不朽,可不勉哉!"(《后汉书·冯勤传》)可见,最高统治者非常熟悉和喜欢史书中符合经学宗旨,利于专制统治的那部分内容。刘秀还开始直接插手史书的编写。《隋书·经籍志》提到:"后汉光武,始诏南阳,撰作风俗,故沛、三辅有耆旧节士之序,鲁、庐江有名德先贤之赞,郡国之书由是而作。"这样,经学思想和官方意志就更便利地渗透到史学之中。

到明帝、章帝时期,特别是到白虎观会议召开,经学作为统治阶级的政治工具,对思想文化和社会生活各方面的影响几乎到了无以复加的地步。在经学倡导"君臣之正义,父子之纪纲"的同时,最高统治者对史学的干预和控制也明显加强。当时私作国史

---

① 参见拙文《西汉时期经学对史学的影响》,载《辽宁师大学报》1992年第 5 期。又见复印报刊资料《历史学》1992 年第 12 期。

已是犯法之事,与司马迁之时大不相同了。班固"以(班)彪所续前史未详,乃潜精研思,欲就其业",然而有人却上书明帝,"告固私改作国史",明帝也"有诏下郡,收固系京兆狱,尽取其家书"。当明帝审查了书稿,知其志在宣扬汉德,才未予治罪,召其诣校书部,除兰台令史,后又升迁为郎、典校秘书。明帝还命班固与陈宗、尹敏、孟异等共同撰写《世祖本纪》,后又命以班固为主撰著光武帝功臣和平林、新市、公孙述事,作列传、载记28篇奏上。这些都成了官修《东观汉记》的一部分。明帝还让班固"终成前所著书"。(《后汉书·班固传》)这样,班固等人由独立的史家变成了完全听命于官方的御用史家,《汉书》也由私撰变成了官修。最高统治者还亲自执笔撰写史书。明帝著有《光武本纪》,章帝撰有《显宗本纪》。官方修史固然在组织人力、搜集资料等方面具有某些积极作用,但其曲笔不实,虚相褒扬的弊端又是十分突出的。

　　统治者利用经学所宣扬的君臣大义,加强对史学的干预和对史家思想意识的控制,还表现在他们对以往史家的评论上。汉明帝云龙门评论司马迁就是典型一例。众所周知,司马迁虽然受到经学的影响,但并未简单停留在经学的思想和精神上,而是以其特有的史识、情趣和良史之才,"善序事理,辨而不华,质而不俚,其文直,其事核,不虚美,不隐恶",使《史记》成为规模宏富,观点鲜明的"实录",(《汉书·司马迁传·赞》)表现出许多与经学相左甚至完全相悖的倾向。明帝召见班固、贾逵等于云龙门,就《史记·秦始皇本纪赞》询问众人。当班固表明个人观点后,明帝说道:"司马迁著书,成一家之言,扬名后世,至以身陷刑之故,反微文刺饥,贬损当世,非谊士也。司马相如污行无节,但有浮华之辞,不周于用,至于疾病而遗忠。主上求取其书,竟得颂述功德,言封禅事,忠臣效也。至是贤迁远矣。"①实际上,早在西汉末年,扬雄就批评司马迁"不与圣人同,是非颇谬于经"。(《法言·晋子》)光武帝时,范升也指责司马迁"违戾五经,谬孔子言"(《后汉书·范升传》)。但皇帝本人亲自攻击司马迁这还是第一次。明帝是在以古讽今,目的是要班固等史家以经学宗旨为圭臬,按照最高统治者的意志着笔著史。

由于官方势力的介入,经学教育的熏习,史家独立的人格意识和价值取向几乎完全丧失,他们自觉认同经学标准,完全皈于经学宗旨之下,把历史著述看成经学的辅翼和解释,使史学彻底沦为经学的附庸。班彪撰作《史记后传》,一方面肯定了司马迁的著述之功和良史之才,另一方面又说:"至于采经撼传,分散百家之事,甚多疏略,不如其本,务欲以多闻广载为功,论议浅而不笃。其论术学,则崇黄老而薄五经;序货殖,则轻仁义而羞贫穷;道游侠,则贱守节而贵俗功:此其大敝伤道,所以遇极刑之咎也。"他认为,问题的根源在于司马迁未能"依五经之法言,同圣人之是非"(《后汉书·班彪传》)。班固在《后传》基础上写作《汉书》,全面继承了这一观点,并强调自己著汉史,是"综其行事,旁贯五经,上下洽通"(《汉书·叙传》)。翻检《汉书》,其表志序言,纪传赞语,称述经义之处比比皆是。班固曾奉命参加白虎观会议,编成《白虎通义》,系统阐发了儒家经学的最新和最具权威性的成果,并将其引入著史之中。班氏父子以尊奉经学自赏,把修史当成宣扬经学思想的一种形式。这说明,史学地位的降低,与史家自身素质和思想倾向关系密切。

儒家经学所宣扬的天人感应、君权神授的思想主张,已经深深

---

① 班固:《典引序》。

根植于史家的历史认识和历史理论之中。班彪曾作《王命论》,认为汉承尧运,天命有归,王者兴衰,非人力所致,"神器有命,不可以智力求也"。班固著《汉书》,表现出更为浓烈的正统观念。他在《叙传》中指责《史记》将汉史"编于百王之末,厕于秦、项之列",是降低了汉朝的历史地位,所以他将《高祖纪》作为开篇,将陈涉、项羽分别由世家、本纪降为传。他参撰《东观汉记》,也首列《光武纪》,并始创载记一体,载列据守一方,称雄一时而最终未居正统的人物,以突出君臣名分。因此梁启超指出:"《汉书》以下则以帝室为史的中枢,自是而史乃变为帝王家谱矣。"①

　　西汉中期,司马迁尚能大胆地暴露统治阶级中一些人物的暴虐、奢侈和虚伪、愚昧,同时对那些敢于反抗强暴而不怕牺牲的社会下层人物,则给予一定的同情和赞颂。经学独尊,官方插手史学以后,史家在这方面的胆量越来越小,以致"所载多谀词"②。在《汉书》中,班固对统治阶级中的人物虽然也有讥刺之言,但总的来说是褒多于贬,为尊者讳,甚至有有意造作粉饰之辞。例如,汉成帝本来是酒色之徒,荒淫无耻,奸人妻女,《汉书·五行志》、《外戚传》中已有所披露,但刘向却在《成帝纪赞》中照抄其父《后传》之文,说什么言行端庄,"尊严若神,可谓穆穆天子之容者矣"。《东观汉记》中不顾史实的谀言媚语也不在少数。在客观历史面前,他们缺乏一个史家所应具有的巨大勇气和严肃态度,与司马迁已经不能同日而语了。

　　经学独尊后,最高统治者以经治国,朝廷公卿几乎均由经术而进,不少经学之士登上丞相、权臣之位。相形之下,史学则极不受

①　梁启超:《中国历史研究法》第17页,上海古籍出版社1987年版。
②　《文献通考·经籍考》引叶水心语。

20世纪儒学研究大系

重视,政治地位低下。这种情况,西汉后期已相当突出,进入东汉后就更严重了。当时从事历史著述的,主要不是史家,而是经学大师。在与班固共撰汉史的学者之中,贾逵力主古文,兼习今文,于《左氏传》最精,所著经传义诂等达百余万言,并参加了白虎观会议。杜抚受业于大儒薛汉,精研《韩诗》,有弟子千余人。他们能参与修史,也是由于经学上的成就和影响。张采田曾叹道:司马迁以后,"道统既异,官亦无足重轻矣。史学之亡,盖在斯时乎?故论古史,当始于仓颉,而终于司马迁。《史记》一书,上以结藏室史派之局,下以开端门史统之幕。自兹以后,史遂折入儒家,别黑白而定一尊"①。那些要求客观反映历史事实,对经学宗旨和御用史学有所不满的学者,是不可能有修史之权的。据《后汉书·张衡传》,身为太史令的张衡自称"仰干史职",要求参与东观修史,其他史臣也大力推荐,但始终未得最高统治者首肯,原因在于他反对谶纬之学,并批评官修史书:"更始居位,人无异望,光武初为其将,然后即真,宜以更始之号建于光武之初。"张衡未能参与修史,也说明此时的太史之职已不同于司马迁之时。唐代刘知几说:"司马迁既殁,后之续《史记》者,若褚先生、刘向、冯商之徒,并以别职来知史务。于是太史之署,非复记言之司。故张衡、单扬、王立、高堂隆等,其当官见称,唯识占候而已。"(《史通·史官建置》)太史一职已经名存实亡,仅仅执掌天文星历之事,这不能不对史学有所影响。

如果说,西汉时期儒家经典的复出,经学的繁盛,尚能带来一个重视学术文化事业的良好氛围,并为历史著述准备大批资料,从而促进史学的发展,那么进入东汉以后,这种积极作用已大大减弱

---

① 张采田:《史微·史官沿革考》。

了。东汉王朝在尊儒崇经的同时,"宣布图谶于天下",大力提倡谶纬之学。为了捞取政治资本,"儒者争学图纬,兼复附以妖言",(《后汉书·张衡传》)以纬证经,用天人感应、阴阳灾异的学说对儒家经典进行穿凿、附会和演绎。谶纬之学又与经学合流,使经学进一步宗教化、神学化。谶纬特别是纬书也包容着自然科学、历史知识和具有哲学意味的理论,有所谓补史、考地、测天、考文、征礼之善,但迷信,荒诞和怪异则是它的主要方面,很难为历史著述提供客观、准确的资料。贾逵曾以"五经家皆无以证图谶明刘氏为尧后者,而《左氏》独有明文",(《后汉书·贾逵传》)为《左氏传》争立博士。班固则在《汉书·高帝纪赞》中进一步证明图谶所言,替刘邦编造了一个从尧开始的世系。《东观汉记·光武纪》(辑本)也宣扬"案图谶,推五运,汉为火德",并记载了"刘氏当复起,李氏为辅"及"刘秀当为天子"等谶言。这些内容引入史学,大大影响了史书的科学价值。无怪乎宋人熊方慨叹道:"惜东京之再造,痛信史之未成。"①

　　作为一种统治思想,经学被看作整个学术文化的渊源和象征,其他学问只是其支脉,流裔和附庸,史学更是如此。西汉末年,刘向、刘歆父子编撰《七略》,即将史书附于六艺略春秋类上。至班固著《汉书·艺文志》,一依《七略》之例,史书仍处于六艺之末的地位。到安帝邓太后当政时,史书仍未与经学著作分开,被平等看待,独立一类。《后汉书·安帝纪》云:永初四年,"诏谒者刘珍及五经博士,校定东观五经、诸子、传记、百家艺术,整齐脱误,是正文字"。《后汉书·皇后纪》和《文苑传》也有类似记载,但均未明确提及史书。东汉中期以前,史学本身确实也在不断进步和发展,产

---

　　①　熊方:《补后汉书年表进表》。

生了对后世影响深远的《汉书》等一些史学著作,但经学思想的禁
锢和濡染又使这一进步和发展没有达到本该达到的高度,取得本
应取得的成就。

二

东汉中期以后,皇权衰弱,经学之士屡遭宦官、外戚势力的摧
残,经学也弊端日显,出现了衰落的迹象。"自安帝览政,薄于艺
文,博士倚席不讲,朋徒相视怠散,学舍颓敝,鞠为园蔬,牧儿荛竖,
至于薪刈其下。"(《后汉书·儒林传》)经学的今古文两派,为争夺
立博士官的政治特权,曾互相攻讦,势同水火,现在都开始走向寥
寂,政治色彩越来越淡薄。不但今文经学已经失去其直接的政治
工具的作用,就是古文经学的经典注疏也不足以使人满意,附会图
纬的做法亦未能从根本上奏效。所以马融、卢植、郑玄等经学大
师,为了扩大派别斗争的力量,也终于抛弃家法,丢掉成见,走上了
综合古今的折衷道路。"两汉经学的结束的显明的表现,就是今
古文经学的合流。而时代思想的主流,则已经开始向着玄学的方
面潜行了。"①经学统治地位的动摇,为史学独立、迅速发展带来了
机遇。

编年体史书的再度兴起,是史学独立发展的一个重要表现。
从西汉中期到东汉中期,史坛上占主导地位的著述形式是纪传体。
这种形式和经学著述有着密切的渊源关系。刘知几《史通·列
传》称:"盖纪者,编年也;传者,列事也。编年者,历帝王之岁月,

---

① 侯外庐等:《中国思想通史》第二卷第 328 页,人民出版社 1957 年
版。

犹《春秋》之经;列事者,录人臣之行状,犹《春秋》之传。《春秋》则传以解经,《史》、《汉》则传以释纪。"所以,这种形式最能体现经学所宣扬的封建等级制度下的君臣大义,反映最高统治集团正朔相承、子孙递及的关系,表现出帝王居高临下、人臣拱卫主上的主题,这自然引起以经治国的汉朝统治者的关注。纪传体史书固然内容丰富,叙事详赡,但又有明显的文字繁多难省、叙事分散重复等缺陷。对此清代章学诚曾指出:"一朝大事,不过数端,纪传各篇,动逾百十,不特传文互涉,抑且表、志、载记,无不牵连。逐篇散注,不过便人随处依检,至于大纲要领,观者茫然。盖史至纪传而义例愈精,文章愈富,而于史之宗要,愈难追求,观者久已患之。"(《史学别录例议》,《章氏遗书》卷七)不过,这种情况却又与当时研习经学著作的风气相互呼应,十分协调。西汉后期,经书的训释、解说已经非常繁冗、琐碎,今文经学尤其如此。桓谭《新论》(辑本)提到:"秦近君能说《尧典》,篇目两字之说至十余万言,但说'曰若稽古'三万言。"桓荣所受朱普《欧阳尚书》"章句四十万言,浮辞繁长,多过其实"(《后汉书·桓郁传》)。连最高统治者也意识到这个问题。光武帝曾令经学之士删五经章句作为太子的教科书。桓荣删《欧阳尚书》章句由 40 万言删为 23 万言,桓郁又删为 12 万字,张奂删《牟氏尚书》章句 45 万言为九万言。但这并未能改变当时的风气。所以班固在《汉书·艺文志》中说:"后世经传既已乖离,博学者又不思多闻阙疑之义,而务碎义逃难,便辞巧说,破坏形体;说五字之文,至于二三万言。后进弥以驰逐,故幼童而守一艺,白首而后能言。"然而,班固没有意识到,这样的学术氛围,恰恰是"当时甚重其书(《汉书》),学者莫不讽诵焉"(《后汉书·班固传》)的一个重要因素。总之,纪传体史书的盛行,与经学的繁盛不无关系。

　　随着经学式微、皇权衰弱、官修史书的势头稍减，虽然《东观汉记》等纪传体史书的编纂一直延续着，但它的弊端已开始遭到越来越多的人的批评，而叙事简要、省约易读的编年体史书则受到人们的重视和喜爱。汉桓帝时，应奉"删《史记》、《汉书》及《汉记》(《东观汉记》)三百六十余年，自汉兴至其时，凡十七卷，名曰《汉事》"。①　侯瑾"案《汉记》撰中兴以后行事"，"起光武，至冲帝"，为《汉皇德传》30卷。(《后汉书·文苑传》、《隋书·经籍志》)献帝在位时，"常以班固《汉书》文繁难省"，便令荀悦著《汉纪》30卷，"辞约事详，论辨多美"，(《后汉书·荀悦传》)甚至"历代保之，有逾本传"。(《史通·二体》)编年体本来也是一种古老的史书编写形式，但它此时再度兴起，则有其特殊的意义，这是史家们要求摆脱经学繁冗习气干扰的一种反映。与此同时，私人撰著的单行传记体史书也大量增加，蔚为大观。清代姚振宗《后汉艺文志》著录单行传记类史书58部，其中绝大部分成书于东汉后期，较著名的有仲长统的《山阳先贤传》、袁汤的《陈留耆旧传》(圈称有同名之作)等。当然，应该承认，篇幅众多、内容宏富的纪传体史书，亦为编年体及单行传记体史书的编撰提供了某些便利条件，特别是那些处于社会下层的史家，因无法直接占有以资修史的各种原始材料，只得借助旧文，改变体例，斟酌去取，融会贯通，以成一家之作。

　　儒家经学政治作用的减弱，也使史学的社会功能意识明显增强。我国古代素来重视史学的社会功能，强调其鉴戒作用。经学独尊后，史学的社会功能受到忽视，往往要通过宣传经学宗旨来体现。如《汉书》虽然向人们展示了西汉一朝的社会历史进程，但班

---

①　袁山松:《后汉书·应奉传》，《八家后汉书辑注》本。

固又称这种展示是"纬六经,缀道纲",(《汉书·叙传》)这就影响了史学的进步。东汉末期不少人开始重新审视史学的社会功能,其中最突出的代表是荀悦。荀悦认为,史学的根本作用,就在于能向人们提供历史鉴戒。他提出:"君子有三鉴:鉴乎前,鉴乎人,鉴乎镜"。(《申鉴·杂言上》)"三鉴"之中,史鉴为首。他撰著《汉纪》就是基于这一认识,也就是说,《汉纪》作为"有国之常训,典籍之渊林",(荀悦:《汉纪序》)可以"综往昭来,永监后昆"。(《汉纪》卷三〇)在《汉纪》卷首,他提出:"夫立典有五志焉:一曰达道义,二曰彰法式,三曰通古今,四曰著功勋,五曰表贤能。"他强调,这是著史所应达到的五条标准。荀悦还指出,一个人的善恶成败一旦载诸史册,就会产生意想不到的效果,"或欲显而不得,或欲隐而名章。得失一朝而荣辱千载","善人劝焉,淫人惧焉"(《申鉴·时事》)。这里荀悦所强调的史学的社会功能,早已不再依附于经学之中,更不是简单的对经学的辅翼和解释。虽然这种功能还是要服务于封建专制统治,但此举对史学独立发展无疑具有积极意义。

　　由于经学之士与政治的联系已不是那么密切,史官的社会地位和作用已开始重新受到人们的重视。李固遇祸,其子或死或逃。梁冀被诛后,"史官上言宜有赦令,又当存录大臣冤死者子孙"。桓帝接受了这一建议,"于是大赦天下,并求固后嗣"。(《后汉书·李燮传》)可见最高统治者对史官进言非常看重。荀悦也主张强化史官职能,认为"宜于今者备置史官,掌其典文,纪其行事"。(《后汉书·荀悦传》)蔡邕在董卓死后被治罪,他要求"黥首刖足,继成汉史"。王允则拒不接受。他说:"昔武帝不杀司马迁,使作谤书,流于后世。方今国祚中衰,神器不固,不可令佞臣执笔在幼主左右。既无益圣德,复使吾党蒙其讪议。"(《后汉书·蔡邕传》)

这说明,各种政治势力已把史官载笔记事同自己的兴衰存亡联系到一起了。另外,要求恢复史官秉笔直书传统的呼声也有所加强。桓帝(一说和帝)时,李法(字伯度)尤表称,"史官记事,无实录之才,虚相褒述,必为后笑"。(《华阳国志·先贤士女总赞·汉中士女》)对曲笔较多的《东观汉记》,人们也不断加以抨击。《史通·忤时》称:"伯度讥其不实,公理(仲长统)以为可焚。"荀悦则屡斥历史记载中的谶纬之说,认为"欲成王治者,必本乎真实而已"(《申鉴·政体》)。这些都有助于史学的健康发展。

随着史学的逐渐独立和发展,史籍的数量大幅度增加。在图书分类上,《七略》和《汉书·艺文志》中史籍为六艺之末,不能独成部类的情况已不适应学术文化上的这种变化。独列史部的四分法虽然最早出现于曹魏时期郑默的《中经》,但是就像任何事物的发展都有一个不断积累的历史过程一样,这一分类方法也是东汉中后期史籍日渐增多的必然结果,而促成这一结果的根本性因素,还是经学的衰落,史学从经学宗旨的笼罩下摆脱出来。

魏晋南北朝以后,史学进一步繁荣,史籍数量突增,体裁众多,成为一个重要的学术门类。然而由于传统的因袭关系,特别是由于儒家经学始终是封建统治思想中的主要部分,经书仍居四部之首,经学地位仍在史学之上,经学对史学的影响也依旧存在,只是不如两汉时期那样浓烈罢了。与经学关系密切,正统思想突出的纪传体史书,因为它自身学术上的优势和价值,加上便于突出帝王将相的作用,符合两千多年来不断改朝换代的封建统治阶级的政治需要,所以一直以正史的身份居于史坛之首。

（选自《秦汉史论丛》(第6辑),江西教育出版社1994年版）

　　本文对东汉时期儒家经学与史学发展之间的密切关系进行了全面、深入的论述，认为从汉武帝独尊儒术之后，儒家经学成为统治思想，史学则逐渐沦为经学的附庸。东汉时期，经学的独尊地位进一步得以巩固，对史学的影响也越来越大，经学的盛衰对史学的发展有着极为密切的关联。

晋代史学浅论

葛 兆 光

中国的史学，经过两汉司马迁、班固、荀悦等大师们的开拓，一直到唐代，才又进入一个新的“星汉灿烂”的兴盛时期。但是，在汉唐这两个黄金时代之间，还存在着一个无论在史学思想还是在史著体裁上都起着承上启下、分离综合、精筛升华作用的过渡阶段。其中，竞相争鸣、著家蜂起的晋代史学，更在中国史学史上有着重大影响。可惜的是，史学史的专家学者们对这个颇堪研究的时代未给以足够的重视，在大部分史学史论文、著作中，大都将它一笔带过。这造成了中国史学史上的一个薄弱环节，也使人们对中国史学的继承发展的源流脉络感到模糊不清。从而也使人感到有必要对晋代史学进行一番评价和分析。

为了试图说明晋代史学的作用及影响，我想首先提几个值得人们一思的问题，然后，再沿着这些问题所构成的思路去探究其中的“为什么”：

晋代的史学其特征是什么？

人们都知道，汉、唐史学的繁荣与其政治、经济的兴盛相吻合，但晋代史学的兴盛却与晋代的政治、经济的衰微和混乱“似乎”不相称。一般说来，一个时期，有什么样的经济基础，就有什么样的上层建筑——诸如史学、哲学、文学、音乐、艺术等等，那么，晋代史学是怎样反映晋代这个大混乱、大动荡的时代的特征的？

作为这种时代的史学，在体例、史学思想上能不能有创新和前进？如果能有，那么它又对后世史学有什么影响？

一

晋代史学显著的特点之一："多"。史著丰富，史家蜂起。《隋书·经籍志》记载：

> "晋时，巴西陈寿删集三国之事……谓之《三国志》……自是世有著述，皆拟班马，以为正史作者尤广。一代之史，至数十家。"

的确，汉代史学虽然由于拥有司马迁、班固那样灿烂的巨星而被誉为"史学的兴隆时期"，但举其荦荦大者不过《史记》、《汉书》、《汉纪》、《东观汉纪》而已。而晋一代则著作多达数十上百部。其中列入二十四史的陈寿《三国志》成书于晋初，蹑足于其后的三国史又有郭颁《魏晋世语》、孔衍《汉魏春秋》、《魏尚书》、王隐《蜀记》、环济《吴纪》、阴澹《魏纪》、孙盛《魏氏春秋》等。范晔《后汉书》虽成书于晋后，但范书所参考依据的晋代关于东汉史的著作却有八种之多。唐太宗贞观十二年令房玄龄监修《晋书》，而其所采录的十八家旧晋书中，就有十家是晋人所撰。此外如开地方志先河的《华阳国志》、地理风土书《交广记》、《洛阳记》、世族谱牒《十八州谱系集抄》、分类人物传记《高士传》、《神仙传》、《列女传》等，更是不胜枚举。

晋代史学显著的特点之二："杂"。

它的体裁杂。过去旧有的体裁如纪传、编年、甚至早已废弃的尚书体，在晋代都可以找到。而过去没有的体裁，如史考史评史抄、方志、同类人物传记、地理风土书,也都在晋代被创造出来。可以说,凡刘知几《史通》所论及的任何体裁,在晋代都可以找到。

它的思想内容也杂。释道儒三家,无不在它中间留下痕迹,甚至街谈巷议,杂俗流言也掺入其中。《史通·书事》说:"自魏晋以降,著述多门,语林、笑林、世说、俗说,皆喜载调谑小辩。嗤鄙异闻,虽为有识所讥,颇为无知所悦,而斯风一搧,国史多同……"此论虽有可商榷之处,但晋代史著对各种流派杂说不分青红皂白地兼收并蓄现象是的确存在的。

它的作者也杂。自从东汉后史官世代相继制度被逐渐废除而私家撰史之风盛行,那些来自各个不同阶层、代表各个不同集团的"秉笔为史"者,就无不在他们各自的历史著作中倾注各自的政治理想。例如,有以魏为正统,以晋继魏的陈寿;也有激烈主张以蜀汉为正统,以晋继汉的习凿齿;有"以儒素自守,不交势援"(《晋书·王隐传》)的王隐;也有"交给权贵,共为朋党"(同上)的虞预;有痛斥"沈溺于声色之中,驱驰于竞逐之路"者的葛洪(《抱朴子》);也有"翦裁今文,模拟古法"(《史通·六家》)的孔衍……

总而言之,初看上去,晋代史学给人的第一印象就是杂乱无章,众多繁芜。那么,这种特点形成的社会背景及政治、经济原因是什么呢?

要回答这个问题,我们不得不多费些笔墨追溯一下历史学本身在汉、魏直至晋这一时期中地位的变化。

在两汉,正如司马迁所沉痛指出的那样,史学在统治者心目中是微不足道的,"文史星历,近乎卜祝之间,固主上所戏弄,倡优所蓄,流俗之所轻也"。(《报任少卿书》)东汉顺帝,甚至因为"贵人早卒,帝追思之无已,诏史官树碑颂德"。(《后汉书·窦章传》)的确是把史学视如俳优。纵然史家志在"究天人之际,通古今之变,成一家之言"，(《史记·太史公自序》)但史学的真正作用在统治者心目中是被忽视的。至少，在两汉，史学只是被当作经学的附庸来看待的。

但是，东汉末期，严重的社会问题已经到了"积重难返"的程度，经学作为汉代统治者手中的思想武器，已陷入不可解脱的困境。繁琐的寻章摘句，荒诞的谶纬符命、可笑的微言大义，已经使经学的生命力磨消殆尽。儒生们"皓首穷经"，甚至"白首不得穷一经"，而仕途的希望却越来越渺茫。社会上实际是"虚谈则知以德义为贤，贡举则必以阀阅为前"。(《潜夫论·交际》)尤其是残酷的党锢，更打击了儒生和经学。经过黄巾起义，统治阶级内部思想迅速瓦解、分化。一部分士大夫借大谈哲理以免其祸，一部分则努力寻找新的统治思想。三国时期，出现了各种学派一时并起的局面：

"今之学者师商韩而上法术，竞以儒家为迂阔"。(《三国志·杜畿附子恕传》)

"(爰翰)辩于论议，采公孙龙之辞以谈微理"。(《三国志·邓艾传》注引《冀州记》)

"淮南人刘陶，善论纵横"。(《三国志·刘晔传》注引《王弼传》)

这样一来，居于一统地位的儒学的阵地一块块地被分割了。特别是玄学一起，"主爱雕虫，家弃章句，人重异术……自黄初至晋末……儒教尽矣"，(《宋书·臧焘传·论》)思想界出现了一个"百家争鸣"的局面，各种学术，如文学、雕塑、哲学、音乐都结束了"附经而行"的桎梏而演出了变古革新的新场面。历史学也同样如此，而它巩固封建统治的作用也越来越由于经学的衰落而为统治者所深切体会。请看：

　　吴大帝孙权自谓"自统事以来,省三史、诸家兵书,自以大有裨益",并号召手下大将为"当涂掌事"而"急学三史"。(《三国志·吕蒙传》注引《江表传》)

　　魏文帝曹丕也在《典论》中提出"文章经国之大业,不朽之盛事"的号召。主张士人不能"立德扬名",就要"著篇籍",成一家言(《三国志·文帝纪》注引《魏书》)。在曹魏的诏、诰、典册中也开始大量引用三史,戒饬臣下。(如魏明帝《拒蒋济请议封禅诏》)

　　晋代统治者对史学更是十分重视。《史通·史官建置》记载:"晋元康初⋯⋯大著作专掌史任,又置佐著作郎八人,"人数比曹魏多两倍,而且这些史官又必须经过严格的选择。《史通·核才》引《晋令》云:"国史之任,委之著作,每著作郎初至,必撰名臣传一人。"《晋书·贾充传附子谧传》还记载"朝廷议立《晋书》限断",争论多次不决,"事下三府",司徒、司空、中书监、将军、侍中、都尉、博士都纷纷进言,从武帝时直至惠帝时方定。朝廷元老重臣为史书的年代限断争议,气氛如此热烈,时间如此之长,都是前所未有的。

　　上有倡焉,下有应焉。当时上至皇帝,下至布衣,内如公卿显贵,外如在野名士,似乎一下子都对史学十分热衷起来了。"闻张华谈史汉,义理可观"(《世说新语·言语》)——在清谈中有史学;"(玄)虽显贵,而著述不废,撰论经国九流三史故事,评断得失"(《晋书·傅玄传》)——在论经国大计中有史学;史学还能使人当大官——"(华)峤⋯⋯属书实录,有良史之志,故转为⋯⋯中书寺,为内台使⋯⋯天文数术、南省文章、门下撰集,皆典领之";(《御览》卷234引《华峤集》)史学还能使人成名——王隐曰:"君子疾没世而无闻,《易》称自强不息,况国史明乎得失之迹⋯⋯何不述而裁之"。(《晋书·王隐传》)显然,这种现象会直接促进经学衰落之后找不到仕进道路的"竞趋之士,尤喜居于史职",(《史通》)操笔为史的风尚。当然,更会推动许多在经学衰落之后积极探索新的思想武器和治国方略的有志之士拿起史笔,而后者尤多。所以,纵然有一些乞求他人为史甚至盗窃他人之书以求"流声于后"的卑劣角色(见《南史·徐广传》、《晋书·王隐传》记何法盛、虞预事),但大多数还是为疾世愤俗、拯救世弊而作史的。例如,袁宏在《后汉纪序》中说"史传之兴,所以通古今而笃名教也";司马彪也说"载善恶以沮劝,撮教世之要也"(《晋书·司马彪传》)。尤其值得提出来的是晋室南渡之后,由于很多史学家都看出了社会的弊病、国家的衰败,所以都纷纷寄诸史籍,形诸笔墨,这样,自然出现了"群才景慕,作者甚众"(《隋书·经籍志》),"一代之记,至数十家"的局面。《册府元龟·国史部·世官》云:

> "魏晋而下,〔作史者〕撰述不绝,盍亦著作之贵重乎?专门能论次旧闻,申明先业,敷述雅志,自成一家者矣。"

这话只说对了一半。经学衰落了,史学地位提高了。统治者阶级需要用史学来维护其风雨飘摇的思想阵地,史学家们也要以史学为自己的政治见解寻找"知音",贯彻自己那一套政治理想,再加上社会的动乱给史学家带来了丰富的材料,而本来封建史家的"立名立德"和统治者的需要在动机上又往往是一致的(虽然效果上不尽然)。因此,在推动史学兴盛上,几种力量"沿着同一方向起作用"了。

这才是晋代史学"多"这一特点产生的真正原因。

下面,我们再来看"杂"产生的原因。

晋代是一个剧烈动荡的、民族矛盾和阶级矛盾异常复杂地交织在一起的朝代。但是,当司马氏在世族门阀地主势力的拥戴下刚刚上台的初期,由于全国的统一和各种矛盾的暂时和缓,出现了短暂的"太康之治"：

> "太康之中，天下书同文，车同轨，牛马遍野，余粮栖亩。
> 行旅草舍，外闾不闭，民相遇者如亲。其匮乏者，取资于道路。
> 故于时有'天下无穷人'之谚"。（干宝《晋纪·总论》）

可是，这种繁荣安定的社会局面，并没有给史学带来春天。相
反，却由于司马氏得以凭借这种经济力量来建立一个统一的思想
文化为其统治服务而出现了与当时"百家争鸣"局面毫不相容的
正统和一致。部分史著违背了"直笔"的原则和"一家之言"的精
神，出现了歌功颂德，附会粉饰的趋向。这一方面是由于统治者的
提倡和控制，一方面也是由于太平的表面掩盖了社会矛盾。所以，
这一时期的史学，只是在量的迭增上显示了它的发展，而在体裁和
思想上都没有很大突破。

可是，永嘉以后，一切隐藏着的矛盾一下子全爆发了。安定变
成了混乱，战争代替了和平。八王之乱，把以司马氏为首的豪门世
族的贪婪、荒淫、昏庸、残暴全部显现在人们面前。北中国出现了
中国历史上少有的黑暗和混乱时期。正如《晋书·食货志》所说
的：

> "至于永嘉，丧乱弥甚。雍州以东，民多饥乏，更相鬻卖，
> 奔迸流移，不可胜数。幽、并、司、冀、秦、雍六州大蝗，草木及
> 牛马毛皆尽。又大疫疾，兼以饥馑，百姓又为寇贼所杀，流尸
> 满河，白骨蔽野。"

晋室南迁，偏安江左之后，并没有振作起来，却更加软弱、腐
朽。东晋一百年中，前有王敦、苏峻之乱，后有桓玄、刘裕之篡。这
样严重的社会问题，一方面使封建传统思想的束缚力进一步松弛，
一方面为史学家们创造了更多的史实条件和思想条件。当时甚至
连最高统治者阶层，也对传统的正统思想产生了离心倾向。晋元

帝"任刑法,以《韩子》赐太子";(《书钞》引《中兴书》)晋哀帝"雅好黄老";(《晋书·哀帝纪》)晋简文帝"清虚寡欲,尤善玄言"。(《晋书·简文纪》)于是佛、道二家便乘机崛起。清人钱大昕《十驾斋养新录》卷十八有"释道俱盛于东晋"一条,列举当时大官僚如何充、何准兄弟,郗愔、郗昙兄弟,王坦之、殷仲堪、王凝之,甚至号称"江左夷吾"的王导,也都不"谄于道"即"佞于佛"。最高统治者中,明、哀、简文、孝武也崇拜佛教,尤其恭帝更"深信浮屠道,铸货千万,造丈六金象,亲于瓦官寺迎之,步从十里许"。(《晋书·恭帝纪》)正如王应麟《困学纪闻》卷二十引朱黻之语:"人心泛然无所底止,而后西方异说,乘其虚而诱惑之,"而玄学之风尤盛。这种社会思想风尚,不能不对史学产生极大的影响。

首先它造成的就是史学思想的"杂"。

我们知道,史学是属于意识形态的一门学科,它总是与社会政治、文化、经济的变化息息相关,总是强烈的反映着时代内容。各种不同的政治派别由于一定的经济利益而对如何应付社会问题也总是有着不同的看法,而代表它们的史学家们也就必然以各种不同的政治观点去解释历史,借以影响现实。因此,当东晋社会各种矛盾日益尖锐的时候,各阶层集团力图从自身利益需要解决社会问题巩固封建统治的要求也越来越强烈,而又由于史书由官修逐渐扩展到私修,思想束缚力愈加松弛,释老儒各家力量对比发生变化,史学也就自然而然出现了"不主一家"的"杂"的面貌。例如当时史家中,孙盛善谈名理,葛洪雅好道术,习凿齿亲近佛门,干宝近乎汉代儒学,孔衍力主复古返旧,虞预痛诋玄虚之风……刘知几说他们"是非无准,真伪相杂",的确是"杂"极了。

其次,东晋时的分裂局面和豪族政治也直接给史学带来了体裁的"杂"——多样化。

魏晋二百年中,除了一度的统一外,中国一直处在分裂的状态之中。割据的现实,造成区域性经济、文化、政治特点的形成,史学对这种状况的反映之一,就是"地方志"——《隋书·经籍志》所谓"霸史"的产生:

"自晋永嘉之乱,皇纲失驭,九州君长,据有中原者甚众。或推奉正朔,或假名窃号,然其君臣忠义之节,经国字民之务,盖亦勤矣,而当时臣子,亦各记录……"

地方志不仅是地理书,而且是一个区域的历史、经济各方面的综合记载。所谓"人物当详于史传,艺文当详于书目",它是国家史的补充。虽然晋代以前已出现了耆旧、先贤、地理图志,但正如余嘉锡《四库提要辩证》所说:"传先贤耆旧者,谓之郡国书;叙风俗地域者,谓之地理书"二者各有偏略,直至晋"乃合而一之"。这合而一之的体裁,就是记载了一个地域的人物、风土、政治、经济的各国记载之史书。《册府元龟·国史部》曰"僭伪诸国亦有史职",原注:"前赵刘聪有左国史撰其国君臣纪传;前凉张骏亦令史臣撰国书于东苑;后蜀西凉纪事委门下;南凉置国纪祭酒,使撰录时事;自余伪主多置著作官,前赵和苞、后燕董统之类是也。"我们知道,中国是一个统一的国家,割据分裂只不过是暂时现象,这么些割据之国都在撰述的虽然号称"国史",但一朝统一,这不就各是一部地方志了吗?常璩《华阳国志》便是一例,这部号称"国志"而实际是"中国方志的初祖"的著作,就是一个割据政权的史官,根据一个割据区域的史料而撰写的。章学诚所谓"方志乃古列国之史",(《记与戴东原论修志》)是很正确的。

东晋史学中又一新体例是谱学,即世族门阀地主的家史,毫无疑问,这与晋代"以门第取士,单寒之家,屏弃不齿,而士大夫始以郡望自矜"(钱大昕《十驾斋养新录》卷十二《郡望》)之风是相关

的。北朝颜之推《观我生赋》自注说中原士族随晋元帝渡江有百家,故江左有百谱。《通典》卷三《乡党》云:

> "始晋太元中员外侍郎贾弼(之)好簿状,大披群族,所撰十八州、百一十六郡合七百一十二卷,士庶略无遗阙。其子孙传其业。"

赵翼《陔余丛考·谱学》也说:

> "有司选举,必稽谱牒,故官有世胄,谱有世官,于是贾氏王氏谱学出焉。"

这是很有见地的。《册府元龟·谱牒》云:"世本起于汉世,昭穆著于晋家",就是说汉代"谱牒之学"还只限于帝王之家,而晋代则发展到了各族各门各姓。这不就是晋代中央权力为各个豪门世族所分割的现实的缩影吗?

此外,东晋时方兴未艾的"先白望而后实事,浮竞驱驰,互相贡荐"(《晋书·陈頵传》)之风和对虚名的疯狂追求,造成了高士、隐士传的繁多;颓废没落,"倚杖虚旷,依阿无心"(干宝《晋纪总论》),在神仙中寻找灰色的归宿的风气,引起了神仙传的兴盛;地下古籍如汲冢书的出土,史籍的大量涌现,又引起了史考史评一类体裁应运而生;对传统思想日趋衰微现状的不安而又无可奈何的复古思潮,又派生了"尚书体"史书……

综上所述,我们可以看到,无论是"多"还是"杂",都不过是社会政治、经济的特点的反映。正如恩格斯在《卡尔·马克思〈政治经济学批判〉》一文中指出的:"下面这个原理,不仅对于经济学,而且对于一切历史科学(凡不是自然科学的科学都是历史科学)都是一个具有革命意义的发现:'物质生活的生产方式制约着整个社会生活、政治生活和精神生活的过程,'在历史上出现的一切社会关系和国家关系,一切宗教制度和法律制度,一切理论观点,只有理解了每一个与之相应的时代的物质生活条件,并且从这些物质条件中被引伸出来的时候,才能理解。"(《马克思恩格斯全集》卷 13 第 526 页)这真是千真万确。

二

的确,由于晋代史著大部分亡佚,要仅仅根据东鳞西爪的零星史料对晋代史学思想勾勒出一个大概轮廓是极困难的。但是,当人们把这些残缺不全的史料与当时社会的各种思想、政治、文化、经济的现状放在一起对比考察时,这里的脉络也就会清晰起来。

二六五年,晋代魏。十五年后,天下统一。这个统一的封建国家需要一个统一的封建上层建筑,在这个上层建筑中,不仅包括封建的暴力机器,还包括思想文化。对于这一点,西晋统治者是有足够清醒的认识的。《晋书·傅玄传》:

"武帝初受禅,驸马都尉傅玄上疏曰:'先王之治天下也,明其大教,长其义节,道化行于上,清议隆于下。上下相奉,人怀义心。亡秦荡灭先王之制,以法术相御,而义亡矣。近者,魏武好法术,而天下贵刑名;魏文慕通达,而天下贱守节。其后纲维不摄,而虚无放诞之论盈于朝野,使天下无复清议,而亡秦之弊复发焉……'"

那么,用什么方法才能统一思想战线呢?

晋统治者采取的是两手。一方面大力推行以孝治天下,以礼治国家的儒学;一方面用极残酷的杀戮的方法来迫使一些知识分子就范。如夏侯玄、嵇康的被杀,显然就是对离心思想的镇压。在这种镇压和暂时"太康之治"的升平气象掩盖下,晋初史学界是一片沉闷气象,封建正统史学思想中诸如"为尊者讳"之类最保守落后的那些成分占了统治地位,与当时虽受压抑但依然十分活跃的思想文化界恰好相反。

在这里,我们只要举一个人们早已熟悉的例子就够了,《三国志》是晋初一部优秀史著,可赵翼《廿二史劄记·三国志多迴护》却指出:

"自陈寿作魏本纪,多所迴护,凡两朝革易之际,进爵封国,赐剑履、加九赐,以及禅位,有诏有策,竟成一定书法"。

而《晋书·王沈传》却对陈寿加以溢美之词:

〔王沈〕"撰《魏书》,多为时讳,未若陈寿之实录也"。

此外,如皇甫谧《皇王世纪》为司马氏制造"天命所归"的舆论,说什么"神器有命,不可智力求";(《御览》八七引)傅畅《晋诸公赞》为配合司马氏"以孝治天下"的号召,竟大加吹捧为世人所讥的贪婪虚伪的何曾"以高雅称",加性纯孝",(《三国志·何夔传》注引)王隐《晋书》也大谈"择不毛之地葬焉,皆无以自随,唯赍《孝经》一卷,示不忘孝道"等等;(《御览》六一〇引)而为了给"分封赐爵"的倒退政策寻找理论根据,陆机作《五等论》鼓吹"五等之君,为己思政,郡县之长,为吏图物",袁准《袁子》也讥讽曹魏"既违宗国藩屏之义,又亏亲戚骨肉之恩"(《三国志·武文世王公传》注引)……总之,西晋,主要是永嘉之前,史学界中大胆、直率、新颖的风气不多,所以刘知几《史通·直笔》愤愤然指责说:

"当宣景开基之始,曹马构纷之际,或列营渭曲,见屈武侯;或发仗云台,取伤成济。陈寿、王隐咸杜口而无言,陆机、虞预各栖毫而靡述。"

当然,晋初史学中,也有象薛莹《后汉书》那样敢于尖锐批判统治者,直言不讳的著作,给史学界沉闷的空气带来一种清新的感觉。从《御览》卷九二所引的几段佚文对汉光武、桓灵二帝的尖锐批判中,我们可以感觉到,《晋书·陆云传》对薛莹"不为谄首"的评价的确是恰如其分的。

薛莹曾有一札,文中赞扬胡冲道:"虽不能匡矫,亦自守,不苟求容媚",(严可均《全晋文》引《修列吴事》)其实这正是他的自况。这种不阿世、不苟合的品德,正是封建史学家应有的最高原则和最重要的信条。(至少从现在看来是如此)可惜的是,这样的史学家在晋初毕竟太少了。

随着西晋政权在各种矛盾尖锐的冲突中的垮台,史学界沉闷的空气被打破了。在不到二十年(317—337)间,干宝作《晋纪》,孔衍作《魏尚书》、《汉魏春秋》,王隐作《晋书》,朱凤作《晋书》,虞预作《晋书》,环济作《吴纪》、《帝王要略》,葛洪作《汉书钞》,荀绰作《晋后略记》……真是历来作史,于兹为盛!

现实生活的材料,大大丰富了史学家的头脑,大混乱的严酷事实,使史学家们敢于正视这一切,反映这一切。他们为混乱、腐朽的现象所震惊,为后来政权而担忧,他们身负着总结历史教训以垂鉴于现实的任务。于是,干宝开其端,对历史上各个朝代的政治,尤其是作为"前车之鉴"的西晋政治进行了猛烈抨击,企图用历史教训使东晋统治者清醒:

> "观阮籍之行,而觉礼教崩弛之所由也;察庚纯、贾充之争,而见师尹之多僻;考平吴之功,而知将帅之不让;思郭钦之谋,而寤戎狄之有衅;览傅玄、刘毅之言,而得百官之邪;核傅咸之奏、《钱神》之论,而睹宠赂之彰……"(《文选·晋纪总论》)

虞预也说:

> "自元康以来,王德始阙。戎翟及于中国,宗庙焚为灰烬。千里无烟之气,华夏无冠带之人。自天地开辟,书籍所

载,大乱之极,未有若兹者也。"(《晋书·虞预传》)

在这种以史为鉴,总结教训的史学思潮推动下,东晋史学出现了以下几个特点:

其一,东晋史家谈论君臣关系者特多。这不仅是看到了西晋之亡的部分根源在于"树立失权,托付非才,四维不张,而苟且之政多也",(干宝《晋纪总论》)而且是,也主要是着眼于当时权臣太重、藩镇太重,觊觎东晋天下者颇多的现状而来的。当时先后有王敦、苏峻、桓温、桓玄、刘裕等一些野心勃勃的政治家,各据要津,虎视眈眈,有的甚至不顾外患,挥兵向阙争权。对这样一种容易造成外敌入侵、内祸漫滋、生灵涂炭的局面,《晋阳秋》《魏氏春秋》的作者孙盛借三国之事发端,批评孙、刘不持臣节,以致"不能克昌其后,卒见吞于大国"。他叹息道:"向使(孙)权从群臣之议,终身称汉将,岂不义悲六合,仁感百世哉?!"所以他大声疾呼"正本定名,为国之大防;杜绝疑贰,消衅之良谟"(《三国志·孙破虏讨逆传》注引),要求大臣们像古代的箕子,柳下,萧何、周勃那样忍辱从君命(见《三国志·何夔传》注引)。另一位《汉晋春秋》的作者习凿齿也大论为臣之道云:"君臣道泰,上下俱荣"。(《三国志·张昭传》注引)据《晋书·习凿齿传》记载:"时(桓)温觊觎非望,凿齿在郡,著《汉晋春秋》以裁正之。"其主要方法就是以晋继汉统,把曹魏代汉说成是"篡逆",以"明天心之不可以势力强也"。他还借赞高堂隆之机为"臣道"下了几条定义:"君侈每思谏其恶,将死不忘忧社稷,正辞动于昏主,明戒验于身后。"其实,把话换过来说,就是无论君昏到何等地步,也只能忠谏正辞,而不可潜越。作史苦心孤诣,一至于此!(《三国志·高堂隆传》注引)

其二,抵制、痛斥玄风。当时,面对西晋迅速崩溃的现实,很多人都在寻找它的根源,而且大部分政治家和史学家都指出了玄虚放诞之风对官僚机构的瓦解作用。《晋书·陈頵传》记陈頵的话说:"中华所以倾弊,四海所以土崩者,正以取才失所,先白望而后实事,浮竞驱驰,互相贡荐……加有庄老之俗,倾惑朝廷……"而史学家中,更是对这种风尚深恶痛绝。《晋书·虞预传》记载诸《晋书》作者之一虞预"憎疾玄虚。其论阮籍裸袒,比之伊川被发,所以胡虏遍于中国,以为过衰周之时"。《三国志·法正传》注引孙盛说:"浮虚是崇,偷薄斯荣,则秉直仗义之士将何以礼之",又借批评法正来刺讥时风道:"(法正)务眩惑之术,违贵尚之风,譬之郭隗,非其伦矣"。干宝则干脆把"礼崩乐坏"之咎,归于阮、嵇。刘谦之《晋纪》则痛斥"元康以来,贱经尚道,以玄虚宏放为夷达,以儒术清俭为鄙俗"。(《文选·晋纪总论》注引)

其三,打破西晋曲笔迴护之习,大胆揭露现实,希翼以此震动统治者。这是很不容易的。刘知几《史通·直笔》就说过其后果很可能"或身膏斧钺,取笑当时,或书填坑窖,无闻后代"。然而当东晋政权刚刚建立,干宝就在《晋纪》中开了头,《晋纪总论》云:"(西晋)民风国势如是,虽以中庸之才,守文之主治之,辛有必见之于祭祀,季札必得之于声乐,范燮必为之请死,贾谊必为之痛哭,又况我惠帝以放荡之德临之哉"?《晋纪》还借刘毅之口,斥晋武帝司马炎如汉桓灵帝"卖官钱入私门"。(《文选·晋纪总论》注)所以他直言不讳:西晋之祸根"其由来者久矣,岂特系一妇人之恶哉"?!揭穿了把女人当祸水以推诿统治者的责任的谬论。

此外,如王隐《晋书》记载了一个仅因说一句实话就被司马懿杀掉了的"高亮雅直"之士王仪,并以充满同情的笔调写道:其子"痛父不以命终……且旦夕常至墓前拜,辄悲号泣下沾襟",以致"涕泣所著,树色与凡树不同"。(《三国志·王修传》注引)这些在仍是司马氏当权的东晋,是很要一点儿勇气和责任感的。

孙盛也煞费苦心地劝诫统治者"作威作福,则凶于而家,害于而国……人君且犹不可,况将相乎?"(《三国志·朱桓传》注引)"〔人君〕若乃淫虐是从,酷被群生,则天殛之,剿绝其祚,夺其南面之尊,加其独夫之戮"。(《三国志·吴三嗣主传》注引)语气之激烈,贬刺之尖刻是罕见的。所以,《晋书·孙盛传》云:"《晋阳秋》词直而理正,咸称良史焉"。而正由于它直笔记载了桓温枋头失利,遭到桓温的威胁:"若此史遂行,自是关君门户事"。虽然孙盛的儿子们畏惧权豪,"乃共号泣稽颡,请为百口切计",孙盛终不屈。所以,《史通·直笔》以赞美口吻说东晋史学家:

"至习凿齿,乃申以死葛走仲达之说,干令升亦斥以抽戈犯跸之言,历代厚诬,一朝始雪。考斯人之书事,盖近古之遗直欤?!"

其四,在史著体例、形式上体现维护中央集权,巩固统一。在东晋建立不久,曾经有过一次关于史书体裁、形式的选择的争论,这场争论的具体内容是不得而知了。不过,据刘知几《史通》记载:

"汲郡书出,与左氏书同,于是干宝'藉为师范'。"(《申左》)

"昔干宝议撰《晋史》,以为宜准丘明……于时议者,莫不宗之。"(《载言》)

"(干宝作《史议》)历诋诸家,而归美《左传》。"(《烦省》)

最后,终于是以著作领国史的干宝"重立凡例,勒成《晋纪》"。(《史通·申左》)

为什么要在那时挑起这样一场争论呢?其实,事情虽在东晋,渊源却在汉代。汉代对纪传体、编年体孰优孰劣就有争论,但汉代统治者令史臣撰编年体之《汉纪》仅仅是因为《汉书》太繁。而东晋这场争论,却有巩固王权和分散王权的新含义,这是由于当时中央的衰落和豪强的兴盛强大所致。纪传体广为立传,似乎有喧宾夺主之嫌,编年以一家正朔,一人为主,更能申明正统,分明上下之序。这一点,以孙盛之书更为明显。《史通·题目》曰:"孙盛魏晋二阳秋,每书年首,必云某年春帝正月"。此外,制定义例,对君臣等级,在史书纪事、称谓上进行严格的区分,也表明的是同样含义。陆机《晋纪》便有"三祖实终为臣,故书为臣之事,不可以为传(系年),此实录之谓也"之说。(转引自《晋书纂注》卷四)东晋时更把史例放在很重要的位置上。刘知几说:"史之有例,犹国之有法,无法,则上下靡定,史无例,则是非莫唯"。自干宝首为《晋纪叙例》以后,"邓(粲)、孙(盛)已下,遂蹑其踪,史例中兴,于斯为盛"。(《史通·申左》)把这些用来为现实政治服务,倒是东晋史家别出心裁的一大发明。

以上四点,有的同志会认为这只不过是为了巩固封建王朝,是儒家"君君臣臣"观念的表现,不可能是进步的。但是我们认为,纵然这些完全是儒家的一贯思想,但它却是一种进步思想的体现。道理很简单。其一,任何思想意识文化都必须与它存在的社会政治经济条件放在一起来分析。东晋正处在"岌岌乎危哉",北有强敌,内有权臣,任何一场风波都会导致江南一场浩劫的时候,这时,巩固王权成了合符人民安定休息的愿望的事情,正如恩格斯《论封建制度的瓦解和民族国家的产生》中所说,"在这种普遍的混乱状态中,王权是进步的因素,这一点是十分清楚的。王权在混乱中代表着秩序,代表着正在形成的民族[Nation]而与分裂成叛乱的各附庸国的状态对抗"。(《马克思恩格斯全集》卷21 第453页)

其二,在封建社会中,当新的经济关系还未孕育出世之前,任何学派都只能是封建的思想,而各学派思想又随着时代特点的变化而代表各个阶层或集团的利益。当时,正如《颜氏家训·涉务篇》所说:"晋朝南渡,优借士族。故江南冠带……多迂诞浮华,不涉世务。"玄学在当时只不过表现了世族门阀地主最腐朽、最无耻的本质而已。正是这些"士族冠带",凭着政治特权依靠剥削来的大量血汗,一面过着"缚衣剃面,傅粉施朱"(《颜氏家训·勉学》)的荒淫无耻糜烂放荡生活,一面高谈出世之学,打一张玄学老庄之旗,"治官则不了,营家则不办",把玄学最初仅有的一点反礼教意义全抛到九霄云外去了。翻开《晋书》查查,高倡玄、佛之学的多是浮华的世族门阀地主。

相反,由于儒家思想中的一些特点,当时很多出身寒门的知识分子及中下层官吏则多打起儒家旗号。例如史学家中有干宝、王隐、邓粲、袁宏……他们更多地吸收了儒学中原有的"春秋大一统"、"重人事"、强调现实的积极的一部分,不仅在反玄风、反佛教唯心主义上,也在要求抑制豪强、参预政治、富国强兵,挽救颓势上,表现了这一集团具有唯物主义思想的一面。这个集团在当时当然是比起豪族要进步得多,因为它的主张毕竟对人民有好处。因而它的史学思想中也有些反映现实,积极大胆的特点。例如干宝痛斥时政是"政府宽宏,豪右放恣,郡县从容,寇贼充斥,交相请托,朝野涓浊"。(《晋书纂注》卷四引《晋纪》)而袁宏要求世族改弦易辙,"处不避污,官不辞卑,惟惧不仕"(《艺文类聚》引《去伐论》),这显然与士族们是格格不入的。

特别值得一提的是其中一些史学家杰出的朴素的唯物主义史学观点。本来,西晋的一些儒家学者在哲学上就是比较鲜明的唯物论者,如裴頠、鲁褒、杨泉。东晋时,史学家们继承了这种传统,提出了一些可贵的真知灼见,在史学中贯彻了唯物论的一些观点。

如孙盛在《与罗君章书》中云:"形既粉散,知亦如之。纷错混淆,化为异物;他物各失其旧,非复往日"。(《弘明集》卷五)这与南朝范缜的无神论思想十分接近。在看待历史的变化方面,他说:"唐虞不希结绳,汤武不拟揖让,夫岂异哉? 时运故也。而伯阳以执古之道,以御今之有,逸民欲以今之有,以绝古之风,吾以为二子者,不达圆化之道也"。(《广弘明集》卷五引)

把历史看成进化的,要求人们的思想符合于现实,同时又不完全以现实否认古代的影响,这无疑是难能可贵的历史观。《三国志·吴大帝传》注引孙盛说:"盛闻国将兴,听于民,国将亡,听于神……伪设符命,求福妖邪,将亡之兆,不亦显乎?"这种朴素唯物主义与进化的历史观相结合,在我们今天还能看到的《晋阳秋》佚文中常常表现出其不同凡响之处。《史通·采撰》曾批评孙盛"述《阳秋》,梁益旧事,访诸故老。夫乌茫杂说,列为竹帛正言"。可在今天看来,这正说明孙盛进步史学思想产生的渊源所在。

在著名的《晋纪总论》中,干宝反驳了把贾南风当作"亡国"之因的唯心史观,正确地分析了西晋五十多年历史,指出:"其所来者渐矣,岂系一妇人之恶哉?"他认识到祸源是"天下,大器也,群生,重畜也,爱恶相攻,利害相夺,其势常也"。并得出正是这种争夺,使天下"积水于防,燎火于原,未尝暂静也"的结论。这个结论不能不说是一个难能可贵的远见卓识。

当然,以上评价的绝不是晋代史学思想的全部内容。恰恰相反,正如晋代史家张璠在《周易解序》中所比喻的那样,这是一个"蜜蜂以兼采为味"的时代,史学思想丰富而杂乱。从数量上看,呈现出其他思想的史著甚至可能更多一些。例如,被章学诚讽刺为"削趾以适履……但貌似古人","画饼不可充饥"(《文史通义·书教》)的孔衍与其尚书体史书,企图仅仅通过恢复古代史书的某种已不切时宜的形式来表现政治理想,终于是"画虎不成,反类犬也,故其书受嗤当代,良有以焉"。(《史通·六家》)这就是其中值得一提的支流之一。

总之,晋代在封建史学史上是一个解放的时代,当然也是艰苦的时代。这艰苦是由于它在一个混乱的社会中,而其解放也是由于它在一个混乱的社会中,由于这个社会和时代缺少一个统一的意志和引导这种解放的强有力的上层建筑,所以这一切都是在草创。然而没有草创便没有成熟。试看东晋以后,很快就出现了范晔《后汉书》、沈约《宋书》、裴松之《三国志注》这样一批优秀著作和刘勰的中国史学史上第一篇专论《文心雕龙·史传》,再后,就是唐代史学的大兴盛。这难道不是一个合符史学自身逻辑发展的辩证过程吗?

三

以前的中国史学史著作,对此期史学论述太少。这一方面是由它的史著大都散逸,另一方面是由于它正处在两个高峰之间的低凹处,所以易遭忽视。但从逻辑、从发展规律上来看,两个飞跃之间的渐进,两个质变点间的量变,是绝对不可少的。没有量变就没有质变。同样,晋代史学的成就和作用也被体现在它后面的史学黄金时代之中。可从四点来分析。

第一,它以实践对各种史著体裁进行了检验。这里,也有一个"适者生存"的原则。例如,尚书体已不能适应对复杂丰富的社会生活的记载,所以"世人皆尤其不度德、不量力",作者孔衍也"受嗤当代",终被淘汰。(《史通·六家》)而方志虽由封建割据而来,但由于它适合了现实需要,所以绵延千六百年不绝。晋代史学家们不仅创造了各种体裁,也以实践检验了各种体裁,还使各种体裁互相取长补短。如作为正史的纪传体,不仅经住了检验,还羼入了谱学"明世系"的方式,以致后来很多正史都用了数代合传附传的方法。钱大昕《十驾斋养新余录》卷中指出,晋末何法盛已开其端,以"传"称"录","李延寿南北史,以祖孙父子族属合为一传,盖取法盛例矣"。

人们对刘知几《史通》中论二体六家很熟悉,也赞美刘知几的眼光。但是,理论方法虽然是制定来指导史书写作的,但它的产生却是来自史书写作实践的。在赞美刘知几时,我想不应该忘记晋代上百名史学家创造性的劳动以及东晋那场关于体例的争论所产生的作用。

第二,推动了史论的发展。虽然孔子作《春秋》就开创了"寓褒贬"于叙事之法,但无论是司马迁《史记》还是班固《汉书》,对历史的直接评论充其量也就是寥寥数语的"太史公曰"或"赞"。而晋代从谯周《古史考》起,连续出现了傅玄《傅子》、徐众《三国评》、孙盛《异同杂语》这样一些专门对史实发议论的书,而史书中也出现了夹有长段叙论的形式,其中干宝《晋纪总论》为最佳。无疑,范晔《后汉书》中出色的序论,是直接受到了他们影响的。

第三,揭露了统治者的腐朽、荒淫、残暴、昏庸,反映了人民痛苦,表现了一定的进步史观。特别是他们多以直笔记载当代史实,为后代了解这段历史提供了丰富资料。同时,也促使了史学与现实斗争进一步结合。

第四,它最大的一个功绩是提高了史学的地位,使史学形成了一个独立、完整、多样化的学科,彻底摆脱了"附经立说"的桎梏。南朝太学立学馆,单立一史学馆;刘勰作《文心雕龙》,特写一《史传篇》;目录学上史部独立,"附庸蔚为大国",就说明了晋代史学的这一成就。

（选自《史学史研究》1981 年第 1 期）

葛兆光(1950—　　)，上海人，清华大学教授。主要著作有《禅宗与中国文化》、《道教与中国文化》、《中国禅思想史》、《中国思想史》等等。

本文认为史学思想的多元化虽然是魏晋史学的一个突出特点，但以干宝、袁宏等为代表的众多史家力斥玄学和佛教，仍然坚持儒家史学思想"大一统"、"重人事"、强调现实等积极传统，在史学创作中表现出积极大胆、反映现实的优点。

杜佑与中唐史学

葛 兆 光

一

　　中唐的士大夫中有一种疾呼改革弊政,议论朝政得失的风气。关于这一点,柳宗元在《与吕道州论〈非国语〉书》中就说到过:"近世之言理道者多矣"。与此相辅相成的是离经叛道的风气也兴起了。关于这一点,李肇《国史补》这样写道:"大历之风尚浮,贞元之风尚荡,元和之风尚怪",就是说,那种"敦厚醇正"的礼教传统风气和正统的思想观念都发生了巨变。一个叫刘肃的人在他的《大唐新语后总论》中这样描述道:"圣人遗训,几乎息矣",(《全唐文》卷695)以致韩愈不得不出来左右开弓,"抉经之心,执圣之权,尚友作者,跂邪觚异,以扶孔氏……"。(《皇甫持正集·韩文公墓铭》)细究这种风气兴起的根源,就在于"安史之乱"后,唐王朝忽然从极盛的顶峰一下子跌到了无底的深渊,它的政治、经济、文化学术都显露了衰微破败的气象。因此,一些把天下兴亡盛衰看作是自己的责任的士大夫便纷纷挺身而出,探索拯救社会,改革弊政的方法。因而,出现了这种颇不寻常的社会风气。例如,在传统的经学上,有啖助、赵匡、陆淳荡弃家法,穿凿附会,凭己意解经,借以针砭时弊;在经济上,有刘晏、杨炎、陆贽三个理财家相继出现,对古老的经济结构进行了大手术或小修补;在文学上,有由梁

肃、独孤及等启其端而由韩愈、柳宗元正式完成的古文运动,洗涤
齐梁余风,号召"文以载道",意在恢复正统儒学。总之,变革矫
弊,创新趋时成了一股强大的时代潮流。在这股潮流中,史学也结
束了刘知几以来的沉闷局面,形成了一个以现实社会的种种问题
为着眼点来撰史评史的史学思潮。卷入这个史学思潮的,不仅有
政治家、历史家,还有文学家、经济学家,如柳芳、刘秩、柳冕、权德
舆、李翰、沈既济、沈传师、刘禹锡、柳宗元、蒋乂、路隋、韩愈、李翱、
皇甫湜等等,这是一批有胆有识的人物。他们在探索历史的经验
教训以拯救危亡,针砭时弊上找到了共同语言,却在怎样救弊即怎
样运用史学这个意识形态的武器上产生了深刻分歧,因此,形成了
以著录典章制度为主,重在从历史沿革方面总结历史以达到"施
诸有政"的目的的一派和讲究作史义例,力图通过史著对历史人
物和事件的评介、褒贬来影响人们的思想,以达到整顿封建伦理、
秩序,改变社会风气为目的的一派。不过,尽管这种分歧存在而且
尖锐,但是,这两派史学思想和实践却各自都为史学提供了新鲜东
西并在当时共同形成了一个与前代不同的史学思潮。这股史学思
潮和政治、经济、文化学术上的各股潮流互相结合、彼此呼应、回旋
震荡,的确是有令人耳目一新之感。

　毋庸置疑,在这股潮流中,杜佑由于他的巨著《通典》及他历
仕五朝,三朝为相和身经杨炎、王叔文两度改革的经历,成了这股
思潮的中心人物,成了当时的一面大旗。即使仅以个人交往而言,
杜佑的联系也是广泛的。不仅柳冕、权德舆、刘禹锡、柳宗元、李
翰、沈传师与他过从甚密,就连政治人物杨炎、王叔文也与他有不
寻常的关系。在建中之初,杨炎是改制革新的旗手,深得德宗信
任,是政界一个炙手可热的人物,他对于时弊的改革,便是创制了
对中世纪封建经济结构有重大影响的"两税法"。《旧唐书·杜佑

传》记载说:"杨炎入相,征(杜佑)入朝,历工部、金部二郎中,并充水陆转运使,改度支郎中并和籴等使。时方军兴,馈运之务,悉委于佑。迁户部侍郎,判度支"。可见杨炎,杜佑的关系非一般官僚之间的逢场作戏,聊为应酬可比。杨炎后被贬死,非议訾诟甚多,而杜佑却仍然在《通典》的《食货·赋税》一卷中赞扬"两税法"是"适时之令典,拯弊之良图"。王叔文借顺宗即位之机改革,意在"上利于国,下利于民,独不利于弄权之阉宦,跋扈之强藩",(《十七史商榷》)与杜佑主张不谋而合,所以,当刘禹锡"阴荐丞相杜公为度支盐铁等使"(《子刘子自传》)时,王叔文立即将自己所谓"钱谷者,国之大本"(《通鉴》)的权柄交给杜佑,倚重他来整顿财政。而杜佑也欣然领受,毫不推辞。可见他们必有声气相通之处。宋祁写《新唐书》,在《高郢传》史臣论中申斥杜佑"顾循默苟安,所谓焉用彼相者矣",更有人为杜佑辩诬,说他"乃不得已耳",真是痴人呓语! 当时,宪宗及宦官集团对二王八司马恨之入骨,半年之内两下贬黜令,并声色俱厉地宣布,永不许这些人返京。可是,在韩愈给刘禹锡的一封信中却提到刘禹锡被斥为王叔文党羽而黜徙出京时,杜佑"为之流涕以诀","为之择地而居"。(引自《刘禹锡集·上杜司徒书》)直至数年之后,杜佑还不断去信问候在朗州的刘禹锡,"称谓不移,问讯加剧,重复点窜,一无客言"。(《刘禹锡集·上杜司徒启》)这岂是"循默苟安"的官僚与"失意潦倒"的门生间关系可解释得了的!

　　肃代德顺宪五朝,局势长期动荡,政治家谈论历史,经学家谈论历史,文学家也谈论历史,其目的大都在改革现实。而大多数史学家往往也寄意于政治、经济,或借古说今,编制一套治国方略,或直接插手于政界,颇有大刀阔斧一番的气势。这样,就形成文、史、经学、政治混杂交错,难以划清的状况,而杜佑身兼政治家、史学家,交游极广,与这些人容易彼此沟通,也容易彼此形成潜移默化的或是渊源清晰的影响关系。所以,在对杜佑及《通典》的分析中,也许能比较明显地理出中唐史学的脉络来。这就是我们要首先分析杜佑《通典》的原因之一。

而原因之二,是因为杜佑《通典》作为中唐史学进步思潮的最高成果,它成书于贞元十七年。这时下距王叔文改革仅四年。而王叔文改革作为唐代士大夫的最后一次力图振兴的尝试失败之后,随着政治革新运动的衰退和宪宗一朝回光返照式的"小一统"的到来,这股进步史学思潮也走向衰退。无休止的党争,南衙北司之争,士大夫中朝三暮四,尔虞我诈,尊佛崇道,醉生梦死,伴随着表面上的社会安定一齐出现,而日益尖锐的社会矛盾却被掩盖在歌舞升平之下积蓄着一场巨大的爆发。一些封建史学家看不到问题的实质,却把主要精力转向抨击风气沦丧和上层腐败,因而,宣扬正统儒学来整顿封建秩序和封建伦理,主张"治心以治世"的史学思潮占了上风,在史学上,也就是表现为注重义理的阐发和人物的褒贬,而不注重考察历史的沿革变化而为现实改革服务,离现实逐渐远了。因此,《通典》可以说是中唐史学的分水岭,通过它,可以看到前期的进步史学思潮怎样随政治经济改革而兴,也可以与后期史学的演变作一番很好的比较。所以,下面,我们就从杜佑及《通典》的分析为线索,较为广泛地谈谈中唐史学思潮的来龙去脉和特点、影响。

二

现代的史学史研究者们在评论杜佑时,总会提到的是《通典》一书体例的创制和"食货为先"的史学思潮。的确,这是杜佑《通典》尤其成功之处。但是,在分析《通典》的这种在历史编纂学和史学思想上的成功的原因时,人们却都把它归之于杜佑个人的"远见卓识"和"独创精神"。显然,这种见解忽略了它产生所必须具有的历史条件和现实社会条件。恩格斯说:

> "每一个时代的哲学,作为分工的一个特定的领域,都具有由它的先驱者传给它而它便由此出发的特定的思想资料作为前提。"(《马恩选集》第四卷第 485 页)

那么,为什么这部在史学史上有极高地位的著作恰巧就产生于中唐呢?这就要涉及到中唐史学与前代史学的继承关系及当时史学家的思想源流及发展诸问题了。

首先,我们分析《通典》一书体例的创制。

杜佑《通典》脱胎于刘秩《政典》,对这种关系人们都很清楚。《旧唐书·杜佑传》说杜佑不满刘秩《政典》,"寻味厥旨,以为条目未尽,因而广之"。但是《政典》作为记载典章制度的政书,其体例也并非刘秩所创。早在战国时代成书的《周礼》,便是以官职分类来记载典章制度的一部政书,即《隋书·经籍志》所谓"《周官》盖周公所制官政之法",只不过它主要说的是各种官吏的职司,并且用六司来分职,与后代《通典》之类政书以食货、兵刑、职官、礼乐等"以事分类"记载制度沿革很不相同罢了。但是,在成文法典,制度尚属草创阶段、"政在官守"的时代,记下了官职及职责,大体上也就可以说记下了当时所有的典制。而且,以六司分职记载典制,无论如何也有一定的分类道理。章学诚《文史通义·礼教》中有一段很透辟的议论:

> "……不知一代章程,何条不出朝典?虽司马、军政、司寇、比谳,亦朝典也……夫天文,春官保章氏职也;地理,夏官职方氏职也;官制,天官太宰氏职也。三百六十之官,体大物

博……"

的确,我们看后世政书分类中的礼乐选举类、兵刑类,不是也可以分别溯源到《周礼》"春官""秋官"所掌之职司吗?

汉晋以来,陆续又出现了王隆《汉官解诂》、应劭《汉官仪》、卫敬仲《汉旧仪》、傅畅《晋公卿礼秩故事》、傅瑗《晋新定仪注》、王珪之《齐职仪》之类仿《周礼》体制编撰的政书。《隋书·经籍志》云:

> "搢绅之徒,或取官曹名品之书,撰而录之,别行于世。宋齐以后,其书益繁。"

也就是说,随着社会生活的日益复杂,人们越来越感到有对典章制度分门别类的进行著录的必要,因而这种政书就更为人们所重视。初唐李延寿所著《太宗政典》,便被唐高宗激赏,《册府元龟·国史部·恩奖》记高宗诏云:"故符玺郎李延寿艺文该洽,材兼良史,撰《政典》一部,词殚直笔",并"令详正所写两本付秘书,一本赐皇太子"。

然而,典章制度是处在不断的变化发展中的。而《周礼》所创制并为后代所沿用的这种体例,只能反映当时正在施行或将要实行的一部分典制而不能反映全部典章制度的历史发展过程,更不用说通过它来反映社会的变化了,而对于历史编纂学来说,历史沿革恰恰又是最不容忽视的方面。这个问题,初唐史家已有所察觉,《隋书·经籍志》就指出这种体例:

> "是后相承,世有制作,然犹以旧章残缺,各遵所见,彼此纷争,盈篇满牍,而后世多故,事在通变,或一时之制,非长久之道,载笔之士,删其大纲,编于史志,而或伤于浅近,或失于未达,不能尽其旨要。"

于是,在开元年间成书的《唐六典》,便试图以加注的方法来解决

这个矛盾。《文献通考·经籍考》引陈氏云:

> "开元十年,起居舍人陆坚被旨修《六典》,上手书白麻纸
> 凡六条曰:理教礼刑政事典,令以类相从,撰录以进。张说以
> 其事委徐坚,思之历年,未知所适。又委毋煚、余钦、韦述,始
> 以令式入六司,象周礼六官之制,其沿革并入注,然用功艰难
> ⋯⋯"

例如,《唐六典》在"尚书左丞相一人右丞相一人"条下,注中引了《汉书·百官表》、《汉官仪》,并叙述各代职掌、名称变化,最后才说"开元礼改为左右丞相"。这样一来,典制沿革便略有眉目了,这不能不说是一个很大的突破。唯其如此,明王鏊在《唐六典序》中才对其大加赞誉云:"蒐一代之制,著于简策以为后法,固非谫薄之所堪任⋯⋯周之后,莫善于唐,唐有《六典》"。

因而可见,这种专记典制的体裁,从《周礼》到《唐六典》,乃至同样是"(依)《周礼》六官分职"的刘秩《政典》(《旧唐书·杜佑传》),是一步一步地成熟着的,它们为《通典》的产生辅垫了一块基石。所以,我们在赞美杜佑"首创精神"的时候,是万万不能泯灭开拓者所走的曲折漫长的道路的,尽管我们并不赞成王鸣盛指责杜佑"攘(刘秩《政典》)为己有",也不赞成郑鹤声先生《杜佑年谱》对杜佑"因人成事"的断言。

但是,这一体裁尽管已有了很大发展并给杜佑《通典》提供了广包所有典制的形式,却还存在着两个严重的缺陷。其一,它侧重在当代制度的著录。它的注,虽然略有叙述沿革,却是十分疏略的,也只是甲乙丙丁,排比一些简单的资料。而典章制度,最重要的是沿革,这才是真正的对历史发展的叙述,而《唐六典》等书只是主要地摆开了一个横断面。其二,它没有剪裁和融会贯通,就是说没有作者的鉴识、思想观点融合在内,这样,它就只能是史料而

不是史学著作。

　　然而，对于《通典》体例创制更有重大影响的，是历代正史中的"书志"。从司马迁《史记》首创八"书"即所谓"礼乐损益、律历改易、兵权山川鬼神天人之际，承弊通变"（《汉书·司马迁传》）以来，专门记载各种典章、制度、艺文、地理的体裁日益成熟，"后来继述，其流日广"。前代没有的，现在有了，前代疏略的，现在缜密而详尽了（《史通·书志》）。或称"志"、或称"意"、或称"典"、或称"录"、或称"说"，记载了历代社会制度、组织结构、科学文化，甚至宗教发展。这些"书志"，在历代史家的不断创造下，逐渐形成了这样一些特点：其一，它按时间先后，叙述某一类事物的由来发展，给人们提供了一个不断变化更革的过程，即所谓"通古今之变"。其二，它往往突破断代史的限断，形成近乎通史的形式，如《史记》《汉书》之"书""志"上及三代，《宋书》之"志"包揽魏晋，《隋书》之"志"本名便是"五代史志"。其三，书志中，作者渗入了自己的观点，用史家的原则、思想贯穿史料，使"书志"融会贯通、自为一家言，有褒有贬，而决不是资料排比罗列。其四，它是按性质分类来叙述社会现象、典章制度的，例如"艺文"讲学术，"食货"讲经济，"释老"讲宗教……。尤其是初唐编纂的《五代史志》，"骋其繁富，百倍前修"（《史通·书志》），已达到了精熟的境界。郑樵这样称赞它说：

　　　　"《隋志》极有伦理而本末俱明，可以无憾，迁固以来，皆不及也。"（《文献通考》192 引）

　　显而易见，正史的"书志"恰巧弥补了《周礼》、《唐六典》以至刘秩《政典》的缺陷，给这一体裁提供了思想原则和取舍标准，使典制资料从板滞中起死回生，带有了明确的作者的史学观；又达到了"溯源流也，明类例也，综名数也，考异同也，搜遗逸也（《文史通义·礼教》)即讲清沿革变化的目的;也提供了更为细密科学的分类方法。而政书旧体又反过来提供了广阔的容量和无所不包的形式。二者互为补充,彼此交错融铸,从而舍其所短,取彼所长。这就是杜佑《通典》的产生在编纂学上的基础。章学诚说:

> "史志存其纲领,而掌故别具其详,后史自宜师法其意,庶不致于繁简失当矣。至区区书志,杂次纪传年表之中,势不能为杜佑之《通典》。"

这是极精当的断语。我国古代史学家都认为"史家书志之原,本乎官礼",如此说来,史志与政书是同源而异流,到杜佑手中又汇而为一了,并使政书体制来了一个革新,脱胎换骨。这种继承发展的历史,细细想来,是很自然而然的,也是合乎逻辑的。

那么,下面我们再分析杜佑注意现实的"食货为先"思想的产生。

杜佑所处的肃、代、德、顺、宪五朝,有一些知识分子、士大夫依然沉湎于赋诗作乐,拥妓宴饮之中,还有许多人热中于进士及第,一登龙门的科举对策诗赋。王定保《唐摭言》云:

> "其负倜傥之材,变通之术,苏张之辩说,荆聂之胆气,仲由之武勇,子贡之筹划,弘羊之书计、方朔之诙谐,皆以是(指科举)而晦之,修身慎行虽处子若,其有老死于文场者,亦无所恨。"

但是,毕竟有一些人已敏锐地感到了社会的沉沦,挺身而出,来寻觅拯世之途了。《唐国史补》卷下《叙专门之学》云:

> "大历之后,专学者有蔡广成《周易》,强象《论语》,啖助、赵匡、陆质《春秋》,施士丐《毛诗》,刁彝、仲子陵、韦彤、裴茞讲《礼》,章廷珪、薛伯高、徐润并通经,其余地理则贾仆射,兵赋则杜太保,故事则柳冕、蒋乂,历算则董和,天文则徐泽,氏

族则林宝……"

与经学上的抛弃前人旧说、自创己见的风气相呼应,还出现了研究诸子的学风,这无疑是一种扩大思想基础的尝试。杜佑曾作《管子指略》二卷,从《通典》反复引用《管子》之语看来,管子的理财思想很明显地影响了杜佑。(后人常指出的《通典·自序》中的一句名言"仓廪实而知礼节"就直接引用《管子》)而对孔子,杜佑则用了他"夫子适卫,冉有仆,曰:庶矣哉。既庶矣,又何加焉?曰:富之。既富矣,又何加焉,曰:教之"的思想。(这话在《通典》中两次引用)这样,便使《管子》思想与儒家思想中现实的一面结合起来了。不仅杜佑,当时还有杨琼注《荀子》、卢重玄注《列子》、贾大隐注《公孙龙子》,胜辅注《慎子》,尹知章注《韩非子》、《老子》、《鬼谷子》,后来又有杜牧注《孙子》……,试与李华《质文论》比较,便可看出此时与盛唐颇为不同:

> "将求致理,始于学习经史。《左氏》、《国语》、《尔雅》、荀、孟诸家,辅佐五经者也……行于天下。其余百家之说,谶纬之书,存而不用。"(《全唐文》卷317)

这还是盛唐时充满自信的口吻。但是此时却不同了,不仅百家之说蜂起,使刘肃这样的"圣人之徒"感到"微言既绝,异端斯起,庄周以仁义为刍狗,申韩以礼乐为赘疣,徒有著述之名,无裨政之散阙,圣人遗训,几乎息矣"(《全唐文》卷695《大唐新语后总论》),就连被皇甫湜称作"跋邪抵异,以扶孔教,存皇之极……姬氏以来,一人而已"(《皇甫持正文集·韩文公墓志铭》)的韩愈,也在私下里读《墨子》,说起"儒墨同是尧舜,非纣桀,同修身正心以治天下国家,孔子必用墨子,墨子必用孔子"这样的话头来了(《云谷杂记》)。李观《通儒道说》也抱怨说"古今儒家多弃黄老,岂必乎?"(《全唐文》卷535)而李华所谓辅佐五经者,却被抛开了老远。韩愈《赠卢仝》"春秋三传束高阁,独抱遗经究终始",就反映了这个时代那种学风大变,士大夫力图在更广阔的思想、历史资料中寻找"救世良方"和解开说经之传对思想的束缚的趋势。这种趋势对杜佑的思想影响是很大的,尤其是《管子》中的治国理财和儒家经典中重现实的思想。这些,我们是不难从《通典》里找到大量的证明的。最著名的就是《自序》:

> "佑少尝读书,而性且蒙固,不达术数六艺,不好章句之学。所纂《通典》,实采群言,徵诸人事,将施有政。夫理道之先,在乎行教化,教化之本,在乎足衣食。《易》称'聚人曰财';《洪范》八政,一曰食,二曰货;《管子》曰:'仓廪实知礼节,衣食足知荣辱';夫子曰:'既富而教'。"

当时,不仅是杜佑,还有许多感觉敏锐的史学家都有这种趋向。例如柳芳。《旧唐书·柳登传》说他是"肃宗朝史官,与同职韦述受诏续修吴兢所撰国史,杀青未竟而述亡,芳续撰凡例,勒成国史一百三十卷。"又记载他曾亲访高力士,撰成《唐历》。史称其"勤于记注,含毫不倦",是一位十分有心,著述颇富的史学家。《全唐文》卷372录有他一篇《食货论》,不妨可以试与杜佑《通典》比较:

> "(天宝以来)赋役繁重,豪猾兼并,强者以才力相君,弱者以侵渔失业,人逃役者多浮寄于间里……先王牧人之制既富而聚之,以兴利也,侩则散之,以除害也……礼记云,仓廪足而知荣辱,人苟不足而可理者,自古及今未之有也。"

可以说柳、杜在这一点上是不谋而合。《文献通考·经籍考》在柳芳《唐历》条下引晁公武语云:宋祁"讥其不立褒贬义例,专详制度"。这"不立褒贬义例,专详制度"十字,颇可以看出柳芳注重治国之政的史学思想与杜佑是一脉相通的,杜佑自己在《理道要诀·自序》中就批评过："隋季文博《理道集》多主于规谏而略于体要，臣颇采政理窃究始终……。"（见《玉海》卷31）除柳芳外，更早一些还有那位作《政典》的刘秩。《全唐文》卷372也录有他一篇《货泉论》云：

> "人富溢不可以赏劝，贫馁则不可以威禁，故法令不行，人之不理，皆由贫富不齐故也。"

这种把治乱之根源归结于人的经济状况的不平等的见解，与"仓廪足，知礼节"的思想是相通的。《通典·食货·钱币下》节录了刘秩的这篇论，可见杜佑在继承他《政典》体例时也同时继承了他这些精到的思想。

与杜佑同时，见解也颇相似的史学家有沈既济。《旧唐书·沈传师传》说其"史笔尤工，吏部侍郎杨炎见而称之，建中初，炎为宰相，荐既济才堪史任，召拜左拾遗，史馆修撰"。《因话录》云："（既济）撰《建中实录》，体裁精简，虽宋、韩、范、裴亦不能过，自此以后，无有此者"。《新唐书·沈既济传》记载杨炎失败后，"既济坐贬处州"，其宦海生涯，与杨炎关系十分密切。而我们知道，杜佑同样是大受杨炎重用的，建中初参预改革的助手。他们之间不仅私人关系异常亲密，有趣的是在对时弊的看法上也惊人地相似：

> 《新唐书·杜佑传》："建中初……民困，赋无所出，佑以为救弊莫若省用，省用则省官"。提出："随时立制，遇弊则变，何必因循惮改作耶。"

> 《新唐书·沈既济传》："（沈上书云）臣计天下财赋耗斁大者唯二事，一兵资、二官俸，自他费十不当二者……闲官冗食，其弊奈何。"怎样才能抑制流弊呢？沈既济完全赞同杜佑"遇弊则变"的见解，并具体提出："（如今）入仕之门太多、代冒之家太优，禄利之资太厚，督责之令太薄"。主张"今士流既广，不可强废，但键其旧

门,不使新人,峻其宦途,不使滥登。"这种思想,受到杜佑高度评价,将全文录入《通典·选举典·杂议论》中,并进一步阐发道:

"俾士寡而农工商众,始可以省吏员,始可以安黎庶。"

把选举和国计民生、理财之道联系起来的观点,显然比前代仅仅把选举同"行教化,正民风"联系起来的观点现实得多。而且当时"国家租税太半入私门,私门则资用有余,国家则支计不足"(《旧唐书·韦思谦传》),官员多达三十六万八千余人,造成"百姓受命而供之,沥膏血,鬻亲爱,旬输月送无休息"《旧唐书·杨炎传》。这种主张,无论如何是有利于扭转时弊的。特别值得注意的,是沈既济的理论根据,竟也是《管子》的思想:

"利出一孔者,其国无敌;利出二孔者,其兵不诎;出三孔者,不可以举兵,出四孔者,其国必亡。"

而《通典·食货典·钱币》序中亦引有《管子·轻重》"键其多门,利出一孔,摧抑浮浪,归趣农桑"之语,这恐怕不能说仅仅是一种巧合。

在肃代德顺朝间,中国封建社会经济结构发生了深刻的变化,古老的以均田制为标志,以强烈的人身依附为特色的经济结构在生产力的迅速发展中,在农民的阶级斗争中逐渐崩溃。代之而起的,是实物地租和人身依附较轻的租佃式经济。在这种经济格局大变化时刻,又加上时弊严重,政局不稳,在封建上层一些有远见的人们中,形成这样重实际,行理财的风气是很必然的。唐代三大理财家刘晏、杨炎、陆贽都出现在这个时代之中也是很必然的。特别是对杜佑最有影响的杨炎,在制定两税法前后就曾说过:

"财赋者,国之大本,生民之命,重轻安危,靡不由之。"

可见这种重视理财的思想,在当时已蔚为风气。杜佑处在这种思潮日趋高涨的时代,吸收了这里的进步因素,把它凝炼在《通典》一书里，这也是很自然的。正是由于《通典》是一部"实采群言，徵诸人事"，在社会变化影响下产生，又"将施有政"的著作，所以在当时受到人们的理解和赞赏，试看李翰《通典·序》：

"今《通典》之作，昭昭乎其警觉群迷欤？以为君子致用，在乎经邦，经邦在乎立事，立事在乎师古，师古在乎随时。必参古今之宜，穷终始之妙。"

短短五十来字，将杜佑"致用"、"政事"、"师古"、"随时"的历史观如此准确的概括出来，真真是杜佑的知己之言。《序》中，李翰云其曾"与杜公数句探讨，故颇详其旨"，这当不是虚言。《新唐书·文艺·李翰传》云其"大历中，病免，客阳翟，卒"。而杜佑《通典》是贞元十七年才正式"遣人自淮南上之"，那么，李翰与杜佑的探讨，是在书未成之时，所以，当《通典》经过三十年撰修公诸于众时，里边已有李翰一份心血和汗水了。从李翰《序》及其《进张巡中丞传表》（《全唐文》卷430）中，我们发现他也和杜佑、柳芳、沈既济一样，是一个思想开阔，鄙视腐儒"博而寡要，劳而少功"、"是非纷然，塞胸满腹"的思想家，他的著名史传《张巡中丞传》就是愤怒地针对那些"比肩于伪朝之上"的腐儒，在安史之乱平息后又以"析骸而焚"来攻击张巡"有亏教则，人道不列"的行为而作的。显然，李翰的史学思想是不能与那些保守无知者同日而语的。

上面我们不厌其烦地列举了一系列事例来论述杜佑的"食货为先"思想产生的背景，目的无非是说明在杜佑《通典》产生的时代，已经有了这样一种即使不能说是"离经叛道"，也是颇有"思想解放"色彩的风气，有了这样一批目光敏锐，颇有见识的史学家、思想家，他们在中唐形成了一股以"用"字为中心的，注重实际、注重经济的史学思潮，企图用这样一种史学来拯救时弊，来适应虽然他们并不能认识但能隐约感到的经济结构的变化。而杜佑正是在这个思潮中站在最高处作集大成工作的史学家,《通典》便是这一时代史学思潮的必然产物。① 因此,把《通典》在编纂学和史学思想上的成就看成是杜佑个人的"远见卓识",显然是不能令人信服的。

但是,我们决不是否定杜佑创造《通典》的巨大功绩,恰恰相反,我们要指出杜佑的成就:

一、融合政书和史书的书志的优点,精心地改造和扩大了"政书"这一体裁。使政书克服了呆滞平板,不讲沿革的缺点,使死的史料有了生命,又使"书志"扩展成了鸿篇巨制,脱离了正史,形成一种崭新的史书体裁,写出了第一部上贯三代,下至隋唐的制度史。

二、他摆脱了正统儒学思想的束缚,把儒学中重实际的思想和《管子》的重经济思想结合,并广泛吸收了前代、当代的各种论述中的合理成份,更明确地提出了"食货为首"的见解。同时,力图将史学和政治更紧密地联系起来,以发挥史学为现实服务的作用。

三、作为一个史学家,杜佑有着比较明确的历史进化思想,他主张"酌古之要,通今之宜,既弊而思变"(《通典·食货典》),认为历史是一代比一代进步的。因此,宋代理学大师朱熹才把杜佑的《理道要诀》即《通典》的简编说成是"是今非古之书"(王应麟《困学纪闻》卷十四引),而《唐书·艺文志》也将其列入"杂家"门。

可是,恰恰是这些为正统儒学所訾议的地方,对后代史学产生了重大影响,《通典》是它那个时代的思潮的结晶,又是它后来的

---

① 甚至在《通典》问世前六年,便有裴澄已作《理典》十二卷,见《玉海》卷31。

思潮的推波助澜者。

三

　　由安史之乱引起了社会危机,又由社会危机中产生了经世致用的学风。不过,真正从政治制度、理财之道上来寻找救弊之道的人并不多。更多的"经世致用"派,是主张从"行教化","振民风",行圣人之道,从纲常伦理教育上来拯救社会危机的。尤其是刘晏、杨炎、陆贽三人相继贬死,二王八司马昙花一现式的改革失败之后。而唐宪宗时,唐王朝又似乎出现了一线转机,经济、政治上都似乎又有了"盛唐气象",于是,言现实者日少,谈虚幻者日增,在史学上,能象杜佑那样的学者就更少了。唯一能继承前几朝进步的,具有唯物因素的史学思想的,只有柳宗元。

　　和杜佑一样,柳宗元是一个积极投身于改革的实干家。在二王八司马中,他的思想深度无疑是首屈一指的。他在史学思想上,受杜佑影响较深,有人甚至认为《封建论》就是受了杜佑《通典》论封建的影响后写的。

　　柳宗元是当时经学上以意说经派大师陆淳的学生,陆淳、赵匡及啖助都是在经学上颇有变制革新之志的学者。这种在经学上另辟新经,未必不是要在政治上有所作为。试看陆淳在宪宗太子面前屡次借说经而进言语政,便可知他们实际上也是有志于实际的人物。柳宗元和陆淳不同的是,虽然同样是为了改革弊政,却在学术上另辟了一条广阔途径,多方吸取各种学术以形成新学术思想的方法。在这点上,他与熔儒家与管子为一炉的杜佑颇有一致处。他对各家思想主张"读焉者,慎取之而已矣"(《全唐文》卷585《辩列子》),他不主张关门主义和虚无主义。这与死守经籍抱残守缺的人是不同的。他批评当世寄治道于空言者：

> "近世之言理道者众矣……其言儒术，则迂回茫浑而不
> 知所适，其或切于事，则苛峭刻核不能从容，卒泥于大道。甚
> 者，好怪而妄言推天引神以为灵奇，恍惚若化，而终不可逐，故
> 道不明于天下而学者之至少也。"

这种思想，与杜佑所代表的史学思潮所提倡的针对现实，务实
切正，打破传统思想束缚是一致的。

严格说来，柳宗元不是历史学家。但是，他在评论历史得失
上，在史学思想上都有大量的论述。因此，他在中唐史学中颇有影
响。尤其是柳宗元《封建论》、《非国语》，在史学上的地位更不能
忽视。《封建论》把一个本来在盛唐初朱敬则手里已解决的问题
再次挑出来大加议论，其对于中唐封建割据的现实的针对性是很
明显的，这姑且不论，《封建论》比朱敬则《封建论》、李百药《封建
论》，在深度上也大有发展，甚至比起他所直接继承的杜佑关于分
封与郡县的思想也更加缜密而深刻。尽管后世如苏轼《志林》卷
五、马端临《文献通考》、顾炎武《亭林集》卷一《封建论》、王夫之
《读通鉴论》卷一、顾栋高《春秋大事表》……也都有论述封建与郡
县的文章，但是，正如苏轼自己所承认的："昔之论封建者曹元首、
陆机、刘颂、及唐太宗时魏征、李百药、颜师古，其后有刘秩、杜佑
……而宗元之论出，而诸子之论废矣"。(《东坡海外集·秦不封
建论》·引自《全唐文纪事》)而《非国语》则更是一份史学史上前
所未有的史书评论。从先秦以来，还没有对某一部史书从思想上、
写作体例上进行如此全面评价的专著。诚然，晋代有谯周《古史
考》、张辅论马、班史学、王涛有《三国志序评》、何琦有《三国评
论》、徐众有《三国评》等，但这些大都是偏重史实考订。如《古史
考》"皆凭旧典以纠(司马)迁之谬误"。(《晋书·司马彪传》)或

是零碎地、从个别史实记载或史著笔法上进行评论。如张辅论司马迁"辞约而事举"、"善足以奖劝,恶足以鉴诫",是"首创",故优于《汉书》等等(《晋书·张辅传》)十分简略,而且极少涉及历史观。而《非国语》开明宗义就指出"(《国语》)其说多诬淫,不概于圣,余惧世之学者溺其文采而论于是非,是不得由中庸以入尧舜之道,本诸理作《非国语》"。

与杜佑一样,《非国语》表现出柳宗元也重于实际,讲究理财,生民之道。他批评《国语》将周宣王不籍田千亩与败于姜戎这两件毫无联系的事硬扯到一起是毫无道理的,指出籍田只不过是"礼之饰"而已。他指出,与其这样"籍田"作为表示,叫人们务农,不如"时使不夺其力,节用而不殚其财,通其有无,和其乡闾。则食固人之大急,不劝而劝矣"。他认为,只要"启蛰也得其耕,时雨也得其种,苗之狠大也得其耘,实之坚好也得其获,京庾得其贮,老幼得其养,取之也均以薄,藏之也优以固,则三推之道,有乎无乎,皆可以为国矣"。

柳宗元尤其对《国语》"文胜而言庞,好诡以反伦,其道舛逆"即"惑于巫而尤神怪之"(《与吕道州书》)进行了大量而有力的驳斥,阐发了一些具有唯物色彩的观点。例如:论"三川震"而"伯阳文曰:周将亡矣"一段时说:不在人事上找原因而"曰川之为尤,又曰天之所弃,不过其纪,愈甚乎哉!吾无取乎尔也",论"料民"一事时说,"吾尝言圣人之道,不穷异以为神,不引天以为高,故孔子不语怪与神";并尖锐批评《国语》把"料民"与"幽王乃灭"生硬地拉在一起"以是徵幽之废灭,则是幽之悖乱不足乎取灭,而料民者以惑之也……";又批评"神降于莘"而使虢灭亡是"力足者取乎人,力不足其取乎神",又说"昏邪者用神之恒用而徵信"。……柳宗元在《非国语》中,把这种思想贯穿在整个评论中,驳正了《国语》在历史观上的天命神怪论。这一点,在中唐史学中,他可以说是佼佼者。

《非国语》以历史思想的驳正为主,同时也对史书的成书年代等进行了考订。如他在最后指出的"越之下篇尤奇峻,而其事多杂,盖非出自左氏……",这的确是很有鉴识眼光的。这些思想和眼光,不仅与受到杜佑等前辈朴素唯物思想的直接影响有关,与陆淳、赵匡、啖助的大胆解经、抛开三经的经学革新也有关。柳宗元向陆淳学过《春秋》,想必是深受陆淳等人"摭拙三家,不本所承,自用名字"(《新唐书·啖助传赞》)风气之影响。宋祁云啖助等学风"徒令后生穿凿诡辩,诟前人,舍成说,而自为纷纷"(同上),这话不错,柳宗元就自称"今余为是书(指《非国语》),非左氏尤甚"(《与吕道州书》)。那么宋祁的指责,正好反映了这一时代思潮的特色,也正好借用来说明这一时期史学家敢于稍离"圣贤之道"即解脱传统束缚的特色。

更晚于柳宗元而能继承杜佑史学思想的人已寥寥无几了,唐代史学开始走向衰落。虽然也有一些人曾有过一些成就或发表过一些颇为大胆而闪耀思想火花的见解,如与柳宗元同时人苏冕创造"会要"体例,写出《唐会要》四十卷;宇文生曾热烈赞扬司马迁的史学,贬孔子不如司马迁(见柳冕《答孟判官论宇文生评史官书》),又如杜佑的孙子杜牧也曾认真研究过"治乱兴亡之迹,财赋兵甲之事,地形之险易远近,古人之长短得失"(《樊川文集·上李中丞书》),结合古今军事问题,写了一部纪传体的《燕将录》(见全祖望《鲒埼亭集外编》三十七)……可是士风衰颓,寝成风俗,病入膏肓的社会中,封建士大夫们大部分已堕落、软弱、卑鄙得无可救药,已经被传统观念束缚得不愿也不敢再面对现实了,史学中立足于现实改革的思潮已经不再为封建士大夫所需要了。试看王叔文改革之后的政治舞台,南衙北司,势同水火,牛李两党,尔虞我诈,甚至可笑到堂堂大臣,竟下作到编写无稽怪谈来互相攻讦,我们就可以明白,社会的危机只有等待农民起义来解决了。于是,热心史学的人也少了。《新唐书》的《选举志》记载武宗长庆三年殷侑的话说:

> "三史为书,劝善惩恶,亚于六经。比来史学都废,至有身处班列,而朝廷旧章莫能知者。"

《唐摭言》卷十记载一个叫陈岳的人,"少以辞赋贡于春官氏,凡十上竟抱至怨,晚年……退居南郭,以坟典自娱,因……著书商校前史得失"。可见当时士人为做官,一头都扎到诗赋中去了,而史学,只是在无路绝望之后才不得已去从事的末业,就仅凭这一点看,史学又怎能不衰落?

前面我们讲过,在中唐,更多的史学家和思想家是从行"圣人之道"来整顿封建秩序,"治心以治世"这方面来从事史学的。这里,可以举出权德舆、柳冕、韩愈、皇甫湜、路隋、蒋乂,李翱等,这些人比起重实际改革的那一些史学家来,甚至影响更大些。这不仅因为他们人数更多而且多是达官名人,而更重要的是他们的思想比较接近正统儒学,史学观点比较保守一些。

其实,他们未始不愿意改革弊政,甚至其中一些人为抨击时事也遭受过不幸的遭遇,他们以史言政的言辞甚至也十分尖锐激烈,如权德舆作《两汉辩亡论》"辩两汉所以亡,西京以张禹东京以胡广,大指有补于世"(《新唐书·本传》),他自己也说这是"心所情激,故辩其所以然"(《全唐文》卷490);陈鸿作《大统纪》,"条贯兴废,举王制之大纲……兴帝之理,亡后之乱,毕书之,通谕明以劝之戒也"(《全唐文》卷612《大统纪序》);韩愈作《顺宗实录》"削去常事,著其系于政者","苟关于时,无所不录"(《全唐文卷547进顺宗实录表》)甚至引起当时"哄然不息",被"内官恶之","窜定无完篇"(见《新唐书·韩愈传》《刘知几传》)。问题在于他们都没有跳出孔子作《春秋》"寓褒贬"的框子,总是把史学的目的看作是褒贬人物以劝善戒恶而不是总结历史上兴衰变化的根本原因和经济、政治制度的发展。如柳冕就认为是"明天道、正人伦、助治乱"(《答孟判官论宇文生评史官书》);韩愈在《答刘秀才论史书》中则认为"史氏褒贬大法,《春秋》已备之矣,后之作者,在据事直书,则善恶自见"。李翱《答皇甫湜书》则干脆说:"用仲尼褒贬之心,取天下公是非以为本"(《全唐文》卷635)。所以,他们与杜佑、柳宗元的史学思想就大相径庭了。试举几例:

权德舆是属于与佑杜同时代的人,二人之间关系也极密切。《唐语林》卷四《企羡》注有云:"杜佑佐权德舆幕……后与之同为相",此话说反了,应该是权德舆曾做过杜佑幕僚,但权、杜关系极密是可以肯定的。看权德舆《歧公淮南遗爱碑铭并序》云杜佑"博极学术,详观古今,作为《通典》,以究理道,上下数千年间,损益讨论而折衷之,佐王之业,尽在是矣"(《唐文粹》卷54),就可以知道,二人在学术、思想上也还有声气相通之处。

但是,权德舆并不完全和杜佑思想相同。在这篇《铭并序》里,他把《通典》之作的动机、意义归结为"通天下之志者,在大君元臣之感会而已,成天下之务者,在知人安人之教化而已"。这就与杜佑本意之间出现了很深的分歧。今天我们很难说他是有意歪曲,或是严肃的评论,或是隐约地暗示自己与杜佑的不同,还是信手带过,不过他的评价与李翰《通典序》的评价会有如此的不同,至少可以说明他的史学思想与杜佑一派的分歧。我们若看看《两汉辩亡论》把汉代兴亡仅仅归之于学术,归之于个别人的德行就可以明白。他说,张禹、胡广是"假道儒术","邀一时之大名",而

"多方善柔,保住持禄",为害甚于王莽、董卓。因此,他痛斥张、胡是"只图身安,不恤国患",徇一息之安,首鼠畏惧",以致两汉灭亡。当然他之所以要这样对张禹、胡广大动干戈,是与当时朝廷内部派系萌生,互相攻讦,宦官权势炙手可热,而大臣们尸位贪禄,误国害民这种背景有关的,而且他还能指出"或以国之兴亡,皆有阴骘之数,非人谋能究,则但取瞽瞍者而相之,立土木偶而尊之,被之章组,列于廊庙斯可矣",这都是积极的。但他仅仅把存亡危乱的原因归之于个人的才智伦理德行的好坏,并用这样的历史观批评旧史学"虽史赞粗言(治乱)而不究其本末",要求史学明"善善恶恶之义","以旌事君,以励使臣,俾百代之下有所惩劝也"(《全唐文》488《酷吏传议》),显然又把史学引向与杜佑的重制度,重历史沿革,以史明理道的方向不同的道路上去了。尤其是他"身不由科第,掌贡举三年,门下所出诸生,相继为公相,得人之盛,时论居多"(赵璘《因话录》卷2),对于史学思想的影响是不言而喻的。

又如柳冕,在史学思想上与其父柳芳便不大一样。他有一篇《谢杜相公论房杜二相书》,录于《全唐文》卷527,这是一篇与杜佑论史评的书信。《文献通考》卷20"经籍考"在柳芳《唐历》条下录巽岩李氏语曰:

"(宋祁)传(指《新语书》)指柳芳《历》不立褒贬义例,被诸儒所讪讥,然祁所赞房、杜、姚、宋等语,则用芳之旧。"

而柳冕这封书信,就是与杜佑讨论柳芳《唐历》"赞房、杜、姚、宋等语"的。可以看出,他对杜佑大概是颇为不首肯的。他认为:"如变其文,即先变其俗,文章风俗,其弊一世"。可怎么变呢?"变之之术,在教其心,使人日用而不自知也,伏维尊经术卑文士,经术尊则教化美,教化美则文章盛,文章盛则王道兴……"显而易见,这也是"治世先治心"派的调子,与杜佑"仓廪足而知礼节"之

间,差别是很明显的。而在另一封《与权侍郎书》中更引证历史为证:

> "三代尚德,尊其教化,故其人贤;西汉尚儒。明其理乱,故其人智;后汉尚章句,师其传习,故其人守名节,魏晋尚姓,美其氏族,故其人矜伐;隋代重吏道,贵其官位,故其人寡廉耻;唐承隋法,不改其理,此天所以待圣主而正之……明六经之义,合六经之道,君子之儒教之本也。明六经之注,与六经之疏,小人之儒教之末也。"(《全唐文》卷527)

这种思想很显著地受到了啖助、赵匡、陆淳"以意说经"派鄙视章句之儒思想的影响。他认为,时弊是要改革的,但是,他要改革的,第一是治学术,治风气;第二是要"待圣人而正之"即《谢杜相公论房、杜二相书》中所说的"在圣君行之而已","风俗好尚,系于时主";第三是要用正统儒学来治世。因此,他推而广之,在史学上就批评司马迁"过在不本于儒教以一王法,使杨朱墨子得非圣人,此迁之罪也","春秋尚古而迁变古,由不由于经也"。要求史学"求圣人之道,在求圣人之心,求圣人之心,在书圣人之法,法者,凡例褒贬也"(《答孟判官论宇文生评史官书》)。这与其文"立褒贬义例,专详制度"已经分道扬镳了。

这种史学思想其实是传统儒家史学思想的旧货色,只不过由于它在士大夫头脑里根深蒂固,所以,当时持此观点对讲求实用的学派进行反驳,并以此标准评论史学的人颇多。《大唐新语》的作者刘肃在其《后总论》中说"《春秋》凭意而制法",垂文以行教",就是说以圣人之心作制法之则,行教之本。而这种"意"、"文"又可以"拨乱世反诸正"。因此,他批评司马迁和班固:

> "司马迁……后六经而先黄老,贱处士而宠奸雄。班固序废兴,则褒时而贱祖德,述政教,则左理本而右典刑。"

贬斥司马迁的两句话在他以前已屡见不鲜了，所以不足为奇。而责骂班固的两句倒颇堪深思。其实，唐初《汉书》学大兴（见赵翼《廿二史札记》），班固地位颇高，连皇太子都为其作注疏，高宗都亲自"御铨定《汉书》八十七卷"（见《新唐书·艺文志》），要说历代人批评它，至多是"饰主阙而抑忠臣"，"贵取容而贱直节"，"谨辞章而略事实"而已。但刘肃此论却不同于众。且细看他重视"理本"而轻视"典刑"，重"祖德"而轻"时"的观点，便可恍然大悟，这是以"治心术、行教化"史学思想对班固多少有点"矫枉过正"的批评。这与杜佑全力考察和注意"历代众贤，著述多陈紊失之方，或缺拯救之方"，批评旧史"率多记言，罕存法制"（《全唐文》477《进通典表》）的思想，与杜佑"详观三代制度，或沿或革不同，皆贵适时"（《通典·礼典评议》）的观点是多么不同！

元和中，又有一个叫张彧的史官，写了一篇《汉史赞桑弘羊评》，讽刺班固称赞桑弘羊的话是大"不智"，说"汉武必欲行先王之道，守高祖之法，则焉用宏羊？欲守万姓之利，闭生人之资，则天下市籍小人则皆能之矣！何独宏羊乎……宏羊善心计，斡盐铁，析秋毫，令吏坐贩，不顾王者之体，库府盈而王泽竭，一身幸而四海穷……孟坚躬修国史，垂法来代，奈何以锥刀异类齿得人之伦"（《全唐文》卷516）。这显然是在于针贬当时的"桑弘羊"即讲理财，改弊政的一派。杜佑《通典·轻重篇》说："汉代桑弘羊、耿寿昌之辈，皆起于贾竖，虽本于求利，犹可有成绩，自兹以降，虽无代无人，其余经邦正俗，兴利除害，怀济世之略，韫致理之机者，盖不可多见矣"。二者的分歧，在这里表现得多么清晰。

在中国文学史上、思想史上颇有名气的韩愈、皇甫湜、李翱，在史学上也颇有影响。韩愈任过史官，修过《顺宗实录》；皇甫湜《编年纪传论》是一篇很有名气的史学论文；李翱则曾致力于写《唐书》。他们的思想相对来说较激进一些,议论时弊,贬斥乱政的言论也十分尖锐,对朝廷政治,学术风气的改革愿望也很迫切。但是,他们囿于传统思想的束缚,在借前代圣人的思想来治当代的弊政时,更多地吸收了儒学中保守落后唯心的一面,在史学上更多地接受了讲褒贬义法的一面,因此,韩愈和李翱才说:"史氏褒贬之法,《春秋》已备之矣。后之作者,在据事直书,则善恶自见";"用仲尼褒贬之心,取天下公是非以为本"这样的话。

正是因为如此,他们都把注意力放在对历史人物的品评褒贬上。以为作史的目的,全在善善恶恶,"求国家之遗事,考贤人哲士之终始……诛奸谀于既死,发潜德之幽光"(《韩文公集·答崔立之书》)。认为这样便可以使"皇风于是乎清夷,纲纪于是乎得振"。例如李翱便把这种目的作为自己追求的目标,说"使仆书(指《唐书》)成而传,则富贵而功德不著者,未必声名于后,贫贬而道德全者,未必不烜赫于无穷"(《全唐文》635《答皇甫湜书》)。皇甫湜也要求史家"遵纪传之体制,同《春秋》之是非……则无上矣"(《全唐文》686《编年纪传论》),路隋也认为要使"凡功名不足以垂后,而善恶不足以为诫者……无能发明功名者,皆不主传",从而使"富贵者有所屈,贫贱者有所伸"(《唐会要》六三《史馆杂录》)。

当然,他们这种严肃史学的作法在当时是有一定意义的。当时行状、碑志极多而滥,史官作史又毫无取舍。《新唐书·三宗诸子传》记"玄宗为弟疾忧,容发为变,因假寐,梦获方,而弟疾少间,亦入史官";又《旧唐书·睿宗诸子传》世记"玄宗与其兄宪,多所赐与,宪奏请年终录付史馆,每年至数百纸"。史学被搞得一塌胡涂,而玄宗之后更杂乱无章,无疑,史学的作用也就因之泯灭。所以李翱才愤愤然上疏道:"《史馆》旧例,皆访之于人,又取行状益议,以为一据,今之作行状者,非其门生即其故吏,莫不虚加仁义礼智,妄言忠肃惠和,此不唯其心不实,苟欲虚美于所受恩者而已也……臣今请作行状者,但指事说实,直载其词,则善恶功迹,皆据事实足以自见矣"(《册府元龟·国史部·论议》)。他们并强调史书要记载历史人物卓绝"不同常人处",这样,实际上就给史学以一个反映较重大事件的任务,而且能使史书撰载有一个较明确的判断是非标准,这就是使史学恢复为"褒贬"之学的积极意义所在。可是,由于他们过多地强调对"人"的善恶是非的记载,而否定象杜佑那样侧重记载政治、经济的历史变革,就不免还是在个人的精神作用上打转。尤其是这样的史学褒贬标准是封建伦理,"圣人是非",他对于后来人的影响作用,也只限于精神和伦理的教育上,而不如《通典》那样,能使后人从中更多地得到借鉴和行于治世的作用。这一点,连朱熹也看到了,他说韩愈那一套"未见其有探讨服行之效"(《朱子文集·读唐志》)。显然,这样的史学,价值是低于杜佑的史学的。《旧唐书·李绛传》记载李绛与德宗一段对话,很有意思:

"上曰:'朕读《玄宗实录》,见开元致理,天宝兆乱,事出一朝,治乱相反何也'?绛对曰:'臣闻理生于危心,乱生于肆心,……安危理乱,实要时主所引。陛下……亲览国史,垂意精颐,鉴于化源,天下幸甚'。"

这与柳冕"待圣主而正之"的说法一样,李绛显然是把"国史"作为启天子"危心",塞天子"肆心"的一个工具来看待的。在他看来,只要人主"心术"一正,天下自然平安无事,富庶强盛。而君主亲览了国史,从中吸取了"危""肆"之鉴,学会了统治术,就"天下幸甚"了。这正是"治心派"强调记载"忠义孝悌之臣节,如履薄冰之君义"的原因和动机所在。更可笑的是萧颖士。他是韩愈等人的前辈,《新唐书·萧颖士传》记其"尝谓:'仲尼作《春秋》为百王不易法,而司马迁作本纪、书、表、世家、列传,叙事依违,失褒贬礼,不足为训'。乃起汉元年讫义宁编年,依《春秋》义类为传百篇,在魏书'高贵崩'曰'司马昭杀帝于南阙';在梁书陈(霸先)受禅曰'陈霸先反'……"真是迂腐之至。他们以为有"圣人之心"为标准,就可以作出一篇篇"为后世作则"的史传来,如李翱就说:"群党之所谓是者,仆未必为是,群党之所谓非者,仆未必为非",这种不轻易苟同流俗的态度固然不错,不过,以为这样作出的史传可以"惧后世乱臣贼子,启后世忠臣孝子"就太愚蠢了。封建社会本身,由于时代的变化无常,今是昨非,这些"正统篡逆"、"忠臣贼子"之说便常常被颠来倒去,弄得一塌糊涂,今日帝蜀,明日帝魏,今日拥刘,明日尊曹,剩下来的除了一堆充满封建伦理、纲常的史学的僵死的躯壳外,还有什么呢? 其结果恰恰与他们有一个褒贬是非,作则后代的标准的愿望相反。封建社会中,权力、君主和伦理纲常三者是划了等号的,史学把依照纲常伦理来褒贬是非当为最高目的,其结果无非是服务于君主,服从于权力。而随着权力重新分配,是非曲直也在不断变更,则正如梁启超所说:"天下岂有正义哉? 唯权力是视而已"(《饮冰室合集》九)。那么,这种史学除了终于走向作为封建统治者手中任意摆布的工具,宣传伦理纲常这一条道路外,是再也无路可走的。

我们知道,啖助、赵匡、陆淳的新《春秋》学对宋代理学有很大影响,对宋代反理学也有很大影响。中唐史学这两派,尤其是"治心以治世",讲褒贬义例的这一派对宋代史学也有很大影响。日本学者内藤虎次郎《支那史学史》第八章中曾提到"对《春秋》的新的研究之风和新的思想风气,是对《春秋》义理的新的探讨。这种思潮与古文运动相联系,在中唐后大盛……影响了史学,成为宋代新史体的兴起的缘故之一"。这是很敏锐的,可惜他没有进一步分析和探讨这二现象之间的内在联系究竟如何。我在这里可以简单举两个例子。朱熹曾批评浙东史学说:"浙中朋友,或自谓能通《左传》,或自谓能通《史记》,将孔子置在一壁,都将左氏史迁杂驳之书,钻研推尊,以为贤于孔子。道这个是盛衰之由,这个是成败之由……"并教训浙东史学集团诸人"今须先正路头,明白为己为人之别,却渐渐下功夫"(《朱子语类》114)。这话怎么说呢? 南宋末有个周密,一针见血地给朱熹作了注:"凡治财赋者,则目为聚敛,开阃安边者,则目为麁材,谈书作文者,则目为玩物丧志,留心政事者,则目为俗吏,盖其所……自诡为绝学,首正心修身齐家,以至治国平天下"(《志雅堂杂钞》下)。这就是中唐史学中"治心"一派蔑视理财思想在宋代史学中的恶性膨胀的表现之一。而反过来看,宋代史学中关于褒贬义例,撰史用字,正统篡逆之争却极度活跃,毫无用处的"阐幽发微"的史论比比皆是,迂阔可笑的为"统"编年的《纪年》之类连篇累牍,诚如梁启超所形容的"攘臂张目,笔斗舌战,支离蔓衍,不可穷诘"(《饮冰室合集》九)。这不就是发源于晋干宝《史例》,习凿齿《汉晋春秋》,而由中唐萧颖士、韩愈、李翱等极度夸大的"褒贬义例,正统篡逆"史学直接带来的影响和后果吗?

当然,我们最后必须说明,中唐史学的两派,都是在政治腐败、经济崩溃的局势下应运而生的,他们都力主改革,在当时,都是腐败没落的政治的批判者,因此,他们之间,有着大致相同的利害和思想,所以无论在思想上及个人交往上都有着互相交叉互相渗透的现象,不能一概而论,断然分开。例如韩柳在史学上有过争论,在政治上有所不合,但私人关系还是融洽的,对很多弊政也有同样的不满;又如杜佑与权德舆虽史学思想不同,却私人交往极密,至于沈既济、传师父子,柳芳、柳冕父子则更不必说了。大致上,永贞以前,士人尚敢讲讲改革,干预国事,在史学上也多呈现出讲实际,有内容的趋向。而二王八司马革新,作为唐代最后一次自我挽救的尝试失败之后,改革之风渐息。士人沉沦,风气陵替,对盛唐气象的记忆渐淡,所以当宪宗"小一统"时代出现便自我满足了。于是腐败堕落之风,尔虞我诈之风弥漫,所以一些史家则更多地从人的伦理上来考虑问题,力求"治心以治世"。这样,传统儒家史学中唯心成份就排挤了讲现实的成份,垄断了史学。而那种重实际,讲沿革,可付诸实用的史学在以后专制主义越来越严重的中国,便成了"旁枝"似的,只是偶尔在国难当头或危机四伏时才重新活跃一下;而那种以褒贬来宣扬封建伦常的史学却越来越扩大,成了封建史学的"正宗"而被继承着,一直是专制主义统治的思想工具。

（选自《北京大学学报》1981 年第 2 期）

　　本文认为以杜佑、柳宗元等为代表的史家把儒学中重实际的思想和《管子》的重经济思想相结合,在中唐形成了重实际、讲沿革、可付诸实用的史学思潮。但唐末以来,更多的史家则主要从伦理上来考虑问题,力求"治心以治世"。这样,传统儒家史学中唯心成份就排挤了讲现实的成份,垄断了史学。而那种重实际、讲沿革、可付诸实用的史学在以后专制主义越来越严重的中国,便只是在危机四伏时才重新活跃一下;而那种以褒贬来宣扬伦理纲常的史学却日益扩大,成为古代史学的正宗,一直是专制主义统治的思想工具。

《史通》的撰著指导思想与方法

周晓瑜

产生于盛唐时代的刘知几《史通》，是我国古代最系统、最具特色的体例完备的历史学理论著作。仅就其著作规模和理论框架而论，可以说，在古代没有任何一部史学理论著作可与之相媲美。刘知几不但在著作名称上标新立异，而且在著作框架的设计和论述方法上都独具特色。他不仅在著作中提出了一系列沾溉后人的史学理论问题，而且以自己的亲身实践，给我们留下了一份极为珍贵的历史学创作方法的遗产。考察刘知几《史通》的著作思想与方法，对中国传统史学理论的深入研究，具有重要参考价值。

一

一部理论著作的名称是规定该著作性质的最重要的事项，它往往概括地反映着著作的基本内容、体制和作者的思维方式。现代理论著作名称大多是由词或短句构成，表达一个完整明确的中心论点或中心论题。这种以论题作为书名的名称制作方式，一般应在民族思维能力高度发展时才能出现。春秋末期的《论语》是我国最早以书名体现内容性质的著作。刘勰《文心雕龙·论说》："圣哲彝训曰经，述经叙理曰论。……昔仲尼微言，门人追记，故

仰其经目,称为《论语》;盖群论立名,始于兹矣。"而战国初期的
《墨子》,则是最早以论点作为篇名的著作。但是,在春秋战国期
间,人们著书撰文,大多不重视书名、篇名的制作,一般不是先拟名
称再写作,许多著作的名称是后人所加。有以作者名称转换为著
作名称的,比如:《老子》、《荀子》等。有截取原文构成篇名的,比
如:《论语》的《里仁》篇,截取原文第一句"里仁为美"的前两个字
构成。这类篇名既不成词,也不成句,没有严格的内涵意义,只是
文章的起始标志,不能反映篇中的内容。到汉代,由于知识的进
步,图书的丰富,人们才普遍注意到著作名称的重要性,注意到名
称与内容的关系。加之目录学、经学兴起,目录学家著录图书时,
偶而也对著作取名原由、内涵意义进行阐释。"《孝经》者,孔子为
曾子陈孝道也。夫孝,天之经,地之义,民之行也。举大者言,故曰
《孝经》。"(《汉书·艺文志》)传注训诂家们在解释经书中的字、
词以及其他各类概念时,自然也涉及到对著作名称的说解。或解
篇名,"谟,谋也。皋陶为帝舜谋"(《尚书·皋陶谟》伪孔传);或
解书名,"以其上古之书,谓之《尚书》"(《尚书》伪孔传序)。这种
解释著作名称之具体含义的现象在汉代以后为数不少,但对其理
论思考的却不多见。直至唐代刘知几才第一次把著作名称作为重
要论题提出来设专篇进行详细论证,并结合自己的著作进行实践。

　　刘知几在《史通·题目》篇专门讨论史学著作名称的设置问
题。此篇立论的基本思想是"求名责实",即追求形式和内容的统
一。他将著作名称分为两个层次:一是书名,一是篇名。书名在著
作名称中是最高层位的概念,其制作原则是"名以定体,为实之
宾",意思是书名是用来规定著作的体制风貌的,即体现书的内容
性质和体裁,是内容的概括形式。而篇名是次于书名的下位概念,
制作时则要根据书中内容"区分类聚,随事立号",就是将书中所

记载的各类具体事实按性质不同划分类别立篇,以每一篇的论述中心作为篇名。

在这种思想指导下,作为史学理论大家的刘知几在确立自己的著作名称时是煞费了一翻苦心的。书名怎样立?篇名怎样定?也就是说要写出一部什么性质和规模的书?是沿袭旧名,写旧体裁?还是"革旧""取新",另辟蹊径?刘知几反复斟酌,认为自己受主观客观各种条件限制,既不能像前人那样独自写出一部唐朝史,也不愿"徒殚太官之膳,虚索长安之米",在史馆"坐变炎凉,徒延岁月"(《史通·忤时》),他根据自己耿介的性格,"喜谈名理"的学术爱好和想刊正孔子以来各类史书的过失的理想,决定创作一部旨在"辨其指归,殚其体统"(《史通·自叙》),即辨别史书宗旨,探讨史书体裁体例的有关史学理论方面的著作,以表现自己的志向。但是,这类著作没有先例,首先遇到的问题就是著作名称问题。用什么样的名称能概括全书的内容,确定著作的体制,体现自己的学术旨趣?刘知几经过仔细推敲,又与同行商议,决定参考借鉴汉代经学理论著作——《白虎通义》。

刘知几在《史通·原序》中说:

> 昔汉世诸儒,集论经传,定之于白虎阁,因名曰《白虎通》。予既在史馆而成此书,故便以《史通》为目。且汉求司马迁后,封为"史通子",是知史之称通,其来自久。博采众议,爰定兹名。

刘知几在这里首先阐明了他为自己著作定名的主要根据。汉代集论经传于白虎阁,所论结果定名《白虎通》;刘氏撰此书于史馆,书成就定名为《史通》。《白虎通》是《白虎通义》的省称。在汉代经学兴盛之时,经学家阐释经书创立了多种体裁,有"传"、有"训诂"、有"通义"等。"传"主要是补充事实,为叙事体;"训诂"主要是解释字词,为随文释义体;"通义"则主要是理论(即义理)上的阐发,为理论文体。自西汉刘向创作《五经通义》,开创经学理论著作文体——通义体之后,采用通义体进行理论阐发的著作层出不穷。章帝时,经书流派既广,异说既多,希冀从义理上进行统一的白虎观会议,沿用通义体,创作《白虎通义》,把经学进一步理论化,成为汉王朝的治国法典。这里的"白虎"是指"白虎阁",本为汉代观阁名,由于在此召开了经学研讨会,于是就借用来指经学,成了经学的代称。"通义"就是疏通义理,是经学理论著作的文体名称。显而易见,刘知几仿《白虎通义》而作《史通》,"史"即指史馆,"史馆"在这里借来指代历史学;"通义"依然是作为理论文体名称出现,它规定了本书的体制。所以,《史通》的全称应是《史学通义》,即"历史学理论","历史学"是对全书内容的高度概括,属学科专有名词;"通义"揭示此书属理论文体性质。刘知几又采取截取命名的方法,截取"史""通"二字作为自己著作的名称。其次是探寻史之称"通"的来源,证明"史通"二字是可以搭配,独立使用,作为书名是合理的。

　　《史通》的书名与篇名的关系是辨证的:书名是主论题。而篇名是书名的具体化,是主论题的分论点。今本《史通》由49篇论文组成,每一篇都是有关历史学理论的一个分论题。每篇的篇目就是该篇的中心论点,共49个论点。比如,刘知几对隋唐以前史书体例进行全面总结,集中评论了尚书家、春秋家、左传家、国语家、史记家、汉书家等六个史学流派。他就以"六家"作为论点,并以此名篇,为《六家》篇;论述断代史的范围,就以"断限"作为论点,设《断限》篇集中讨论断代史的记时、记事范围;以"古今正史发展变化"作为论点,设《古今正史》篇,按时序论述自古讫唐正史发展源流;以"怀疑古史"作为论点,设《疑古》篇,探讨《尚书》的内容,大胆怀疑儒家经典,等等。这样,篇与篇之间的关系是同一层次,是在历史学理论这个大论题下划分的小类。篇名针对篇中内容来讲,又是名,篇中实际内容是"实",是"事",是篇名的具体化,立名的依据。但在书名这个大论题下,篇名与篇中内容又是书名的"实"或"事"。可见《史通》的书名与篇名无论在设置原则和内涵意义上都是有区别的。

刘知几撰著《史通》,把经学领域的"通义"体名称移植到史学领域中,创作出了历史学理论文体,开辟了中国专门史学理论研究著作体裁的先河。

二

刘知几借鉴《白虎通义》的名称创立了自己著作的名称,并通过著作名称限定了著作的性质和体制。但是,《白虎通义》的内容结构并不适合刘知几为自己著作确定的"其为义也,有与夺焉,有褒贬焉,有鉴诫焉,有讽刺焉"(《史通·自叙》)的评论性著作的内容框架结构。《白虎通义》全书共 12 卷,47 篇,阐述了有关经学的47 个专题。书中采取一问一答的形式,说明经学义理。如:卷一《爵篇》:"天子者,爵称也。爵所以称天子何? 王者父天母地,为天之子也。"这种呆板的问答式的陈述方式不能自由地阐发思想,难免会被明人李维桢讥为"止于条对,而广雅未该",甚至认为"乌可与子玄例也。"(《史通评释序》)刘知几在 30 年的史馆工作实践中认识到,编著史书"宜明立科条,划分区域"(《史通·忤时》)。即首先制定体例原则,"以类区别"(《史通·载言》)著作内各部分的界限。至于评论性著作的体例原则、内容界限怎么确定? 这就迫使他必须另寻新的著作思路。

　　早在战国时代,思想文化领域出现的百家争鸣和由此而产生的绚丽多彩的诸子文化成果,是这个时代对历史最富魅力和光彩的奉献之一。诸子著作从古代文体分类来看都是属于论说体,大都从讨论如何治理国家入手而展开哲理思辩。其中有单篇论文著作形式,有采用论文集的著作形式。而产生于战国中期的道家学派代表作《庄子》在著作方法上又前进了一步。它首先将著作中的33篇论文按类别分为内篇、外篇、杂篇三大部分。"内篇明于理本,外篇语其事迹,杂篇杂明于理事。""事虽彰著,非理不通,理既幽微,非事莫显,欲先明妙理,故前标内篇,内篇理深,故每于文外别立篇目。"(唐成玄英《庄子序》)《庄子》的作者想首先阐明庄子玄妙的道理,所以将内篇编在前面。由于内篇道理深奥,便于内篇文字之外另立篇目补充。各篇之下再设立相应的论文。这种以内篇集中表达作者学术宗旨,外篇作补充说明的著作方式对后代评论体著作影响甚大。到汉魏六朝之际,诸子遗风余韵虽不及先秦昌盛,但也不乏荦荦大者:刘安《淮南子》、扬雄《法言》、王充《论衡》等。他们的学术思想不仅深刻影响着刘知几,同时在著作方法上也为刘知几创作《史通》提供了营养。其中对刘知几产生最直接影响的要算刘安的《淮南子》。刘知几曾以《史通》与《淮南子》对比,认为:"昔汉世刘安著书,号曰《淮南子》。其书牢笼天地,博极古今,上自太公,下至商鞅。其错综经纬,自谓兼于数家,无遗力矣。""若《史通》之为书也,……其书虽以史为主,而余波所及,上穷王道,下掞人伦,总括万殊,包吞千有。"(《史通·自叙》)《淮南子》是以道家思想为主,兼采众家之说的汉代诸子著作大家。书中许多内容是采撷《庄子》思想写成的,自然在著作形式上也受到《庄子》的影响,采用内篇外篇的结构形式。《汉书·艺文志》著录:"《淮南内》21篇,《淮南外》33篇。师古曰:'内篇论道,外篇杂说.'"①这种以内篇为核心,集中阐述学术宗旨,以外篇作补充的结构形式,可令读者一望而知,便于了解其学术思想。比那种不分区域,不论主次,混杂编排的论文集又前进了一步。这种谋篇布局的方式直接影响了刘知几。

今本《史通》的49篇论文,紧紧围绕着史学"辨其指归,殚其体统"的主题展开论述。其中内篇36篇从史书体裁体例、创作方法、史学批评和史家人才要求等方面归纳出一系列原则,构成一完整、严密的理论体系,是全书的主干部分。其中《六家》、《二体》、《载言》、《本纪》、《世家》、《列传》、《表历》、《书志》、《论赞》、《序例》、《题目》11篇是集中辨别体裁体例结构的。我们称之为史学文章体裁论部分。《断限》、《编次》、《称谓》、《采撰》、《载文》、《补注》、《因习》、《邑里》、《言语》、《浮词》、《叙事》、《直书》、《曲笔》、《模拟》、《书事》、《人物》、《序传》、《烦省》、《杂述》19篇,集中阐述史书谋篇布局,创作原则等方面的体例。我们称之为史学创作论部分。《品藻》、《探赜》两篇阐述史学批评原则。我们称之为史学批评论部分。《鉴识》、《核才》、《辨职》3篇,集中阐述史学人才方面的体例,我们称之为史学人才论。由此四论构成刘知几史学理论的基本体系。另有《自叙》篇是叙述他研究史学的经过和著作史通的本意,应视为全书的总序。而外篇13篇是对这个体系相关问题的补充:《史官建置》阐述史学创作组织源流、《古今正史》阐述自古讫唐历代国史的发展源流。这两篇一是从制度发展的角度,一是从国史源流的角度对以体裁为评论中心的《六家》、《二体》的内容进行补充;《疑古》、《惑经》、《申左》是对书中反复评论的《尚书》《春秋》《左传》3部古史内容的探讨;《点烦》是在《叙

---

① 《四库全书总目》:"今所存者二十一篇,盖内篇出。"

事》《烦省》的"文约事丰"思想指导下举例点灭烦文;《杂说》(上中下)3篇是杂评先秦至唐初史书存在的各类问题,可以作为内篇相关问题的补充;《五行志错误》、《五行志杂驳》集中批评《汉书·五行志》的违例现象、编纂错误及记载内容的虚妄,可补充《书志·五行志》部分。《暗惑》考证《史记》至《晋书》史事真伪,主张文史分家;《忤时》全文收录与萧至忠信,信中申明他没有独立写出国史的原因和辞官的理由,并集中批评了唐代中期史馆制度。这样,外篇分别可以对内篇的体裁论、创作论、批评论、人才论进行补充,确实可以起到阐发内篇未尽之意的作用。

这种以内篇集中表述史学学术宗旨,外篇作为补充的内外结合相配,以内为主,以外补内的结构形式,是刘知几参考借鉴诸子论著结构形式,创作的传统史学理论著作的体例。无论内篇所论,还是外篇所评,都属于"史学通义"的范畴,都统属于《史通》这个总论题之下。

三

刘知几不仅在书名的设置、内容框架结构的选择上独具匠心,而且在评论方式上也表现出与众不同的风格。众所周知,一部史学理论著作,所要评论的内容只有与其独特的评论方式相结合,才具有存在的意义,其史学思想和史学价值才有实现的可能。通观《史通》全书的理论体系,我们不难看出,刘知几在编排《史通》篇目顺序时,将史学文章体裁论放在内篇的最前面,将史学创作论、批评论置其后,这正是以分体史学史、史家著作评论作基础,从而上升为系统的史学理论。就是说,刘知几在评论方式上是贯彻了由具体到抽象的原则,具体言之,即主要采取了史、辨、评相结合的评论方式。

所谓"史"，即"赜彼泉薮，寻其枝叶，原始要终"(《史通·忤时》)的方法。意思是探赜史学产生源头，寻求其发展支流，达到追源其开始，总括其终了的目的。比如，刘知几考察古代史学流派之一——《尚书》体的发展史，自《尚书》产生，沿其两千年的发展脉络论至隋代王邵《隋书》，"《尚书》家者，其先出于太古"。"至孔子观书于周室，得虞、夏、商、周四代之典，乃删其善者，定为《尚书》百篇"。"自宗周既殒，《书》体遂废，乞乎汉、魏，无能继者"。"至晋广陵相鲁国孔衍，……乃删汉、魏诸史，取其美词典言，足为龟镜者，定以篇第，纂成一家。由是有《汉尚书》、《后汉尚书》、《汉魏尚书》"。"至隋秘书监太原王劭又录开皇、仁寿时事，编而次之，以类相从，各为其目，勒成《隋书》80卷，寻其义例，皆准《尚书》"。(《史通·六家》)刘知几正是在"历观众史"(《史通·书志》)之中，总结出了众多史学创作的规律。比如：分逐一考察先秦至唐代的史官制度的历史，辨别不同时代史官职守，才悟出"为史之道，其流有二。何者？书事记言，出自当时之简；勒成删定，归于后来之笔"(《史通·史官建置》)的道理。同样，他正是立足于对大量的、自古迄唐的史家、史学著作的分析研究与综合评论的基础上，才得以创造性的提出彪赫千年的"史家三长论"。这种擅长以史的眼光和方法去分析史学现象，总结规律的作法，使刘知几取得了非同寻常的成就。

所谓"辨"，是指对历史学理论问题的辨析，特别是一些重要概念的界定。刘知几具有十分强烈和自觉的史学批评意识。他想接续孔子，"行夫子之事"(《史通·自叙》)，刊正孔子以来各类史书的过失。特别要对司马迁以后至唐初各类纪传体史书"普加厘革"，进而建立起他理想中的国史体例。那么，他在"厘革"前人过失时,必然要提出新的理论,新的概念;或者给旧的概念赋以新的内容。比如:"纪者,纲纪庶品,网罗万物。……盖纪之为体,犹《春秋》之经,系日月以成岁时,书君上以显国统。""纪者,既以编年为主,唯叙天子一人。有大事可书者,则见之于年月,其书事委曲,付之列传,此其义也"(《史通·本纪》)。这样细密入微的辨析,使本纪的本质特点、写作方法灿然明白。又如:对《尚书》书名的辨析,"孔安国曰:'以其上古之书,谓之《尚书》。'《尚书·璇玑钤》曰:'尚者,上也。上天垂文象,布节度,如天行也。'王肃曰:'上所言,下为史所书,故曰《尚书》也。'惟此三说,其义不同。盖《书》之所主,本于号令,所以宣王道之正义,发话言于臣下。故其所载,皆典、谟、训、诰、誓、命之文"(《史通·六家》)。刘知几援引各家解释《尚书》的文字,进行比较辨析,从体裁的角度赞同了王肃的解释。

所谓"评",是指对各类史学现象的分析评论。这是最具创造性的部分。比如:"《魏世家》太史公曰:'说者皆曰,"魏以不用信陵君,故国削弱至于亡。"余以为不然。天方令秦平海内,其业未成,魏虽得阿衡之徒,曷益乎?'夫论成败者,固当以人事为主,必推命而言,则其理悖矣。盖晋之获也,由夷吾之愎谏;秦之灭也,由胡亥之无道;周之季也,由幽王之惑褒姒;鲁之逐也,由稠父之违子家。……假使彼四君才若桓、文,德同汤、武,其若之何?苟推此理而言,则亡国之君,他皆放此,安得于魏无讥者哉?""推命而论兴灭,委运而忘褒贬,以之垂诫,不其惑乎!"(《史通·杂说上》)刘知几在此一针见血地批评了司马迁天命论的悖惑,提出"论成败,固当以人事为主"的杰出的史学批评原则。

然而,刘知几在评论各类史学现象时,是将史学史、史家著作辨析评论和理论阐述巧妙地结合在一起。比如:

《春秋左氏传》每有发论,假君子以称之。二传云公羊子、谷梁子,《史记》云太史公。既而班固曰赞,荀悦曰论,《东观》曰序,谢承曰诠,陈寿曰评,王隐曰议,何法盛曰述,扬雄曰撰,刘丙曰奏,袁宏、裴子野自显姓名,皇甫谧、葛洪列其所号。史官所撰,通称史臣,其名万诛,其义一揆。必取便于时者,则总归论赞焉。

夫论者,所以辩疑惑,释凝滞,若愚智共了,固无俟商榷。丘明'君子曰'者,其义实在于斯。司马迁始限以篇终,各书一论。必理有非要,则强生其文,史论之烦,实萌于此。夫拟《春秋》成史,持论尤宜阔略。其有本无疑事,辄设论以裁之,此皆私徇笔端,苟衒文彩,嘉辞美句,寄诸简册,岂知史书之大体,载削之指归者哉?

必寻其得失,考其异同,子长淡泊无味,承祚倮缓不切,贤才间出,隔世同科。孟坚辞惟温雅,理多惬当。其尤美者,有典诰之风,翩翩奕奕,良可咏也。仲豫义理虽长,失在繁富。自兹已降,流宕忘返。大抵皆华多于实,理少于文。鼓其雄辞,夸其俪事。必择其善者,则干宝、范晔、裴子野是其最也,沈约、臧荣绪、萧子显抑其次也。孙安国都无足采,习凿齿时有可观。若袁彦伯之务饰玄言,谢灵运之虚张高论,玉卮无当,曾何足云! 王邵志在简直,言兼鄙野,苟得其理,遂忘其文。观过知仁,斯之谓矣。大唐修《晋书》,作者皆当代词人,远弃史、班,近宗徐、庾。夫以饰彼轻薄之句,而编为史籍之文,无异加粉黛于壮夫,服绮纨于高士者矣。

史之有论也,盖欲事无重出,省文可知。(《史通·论赞》)

刘知几认为史书的论赞部分兴起于《左传》,此后至唐初各家史著皆有此内容,但提名不一。仔细辨识,"其名万殊,其义一揆","总归论焉"。他通过对历史上各个时代的各家史论进行考察,认为史论的作用在于"辩疑惑,释凝滞",历史学家在写作这部分内容时"尤宜阔略",必须做到"事无重出"(《史通·论赞》)文字简省。这就是他的由具体到抽象的史、辨、评相结合的评论方式。

这种史、辨、评相结合的评论方法,最基本的一点,就是以大量的具体的史家、史著为立足点,在博览深研的基础上,实事求是地对史家著作做出恰当的评价,从而总结出史学创作的经验与规律。这是刘知几积数十年功力形成的独特的评论方式。

综上所论,刘知几借鉴经学领域的"通义"体,创历史学理论文体;又借鉴诸子著作结构,创历史学理论著作结构;并创造性地采用史、辨、评相结合的评论方式,开辟了中国历史学理论著作方法的先河。在他的历史创作方法中,有继承,有创造。他继承,不因循守旧,"非如图画之写真,熔铸之象物"(《史通·模拟》)。他创造,不片面求新,"取其道术相会,义理互同"(《史通·模拟》),实事求是,"择善而行"(《史通·题目》)。他创造的中国传统史学理论著作的体裁体例,成为此后史家模拟的榜样。千年之后,清代史学理论大家章学诚著《文史通义》,在著作方法上也没有超越其藩篱。刘知几给我们留下了一份有关历史学创作经验的宝贵的文化遗产。

(选自《文史哲》1999 年第 5 期)

　　周晓瑜(1950—　　　),山东大学历史文化学院教授,主要著作有《中国史学史》、《秦始皇的创造艺术》等。

　　本文认为唐代刘知几所撰《史通》是古代最具特色的史

学理论著作,并对其"接续孔子"的史学指导思想以及撰著方法进行了全面、系统的论述。

从司马光对唐朝几个问题的评论看《资治通鉴》的中心思想

牛致功

北宋时的司马光（1019—1086），用了十九年的时间，编撰了一部《资治通鉴》（通常简称《通鉴》）。这是一部有代表性的编年体史书。这部史书，对我们当代的史学研究仍然起着极为重要的作用。

《通鉴》上起公元前四〇三年（周威烈王二十三年），下迄公元九五九年（后周显德六年），全书二百九十四卷，共三百余万字，记载了一千三百六十二年的历史。这样一部史学巨著，是在北宋皇帝英宗、神宗的支持下编写而成的。宋英宗和宋神宗为什么支持司马光编写这部史书呢？简单说，是司马光编写《通鉴》的目的与宋英宗、宋神宗欲巩固其统治地位的愿望完全吻合了。

一、司马光编撰《通鉴》的目的

司马光所处的时代，也就是北宋真宗到哲宗这一时期，阶级矛盾、民族矛盾以及由于这些矛盾而产生的统治阶级内部的矛盾，错综复杂，日益尖锐。面临这些矛盾，应该采取什么措施，在统治集团内部，大臣们各执己见，皇帝则无所适从。在统治集团内部的斗争中,司马光反对王安石变法而失败,很不得意,于是,他就利用不预朝政的机会,发挥他在史学方面的特长,编撰了《通鉴》。在政治舞台上碰了钉子,愤愤不平而退居在野,从而专心治史,不言而喻,必然要在其史学著作中表露其政治思想。

司马光很崇拜《春秋》,所以当他对刘恕谈到编撰《通鉴》的事时说:"《春秋》之后,迄今千余年,《史记》至《五代史》,一千五百卷,诸生历年莫能竟其篇第,毕世不暇举其大略,厌烦趋易,行将泯绝。予欲托始于周威烈王命韩、魏、赵为诸侯,下讫五代,因丘明编年之体,仿荀悦简要之文,网罗众说,成一家书。"当刘恕问他为什么不从上古或尧、舜开始时,他回答说:"周平王以来,事包《春秋》,孔子之《经》不可损益。"刘恕又问他为什么不紧接《春秋》而要从周威烈王命韩、魏、赵为诸侯开始,他又回答说:"《经》不可续也。"(《通鉴外纪后序》)司马光把《春秋》视为儒家经典,既不能增删,也不可续编。既然如此崇拜《春秋》,无疑要把《春秋》作为史书的样板。孔子修《春秋》,运用褒、贬、讳等各种手段,千方百计地维护奴隶制度。所以刘恕说:"夫今之所以知古,后之所以知今,因善恶以明褒贬,察政治以见兴衰,《春秋》之法也,使孔子赞《易》而不作《春秋》,则后世以史书为记事琐杂之语,《春秋》列于六艺,愚者莫敢异说而终不能晓也。"(《通鉴外纪后序》)参加编撰《通鉴》的刘恕认为,史书不能成为"记事琐杂之语",必须是"因善恶以明褒贬,察政治以见兴衰",以便于"今之所以知古,后之所以知今",毋庸置疑,史书必须符合政治的需要。也就是说,《春秋》为维护奴隶制度服务,《通鉴》必须为维护封建制度服务。

当然,北宋和春秋时的情况不同,春秋时,奴隶制度江河日下,正在崩溃,北宋时封建制度尚在相当巩固的阶段。但是,北宋统治者的地位却在错综复杂的矛盾中显得极不稳定。北宋皇帝为了巩固自己的统治地位,很需要总结历史经验,从中寻找能以继续存在的借鉴。《通鉴》正是迎合了北宋最高统治者的这种需要。它系统地总结了历史经验,运用维护封建秩序、巩固封建制度的手法,为最高统治者提供了借鉴。

司马光熟悉历史,颇知总结历史经验的重要,所以他说:"闻治乱之原,古今同体,载在方册,不可不思。"(《进通鉴表》)但由于史书繁多,读起来很不容易,特别是至高无上的统治者,既要经常处理政务,又无勤奋好学的精神,遍读史书,更感困难。因此,司马光在《进资治通鉴表》中说:"每患迁、固以来,文字繁多,自布衣之士,读之不遍,况于人主,日有万机,何暇周览!臣常不自揆,欲删削冗长,举撮机要,专取关国家盛衰,系生民休戚,善可为法,恶可为戒者,为编年一书,使先后有伦,精粗不杂。"这里清楚地说明,司马光为了皇帝在不多的时间里,能够读到有"关国家盛衰,系生民休戚,善可为法,恶可为戒者"的重要内容,所以"穷竭所有,日力不足,继之以夜"地编撰了《通鉴》。也就是说,司马光为了英宗、神宗巩固其统治地位的需要,夜以继日地编撰了《通鉴》。正因为司马光编撰《通鉴》的目的这样明确,所以宋神宗"以鉴于往事,有资于治道,赐名曰《资治通鉴》,且为序其造端立意之由。"(胡三省:《新注资治通鉴序》)由此可见,司马光虽然用尽了毕生精力,以致其"骸骨癯瘁,目视昏近,齿牙无几,神识衰耗,目前所为,旋踵遗忘",但终于得到了最高统治者的赞扬和奖励。宋神宗在《奖谕诏书》中说:"卿博学多闻,贯穿古今,上自晚周,下迄五代,发挥缀辑,成一家之书,褒贬去取,有所据依。省阅以还,良深嘉叹!今赐卿银绢、对衣、腰带、鞍辔马,具如别录,至可领也。"这种精神上的赞扬和物质上的奖励,更足以说明封建统治者对《通鉴》的迫切需要。胡三省更把《通鉴》说成是统治集团必不可少的东西。他非常肯定地说："为人君而不知《通鉴》,则欲治而不知自治之源,恶乱而不知防乱之术。为人臣而不知《通鉴》,则上无以事君,下无以治民。为人子而不知《通鉴》,则谋身必至于辱先,作事不足以垂后。乃如用兵行师,创法立制,而不知迹古人之所以得,鉴古人之所以失,则求胜而败,图利而害,此必然者也。"(《新注资治通鉴序》)为地主阶级的史学家如此所赞颂的史书,其中心思想必然是为封建统治者服务的。下面仅就司马光对唐朝几个问题的评论来说明这方面的问题。

二、司马光对唐朝几个问题的评论

纵观《通鉴》,为封建统治者服务的思想是贯穿全书始终的。这一点,胡三省已经说得非常清楚:"世之论者率曰:'经以载道,史以记事,史与经不可同日语也。'夫道无不在,散于事为之间,因事之得失成败,可以知道之万世亡弊,史可少欤!"(《新注资治通鉴序》)非常明显,胡三省不同意史只是记事的说法,叙述事实本身,就包含着"得失成败"、"万世亡弊"的道理。所以"道无不在",也就是他要宣扬的思想是贯穿在历史事实本身的。不言而喻,要研究《通鉴》的中心思想,应从全书的内容着手。不过,也必须承认,以"臣光曰"出现的对具体问题的评论,是更集中、更突出地体现了司马光的史学思想的。因此,我们就以司马光对唐朝几个问题的评论为例,讨论《通鉴》的中心思想。

关于"玄武门之变"

公元六二六年(武德九年)六月,李世民和李建成、李元吉为争夺太子地位的斗争达到了白热化的程度。勾心斗角、互相倾轧的矛盾,终于演变成了以刀兵相见的武力冲突。由于李世民伏兵于玄武门(宫城北门),袭杀了李建成和李元吉,最后取得了胜利,所以史称"玄武门之变"。

关于统治集团内部的这场斗争,司马光对与事有关者都进行了评论。他说:"立嫡以长,礼之正也。然高祖所以有天下,皆太宗之功;隐太子以庸劣居其右,地嫌势逼,必不相容。向使高祖有文王之明,隐太子有泰伯之贤,太宗有子臧之节,则乱何自而生矣!既不能然,太宗始欲俟其先发,然后应之,如此,则事非获己,犹为愈也。既而为群下所迫,遂至蹀血禁门,推刃同气,贻讥千古,惜哉!夫创业垂统之君,子孙之所仪刑也,彼中、明、肃、代之传继,得非有所拟以为口实乎!"(《资治通鉴》卷一九一,武德九年)

在这里,司马光首先肯定了"立嫡以长,礼之正也。"当时所谓的"礼",就是封建秩序。司马光说:"夫礼,辨贵贱,序亲疏,裁群物,制庶事,非名不著,非器不形;名以命之,器以别之,然后上下粲然有伦,此礼之大经也。"(《资治通鉴》卷一,威烈王二十三年)"礼"既然可以"辨贵贱,序亲疏",致使上下之间的界限不可逾越,当然就意味着"礼"的破坏必然导致封建秩序的混乱。李建成做太子,是名正言顺的。李世民杀李建成,当然有违于"礼"。逻辑的结论,必然是李世民应该受到谴责。然而,司马光并没有直接批评李世民,而是采取了从表面上看是各打五十大板的办法,分别指出了李渊、李建成、李世民各人应负的责任,但实际上却是为李世民进行了辩护。在他看来,李渊所以能做皇帝,主要是李世民的功劳。李建成能力低、功劳小而居显要地位,当然要和李世民发生矛盾。面临这种矛盾,李渊如果舍建成而立世民;李建成如果有自知之明,自动让位于贤于己的弟弟;李世民如果坚决不做太子,都不会发生"玄武门之变"。这种看法,本身就是有违于"礼"的。因为按照"礼"的要求，必须是"尊卑有分，大小有伦"（《资治通鉴》卷二百二十，乾元元年），上下贵贱之间存在着不可逾越的绝对界限，决无灵活的余地。例如，司马光说："以微子而代纣则成汤配天矣，以季札而君吴则太伯血食矣，然二子宁亡国而不为者，诚以礼之大节不可乱也。故曰礼莫大于分也。""何谓分？君、臣是也。"微子启是商王帝乙的长子，但由于其母不是帝乙的后而是妾，因而由其弟纣继承了王位。季札是春秋时吴王寿梦的幼子。由于季札有才能，寿梦欲立其为王位继承人，季札坚决辞让，终使其长兄诸樊继承了王位。诸樊死时，又打算按其兄弟次序依次下传，希望在最后传给季札，季札又拒不接受而出走。最后，出现了争夺王位的斗争，促使了吴国的灭亡。微子启、季札宁肯使国家衰亡而不继承王位，主要是因为"礼之大节不可乱也"。这里所谓的"礼之大节"，是指"君臣之位犹天地之不可易也"（《资治通鉴》卷一，威烈王二十三年）。既然太子的地位不可动摇，如果说李世民有能力，功劳大，就应该和李建成争夺太子地位，李建成也应该让位，李渊也应该舍长立次，那岂不是说"立嫡以长"不是"礼之正"吗？这显然是为李世民进行辩护。

司马光这样为李世民进行辩护与其坚决维护"礼"的思想是否矛盾呢？看来是矛盾的，实际上是一致的。因为封建秩序的破坏，必然导致最高统治者的地位动摇，所以必须维护"礼"。李世民既然做了皇帝，而且是得到地主阶级赞颂的皇帝，同时也是和宋太宗有类同之处的皇帝，当然司马光不会对他进行批评，反而只能运用各种手法去说明他的活动并不违"礼"。这和从正面维护封建秩序的做法是殊途同归的，都是为了护维"礼"。

"玄武门之变"的事实，既然不是像司马光最理想的那样，于是他就只得更进一步为李世民进行辩护。他认为，李世民最初是想让李建成首先发难,自己只是做些应变的准备。这样,即使杀了李建成,李世民也没有责任。这当然也是违"礼"的。本来,李建成做太子是合乎封建秩序的。按照儒家的思想:"其为人也孝悌,而好犯上者,鲜矣。"(《论语·学而》)不"悌",就是"犯上"。李世民"犯上",即使李建成首先发难,也是无可非议的。司马光是极其推崇孔子的;既推崇孔子,就应该严格按照儒家思想要求李世民。但司马光则完全相反,他认为李世民如果不首先发难,就可以没有责任。这岂不是和"礼"的含义背道而驰吗?最后,司马光认为,李世民袭杀李建成是"为群下所迫",以至"贻讥千古",是令人惋惜的。这种同情的心情,无疑说明司马光是千方百计为李世民进行辩护的。

司马光为什么要为李世民辩护呢?

《通鉴》是为了宋朝皇帝的需要而编撰的,当然,全书的内容必须自始至终贯穿巩固当代皇帝地位的思想。

历代封建王朝的更替,不外以下三种情况:其一,农民起义推翻旧的封建王朝,地主阶级的一些代表人物,窃取农民起义的胜利成果,重建新的封建王朝;其二,统治集团内部矛盾尖锐,在争权夺利的斗争中,甲取乙而代之,改换封建王朝的名称;其三,农民起义的领袖在推翻旧王朝的过程中,逐步蜕化变质,使农民政权蜕变为另一封建王朝。唐代隋,属于第一种情况;宋代后周,属于第二种情况。两者有一共同特点,就是李渊、赵匡胤都是前代王朝的将官,都是用迫使前代皇帝让位的手段以掩盖其篡夺帝位的实质的。这就是说,李渊、赵匡胤的地位是类同的。由于司马光认为唐朝的建立"皆太宗之功",因而李世民至少是可以和李渊相提并论甚至是超过李渊的。因此,他称李世民为"创业垂统之君"。另外,宋太宗赵光义也是用封建统治者认为的不光彩的手段,从其哥哥手中取得帝位的,与李世民从李建成手中抢夺帝位同工异曲。同时真宗以下的北宋皇帝又都是赵光义的后代,如果面对赵光义的后代大骂李世民袭杀李建成如何违"礼",当然要刺痛宋英宗和宋神宗的。反之,为李世民进行辩护,无疑也是为宋太宗赵光义辩护。这就充分说明,司马光撰写《通鉴》完全是为了巩固最高统治者的地位。

关于君臣关系

关于君臣关系,是《通鉴》相当重要的内容。宋英宗最初命司马光编书时,就是要他编修"历代君臣事迹"(胡三省:《新注资治通鉴序》)的。这个问题,历代的思想家早有论述。孔子认为:"君使臣以礼,臣事君以忠。"(《论语·八佾》)韩非子认为:"臣之忠诈,在君所行也。君明而严则群臣忠,君懦而阇则群臣诈。"(《韩非子集释》卷十六《难四》)按照孔子的观点,君臣关系的好坏,双方都有责任。这和他的"君君、臣臣"(《论语·颜渊》)思想是完全一致的。君要像君,臣要像臣,当然是对君臣各有所要求,可见他并不单独要求某一方面。按照韩非子的思想,君臣关系,矛盾的主要方面在于君。司马光推崇孔子,当然要接受孔子的思想,但在另一方面和韩非子的思想却也有某些类同之处。例如,他也认为君臣关系的主要方面在于君,但他又只要求"君明",而不像韩非子那样要求"君明而严"。他对唐太宗和裴矩关系的评论,正说明这点。

裴矩曾做过隋的吏部侍郎、民部侍郎、黄门侍郎,还曾"兼掌兵部事"。隋炀帝时,他极尽阿谀奉迎之能事,从而屡次得到隋炀帝的赞扬和奖励。隋炀帝说:"裴矩大识朕意,凡所陈奏,皆朕之成算,朕未发顷,矩辄以闻。自非奉国用心,孰能若是?"这已充分

说明,不管隋炀帝怎样纵情声色,穷奢极欲,"矩无所谏诤,但悦媚取容而已"。(《旧唐书》卷六十三《裴矩传》)

隋炀帝被杀以后,裴矩又做了宇文化及的尚书右仆射;宇文化及失败,他又做了窦建德的尚书右仆射;窦建德失败,最后投降唐朝。

唐太宗为了解决贪官污吏的问题,暗中指使左右的亲信们故意向某些官吏行贿,刑部一个司门令史接受了一匹绢的贿赂,唐太宗就要拿他开刀,问以死罪。裴矩立即谏曰:"为吏受赂,罪诚当死;但陛下使人遗之而受,乃陷人于法也,恐非所谓'导之以德,齐之以礼'。"裴矩这样直截了当地批评唐太宗"陷人于法",反而使唐太宗非常高兴。唐太宗召集文武五品以上的官吏们说:"裴矩能当官力争,不为面从,傥每事皆然,何忧不治!"针对这件事,司马光评论道:"古人有言:君明臣直。裴矩佞于隋而忠于唐,非其性之有变也;君恶闻其过,则忠化为佞,君乐闻直言,则佞化为忠。是知君者表也,臣者景也,表动则景随矣。"(《资治通鉴》卷一九二,武德九年)

隋炀帝时,裴矩言听计从,千方百计地去满足隋炀帝的淫乐欲望,根本不考虑隋王朝的存亡。唐太宗时,他一反常态,唐太宗要做的事,他敢于直言不讳地批评,极力劝阻,得到太宗的赞扬,当然这是极大的变化。司马光认为,这种变化的关键,在于"君明"。由于隋炀帝"恶闻其过",所以裴矩专门言其所好闻,唐太宗"乐闻直言",所以他敢于说出心里的话。这就是所谓的"表动则景随"。在这里,司马光强调"君明",却放弃了"君明而严"的"严"的内容。"严",就是要实行严刑峻法,这是法家思想的组成部分。司马光崇拜孔子,放弃这些内容,当然是很自然的事。正因为这样,他不是赞扬唐太宗惩办贪官污吏,而是表彰了唐太宗接受了"导之以德,齐之以礼"的建议。这就清楚地说明,司马光虽然认为在君臣关系问题上,君是主要的一面,和韩非子有类同之处,但他所谈的问题的实质仍然是儒家的思想体系。

司马光类似这样的论述还多。例如,文宗时,朋党之争非常激烈,文宗无可奈何地说:"去河北贼易,去朝廷朋党难!"对此,司马光评论说:"公且实者谓之正直,私且诬者谓之朋党,在人主所以辨之耳。是以明主在上,度德而叙位,量能而授官;有功者赏,有罪者刑;奸不能惑,佞不能移。夫如是,则朋党何自而生哉!彼昏主则不然。明不能烛,强不能断;邪正并进,毁誉交至;取舍不在于己,威福潜移于人。于是谗慝得志而朋党之议兴矣。"(《资治通鉴》卷二四五,太和八年)显然这是说,朋党能否产生和存在,关键在于皇帝的"明"或"昏"。"明主"可以使群臣有德而立功,"昏主"可以使"邪正并进,毁誉交至",当然这也是"表动则景随"的意思。

既然在处理君臣关系时,君起决定作用,逻辑的结论必然是为君的应该严以律己,使群臣都能围着自己转;决不能随心所欲,为所欲为,使臣下对自己貌合神离。言外之意就是要北宋的皇帝像唐太宗那样,很好地发挥臣下的作用,巩固自己的统治地位;而不要像隋炀帝那样,固执己见,迷信自己,以致最后众叛亲离,成为孤家寡人。

在司马光看来,"君明臣直",只是君臣关系的一个方面。另一方面,君还必须有一定的手段去驾驭群臣。他说:"凡人君所以能有其臣民者,以八柄存乎己也。"什么是"八柄"呢?胡三省借《周礼》的内容注曰:"王以八柄驭群臣:一曰爵,以驭其贵;二曰禄,以驭其富;三曰予,以驭其幸;四曰置,以驭其行;五曰生,以驭其福;六曰夺,以驭其贫;七曰废,以驭其罪;八曰诛,以驭其过。"

(《资治通鉴》卷二二〇,乾元元年)简单说,就是君必须有可使人生死、富贵、贫贱的权力,也就是所谓赏善罚恶的手段以驾驭群臣。

安史之乱中,一向为唐玄宗所宠而又曾经做过宰相的陈希烈投降了安禄山,反而平时并不受重视的颜杲卿、张巡等地方官,却能在临危之际,坚守孤城,以至粮尽力竭,被俘牺牲。司马光对这两种不同类型的人物进行了评论。这种评论,充分说明他对唐玄宗和唐肃宗对待群臣的办法大不以为然。

司马光说:"为人臣者,策名委质,有死无二。希烈等或贵为卿相,或亲连肺腑,于承平之日,无一言以规人主之失,救社稷之危,迎合苟容以窃富贵;及四海横溃,乘舆播越,偷生苟免,顾恋妻子,媚贼称臣,为之陈力,此乃屠酤之所羞,犬马之不如。倘各全其首领,复其官爵,是谄谀之臣无往而不得计也。彼颜杲卿、张巡之徒,世治则摈斥外方,沉抑下僚;世乱则委弃孤城,齑粉寇手。何谓善者之不幸而为恶者之幸,朝廷待忠义之薄而保奸邪之厚邪!"(《资治通鉴》卷二二〇,至德二年)

非常明显,司马光痛骂陈希烈等"乃屠酤之所羞,犬马之不如",他认为这种人罪不容诛,决不能宽容;反而对颜杲卿、张巡等人他却无限同情,批评唐玄宗"待忠义之薄而保奸邪之厚"。这样尖锐的批评,说明唐玄宗未能正确地掌握"八柄"。安史之乱的爆发,唐玄宗狼狈不堪地逃到四川,正是其不能有效地驾驭群臣的结果。

司马光批评隋炀帝主观臆断,一意孤行,致使臣下不敢直言以谏,终于众叛亲离,身败名裂;又批评唐玄宗不识忠奸,不能赏善罚恶,以致形成安史之乱,自己狼狈不堪地逃离京师。另外,他赞扬唐太宗能够听取各种意见,致使群臣能够积极发挥作用。显然,这是给北宋皇帝举例说明,在处理君臣关系时,君的作用是主要的,君能否驾驭群臣,使其从各方面发挥作用,是君的地位能否巩固的重要原因。不言而喻,这完全是为最高统治者的权力和地位着想的。

关于方镇割据

安史之乱以后,各地的方镇割据势力有增无减,唐朝皇帝对他们无可奈何,只有听之任之。司马光对这种现象进行了猛烈的抨击。例如,公元八三一年(太和五年),卢龙副兵马使杨志诚驱逐节度使李载义,又杀了莫州刺史张庆初。为此,唐文宗召宰相商讨对策。牛僧孺说:"范阳自安、史以来,非国所有,刘总暂献其地,朝廷费钱八十万缗而无丝毫所获。今日志诚得之,犹前日载义得之也;因而抚之,使捍北狄,不必计其逆顺。"(《资治通鉴》卷二四四,太和五年)牛僧孺的话,确系事实。安史之乱以后,范阳(卢龙)实际上是一个小的独立王国,宪宗时,卢龙节度使刘济的次子刘总于公元八一〇年(元和五年)杀了刘济与其长子刘绲。公元八二一年(长庆元年),刘总向穆宗表示愿意"弃官为僧",但"仍乞赐钱百万缗以赏将士"。穆宗不仅"以刘总兼侍中,充天平节度使",而且又"诏刘总兄弟子侄皆除官,……军士赐钱一百万缗"。(《资治通鉴》卷二四一,长庆元年)朝廷付出很大代价,没有任何收获。同时,杨志诚驱逐李载义的事已有前例,李载义就是于公元八二六年(宝历二年)杀了朱延嗣而为卢龙节度使的。正因为这样,牛僧孺主张"因而抚之,使捍北狄,不必计其逆顺"。针对此事,司马光的评论非常激烈。

他说:"昔者圣人顺天理、察人情,知齐民之莫能相治也,故置师长以正之;知群臣之莫能相使也,故建诸侯以制之;知列国之莫能相服也,故立天子以统之。天子之于万国,能褒善而黜恶,抑强而扶弱，抚服而惩违，禁暴而诛乱，然后发号施令而四海之内莫不率从也。《诗》曰：'勉勉我王，纲纪四方。'载义藩屏大臣，有功于国，无罪而志诚逐之，此天子所宜治也。若一无所问，因以其土田爵位授之，则是将帅之废置杀生皆出于士卒之手，天子虽在上，何为哉！国家之有方镇，岂专利其财赋而已乎！如僧孺之言，姑息偷安之术耳，岂宰相佐天子御天下之道哉！"

司马光认为，官吏是统治人民的，天子是统治诸侯和官吏的。天子对被统治者如果"能褒善而黜恶，抑强而扶弱，抚服而惩违，禁暴而诛乱"，然后他发号施令就会发生作用。根据这个道理，李载义是朝廷的大臣，杨志诚无故驱逐他，皇帝应该干预，否则，皇帝还有什么作用呢？牛僧孺的办法，"是姑息偷安"，不是皇帝应该采取的措施。显而易见，司马光主张皇帝要用强有力的手段加强中央集权，对方镇决不能"姑息偷安"。这里所谓的"褒善而黜恶，抑强而扶弱，抚服而惩违，禁暴而诛乱"，实际上和"八柄"的内容是一致的。这又清楚地说明，司马光认为皇帝必须有所作为，运用强有力的手段使自己成为名副其实的最高统治者，决不能是有名无权、任人摆布的傀儡。

无疑，这又是为北宋皇帝总结历史经验。

关于牛僧孺和李德裕在维州问题上的争论

公元八三一年（太和五年）九月，吐蕃维州副使悉怛谋向唐朝投降，西川节度使李德裕上奏朝廷。唐文宗把此事交付尚书省讨论，大臣们一致同意李德裕的意见，乘机打击吐蕃。唯有兵部尚书同平章事牛僧孺反对说："吐蕃之境，四面各万里，失一维州，未能损其势。比来修好，约罢戍兵，中国御戎，守信为上。彼若来责曰：'何事失信'？养马蔚茹川，上平凉阪，万骑缀回中，怒气直辞，不三日至咸阳桥。此时西南数千里外,得百维州何所用之!徒弃诚信,有害无利。此匹夫所不为,况天子乎!"(《资治通鉴》卷二四四,太和五年)唐文宗按照牛僧孺的意见,下诏要李德裕归还维州给吐蕃,并将悉怛谋及所与偕来者全都送还吐蕃,吐蕃把这些人全都在边境上杀掉了。关于这件事,当时的人多数是反对牛僧孺的,后来,连文宗也感到后悔。可见,牛僧孺的民族投降主义是不得人心的。但是,司马光对这个问题却是另一种看法。

司马光说:"论者多疑维州之取舍,不能决牛、李之是非。……是时唐新与吐蕃修好而纳其维州,以利言之,则维州小而信大;以害言之,则维州缓而关中急。然则为唐计者,宜何先乎?悉怛谋在唐则为向化,在吐蕃不免为叛臣,其受诛也又何矜焉!且德裕所言者利也,僧孺所言者义也,匹夫徇利而忘义犹耻之,况天子乎!"(《资治通鉴》卷二四七,会昌三年)

首先需要明确,司马光称赞牛僧孺只是在这个具体问题上,其他方面他是对牛僧孺进行过尖锐批评的。例如,牛僧孺容忍杨志诚驱逐李载义,他认为是"姑息偷安";牛僧孺认为文宗时为天下太平,他痛斥牛僧孺是"欺君诬世以盗名,罪孰大焉!"(《资治通鉴》卷二四四,太和六年)称赞和辱骂,是针锋相对的。这就需要我们弄清楚司马光为什么要在这个问题上称赞牛僧孺。弄清这一方面,另一方面也就不言而喻了。

司马光赞扬牛僧孺,是因为"僧孺所言者义也"。这里所谓的"义",是指唐不接受悉怛谋的投降,在维州问题上唐对吐蕃守"信"。在司马光看来,守"信"比得维州更为重要,所以他说:"维州小而信大。"他把信视为皇帝巩固其统治地位的大端。

他说:"夫信者,人君之大宝也。国保于民,民保于信;非信无以使民,非民无以守国。是故古之王者不欺四海,霸者不欺四邻,善为国者不欺其民,善为家者不欺其亲。不善者反之,欺其邻国,欺其百姓,甚者欺其兄弟,欺其父子。上不信下,下不信上,上下离心,以至于败。"(《资治通鉴》卷二,显王十年)

这段话,针对商鞅变法时为了取信于民,立三丈之木于国都市南门,然后宣布凡能将此木徙置北门者赏给十金,以及太子犯法也要治罪的措施而说的。他虽然指责"商君尤称刻薄",但他称赞这种取信于民的措施。由此可见,他认为国君能不能掌握"信"这个法宝,是与国家的兴亡直接有关的。正是这种原因,凡是在有关能否守"信"的问题上,他的立场、观点都是非常明确的。例如,唐太宗最初打算和薛延陀和亲,已经决定把新兴公主嫁给薛延陀的真珠可汗,后来,又改变主意,拒绝和亲。对此,司马光尖锐地批评了唐太宗。

他说:"孔子称去食、去兵,不可去信。唐太宗审知薛延陀不可妻,则初勿许其婚可也;既许之矣,乃复恃强弃信而绝之,虽灭薛延陀,犹可羞也。王者发言出令,可不慎哉!"(《资治通鉴》卷一九七,贞观十七年)

在《通鉴》中,司马光多次称赞唐太宗,在这个问题上,却明确地批评唐太宗"恃强弃信",正说明他重视"信"。另如,对待方镇,他以董重质、郭谊为例说:"彼二人始则劝人为乱,终则卖主规利,其死固有余罪。然宪宗用之于前,武宗诛之于后,臣愚以为皆失之。何则?赏奸,非义也;杀降,非信也。失义与信,何以为国!"(《资治通鉴》卷二四八,会昌四年)这就是说,尽管降者是"死固有余罪",但杀掉他们是错误的,因为"杀降,非信也"。再如,宪宗时,兖、海、沂、密观察使王遂,由于在盛夏时节强迫士卒为其营造府舍,致使"将卒愤怨",役卒王弁乘机杀了王遂,自称留后。朝廷欲讨伐王弁,又恐怕引起其他各地兵变,于是采用欺骗的办法,诱使王弁入京,腰斩东市。同时,还用欺骗的手段,诱杀郓州将士一千二百人。司马光认为这种做法是"徇近功不敦大信"(《资治通鉴》卷二四一,元和十四年)。这又说明,在司马光看来,"信"对皇帝来说,是决不可少的东西。

根据以上事例,可以清楚地说明,司马光在维州问题上赞扬牛僧孺,是因为牛僧孺强调皇帝必须掌握"信"这个法宝,以利于巩固其统治地位;在其他方面批评牛僧孺,是因为他在其他方面的主张不利于巩固最高统治者的地位。不难看出,这仍然是围绕着最高统治者的地位而衡量得失的。

关于德宗免除赵光奇家赋役事

安史之乱以后,均田制度已经破坏,租庸调制也无法实行,唐朝政府为了使其税收的来源有所保证,遂于公元七八〇年(建中元年)实行了两税法。按照两税法的规定:"比来新旧征科色目,一切停罢,两税外,辄别配率,以枉法论"(《唐会要》卷七十八《黜陟使》)。但实际上并非如此。例如,公元七八二年(建中三年),淮南节度使陈少游请求把本道的税钱每千钱增加二百。德宗不仅批准了这个请求,同时还下诏其他各道都和淮南一样增加。另外,还把盐价每斗提高一百钱(《资治通鉴》卷二二七,建中三年)。至于各地藩镇、州、县随意增加的项目,更是难以数计。所以,宰相李泌说:"自变两税法以来,藩镇、州、县多违法聚敛。"(《资治通鉴》卷二三二,贞元三年)在统治阶级这种残酷的剥削下,广大农民极为痛苦,即使在丰收之年,也难以温饱。例如,公元七八七年(贞元三年),是"最为丰稔"的岁月,皇帝下诏和籴。就在这年年底,德宗外出打猎,偶然到了农民赵光奇家里。德宗问赵光奇:"百姓乐乎?"赵光奇答道:"不乐。"德宗又问:"今岁颇稔,何为不乐?"赵说："诏令不信。前云两税之外，悉无他徭，今非税而诛求者殆过于税。后又云和籴，而实强取之，曾不识一钱。始云所籴粟麦纳于道次，今则遣致京西行营，动数百里，车摧马毙，破产不能支。愁苦如此，何乐之有！每有诏书优恤，徒空文耳！恐圣上深居九重，皆未知之也！"德宗听了，遂命免除赵光奇家的赋役。针对这件事情，司马光又进行了评论：

"甚矣唐德宗之难寤也！自古所患者，人君之泽壅而不下达，小民之情郁而不上通；故君勤恤于上而民不怀，民愁于下而君不知，以至于离叛危亡，凡以此也。德宗幸以游猎得至民家，值光奇敢言而知民疾苦，此乃千载之遇也。固当按有司之废格诏书，残虐下民，横增赋敛，盗匿公财，及左右谄谀日称民间丰乐者而诛之；然后洗心易虑，一新其政，屏浮饰，废虚文，谨号令，敦诚信，察真伪，辨忠邪，矜困穷，伸怨滞，则太平之业可致矣。释此不为，乃复光奇之家；夫以四海之广，兆民之众，又安得人人自言于天子而户户复其徭赋乎！"（《资治通鉴》卷二三二，贞元三年）

由以上评论可知，司马光认为唐德宗还未认识到问题的严重性。因为赵光奇一家的悲愁，是广大农民所共有的，知道了他家的情况，只免除了他一家的赋役，是不能解决问题的。如果说谁直接向皇帝反映了情况，就免除谁家的赋役，那么能够做到人人都向皇帝反映情况而都免除其赋役吗？当然不能。只有对那些残虐人民，横征暴敛，而又隐瞒民间的真实情况的官吏严加惩办，废掉那些不解决实际问题的空文，认真分清是非好坏，解决些国家的实际问题，才能出现天下太平。那么，这是否可以说是司马光认为唐德宗对农民的疾苦关心不够呢？回答只能是否定的。因为司马光已经说的非常清楚，"自古所患者"，是君的恩德不能下达，民间的苦情不能上通，这样，必然形成"离叛危亡"。"离叛危亡"，是有关皇帝地位的大问题。这就是说,能否解决好君民联系问题,是自古以来都认定的有关皇帝地位巩固与否的大问题。说到底,又是一个巩固最高统治者的地位的问题。这又说明,《通鉴》的中心思想是为北宋皇帝总结历史经验,巩固其统治地位。

三、就上述诸例看司马光的历史唯心主义

由于司马光认识到历史和现实的关系非常密切,所以,他专门为北宋皇帝撰写了《通鉴》。从宋英宗命他编集"历代君臣事迹",宋神宗又赐名《资治通鉴》,已经可以说明他是专为皇帝总结历史经验,从中寻找巩固其统治地位的借鉴而写书了。通过司马光对唐朝几个问题的评论,更充分地说明了这点。但司马光对唐朝几个问题的评论,都是从根本上抹煞了人民群众的历史作用,只看见统治者的活动,所以他只能从统治集团的少数几个人来谈论历史上的"治"和"乱"。

例如,关于"玄武门之变"的评论,显然只是抓住了现象,抛开了实质。当时的社会实质问题,是广大农民和隋炀帝为代表的地主政权之间的矛盾非常尖锐,封建政权对广大农民的残酷剥削和奴役,迫使农民走投无路,只得奋起造反。轰轰烈烈的农民大起义,摧毁了隋炀帝政权。隋炀帝南逃江都,无力控制局面,从而失去了地主阶级代理人的作用,统治集团内部也起了分化,杨玄感起兵和各地割据势力的出现,充分说明地主阶级已经抛开了隋炀帝,需要另找其代理人了。面临这种形势,李渊乘机而起,避开了关东农民起义的锋芒,进兵关中,实行了改朝换代。显而易见,首先是农民革命摧毁了隋炀帝政权,给唐朝的建立创造了条件,其次才是李氏父子利用机会,改朝换代。司马光只说李渊建唐是李世民的

功劳,无形之中就抹杀了农民起义推翻隋朝的伟大功绩,同时也掩盖了李氏父子窃取农民革命胜利成果的实质。抹杀人民群众的作用,夸大封建皇帝的能力,正是历史唯心主义的突出特征。

另如,在评论君臣关系时,他说"君明臣直","表动则景随";在评论"朋党之争"时说,"若明主在上","则朋党何自而生则"!若"昏主"在位,则"邪正并进,誉毁交至","于是谗慝得志而朋党之议兴",完全否认了统治集团内部的矛盾会在君臣关系中有所反映。在他看来,只要皇帝有所作为,统治集团内部的矛盾就可以迎刃而解。不可否认,不同的封建皇帝,必然在历史上起不同的作用。隋炀帝倒行逆施,破坏生产,严重影响了历史的发展;唐太宗实行了缓和阶级矛盾的措施,促使了生产的恢复和发展。当然,这是两种类型的皇帝。隋炀帝迅速垮台,身首异处,正说明他个人的行动不能阻挡历史的前进;唐太宗时,社会生产能够恢复和发展,说明唐太宗的活动符合了历史前进的要求。这两种情况,都说明皇帝个人的行动必须受历史发展规律的制约。司马光抛开一切社会条件,避而不谈农民阶级和地主阶级的矛盾及由其规定和影响的统治阶级内部的矛盾,仅只孤立地谈论皇帝个人的作用,这种皇帝个人决定一切的谬论,当然是历史唯心主义。

关于唐德宗对待民间疾苦的评论,虽然司马光认为德宗仅免除赵光奇一家的赋役不能解决全国的问题,似乎涉及到人民群众的作用,但实际上是他认为只要皇帝个人勤于政治,使民情能够上通,同时,严格各种制度,惩办贪官污吏和隐瞒民间真实情况的官吏,"则太平之业可致矣"。这又是皇帝个人决定一切。事实根本不可能如他想象的那样,封建制度本身,就是地主阶级对农民阶级的经济剥削和政治压迫。即使除掉贪官污吏,各级官吏都按照封建制度所容许的范围对农民进行剥削和压迫,也必然造成许多农民的破产和逃亡,出现像赵光奇家那样的悲惨景象。事实上唐德宗本人也在不断地给农民增加两税法以外的额外负担。例如,两税法实行以后的附加赋役,固然有些是各级官吏增加的,但也有些是皇帝下诏增加的,公元七八二年(建中三年)税钱每千钱增加二百就是德宗批准的。因为不增加赋税,封建国家就无法维持。不断增加赋税和徭役,必然促使阶级矛盾激化。面对这种矛盾,皇帝显然无能为力。司马光看不到这些矛盾,埋怨唐德宗没有按照他的设想行事,显然也是历史唯心主义。

历史唯心主义是违背历史发展的规律的,所以,司马光虽然千方百计地为北宋皇帝总结历史经验,从中寻找借鉴,终于没有挽救北宋王朝的灭亡。后来历代的封建皇帝,也无不重视《通鉴》的作用,但都没有使《通鉴》成为他们巩固其统治地位的灵丹妙方,一个一个的封建王朝,还是不断地被推翻,不断地进行改朝换代。这就是说,司马光为巩固封建统治而编撰的《通鉴》所发挥的作用,没有超出其历史的、阶级的局限范围。

(选自《陕西师范大学学报》1980 年第 3 期)

牛致功(1928—　　　),河南偃师人,陕西师范大学、陕西省文史研究馆教授,主要著作有《李渊建唐史略》、《唐代的史学与通鉴》、《唐高祖传》等等。

本文从司马光对唐朝几个问题的评论入手,认为《资治通鉴》的中心思想是维护伦理纲常,总结历史经验,为巩固北宋的统治服务。

二程的历史观

吴怀祺

程颢、程颐是宋代理学的奠基者,他们的理学思想中包含有对历史的哲理的认识。在他们看来,人类和万物同生,社会秩序和历史盛衰变化是天理的体现。二程在中国史学思想史上也占有重要的地位。研究二程的历史观对理解两宋的理学和史学是一件有意义的事。

程颢、程颐祖籍为安徽徽县,(《河南程氏家谱》)五世祖居中山博野。其高祖程羽在宋初官至兵部侍郎、太宗朝三司使。其父程珦,仁宗录旧臣以程珦为黄陂尉,后知龚州、磁州、汉州等,晚年累转太中大夫,哲宗元祐五年(公元 1090 年)卒,年八十五。(《宋史》卷 427,《程颢程颐传》)

程颢,生于宋仁宗明道元年(公元 1032 年),卒于宋神宗元丰八年(公元 1085 年),字伯淳。程颢卒后,文彦博采士大夫的议论,题其墓曰:"明道先生。"宋仁宗嘉祐二年(公元 1057 年)中进士第,后调鄠县主簿、上元县主簿、晋城令。程颢在各地理政有方,兴办教育,有政声。宋神宗熙宁初,因吕公著推荐,程颢为太子中允、权监察御史里行。王安石变法,程颢一度为三司条例司的属官。但程颐主张变革要合"道",反对"功利"之论。《宋史》称"自安石用事,颢未尝一语及功利",最终因与王安石议论不合,程颢去职,出提点京西路刑狱,固辞,改签书镇宁军节度判官,在澶州治理河务有成绩。熙宁五年(公元1072)罢归洛阳,后得监西京洛河竹木务。熙宁十年(公元1077年)改官太常丞。元丰元年(公元1078年)知扶沟县。元丰六年,监汝州酒税。元丰八年卒。自罢归洛阳后十余年,程颢的主要精力是用在和其弟弟程颐讲学上面。程颢的学问也是于此而大成,所谓"泛滥于诸家,出入于老、释者几十年,返求诸《六经》而后得之。"(程颐:《明道先生行状》)

程颐生于宋仁宗明道二年(公元1033年),卒于宋徽宗大观元年(公元1107年),字正叔。早岁与兄程颢同受学于周敦颐,后随父在父任所读书。嘉祐元年(公元1056年)其父为国子监博士,程颐和程颢随父至京师入国子监。程颐因为在文章中表达出求圣人之道的意愿,受到胡瑗的赏识。程颐曾上书仁宗皇帝,希望皇帝看到社会危机的严重,能有所更张。程颐、程颢在洛阳设馆授徒讲学,是一时的盛事。"(颢)居洛阳十余年,与弟伊川先生讲学于家。化行乡党,……士之从学者不绝于馆,有不远千里而至者。"(《二程集》第一册,《门人朋友叙述并序》)二程在洛阳期间,与司马光、吕公著、邵雍等有交往。

元丰八年,程颢卒后。程颐在理学上继续作深入探索,进一步倡明道学①。哲宗即位,新法废行,司马光、吕公著等荐程颐。哲宗特诏上殿面对,入见,擢崇政殿说书。他三次上疏,陈述"成就君德"的重要,这就是《论经筵》三札。又上书高太后,以为"今日之大急"是"辅养上德"。当时以程颐为首的洛党和以苏轼为首的蜀党由于政治、学术上见解的歧异相互水火。元祐二年(公元

---

① 程颐自谓:"吾四十岁以前诵读,五十以前研究其义,六十以前反覆细绎,六十以后著书。"(《程氏遗书》卷24)

1087 年)八月,罢程颐崇政殿说书,差权同管勾西京国子监。

宋哲宗亲政,绍述新政,程颐遭厄运,是重点打击的"奸党"成员。绍圣中,削籍窜涪州。元符二年,程颐的主要著作《易传》成。徽宗即位,徙峡州,俄复其官,又夺于崇宁,卒年七十五。葬时,只有弟子尹厚、张绎等四人料理丧事,其余因怕牵连,不敢参加葬礼。直到南宋理宗淳祐元年(公元 1241 年),也就是程颐死后 134 年,二程的地位才改变,诏封程颢为河南伯,程颐为伊阳伯。

二程的经历说明在二程的理论中,程颐的思想是主要的。二程在政治上看到社会危机的存在,主张有所更张,程颢在政治活动中有不少政绩,但二程和王安石政治路线不同。二程偏向保守。二程和其他理学家思想有分歧,程颢和程颐的学术思想也有差异,这种差异发展下去,便是朱熹、陆九渊的分别。下面,为研究上集中论述的需要,加之二程的思想上的主要方面相同,我们将二程并提,但二程思想不同的地方,是不可以泯灭的。

一 史学在二程理学中的地位

在程颢、程颐的理学体系中,史学处在一个紧要的位置上。要说明这个问题,我们要把握二程的思想体系。二程认为"理"是世界的本原。"天下只有一个理"(《程氏遗书》卷 18),这是一个意思,而万事万物各有其特殊情形,各有其理。这是二程的理一分殊的思想。程颐说:

> 天下之理一也,涂虽殊而其归则同,虑虽百而其致则一。虽物有万殊,事有万变,统之以一,则无能违也。(《周易程氏传》卷 3)

物有万殊,事有万变,是具体事物的特殊性。"天下之理一也"是存在于特殊性中的普遍性和一般性。"理一分殊"的观点包含一般和个别、普遍和特殊的辩证关系的认识。

"理一分殊"的思想还说明求理,由"万殊"始,由万物的具体的理去推求"天下一理"的"理"。程颐说:"物虽异而理本同,故天下之人,群生之众,睽散万殊,而圣人为能同之"(《周易程氏传》卷3)。这是由个别求一般的思想。

基于"理一分殊"的思想,二程说明了史学在理学中的地位:

> 或问:"学必穷理。物散万殊,何由尽穷其理?"
>
> 子曰:"诵《诗》、《书》,考古今,察物情,揆人事,反复研究而思索之,求止于至善,盖非一端而已也。"(《程氏粹言》卷1,《论学篇》)

又说:

> 理则天下只是一个理,故推至四海而准,须是质诸天地,考诸三王不易之理。(《程氏遗书》卷2上)

可以看出,二程把史学作为穷理的一条途径,"考古今"和"察物情""揆人事"作为获得"理"的认识三个方面的一个重要方面。史学是"格物穷理"的"格物"手段之一。程颐说:"读史须见圣贤所存治乱之机,贤人君子出处进退,便是格物。"(《程氏遗书》卷19)这在实际上说明了史学的价值。

程颢曾批评谢良佐能"举史文成诵"是"玩物丧志",但这不能认为程颢轻视史学。关于这件事的记载和解说是这样的:

> 明道见谢子记闻甚博,曰:"贤却记得许多,可谓玩物丧志。"谢子被他折难,身汗面赤。先生曰:"只此便是恻隐之心。"
>
> 明道"玩物丧志"之说,盖是箴上蔡记诵博识,而不理会道理之病。(《上蔡先生语录》卷之中)

程颢批评谢良佐(上蔡)读史只知记诵,是"玩物丧志",着眼点是要谢良佐读史重在"理会道理"。程颢自己读史是字字不放过。

二程认为史学的根本任务是识"理",达到识"理"的要求,读史书是要从历史上的盛衰治乱兴废存亡处,思考历史变动的理,程颐说:

> 凡读史,不徒要记事迹,须要识治乱安危兴废存亡之理。且如读《高帝》一纪,便须识得汉家四百年终始治乱当如何,是亦学也。(《程氏遗书》卷18)

他自己就是这样读史的:

> 先生始看史传,及半,则掩卷而深思之,度其后之成败,为之规画,然后复取观焉。然成败有幸有不幸,不可以一概看。

程颐认为"看史必观治乱之由,及圣贤修己处事之美。"(《程氏遗书》卷24)《二程集》中还有意思大致相同的一段记载,说:

> 先生每读史到一半时,便掩卷思量,料其成败,然后却看有不合处,又更精思,其间多有幸而成,不幸而败。今人只见成者便以为是,败者便以为非。不知成者煞有不是,败者煞有是底。(《程氏遗书》卷19)

这几段材料反映出二程对史学的看法。可以看出二程读史明理的方法,第一,要在历史盛衰兴亡变动的转折处思考历史。大凡历史上的大变动时刻,盛衰交替、朝代的兴灭,是各类矛盾激化、明朗化时期,探讨历史容易从这类矛盾切入。第二,"看史,必观治乱之由。"所谓"治乱之由"在二程那里是二层意思,一是治乱形成的过程。如读《汉书》,要从汉家四百年历史过程中思考历史兴衰问题。二是造成治、乱与兴、衰的原由的探讨。成,何以成;败,何以败。盛,因何而盛;衰,衰的根由何在? 第三,兴衰成败治乱是复杂的。成,固然是应该肯定,是"是",但其中也有不能肯定的方面,这便是"成"中有"非"。同样,败者是"非",然而也有"是"。如在二程看来,唐初是盛世,但以三纲五常的标准来衡量太宗父子所有作为,又有许多"非"。所以,程颐说:"唐有天下,如贞观、开元间,虽号治平,然亦有夷狄之风,三纲不正,无父子君臣夫妇,其原始于太宗也,故其后世子弟,皆不可使。"(《程氏遗书》卷18)这是"成"中有"非","盛"中有"衰"的一个例子。

二程提出的许多问题,就其本身来说,有它合理的地方。由"理一分殊",一般与个别的关系上,指出史学的地位的重要,强调从历史盛衰兴废中,反覆思索支配历史的"理",认为不能一概以"成"者为是,"败"者为非的眼光,估定历史的变动的意义。但二程历史观的误区在于,他们把纲常名分的教条作为万古不变的终极真理,不是由历史自身出发考察历史运动的法则。这样就颠倒了思维与存在的本末。这样,"考古今"以求"理",不过是以历史事实验证"天理"的永恒性,说明维系纲常名分是社会长治久安的关键。纲常名分成为评价历史事件、历史人物的准尺,历史的"是""非"全以这把尺子来衡量。所以史学地位虽然重要,但只能是处在从属理学的地位上。

二程关于史学地位的认识,为其门人所接受。从程颐到朱熹都是这样看待史学的。二程把史学作为其理学体系中的一个组成部分。二程提出了问题,但他们在史学上没有做出成绩来。他们为理学做了奠基工作,却没有完成理学的整个体系的构建,史学研究不足,就是原因之一。朱熹在使史学"会归理之纯粹"上做出系统的工作,所以朱熹是理学的集大成者,不只是在总体上继承、发展宋代的理学,而且他在史学上做的大量工作,使史学成为理学的有机组成,这方面是他的前辈不能相比的。

另外,二程把史学任务归结为探求历史盛衰之理,用天理的纲常名分评价历史事件的得失是非,是宋代史学重视历史盛衰总结的风气、思潮的特点之一。欧阳修、司马光、范祖禹等观点有分歧的地方,但他们在探讨历史盛衰之理上,都是从不同角度证明天理纲常不能动摇。二程能够从哲理上说明天理支配历史的变动,在宋代史学思想史上,二程的历史观占有重要的地位。

二　历史盛衰之理的探求

二程历史观集中表现在他们对历史盛衰的认识上。他们的认识可以归结为三个问题。一、历史盛衰的过程和盛衰的联结是怎样的。二、中国历史的盛衰变动的过程是怎样的。三、支配历史盛衰变动的原因是什么。

理气历史观的盛衰变动说　二程认为自然界事物和社会历史都是有盛衰变动的过程,说:

> 有天地之盛衰,有一时之盛衰,有一月之盛衰,有一辰之盛衰。一国有几家,一家有几人,其荣枯休戚未有同者,阴阳消长,气之不齐,理之常也。(《程氏粹言》卷2,《圣贤篇》)

自然天地到国家、社会、家庭,都不是凝固不变的,变动是"理"之常。"阴阳消长,气之不齐"是造成自然、社会盛衰变动的根据。二程以理气的观点说明盛衰变动,就把前人关于"盛衰论"的认识,提到哲理的高度。他们的历史观的特征是理气的历史观。

盛衰有大的历史阶段的盛衰之变,也有小阶段的盛衰的转折。程颐说:

> 且以历代言之,二帝三王为盛,后世为衰。一代言之,文、武、成、康为盛,幽、厉、平、桓为衰。以一君言之,开元为盛,天宝为衰。(《程氏遗书》卷18)

有大时代的盛衰转折,也有一个朝代的盛衰的变化,还有一个帝王统治时期内的盛衰的变动,这就大大丰富了人们对历史盛衰的认识。

造成盛衰变化的是"气之不齐",具体到社会上来说,"气之不齐"体现为"君子"与"小人"的差别。在二程看来,"君子"是社会"盛"的因素,"小人"是"衰"的因素,说:"自古治乱相承,亦常事,君子多而小人少,则治;小人多而君子少,则乱。"(《程氏遗书》卷2下)程颐还作了具体的说明,他说:

> 天地之间皆有对,有阴则有阳,有善则有恶。君子小人之气常停,不可都生君子,但六分君子则治,六分小人则乱。七分君子则大治,七分小人则大乱。如是,则尧舜之世不能无小人。(《程氏遗书》卷15)

二程历史盛衰变动论,从现实的人即"君子"与"小人"组成情况出发,说明社会的治与乱的标志和产生治与乱的原因。这是我们要重视的第一点。第二点,"君子"、"小人"杂进,尧舜时代也不能都是君子。有君子便有小人,有阴则有阳,有善则有恶,从"天地皆有对"的矛盾统一,说明治与乱、盛与衰是相对的,又是相互包含的。没有纯粹的治世、盛世,也没有纯粹的乱世、衰世。盛中有衰,治中有乱。"见盛观衰"的思想在中国史学思想上是一个古老的命题,这个命题本身凝含着对立统一的思想因素,但前人没有作出系统的阐发。二程从理气运行的观点,对盛衰治乱的联结作出分析。第三点,二程的解释,从气的运行变化的观点说明盛衰变动的永恒性,为盛衰相互转化作了理性的解释。

王道、霸道的历史过程论。 在二程的论述中,中国历史经过三个不同的时期。第一个时期是尧舜以前即二帝以上的时期,有的地方二程称为五帝时期,这一阶段涉及人类起源、社会秩序形成的问题。第二个时期是王道时期,或称二帝、三王时期,有时又称为先王或三代时期,主要指尧、舜和夏、商、周的历史阶段。第三个时期是霸道时期,或称为后王时期,是指三代以后,秦汉以后的历史。

尧舜以前,即二帝而上的历史特征,程颐说:"二帝而上,圣贤世出,随时而作,顺乎风气之宜,不先天以开人,各因时而立政。"(《程氏经说》卷4,《春秋传序》)这里说的社会治理方面的内容,其特点是"随时而作""因时立政",顺乎自然行事。

关于二帝以前的历史,应当提到二程对人自身产生的论述,因为这是历史开端的问题。二程用"气"解释人的出现,他说:

> 陨石无种,种于气。麟永无种,亦气化。厥初生民亦如是。至于海滨露出沙滩,便有百虫禽兽草木无种而生,此犹是人所见。若海中岛屿稍大,人不及者,安知其无种之人不生于其间?(《程氏遗书》卷15)

后世的人是繁衍而来的,最初的人是"无种"之人,这种"无种"之人与世界万事万物、有生命的、无生命的物一样都是"气化"形成的,所谓"太古之时,人物同生"。气是人和物的原质。

但是人与其它物体不同,这种不同是气的性质不同导致的,这里有一段对话:

> 刘安节问:"太古之时,人物同生?"
> 子曰:"然。"
> "纯气为人,繁气为物乎?"
> 子曰:"然。"(《程氏遗书》卷18)

在气化流行中,"纯气为人,繁气为物",纯气有时又称"五行之秀气",程颐说:"人乃五行之秀气,此是天地清明纯粹之气所生也。"(《程氏遗书》卷18)用"纯气"或"五行之秀气"解释人的产生,在今天看来是不科学的。但是他指出,人和物是同一原质分化来的,人和物同源,但又性质不同,这样的认识摈弃了神秘主义的色彩,在中国史学史上是一件重要的事。

应该说明,二程的历史观吸收了张载的气化流行的思想,但二者有区别。张载以气为本体,二程是在理本体的前提下谈气化流行,此其一。其二,张载以气不灭的观点,说明气的聚散形成万事万物,他说:

> 动物本诸天,以呼吸为聚散之渐;植物本诸地,以阴阳升降为聚散之渐。物之初生,气日至而滋息;物生既盈,气日反而游散。(《正蒙·动物篇》)

二程则认为天理不灭,气有常停,有往而不返,他说:

> 凡物既散则尽,未有能复归本原之地。造化不穷,盖生气也。近取诸身,于出于息气见阖辟往来之理。呼气则往,往则不返,非呼既往之气而后为呼也。(《粹言》卷2,《心性篇》)

二程认为物散则不复归本原之地,这不错。但是认为"造化生气"而气有往而不返,是理为本体的理气说。所以二程承认气形成万物,生成万物,但在理本体的体系下,他的观点是唯心的。

二程认为二帝而上、三代、三代后三个历史阶段发生的变化,是在循环中退化的。二程从三个方面论述历史这种变动的趋向。首先,自然和社会都呈现衰退的变动趋势。他说:

> 然有衰而复盛者,有衰而不复反者,若举大运而言,则三王不如五帝之盛,两汉不如三王之盛,又其下不如汉之盛。至其中间,又有多少盛衰。如三代衰而汉盛,汉衰而魏盛。此是衰而复盛之理。譬如月既晦则再生,四时往复来也。若论天地之大运,举其大体而言,则有日衰削之理,如人生百年,虽赤子才生一日,便是减一日。(《程氏遗书》卷18)

社会历史是盛衰往复变动,就某一个朝代来说,有"衰而复盛",也有"衰而不反"。从整个历史趋势看是"三王不如五帝之盛,两汉不如三王之盛,又其下不如汉之盛。"这种情形和自然界一样,天地日月循环往复,但"论天地之大运,举其大体而言,则有日衰削之理。"因此,程颐认为"日衰削之理"是社会和自然变动的共同规则。

其次,二程吸收史学思想上的关于历史变化"忠质文"的学说,阐发对历史的看法,说:

> 二帝而上,圣贤世出,随时有作,顺乎风气之宜,不先天以开人,各因时而立政。暨乎三王迭兴,三重既备,子丑寅之建正,忠质文之更尚,人道备矣,天运周矣。圣人既不复作,有天下者,虽欲仿古之迹,亦私意妄为而已。事之谬,秦至以建亥为正;道之悖,汉专以智力持世。(《程氏经说》卷4,《春秋传序》)

历史的变化在二程的眼里是忠质文的变动,三代之时,在这种循环周期中,达到"人道备矣,天运周矣"的地步,以后的历史是达不到这样的境界的。

最后,也是重要的,历史所以是在循环中呈退化趋向,其衡量的尺度是"天理"。三代是天理纯正的阶段,三代后是另一种情形。上面的引文是从历史总的过程来说明。二程特别就二帝三王与三代以后的历史作比较,说:"先王之世,以道治天下;后世只是以法把持天下。"(《程氏遗书》卷1)程颢说:

> 三代之治,顺理者也。两汉以下,皆把持天下者也。

(《程氏遗书》卷11)

程颐又说:

> 王者奉若天道,其命曰天命,其讨天讨,尽此道者,王道也。后世以智力把持天下者,霸道也。(《程氏经说》卷4,

《春秋传》）

非常清楚，所谓三代为盛，后世为衰，其衡量盛衰的标准是"理"。三代用"理"、"道"治天下，秦汉以后的社会是用"法"、"智力"行权术，控制天下。王道、霸道的区分是以天理流行情况作依据。

　　从以上论述中，可以看出二程历史观有两个不可弥补的缺陷。一、宇宙是辩证的无限的发展。事物发展是在螺旋中向上的运动。二程承认事物盛衰往复，"未有能复归本原之地"，但他的"日衰削之理"的认识是把宇宙的变化作为有限的量的递减。二、他们宣布二帝三王之世是"理"的标本，"天理"的纲常名分成为终极的真理，已经被他们发现了。由此，二程关于历史盛衰变动、盛衰联结的认识中的辩证法因素，最终被窒息了。

　　有一点要指出，二程认为社会历史在循环变化中呈退化的趋向，这种退化不是直线的倒退，不是说后世事事不如前代。二程举宋代为例，说："尝观自历代而后，本朝有超越古今者五事：如百年无内乱；四圣百年；受命之日，市不易肆；百年未尝诛杀大臣；至诚以待夷狄。此皆大抵以忠厚廉耻为之纲纪。"（《程氏遗书》卷15）在另一处，程颐说："汉大纲正。""唐有天下，如贞观、开元间，虽号治平，然亦有夷狄之风，三纲不正，无父子君臣夫妇"，唐只是"万目举"，而"本朝大纲甚正"。（《程氏遗书》卷18。又见《程氏粹言》卷1，《论政篇》）程颐认为从纲常"理"来衡量，宋代度越汉唐。

　　二程从理的角度说明中国历史的王道、霸道的分别，发展了先秦以后的"王、霸"之说。此后，杨时，张九成，特别是朱熹对王霸义利之说作了进一步发挥。这也是两宋史学思想史上争论的一个焦点。

　　国家治乱不可言命的思想　二程总结历史盛衰之理，提出"顺理而治"的观点。这解决两个问题，一是强调"理"是决定历史盛衰的根本原因。纲常名分的维系决定社会的安治,"名分正,则天下定",(《程氏遗书》卷21下)"大纲不正,万目即紊"。(《程氏遗书》卷15)二是说明人在"理"的面前不是无能为力的,顺理而治则天下兴盛,逆理而动则国家衰败。

"顺理而治"是两重含义,一是顺天理决定的上下尊卑的名分等级,治理社会。程颐说:

> "天尊、地卑。"尊卑之位定,而乾坤之义明矣。高卑既别,贵贱之位分矣。阳动阴静,各有其常,则刚柔判矣。事有理,物有形也。事则有类,形则有群,善恶分而吉凶生矣。(《程氏经说》卷1,《易说·系辞》)

又说:

> 夫治乱者,苟能使尊卑上下之义正,在下者巽顺,在上者能止齐安定之,事皆止于顺,则何蛊之不治也?其道大善而亨也,如此则天下治矣。(《周易程氏传》卷2,"巽")

这种"顺"是尊卑顺,把维护封建社会的等级秩序作为治理的手段,也作为治理的目标。

"顺理而治"的另一重意思,是顺人心而治。程颐说:

> 上说而下顺,为上以说道使民,而顺于人心;下说上之政令,而顺从于上。既上下顺说,又阳刚处中正之位,而下有应助,如此故能聚也。(《周易程氏传》卷3,"萃")

……顺理是上下交,交而通。程颐说:"建邦国所以为治也。上施政以治民,民戴君而从命,上下相交,所以治安也。"(《周易程氏传》卷1,"否")从上、下、君、民的双方的联结上分析治理的实质,是以联系的思想去看待政治的统治。这也就是"君臣之道通"的意思。道不通,就会致乱。程颐说:

> 君之所以能用其众者,上下之情通而心从也。今泰之将

终,失泰之道,上下之情不通矣,民心离散,不从其上,岂可用也,用之则乱。(《周易程氏传》卷1,"泰·上六")

二程提出"顺理而治"的思想,把理作为历史盛衰变动的支配者,又注意人事作用是顺理而治的条件。他提出"人力胜造化"的观点,认为"治乱之在国,不可归之命。"(《程氏粹言》卷1,《论政篇》)说:

> 世界有三件事至难,可以夺造化之力:为国而至于祈天永命,养形而至于长生,学而至于圣人。此三事,功夫一般分明,人力可胜造化,自是人不为耳。(《程氏遗书》卷22)

又说:

> 治则有为治之因,乱必有致乱之因,在人而已矣。(《程氏粹言》卷1,《论政篇》)

二程把人事作用纳入他们的理气历史观中,使他们的历史兴衰论增加合理的因素,避免了宿命论的逻辑结论。

二程的盛衰论中重人事的思想,体现在以下几个方面。首先是强调人君的品质、行为在历史兴衰中有至关重要的作用。"时之治乱"系乎人君,有圣贤之君,则天下安宁。是昏聩之君,则天下纷争。从人君的作为谈历史盛衰,可以说是两宋理学家、史学家通行的看法。二程重贤君的观点有一个特点,是把君与民两方面联系起来考虑,程颐说:

> 民不能自保,故戴君以求宁;君不能独立,故保民以为安。(《周易程氏传》卷1)

君的作用和民的重要性联系起来作为一个问题的两个方面来考虑,显示出程颐的历史眼光。

其次,重贤才之治。二程在这个问题上继承了前人的思想,同时又有新的发展。程颐说:"善言治天下,不患法度之不立,而患人材之不成。"(《程氏遗书》卷4)程颐说:"天下之治,由得贤也;天下之不治,由失贤也。"(《程氏文集》卷5,《上仁宗皇帝书》)应该强调的是,二程把贤才、小人联系起来,提出"朋"与"类"的概念。他们提出"天下之事,岂一人所能独任?"的观点,就是说,君主不可能以一人之力治天下。"大臣之位,任天下之事者也。天下之事,岂一人所能独任?必当求天下之贤智,与之协力。得其人,则天下之治,可不劳而致也;用非其人,则败国家之事,贻天下之患。"(《周易程氏传》卷4,"鼎·九四")这里说的"求天下之贤智",也是指一个群体。程颐说:

> 君子之进,必以其类,不唯志在相先,乐于与善,实乃相赖以济。故君子小人未有独立不赖朋类之助者也。自古君子得位,则天下之贤萃于朝廷,同志协力,以成天下之泰;小人在位,则不肖者并进,然后其党胜而天下否矣。(《周易程氏传》卷1,"泰·初九")

贤佐辅助君王治理天下,为安危之关键,如汤、武得伊、吕,周公辅成王,管仲相桓公,蜀汉得孔明,唐肃宗得郭子仪,唐德宗得李晟等等,(参见《周易程氏传》卷3,"蹇·九五","睽·九六";卷4,"丰·九二"等)二程指出这一点同时,强调"朋"、"类"的"同志协力"的重要,阻止"小人""党胜"。联系当时朝廷中的洛、蜀党争,可以看出程氏的历史观点和政治观点相通。

再次,二程认为要使贤才发挥作用,必须"去间"。认真观察历史,可以看出即使衰乱时代的王朝,并非缺乏贤良将相。贤良人才没有办法挽既倒之狂澜,除历史时势原因外,主要是"小人"擅政,君主与贤佐间有间隔。二程认为事物在相互联系中发生作用,从这一观点,他说明"去间"的必要:

> 天地不相遇,则万物不生;君臣不相遇,则政治不兴;圣贤

不相遇,则道德不亨;事物不相遇,则功用不成。遇之道,大矣
哉!(《程氏粹言》卷1,《论道篇》)

又说:

> 凡天下至于一国一家,至于万事,所以不和合者,皆由有
> 间也。若君臣父子亲戚朋友之间,有离贰怨隙者,盖谗邪间于
> 其间也,除去则和合矣。故间隔者,天下之大害也。(《周易
> 程氏传》卷2,"噬嗑")

从政治上看,"谗邪间于其间"是奸邪佞臣,(《周易程氏传》卷3,
"解·九二")但责任在人君,二程以为君王只有"诚"才能"去
间",说:"自古人君至诚降屈,以中正之道,求天下之贤,未有不遇
者也。"(《周易程氏传》卷3,"姤·九五")比如"高宗感于梦寐,文
王遇于渔钓"。归根结底,历史兴亡还是由"君心"所决定。

另外,二程不满意用灾异说解释人事历史的变化,认为言灾
异,当达其理。他认为汉儒的灾异说是牵强附会的解释,说董仲舒
的感应说是说过了头,他对《春秋》书灾异的看法是:

> 《春秋》书灾异,盖非偶然也。不云霜陨,而云陨霜;不云
> 夷伯之庙震,而云震夷伯之庙,分明是有意于人也。天人之
> 理,自有相合。人事胜,则天不为灾;人事不胜,则天为灾。人
> 事常随天理,天变非应人事,如祁寒暑雨,天之常理。然人气
> 壮,则不为疾;如羸弱,则必有疾。非天固欲为害,人事德不胜
> 也。如汉儒之学,皆牵强附会,不可信。(《程氏外书》卷5)

又说:

> 阴阳运动,有常而无忒,凡失其度,皆人为感之也。故
> 《春秋》灾异必书。汉儒傅会其说而不达其理,故所言多妄。
> (《程氏经说》卷4,又见《程氏遗书》卷18,22下)

二程承认有灾异,但不同意以感应说解释灾异现象,提出"人事常

随天理,天变非应人事。"这里强调人事是受天理控制。违反天理会召灾受祸。程颐说:"人事顺于下,则天气和于上。(鲁)桓弑君而立,逆天理,乱人伦,天地之气为之缪戾,水旱凶灾,乃其宜也。"(《程氏遗书》卷11)"逆天理"会引来水旱灾害,这里天理成了有意志的主体。二程用理气说调和重人事思想和灾异论,丢弃天人感应的灾异说,用"理"对灾异现象重新解释,证明天理是社会历史变化的最终支配者。

三　随时变易以从道

思想家不可能脱离现实、游离于时代之外思考,对历史哲理的总结,凝含着对现实运动的看法。而一代历史发展的问题,要求哲学家、史学家给予解答。二程处在宋代由盛向衰转变的关口,他们看到社会危机的严重,程颐在《上仁宗皇帝书》中说:

> 臣请议天下之事,不识陛下以今天下为安乎? 危乎? 治乎? 乱乎? 乌可知危乱而不思救之之道! 如曰安且治矣,则臣请明其未然。方今之势,诚何异于抱火厝之积薪之下而寝其上,火未及然,固既之安者乎? (《程氏文集》卷5)

宋代社会危机已到相当严重地步,内外交困,由内而言,"民力匮竭,衣食不足,春耕而播,延息以待,一岁失望,便须流亡。"而官府"急令诛求,竭民膏血""民无储备,官廪复空。"而边境上,"戎狄强盛,自古无比",宋廷"前有土崩瓦解之势"。程颐说:"臣每思之,神魂飞越。"

二程的社会变革思想,反映了他的历史观。就是说,他的理气观支配他的变革观。

二程认为运动变化是事物之理,说:"时极道穷,理当必变",

（《粹言》卷1,《论事篇》)"天下之理,未有不动而能恒者也。""唯随时变易,乃常道也。"(《周易程氏传》卷3,"恒")但是,二程认为"治道"有"本"、"事"的分别,"本"不动,"事"则须要变,说:

> 治道有自本而言,有就事而言。自本而言,莫大乎引君当道,君正而国定矣。就事而言,未有不变而能有事者也。大变则大益,小变则小补。(《粹言》卷1,《论政篇》)

简而言之,道不变,而事变,用程颐的话来说:"随时变易以从道。"(《易传序》)这就是他的理气观的变革思想的实质。

在二程变革观上有几点是值得人们注意的,一、"戒盛说"。程颐解释"戒盛"的意义,说:

> 大率圣人为戒,必于方盛之时。方盛而虑衰,则可以防其满极,而图其永久。若既衰而后,则戒亦无及矣。自古天下安治未有久而不乱者,盖不能戒于盛也。方其盛而不知戒,故狃安富则骄侈生,乐肆肆则纲纪坏,忘祸混乱则衅孽萌,是以浸淫不知乱之至也。(《周易程氏传》卷2,"临")

程颐没有从封建社会治乱根源上面着手,只求君王有"戒心",又是颠倒事情的本末,而且他所谓"戒",如何能有效实行呢? 看来程颐没有好的方案,还是归结于君王的品质修养上。但是他的"戒盛"说明盛衰的相互渗透、相互联结、相互转化。其二,"戒盛说"要求在事物极盛时就要着手"革弊""救衰",可以说,这是把我国古代史学思想中"见盛观衰"与"承弊易变,使民不倦"两个方面结合起来,这是程颐的发挥。

二、稽古而不泥于常。从变革的要求上说,"不泥于常",就是要损益制度、变革事物。程颐说:"凡天地所生之物,虽山岳之坚厚,未有能不变者也。""明理之如是,惧人之泥于常也。"(《周易程氏传》卷3,"恒")不泥于常就是"革","革者,变其故也","弊坏而后革之,革之所以致其通也。"(《周易程氏传》卷4,"革")

但是变革又有一定的标准,以什么样的要求、目标来进行变革,这正是衡量变革观的性质所在。程颢提出"稽古"说,他认为"稽古"和"不泥于常"不是两回事,他在《又上太皇太后书》中说:

> 图治莫如稽古,道必询于有道之士,古必访诸稽古之人。若夫世俗浅士,以守道为迂,以稽古为泥,适足以惑人主之听。(《程氏文集》卷6)

"稽古"不是"泥常","稽古"的具体含义是复三代之治,复天理,维护封建纲常等级礼制,这就是程颐变革观的实质。

根据"稽古""变常"相结合的观点,二程对行封建、井田的事,提出自己的认识。他们一方面认为井田、封建不可复,一方面提出要效法圣人行封建、井田之意,说:

> 必井田、必封建、必肉刑,非圣人之道也。善治者,放井田而行之而民不病,放封建而使之而民不劳,放肉刑而用之而民不怨。故善学者,得圣人之意而不取其迹。迹也者,圣人因一时之利而制之也。(《程氏遗书》卷22上;卷26;又见《粹言》卷1《论政篇》)

二程不像张载、李觏那样把行封建、井田作为解决社会危机的单方,提出师圣人之意的主张。程颐又说:"封建之法,本出于不得已。柳子厚有论,亦窥测得分数。秦法固不善,亦有不可变者,罢侯置守是也。"(《程氏遗书》卷22上)这里又以"不得已"解释变革是时势的必然,这是二程通达的地方。朱熹说:"横渠(张载)制井田毕竟繁,使伊川为之,必简易通畅。"(《朱子语类》卷98,《张子之书》))这是对二程思想的肯定。当然,封建的纲常之"本"是不能动摇的。

三、二程提出"审虑慎动"的主张。程颐说:"变革,事之大也,必有其时,有其位,有其才,审虑而慎动,而后可以无悔。"(《周易程氏传》卷4,"革·初九")变革要有一定条件,程颐说的"时""位""才"三者,即是强调变革的条件的意义,是"审虑"的内容。程颐把这样的思想进一步发挥,即所谓"治泰之道",说:

> 包荒、用冯河、不遐遗、朋亡,四者处泰之道也。人情安肆,则政舒缓而法度废弛,庶事无节。治之之道,必有包含荒秽之量,则其施为宽裕详密,弊革事理而人安之。若无含弘之度,有忿疾之心,则无深远之虑,有暴扰之患,深弊未去,而近患已生矣,故在包荒也。

> 用冯河。泰宁之世,人情习于久安,安于守常,惰于因循,惮于更变,非有冯河之勇,不能有为于斯时也。冯河,谓其刚果足以济深越险也。自古泰治之世,必渐至于衰替,盖由狃习安逸,因循而然。自非刚断之君,英烈之辅,不能挺特奋发以革其弊也,故曰:用冯河。或疑上云"包荒",则是包含宽容,此云"用冯河",则是奋发改革,似相反也。不知以含容之量,施刚果之用,乃圣贤之为也。

> 不遐遗。泰宁之世,人心狃于泰,则苟安逸而已,恶能复深思远虑,及于遐远之事哉? 当周及庶事,虽遐远不可遗。
> ……

> 朋亡。夫时之既泰,则人习于安,其情肆而失节。将约而正之,非绝去其朋与之私,则不能也。故云朋亡。……若夫禁奢侈则害于近戚,限田产则妨于贵家,如此之类,既不能断以大公而必行,则是牵于朋比也,治泰不能朋亡,则为之难矣。
> (《周易程氏传》卷1,"泰·九二")

包荒、用冯河、不遐遗、朋亡四者,提出推行变革的几个问题。第一,深思远虑,不可过急,这也是程颐在一些地方说的"渐""随时"

的意思。既要考虑人情安肆,因循旧习,也要把事情想得更周全一些,更要看到"近戚""贵家"的阻碍变革的可能。第二,要做到弊革理安,很明显,"天理"是变的依据,变而不能损害天理。第三,要有包含宽容之心以行变革之事。第四,变革要有刚果的决心,要"断以大公而必行"。这四个方面进一步说明"审虑慎动"的必要,在很多方面这也是针对王安石变法所作的批评。与王安石变法思想相比,二程变革特别显示出其理学的特性。

四、指责王安石变法是害人主心术,二程认为这是王安石的新法的最大害处。说:

> 如介甫之学,他便只是去人主心术处加工,故今日靡然而同,无有异者。所谓一正君而国定也。此学极有害。……始则且以利而从其说,久而遂安其说。今天下之新法害事处,但只消一日除了便没事,其学化革了人心,为害最甚,其如之何!
>
> (《程氏遗书》卷2下)

所以二程的变革观与王安石的变法思想是对立的。二程着重从王安石新法的学术影响上看问题,认为王安石的思想使得从人君到普通的老百姓都逐利忘义。二程认为求利但不趋利,说"天下只是一个利,孟子与《周易》所言一般,只为后人趋著利便有弊,故孟子拔本塞源,不肯言利。"(《程氏遗书》卷18)二程说的"损人欲复天理"还有反对"人欲过者"一面,程颐说:"峻宇雕墙,本于宫室;酒池肉林,本于饮食;淫酷残忍,本于刑罚;穷兵黩武,本于征讨。凡人欲过者,皆本于奉养,其流之远,则为害甚矣。先王制其本者,天理也;后人流于末者,人欲也。损之义,损人欲以复天理也。"(《周易程氏传》卷3)王安石言利、兴利,不言理,在二程看来,这会把人引指到逐利的方向去,而忘天理。

二程的变易以从道的变革观,是他们的历史观的具体表现,也是他们明理以致用的思想反映。通过二程的变易观的深入分析，我们对他们的理气历史观有具体认识。二程对天理、人欲的看法，对封建、井田的认识，关于变革的不泥常、稽古的认识对宋代的理学、史学都有影响。

四 二程的学术评论

二程的学术评论，具体反映他们的历史观点，这些是二程史学思想的组成部分。两宋史学思想领域内许多争论，追本溯源，可以从二程的论述中找到一些线索。本节侧重介绍二程有关史学问题的学术评论。

对儒家经籍的看法 二程认为儒家经籍体现了圣人的道。有人问："《诗》、《书》、《易》言圣人之道备矣，何以复作《春秋》?"回答是："盖《春秋》圣人之用也。《诗》、《书》、《易》如律，《春秋》如断案。《诗》、《书》、《易》如药方，《春秋》如治法。"(《程氏外传》卷9)这段话说明儒家经籍间的关系。《诗》、《书》、《易》是道的精神所在，《春秋》是"圣人之用"，是道的具体的体现、说明。前者为本，后者用。二程阐明《春秋》的地位，可以说，《春秋》既是经，又是史。《春秋》中有"事"，但重要的是《春秋》体现了道和理。所以，程颐说：

> 学《春秋》亦善，一句是一事，是非便见于此，此亦穷理之要。然他经岂不可以以穷? 但他经论其义，《春秋》因其行事，是非较著。尝语学者，且先读《论语》、《孟子》，更读一经，然后看《春秋》，先识得个义理，方可看《春秋》。(《程氏遗书》卷15)

又说：

盖有事则道在,无事则存天时,天时备则岁功成,王道存
则人理立,《春秋》之大义也。(《经说》卷4,《春秋传》)

《春秋》中有"事",而"事"中有道,《春秋》因事而明道,要识得
"道",应当先读《论语》、《孟子》及别的经书,再去读《春秋》。二
程的观点后来为朱熹发挥,提出"经先史后"说。

二程不同意把《春秋》看作是专行褒贬的史书,说:

后世以史视《春秋》,谓褒善贬恶而已,至于经世之大法
则不知也。《春秋》大义数十,其义虽大,炳如日星,乃易见
也。惟其微辞隐义,时措从宜者,为难知也。或抑或纵,或与
或夺,或进或退,或微或显,而得乎义理之安,文质之中,宽猛
之宜,是非之公,乃制事之权衡,揆道之模范也。(《经说》卷
4,《春秋传序》)

程颐认为《春秋》是"经世之大法"的一部著作,要从"微辞"中识
"义理之安",他没有否定《春秋》有以"抑、纵""与、夺""进、退"
"微、显"的手法表示出对历史的看法,但他反对认为《春秋》仅是
一部"褒善贬恶"的史著。这是二程对《春秋》笔法的一种看法。

《春秋》中有义理,后人为识理立了许多整齐的"例",是没有
道理的。程颐说:"《春秋》大率所书事同则辞同,后人因谓之
'例',然有事同而辞异者,盖各有义,非subject '例'拘也。"(《经说》卷
4,《春秋传》)所以整齐史例写史书,不是二程的主张。朱熹作《资
治通鉴纲目》在立例下了很大气力,是为史学进一步理学化的需
要。

对于后儒为《春秋》所作的传、释,二程认为有失圣人的原意,
特别以谶纬说《春秋》是一件荒谬的事。程颢说:"……去圣逾远,
诸儒纷纭,家执异论,人为殊说,互相弹射,甚于仇仇,开元秘书言
《春秋》者,盖七百余家矣。然圣人之法,得者至寡。至于弃经任

传,杂以符纬,胶固不通,使圣人之心郁而不显,吁,可痛也!"(《程氏文集》卷2,《南庙试策第二道》)程颢对《左传》的看法是"不可全信,信其可信者耳",信与不信的标准是以《春秋》经为准,他有两句话,说:"以传考经之事迹,以经别传之真伪。"(《程氏遗书》卷19;又见卷22上)《公羊传》《谷梁传》比《左传》又次一等。

关于《资治通鉴》《唐鉴》的意见 二程与司马光交往甚密。在洛阳期间,他们的政治倾向基本相同,形成了一个反对王安石变法的派别。司马光复出后,程颐为司马光引荐,受到朝廷的重用。二程推尊司马光,说:"君实笃厚,晦叔谨严,尧夫放旷。"(《程氏遗书》卷6)又说:"某接人多矣,不杂者三人:张子厚、邵尧夫、司马君实。"(《程氏遗书》卷2上)这是对张载、邵雍、司马光三人的肯定。

在史学上,二程与司马光有分歧,司马光的史学思想有专章论述,这里分析二程对司马光的看法。司马光在洛阳潜心写《资治通鉴》,同程颐讨论过唐史问题。这里有一段材料,说:

> 君实修《资治通鉴》,至唐事。正叔问曰:"敢与太宗、肃宗正篡名乎?"
>
> 曰:"然。"
>
> 又曰:"敢辨魏徵之罪乎?"
>
> 曰:"何罪?"
>
> (程颐曰:)"魏徵事皇太子。太子死,遂忘戴天之仇而反事之,此王法所当诛。后世特以其后来立朝风节而掩其罪。
>
> ……(《程氏遗书》卷2。又见《程氏外书》卷12)

司马光肯定魏徵;程颐批评唐太宗、肃宗、魏徵:

> 温公曰:"(太宗、肃宗)皆篡也。"
>
> 伊川曰:"此复何疑?"
>
> 伊川曰:"魏徵如何?"

温公曰:"管仲,孔子与之,某于魏徵亦然。"

伊川曰:"管仲知非而反正,忍死以成功业,此圣人所取
其反正也。魏徵只是事仇,何所取耶?"然温公竟如旧说。
(《程氏外书》卷12,《尹和靖语录》)

司马光实际反驳程颐的观点,他认为自己推崇魏徵和孔子推崇管
仲是一样的道理。程颐认为管仲和魏徵不能等同看待。实在说,
程颐的意见是强词夺理。司马光和程颐的争论,表明程颐执着天
理纲常评价历史人物。李世民"杀兄取位"、肃宗"即位灵武"都是
"篡",后人只知唐太宗是英主而不知其恶,二程尤为不满。魏徵
"事戴天之仇"(《程氏遗书》卷17,18),是不能肯定的历史人物。

司马光在《资治通鉴》中议论玄武门之变后,就太宗即位事评
论说:

臣光曰:立嫡以长,礼之正也,然高祖所以有天下,皆太宗
之功;隐太子以庸劣居其右,地嫌势逼,必不相容。向使高祖
有文王之明,隐太子有泰伯之贤,太宗有子臧之节,则乱何自
而生矣!既不能然,太宗始欲俟其先发,然后应之,如此,则事
非获已,犹为愈也。既而为群下所迫,遂至蹀血禁门,推刃同
气,贻讥千古,惜哉!夫创业垂统之君,子孙之所仪刑也,彼
中、明、肃、代之传继,得非有所指拟以为口实乎!(《资治通
鉴》卷191,"唐纪七·高祖武德九年")

司马光一方面以名分等级的礼制批评李世民杀兄取位"蹀血禁
门""贻讥千古",一方面肯定李世民的才能,指出太宗作为是形势
逼迫出来。司马光没有明说太宗为"篡",但指出玄武门之变,开
了后代中宗、明宗、肃宗、代宗以"兵"而继大统的先例。对魏徵,
司马光除赞颂他犯颜直谏外,还欣赏魏徵关于礼的见解(《资治通
鉴》卷192,"唐纪八·太宗贞观二年")。所以,二程和司马光的

争论不是历史观上的根本对立。相比之下,司马光评价历史人物较客观一些。

范祖禹是协助司马光写《资治通鉴》唐史部分的助手。但范祖禹和司马光对历史的看法不一样。(参见本书第五章,附:《范祖禹关于唐史的观点》)范祖禹另写《唐鉴》,司马光在《资治通鉴》的"臣光曰"中,没有采用范祖禹的看法。这个思想上的分歧,我们史学史研究著作中应该指出,并作出进一步的分析。

由于《唐鉴》对唐代历史的议论,符合程颐的观点,这部书受到程颐的很高的评价。据记载,"元祐中,客有见伊川者,几案间无他书,惟印行《唐鉴》一部。先生曰:'近方见此书,三代以后,无此议论。'"(《程氏外书》卷12,吕本中居仁《吕氏童蒙训》)这般记载前半段似不可信,后半段程颐说的话大致可信,但程颐说过了头。另一条记载尹焞与程颐的对话。

> 伊川使人抄范纯夫《唐鉴》。先生问曰:"此书如何?"
> 伊川曰:"足以垂世。"《唐鉴》议论,多与伊川同。(《程氏外书》卷12,吕坚中所记《尹和靖语》)

还有一条材料,说:

> 范淳夫尝与伊川论唐事,及为《唐鉴》,尽用先生之论。先生谓门人曰:"淳夫乃能相信如此。"(《程氏外书》卷11)

范祖禹写《唐鉴》,"议论多与伊川同","尽用先生论",晁公武举例作了说明,指出:

> (范祖禹)为温公《通鉴》局编修官十五年,分掌唐史,以其所自得著成此书,取武后临朝二十一年,系之中宗,其言曰:"……虽得罪于君子亦所不辞。"观此,则知淳夫之从公,决非苟同者。(《昭德先生郡斋读书志》卷2,《唐鉴》)

范祖禹明确表示自己的观点,他以"天理"标准评价历史人物行

事、论其功过。又以《春秋》褒贬笔法编年记事，即使武则天实际
建立起的武周统治也不予承认，武周统治下二十一年的历史，仍系
年中宗。后来朱熹对《唐鉴》的看法不同于程颐，朱熹说：

> 范淳夫纯粹精神短，虽知尊敬程子，而于讲学处欠缺。如
> 《唐鉴》极好，读之亦不无憾。(《朱子全书》卷63)

后面我们分析朱熹对《春秋》以及《春秋》"凡例"的看法，全面了
解朱熹的史学思想后，就可以明白朱熹与程颐观点分歧的原因。
程颐对范氏《唐鉴》以很高的评价，表明了他的理学家的史学眼
光。

　　总之，程颐与司马光、范祖禹的修史活动有关系，产生一定的
影响。程颐坚持以纯正的天理评论史事、人物，要求编年系事的历
史编纂符合天理纲常的准则。司马光以礼制名分的尺度衡量历史
事件和人物活动，以验证历史盛衰的根本经验在维系纲常名分等
级制度；同时，在记载历史时，注意从历史实际出发处理材料。程
颐和司马光在史学上的差异，反映了宋代史学在理学化的趋向上
各种思想的差别与斗争。

　　　　　　　　　(选自《宋代史学思想史》，黄山书社1992年版)

　　吴怀祺(1938—　)，安徽庐江人，北京师范大学史学研
究所教授，主要著作有《宋代史学思想史》、《郑樵文集(校补)
·郑樵年谱稿》、《郑樵评传》、《中国史学思想史》、《中国文
化史·宋》、《中国史学思想通史》等等。

　　本文对宋代理学奠基者程颢、程颐的历史观和史学思想
进行了全面论述，认为在二程的理学体系当中，史学居于重
要的地位，二程注重对历史盛衰之理的探求，并坚持以纯正

的天理评论史事、人物,要求编年系事的历史编纂符合天理纲常的准则。本文是一篇研究宋代理学与史学之间关系的力作。

论 "三 通"

朱 维 铮

《通典》、《通志》和《文献通考》,并非同类著作,却被人们合称"三通"。

至迟在十八世纪中叶,乾隆命开"三通馆",编撰"续三通"和"清三通",所谓三通、九通之类名目,就由此入了中国目录学史,并为中国史学史所沿用。

以往的中国史学史,多半是历史编纂学史,向来赋予材料的分类以过大的注意。但即使依照乾隆以后流行的史部分类法,三通之名,也说不通。杜佑的《通典》,与马端临的《通考》,无疑有亲缘关系。而郑樵的《通志》,则分明属纪传体通史,怎能视作杜马二书的族类呢?

清朝的四库馆臣,显然已感觉这个矛盾。证据就是《四库全书总目》,将杜马二书同列于史部政书类——"惟以国政朝章六官所职者入于斯类";(《四库全书总目》史部·政书类·序)而置郑书于史部别史类——"命曰别史,犹大宗之有别子云尔"。(同上引,别史类·序)不过,他们当然知道"三通"之名乃乾隆"钦定",因而还是恭维郑书"至今资为考镜,与杜佑、马端临书并称三通,亦有以焉"(同上引,别史类·通志提要)。

然而我们也不妨根据约定俗成的先例,有限度地继续使用

"三通"之名。限度就是同意《通志》有价值的部分唯在"二十略"，而这部分与《通典》《通考》的编纂形式相同。这样我们便可将它作为二者间的过渡点，大概了解唐宋史学中一个特殊领域的开辟过程。

需要说明，"三通"都是巨著，《通典》有二百卷，《通考》达三百四十八卷，《通志·二十略》也有五十二卷。本文只拟考察它的历史编纂形式，怎样在五百年间发生和发展。

一

编成于九世纪初的《通典》，作为一部奠基性的著作，无疑应首先讨论。

今本《通典》分为九门，依次是食货、选举、职官、礼、乐、兵，刑、州郡、边防。它的原型是传统纪传史的书志体，它的特点是把历代典章制度作为一种独立形态来叙述，它的影响是促使制度史的专门研究蔚为风气。如此等等，都已属于史学史的常识。

黑格尔说过，所谓健全的常识，常常是不健全的。即使只讲编纂学史，以上描述也留下一个疑问：何以这样的历史记录形式，正好在中唐形成独立的体系？

梁启超最早企图作出解释，以为原因在于典章制度大都承袭前代而有所损益，造成纪传体断代史作者面临两难处境："苟不追叙前代，则原委不明；追叙太多，则繁复取厌。"于是有"统括史志"的必要，于是有适应这种要求的《通典》出现（梁著《中国历史研究法》第二章）。他的说法当然有理，但指出逻辑的矛盾并不能代替历史的论证。《汉书》以下诸史志都曾遇到这一两难问题，唐初撰修"五代史"的史馆诸臣已认识到需要"统括史志"，因而才有《五代史志》的单独编纂,但为什么没有撇开纪传史而对制度沿革进行独立研究呢?

可见,就编纂形式论编纂形式,如同就史学思想论史学思想一样,说不清楚问题,相反造成一种似是而非的满足,妨碍人们深入一步去探究原因。

但原因还要从编纂形式说起。如所周知,到唐初,历史著作仍不外纪传史和编年史两种形式,即刘知几说的"二体"。唐太宗和唐高宗父子曾对编撰前朝纪传史以特殊重视,设置史馆,集中名家,修成《晋书》《隋书》等六部纪传史,加上李延寿所修而得唐高宗承认的南北二史,在数量上居于今称二十四史的三分之一。同时,他们对编撰前王编年史即先帝实录也十分重视,终唐一代都在进行。

尽管唐代列宗都把修史看作大事,史馆编制总是满员乃至超编,史馆需要如征集史料等得到政府法令的保证,然而恰是用传统形式撰写的史著,如纪传史,除初唐八史外,至今未留存一部;如编年史,留存的也只有韩愈《顺宗实录》一部。相反,曾在盛唐时期三入史馆的刘知几,便发牢骚说公卿大臣对修史愈是关心,愈使史官不敢动笔,"头白可期,汗青无日"(《史通·忤时》)。韩愈在唐宪宗时被任为史馆修撰,本是实行"文以载道"主张的良机,反而恐惧到要说"为史者不有人祸,必有天刑"(《答刘秀才论史书》,《昌黎外集》卷二)。稍后有个殷侑向唐穆宗上书,就哀叹道:"比来史学废绝,至有身处班列而朝廷旧章莫能知者"(参顾炎武《日知录》卷八史学条)。可见,修史日成畏途,读史日同嚼蜡,这是封建时代官方史学必至的弊病。

无论纪传史或者编年史,都主要反映历史的动态,前者主要写某一个或某一类人物的历史活动,后者主要写在时间中展开的人的历史活动。因此,这两种编纂形式在唐代日趋冷落,正意味着历史的动态研究的中衰。

然而唐代统治者重视向历史"问政理成败所因",是同实现封建制度法典化的过程相联系的,结果影响到史学一个新领域的开辟,即《通典》式的静态研究渐成风气。

唐朝继续隋朝的重建封建大一统事业,为克服前几世纪南北分裂造成的制度文化差异,用过很大气力。不如此则王朝难于稳定。而制度文化的统一,没有法的保障是不行的。还在北朝末,西魏僭主宇文泰和他的有远见的谋臣苏绰,就在模仿周礼六官的形式,制定系统的成文法典,隋朝在这个所谓北周六典的基础上,由高颎主持继续制定了各种统一措施。唐朝又改进隋制,经过一个多世纪,到唐玄宗时才大体完成封建制度法典化的漫长过程。

唐朝完成的法典共三部:《唐律疏议》,即刑法民法的综合法典及其官方解释;《唐六典》,即政府组织法和各种专门法令汇编;《大唐开元礼》,即封建等级法和道德宗教守则汇编。三部法典的基本原则,明清二代仍在沿用,表明它们确实较完备地体现了稳定封建制度的需要,但反过来也成为路标,证实中国封建社会由唐中叶开始进入发展迟缓阶段的意见是有道理的。

法典的制定过程,必定是制度文化的研究过程。例如长孙无忌为《唐律》所作的解释,就详考古律源流,说明取舍存废的理由,因而也成为现存最古的法律史著作。封建法典又是封建统治原则固定化的表现,它的各项内容必定早已用成文或不成文的形式在现实生活中通行。这些内容既经变成人们必须服从的规定,积极作用是稳定封建统治的现存秩序,消极作用便是遏制对现存秩序进行破坏的力量或事物的出现。这就决定了封建法典的性格,必然是要求现存的社会结构不变,要求现实服从原则,而不是原则适应现实。

由于这个缘故,伴随着制法过程而来的制度史研究,无可避免地要把封建制度看作静止状态,仿佛它是先验的存在。所谓制度本是特定历史时期人们社会关系的凝聚形态,但这时在制度史家眼里,却仿佛变成某种异己力量,尽管王朝在更替,君主在轮换,各类人物在匆匆过往,它却总是屹然不变,至多有修正补充而已。杜佑陈述编著《通典》态度时说的几句就很典型:"臣既庸浅,宁详损益,未原其始,莫详其终。"(均见《旧唐书·杜佑传》)如果记得孔子关于三代之礼以"因"为主而"损益"可知的说法,那末我们便不会把杜佑"宁详损益"说成是主张历史永在变化。

这样,《通典》和纪传史书志在编纂学上的区别,似也不难了解。书志虽然同以制度为记录对象,但只是纪传史的组成部分,反映的是封建主义运动过程中相对静止的断面,而《通典》则是将断面作为独立形态进行考察。

二

为《通典》初稿作序的李翰,为杜佑作墓志铭的权德舆,都说《通典》是创制。至《旧唐书》出,人们方知它有蓝本,就是唐玄宗开元末刘秩的《政典》。

《政典》已佚,如今只知它是分门书,分门的原则便是"取周礼六官所职",凡三十五卷。据说杜佑读后,琢磨它的宗旨,"以为条目未备,因而广之,加以开元礼乐",撰成《通典》。杜佑本人虽未明说受到《政典》启示,但在《通典》中引述过刘秩的议论,并且强调自己编书的准绳就是"周氏典礼"(均见《旧唐书·杜佑传》)。因此,北宋苏轼直指"《通典》虽杜佑所集,然其源于刘秩"(《志林》卷4),这说法是可信的。

按照今存一鳞半爪的记录,可以大体推知《政典》与号称唐玄宗所撰的《唐六典》的编写形式相仿。刘秩可能意在做它的历史篇,因而专详制度沿革,涉及礼的部分必定很少,因为那时有关礼乐的令式都另编入《大唐开元礼》。而杜佑"加以开元礼乐",说明《通典》的礼乐二门都是新增部分。那数量相当庞大,全书二百卷,礼门即占一百卷,乐门十五卷。而礼门中又有三十五卷是《大唐开元礼》的节编。因此,倘说《通典》主要是替盛唐颁布的两部法典提供历史论证,也许更接近客观实际。

不过,刘秩、杜佑都把自己的书命名为"典",所谓"言常道也"(参伪孔安国《尚书序》,并参孔颖达疏);杜佑又说自己探寻的是"法制"、"政经",著书的意图是"将施有政,用乂邦家"(通典进书表,见《旧唐书·杜佑传》);这都说明他们在主观上是想依据《周礼》设计治国法典。

《周礼》是古文经学的主要经典。它描绘的所谓周代典礼,本来是战国后的儒家对于往古制度的一种想象,而经过刘歆、郑玄到贾公彦等汉唐经学家,接连给它涂上斑驳的色彩,越发成了真假难分的遥远历史的回忆。随着社会由纷争进入一统,封建制度模式化的要求照例发生。"郁郁乎文哉"的周礼,很自然地被当作"经邦之轨则"(《通典》选举三引唐开元八年国子司业李元琼言)。尤其因为将近两个世纪的封建制度法典化过程,始终在复兴周礼的幻想笼罩下进行,更使封建政治家经学家对它滋长了迷信。但正当封建制度法典化接近尾声之际,即唐玄宗开元年间,人们忽然发现《周礼》"殆将绝废"(唐开元十六年国子祭酒杨玚言,见《旧唐书·杨玚传》)。紧接着,就是"渔阳鼙鼓动地来"。唐王朝虽然勉强渡过了地震,却已失去了昔日全盛的威灵。这在信仰观念决定论的封建士大夫看来,原因自然在于背离了周礼的常道,杜佑在安史之乱的战火方熄的唐代宗初期,立即着手改编《政典》为《通典》,宣布改编的蓝图是《周礼》,并且不辞辛苦地考索古礼损益和节钞《开元礼》。对此,人们或毁或誉,都不能不承认他把恢复和实施法典化的礼制,看作是收拾乱局的最大急务。明乎此,才能对《通典》编纂体系的矛盾作出恰如其分的估计。

这个体系,他自述如次:"天理之先,在乎行教化。教化之本,在乎足衣食。《易》称聚人曰财;《洪范》八政,一曰食,二曰货;管子曰仓廪实知礼节,衣食足知荣辱;夫子曰既富而教:斯之谓矣。夫行教化在乎设职官,设职官在乎审官才,审官才在乎精选举。制礼以端其俗,立乐以和其心。此先哲王致治之大方焉。故职官设然后兴礼乐焉,教化堕然后用刑罚焉。列州郡俾分领焉,置边防遏戎狄焉。"(《通典》自序)

所谓天理,在古代有着非常不同的解释。杜佑无疑是指封建的统治与被统治的关系合乎自然。在他看来,这种关系以周礼的规定最合理。只消按照盛唐时期几部法典行事,就意味着按照天理实行有效统治了。

"教化之本,在乎足衣食",是个引人注目的命题。《通典》以"食货"为首,而"食货"又以"田制"为先,在历史编纂学史上确属首创。它的客观意义,在于把封建社会的经济结构,尤其是土地关系的变革,放到制度史的首位,在以前还没有人作过如此尝试(参周予同主编《中国历史文选》下册通典解题,上海古籍1980年再版本,页40)。但从历史认识史上看,这个命题并不是杜佑的发明,而同他的先辈对照也不算突破,相反在基本点上是个退步。(参拙作《唯物史观在中国萌芽形态的历史考察》,载《马克思主义研究的几个问题》论文集,复旦大学出版社1983年版,页56—76)

不过,与同时代人如韩愈《原道》所表达的认识相比,杜佑以为要建立理想的封建秩序,主要办法是理财以增益赋税,而增益赋税就必须让小农不愁衣食,也就是不能只以搜刮为能事,这一点应该说触及到了所谓行教化的根本性问题。

杜佑既然看到了足衣食为教化之本,而盛唐时期的土地兼并已比西汉末期还严重(《通典》食货二唐开元二十五年均田令末自注),那末,逻辑的结论必然是行教化在乎抑兼并。假如他这样说,也无非是重复西汉以来无数政论家都设想过的方案。但杜佑也不愿说或者不敢说。他生活在安史乱后各种社会矛盾都很紧张的年代,只替稳定唐王朝的统治打主意,就一定要将法令弛坏诿诸于官吏无能,因此寄希望于改良官员的选举考核制度。不过,倘将这个逻辑贯彻到底,必然得出整个封建政权需要改造的结论,那也不失为一种触及时弊的治国方案。可是《通典》也论不及此,只抨击进士科代替明经科成为主要登仕门路,以致"考官唯华","以言取士",造成官不能称职云云(《通典》选举门序)。但谁委派喜好浮华的大臣去主持科举考试的呢? 能指望以言登士的公卿大臣不再以言取士么? 这又是难答的问题。杜佑只好回避,于是不得不沉溺于更大的幻想,就是指望唐王朝来个重整道德的运动,通过制礼立乐来正风俗,和人心。他将兴礼乐说得高于一切,恰好否定了开篇就引用的《管子》关于仓廪衣食与礼节荣辱关系的名言。

同样,杜佑明知所谓"教化堕"即封建统治秩序被破坏的根本原因,在于土地兼并造成的百姓困穷,但他提出的办法也只能是加强镇压。但即使在这里也有矛盾。他指出"大刑用甲兵"(《通典》自序述刑门下自注),古怪的是论兵单录古兵法,包括火鸟火兽之类也罗列不遗,唯独不提当时唐王朝迫切需要解决的兵制问题。这一部分大遭后世学者诟病,以为几近废品。其实批评者也不了解杜佑的隐衷。因为涉及兵制,便必然要对跋扈的藩镇割据发表意见。他任节度使多年,虽未必跋扈,却未必赞同消灭方镇。所以他对此绝口不提,正表明他所谓施诸有政的方略,着眼于维持现状,但希望现状更能秩序井然而已。

《通典》编纂体系存在的矛盾,反映杜佑思想体系的症结所在。他向往改革朝政,又唯恐触犯现状,因而问题提出颇尖锐,结论却极其平庸。这样,尽管《通典》的具体论述不乏特见,例如否定三代以前是理想盛世,例如否定夷夏分野绝对不变等,然而总的看来,他的历史观是形而上学的,认为周礼出现以后封建制度相因为主,损益为次,其趋势是这个制度将循着周礼提示的理想途径而止于至善。

所以,作为治国法典,杜佑的设计无疑属于不可能实现的幻想。但作为以静态方面研究封建典章制度的尝试,《通典》的编纂则无疑属于中国史学史上值得特书的事件。以往学者或从熟悉掌故的角度,或从鉴往知来的角度,称颂它是"有用之实学"(《四库全书总目》史部·政书类·通典提要)。这是以缺点为优点。有的学者则批评它体例不完备,取材欠精审(参马端临《文献通考》自序),这又是苛求于开山者。我认为,假如从历史编纂形式和历史观念发展的矛盾来剖析,那末问题似可得到澄清。

三

生活于十二世纪的南宋史学家郑樵,上距杜佑已近三百五十年。这几百年间,中国不仅经历了多次王朝更迭,而且自五代起,历史又似乎重演了南北朝对峙的局面。史学也走过了漫长而曲折的道路,最重要的事件是同一题材的纪传史的改编,通贯古今的编年史的复兴。前者的表征为欧阳修主编的"新"《唐书》和《五代史记》，后者的楷模则是司马光主编的巨著《资治通鉴》。这两大事件给郑樵的印象如此深刻，以致他竟然发愤三十年，企图像《通鉴》那样打通王朝界限，而改编《汉书》以下所有纪传体断代史为一部纪传体通史，以上续《史记》，命名为《通志》。结果呢？其志可嘉，其力不及。此书岂止编写形式无所创新，大半篇幅也是袭用旧史，并且仓促写定，史料都没有下功夫考核，以致它的纪传谱部分罕有读者。学者常提到的二十略，除礼等五略"本前人之典"以外，郑樵自诩为"汉唐诸儒所不得而闻"的十五略（《通志》总序），也只有氏族、六书、七音、都邑、昆虫草木五略算是新制，其它十略均被人摘发其"闻"自汉唐学者，乃至全钞《通典》。

郑樵行与言违，一面大唱"学术超诣本乎心识"，大骂班固"专事剽窃"，一面大抄《通典》并不言所本，还对宋高宗说是"臣之二十略，皆臣自有所得，不用旧史之文"（《通志》总序）。这种学风怎能不叫后代学者愤然呢？

我们自然不能苛求郑樵，他到底生活在九百年前。我们需要的只是了解《通志》二十略与《通典》的关系，以便对它们作编写形式的比较。

二十略序次如下：氏族，六书，七音，天文，地理，都邑，礼，谥，器服，乐，职官，选举，刑法，食货，艺文，校雠，图谱，金石，灾祥，昆虫草木。

与杜佑所分九门对照，可以看到同样属于封建社会的静态研究，《通志》的分类加详了，领域变宽了，序次改动了，在体系上和《通典》其实已不同。

自从书志成为纪传史的必要补充形式以后，它的发展就始终受到纪传史体的制约。纪传史愈来愈成为封建政治史，书志的内容也愈来愈收缩在朝章政令的狭窄范围内。杜佑使制度史脱离了纪传史的附庸地位,但辑录的材料和区分的门类,仍然没有越出传统领域。

郑樵开始打破这个壁障。《通志》虽是一部纪传史,但二十略的编纂没有受书志形式的约束。郑樵说修史"惟有志难"。如果单看史料辑集,则二十略当受訾议。然而进一步讨论编写体制,则不能否认二十略的序次,表现出一种新的形式和一种新的认识。

封建时代史学是经学的婢女,表现之一就是史学家几乎人人强调自己确定的历史编写形式,原型出于圣经贤传。关于书志体,刘知几曾说:"刑法礼乐,风土山川,求诸文籍,出于三礼。"(《史通·书志》)。这个意见无疑有代表性,而且易为人们接受。因此他的儿子刘秩开始把书志体从纪传史中分立出来,便强调以《周礼》为原型。杜佑更将制度史变成以礼为重心。

郑樵却宣称:"志之大原起于《尔雅》"(《通志》总序)。人们知道,《尔雅》虽然列于"经部",且自扬雄、刘歆提倡之后,几百年间研究甚盛,形成"雅学",但它究竟只是一部辞书,只是研习五经的入门,属于"小学"。郑樵以它为书志体原型,来否定书志出于雍容华贵的三礼的意见,这无异于否定"婢学夫人",而主张"婢学小星",怎能被封建学者所接受呢? 难怪清朝学者对于郑樵的说法,或者置之不理,如《四库总目》作者,或者是刘非郑,如章学诚("书志之原,盖出官礼",见章著《亳州志·掌故例议上》),而他正是以"申郑"著称的。后来的研究者,虽然承认二十略的若干部分扩大了历史研究的范围,但都不提郑樵关于志体原型的见解,看来多少受到清朝学者的影响。

其实,刘知几的说法,不过是对汉隋诸史志形式的一种描述,而指三礼为原型本属附会。杜佑虽说在理论上承认这种附会,但在实践上已显出困惑。他生活的时代,传统的经学已出现向理学变化的征兆,就是怀疑圣经贤传的可信性。例如啖助及其弟子赵匡、陆淳对《春秋》三传的怀疑,即为封建经学更新运动的前奏(参拙作《中国经学史研究五十年》,《中国哲学》第7辑,三联1982年版)。杜佑已注意到经学的这一变化,虽然还强调《周礼》的神圣性,但为了论证自己把食货放在领先地位的叙述形式有理,已不惮于攀附所谓法家鼻祖的《管子》。郑樵生活于封建经学更新运动接近完成的南宋初。那时不仅《春秋》被讥为"断烂朝报",连《周礼》也被斥为"战国阴谋之书"。郑樵原是怀疑派的健将。他的《诗辨妄》抨击《诗经》毛传郑笺,给朱熹撰写《诗集传》提供了灵感。因而他从事封建社会的静态研究,不再受所谓周礼的拘束,便很合乎逻辑。

但郑樵也如他的先辈欧阳修、苏轼、苏辙一样,还只满足于充当经学的怀疑派,所以他在史学上依然认定要从经书中获得编纂形式的启示。他自称启示来自《尔雅》。

《尔雅》在今人眼里无非是训诂书,而在经学家眼里却没有那么简单。曹魏的张揖已说它是周公解释制礼以导天下意义的著作(张揖《进广雅表》,见《广雅》卷首)。其后学者虽有异说,但直到宋朝,雅学家尚无人怀疑它并非释礼或释六艺之作,雅学家郑樵自不例外。倘以为他推崇《尔雅》,仅着眼于其中有释鸟兽草木诸篇,那是误解。不是的,他是为了寻找一种经典,一种可以替代《周礼》的启示录,来充当他关于社会历史总见解的合法装束。那是怎样的见解呢?

二十略是以姓氏学研究开篇的。"三代以前,男子称氏,妇人称姓";"氏同姓不同者,婚姻可通;姓同氏不同者,婚姻不可通"(《通志》氏族略序)。郑樵以为,"生民之本",即在于此(《通志》

总序)。不消说,他并没揭开人类起源的奥秘。但他提出了关于社会发展的一个重要猜测,那就是以男子为主体的家族,所以成为宗法封建制度的支点,古近官礼私议的轴心,既同严格婚姻制度密切相关,也同维护等级制度密切相关,因而一贯注意姓氏区别,所谓"姓所以别婚姻","氏所以别贵贱"(《通志》氏族略序)。现在知道,前者出于人类保种的自然需要,后者出于保护私有制下财富特权的历史需要。郑樵以此作为剖析封建社会结构史的起点,无疑比柳宗元的"封建"起源认识前进了一步。

紧接着,郑樵就考察"书契之本"、"天籁之本"。中国的语言文字不统一,在郑樵看来是传播华夏文化的最大障碍。因此他认为明氏别族之后,就要统一文字以明经旨,统一语言以布教化,"所谓用夏变夷,当自此始"(《通志》七音略序)。人人皆知礼义以后怎样呢?"民事必本于时,时序必本于天"(《通志》总序),因此知天象是重要的。"山川之所分,贡赋之所出"(《通志》地理略),因此知地理也是重要的。但人们不可无王,王者不可丧失安全,在郑樵看来自梁至宋屡受辽金欺侮,毛病就在王都没选好,因此必须考察建都史"为痛定之戒"(《通志》总序)。这三者显然意在说明人们生存环境之"本"。但对王者来说,最要紧的是实行有效而稳定的统治。恰是在这方面,郑樵现出了政治庸人的本相。自礼略至食货略,不仅大部分内容以抄袭《通典》为满足,而且序次又回到汉隋诸史志那里,仍然以礼乐为先,而以食货居末。他自称是创造的谥和器服二略,其实"乃礼之子目"(同上引,别史类·通志提要)。自然也吸取了新成果,如器服略论祭器形制,就采用了北宋吕大临等人所作的实物记录,但这也不能抵消他见解的迂腐。他和杜佑一样,自信其书讲透了治道要诀,为什么在至关治道的部分,反而如此平庸呢? 有的研究者已指出郑樵对宋高宗和秦桧缺乏认识,把统一希望寄托在这对庸主奸相身上。看来这是个重要原因,但还不是全部原因。

不过当郑樵把目光投向远离政治荆棘的学术史其它方面时,他的思维又活跃了。艺文以下六略,分别考察了图书分类学史,版本学史,谶纬图书兴亡史,铜器石刻铭文发现史,自然变异史和生物分类史。其材料固然也因袭,考证固然也多舛误,如《四库总目》作者讥评的那样。但我们假如不带盲目憎恶宋儒的偏见,则不能不承认郑樵在历史编纂学上确有新意。简单地说,就是他把文化形态的具体考察放在重要地位,注意形象和文物材料在社会历史研究中的作用,并尝试对人们生活所依赖的自然界的异变和常变作出如实说明。例如他反复强调图书中图的作用远过于书,不厌其详地列举出图的十六种作用,实际是说全部社会生活都离不开制图识图,并因而谴责目录学创始者刘向刘歆父子收书不收图,其罪"上通于天"(《通志》图谱略)。例如他痛斥讲褒贬大义的汉唐经学是"欺人之学",用五行生克释自然变异的汉唐史学是"欺天之学"(《通志》灾详略)。如此等等,虽或失诸偏激,立论也大有道学臭味,但确实击中了旧历史编纂学的痛处。

因此,总的说来,二十略的编纂形式,既不同于旧史志,也不同于《通典》,自然不同于作者所附会的《尔雅》。它由组成社会的基本单位叙述起,进而讨论人群的交往工具,生存环境,伦理宗教,政权组成,以及文化形态等等,较诸《通典》更能完整地反映封建社会的横断面,也同样照顾到纵剖面。尽管作者由于才力不济或品格庸懦,使形式胜于内容,但形式本身已体现着一种朦胧的原始的社会进化论。以往考据家见树不见林,对二十略的疵病指斥不已,或者过多护惜古人,乃至替郑樵的缺陷辩解,似乎均非平情之论。

四

郑樵曾说他的志向是"会通"，著二十略旨在"总天下之大学术而条其纲目"(《通志》总序)，事实证明他在夸海口。但过了大约一个世纪，这个志向却被马端临接了过去，并且编成一部巨著，名曰《文献通考》。

马端临与郑樵一样，公开声明自己崇拜司马迁而鄙视班固，说是前者发明了"会通因仍之道"，却被后者丢弃了。但他与郑樵不同，毫不隐讳自己是杜佑的私淑弟子，又决心青胜于蓝。他生活在宋末元初，何时着手和完成量达三百四十八卷的《文献通考》，至今还是个谜。但就体例严谨与史料有用而言，此书均超过以往二通。

清朝学者颇看不起《通考》。《四库总目》作者因康熙、乾隆都对它评价甚高，在抨击缺陷的同时，还勉强说两句好话。章学诚就更不客气，讽刺它画虎不成反类犬，"书无别识通裁，便于对策敷陈之用"(《文史通义·释通》)。

倘说马端临毫无见识，那是胡说，但说《通考》是科举制度产物，却不能一概否认。

《文献通考》，据马端临自述命名用意，包括三种性质的内容，即文、献和考(参马端临《文献通考》自序)。"文献"一词见于《论语》，朱熹谓文指典籍，献即贤(参朱熹《四书章句集注》释《论语·八佾》"文献不足"语。又同上书曾引朱说)。马端临指文为经史百家著作，献为古近朝野议论，即采朱说。所谓考，也来自朱熹表彰的《中庸》，内有非天子"不考文"之说，而根据儒者的解释，孔子作《春秋》就是代替天子"考文"(参刘宝楠《论语正义》集前人释

"文献不足"说）。马端临自称遍观古今文献，旨在考定信而有当的记述，不待说是隐然自居为当时孔子。

　　但这种综合文、献而加以通考的方法，其实得自唐宋科举尤其是博学宏词科的启示。中唐以后取士科目日多，凡所谓制科大都需试策论。南宋初，原属特科的博学宏词科变为常科，考试内容更以策论为主。而这种考试，就要求应试者熟悉古今典故、历代制度和名人议论。正因如此，号称掌故渊海的《通典》，便愈来愈得到学人重视。但从他们的需求来看，《通典》有两个缺陷，一是记录只到唐玄宗天宝末为止，随着时间的推移便日益显出缺乏近典近制，二是文富而献不足，尤其日益显出缺乏"时贤"的议论。所以北宋真宗就曾命宋白续《通典》，上起唐肃宗至德初，下迄周世宗显德末，二百余年间事，也编为二百卷。此书完全模拟杜书，已佚。南宋的魏了翁又续以宋事，编撰《国朝通典》，也未成。除续编外，宋代还出现了《通典》改编本，办法是摘抄历代典制和本朝名人议论，附于经过删节的《通典》各类事宜之后。我见过一种元初翻刻本，题为《新刊增入诸儒议论杜氏通典详节》（曾见该书元至元丙戌（1286）刻本，此本现藏复旦大学图书馆），其中增入的就是欧阳修、苏轼等人的大量政论，显然是便于对策敷陈所用。有意思的是它的分类编纂方式，与《通考》的文与献部分类似。章学诚讥讽马端临是在编写策试课本，并非无因。

　　不过雏型到底有别于成型。马端临是南宋末曾任右丞相的马廷鸾的儿子，朱熹学说信奉者曹泾的学生。元朝灭宋，不但毁掉了他的前程，也触发了他在元朝用夷变夏之际保存乡邦文献的渴望。他曾拒绝降元后任吏部尚书的父执留梦炎的招致，而在父亲指导下隐居著书，"聊辑见闻，以备遗忘"，"庶有志于经邦稽古者，或可考焉"（参马端临《文献通考》自序）。其隐衷是清朝名教信徒章学诚所不能理解的。正是这种态度，决定了马端临所编纂的，不是什么策试教科书，而是替未来的华夏统治者准备的历史教科书。

马端临说，他曾面对三种蓝本，需要进行抉择，但他决定舍弃《史记》《通鉴》，而选择《通典》。为什么呢？因为班固以下的断代纪传史作者，都失去了司马迁所发明的"会通因仍之道"。这实际是拒绝以《通志》为蓝本，因为从"经邦稽古"的要求来看，郑樵的体系显然不合时宜。司马光虽讲会通，但编年体的限制，使《通鉴》"详于理乱兴衰，而略于典章经制"。这在马端临看来，也忽视了历史的继承性，"窃以为理乱兴衰不相因者也"，"典章经制实相因者也"（参马端临《文献通考》自序）。因此，尽管他看《通典》也有缺陷，却是最适合表现他意向的编纂形式，难道这不算是"别识通裁"么？

确实的，马端临于开卷前便申明，《通考》二十四门，内有十九门，即田赋、钱币、户口、职役、征榷、市籴、土贡、国用、选举、学校、职官、郊社、宗庙、王礼、乐、兵、刑、舆地、四裔，"俱效《通典》之成规"，而经籍、帝系、封建、象纬、物异五门，"则《通典》元未有论述，而采摭诸书以成之者也"（参马端临《文献通考》自序）。你看，他好像故意给后人留下口实，以证实自己在编纂学上无所创新。与宣称大部分内容出自胸臆的郑樵相比，这个人真可谓墨守成规。

是这样吗？这涉及到史学史上颇有普遍性的一个问题：发现历史的某种编法固然是创新，那末完善它算不算创新呢？我们已看到，同样是从静态方面研究封建社会结构，杜佑的书重礼制，重官制，重财政，而忽视一般文化，郑樵的书正好相反，重视各种文化形态，却对经济政治制度缺乏兴趣，甚至不愿花力气给礼、职官、选举、刑法、食货五略各写一篇小序。二者的短处与长处一样醒目。马端临没有劳神苦思去发明杜郑均"不得而闻"的第三套体系，而是仔细审视两种编法的逻辑矛盾,取法《通典》,但重析门类,增补事迹,订正典故,考辨是非;同时又吸取《通志》和《唐会要》、诸史年表等书的长处,补充《通典》所缺乏的文化史等内容,使杜佑开拓的历史编纂形式,达到了形式自身所能容纳的完善程度。这起码可说是再创造。

历史编纂学和历史认识史不能混为一谈,但前者无疑要受后者影响。在经学作为统治学说的封建时代,历史认识不可避免地要追随经学变迁的足印。中国的封建经学,经历了时达五百年的更新运动,其结果就是由朱熹集大成的理学占据了舞台中心。杜佑适逢其端,但他关于礼的见解,没有超出孔颖达、贾公彦所作的唐代官方解释的范畴。郑樵是经学怀疑派的骁将,但他用力最深的《尔雅注》、受到反宋学的清代汉学家的一致赞赏,说明他仍未跳出古文经学的门户。马端临则不然,由其父其师那里接受了纯正的朱熹理学教育。朱熹对《通典》是颇有微词的,曾评论杜佑为它所作的提要《理道要诀》,"是一个非古是今之书"。按照逻辑,《通考》总的倾向当然是古非今。不过,非古是今,是古非今,都需要进行具体分析。

杜佑非古是今不假,但他所非的仅是三代以前之古,仅是秦始皇以后非礼而言动之古;他所是的上自所谓周公制周礼,下迄唐玄宗制开元礼。这中间凡属非礼的改革,杜佑都认为不合理。如此非古是今,能一概肯定么?

马端临是古非今也无可否认。他叙及尧舜禹汤文武周孔的政教,总是满怀敬意,但提到战国至两宋的典制,则多表怀疑与否定,乃至遣词造句也以贬为主。比方说商鞅开封疆,杨炎定两税,就有这样一段评论:"三代井田之良法坏于鞅,唐租庸调之良法坏于炎。二人之事,君子所羞称,而后之为国者,莫不一遵其法;一或变之,则反至于烦扰无稽,而国与民俱受其病;则以古今异宜故也。"
(《文献通考》田赋考序)倘说他是在赞美改革,便很难令人相信。
不过,他认为这类改革,虽不合理,却很合宜,而合宜的事就不应再
变,否则徒增统治与被统治双方的困扰。这样的是古非今,又能一
概否定么?

问题还在于,马端临提出合理与合宜的矛盾,实际上是从静态
方面研究封建社会结构走向深入的一种表现。由杜佑到马端临,
中国封建社会又走过了四分之一行程。这五百年的开头,经历了
一场统治危机,但结局不是一个王朝的覆灭,而是同一王朝的再
生。危机使那时的有识之士感到惊骇,也看到封建制度的机体的
受病程度。而王朝再生则使他们产生幻觉,以为按照他们的诊断
下药,便可使贞观、开元的盛世重现。李泌、陆贽和杜佑等关于唐
朝能否在内战后复元的讨论,大抵都这样以非古是今来表现对前
景的有限乐观。

然而五百年过去了,人们又看到了什么呢?看到唐王朝在藩
镇跋扈、宦官专权和官僚党争中苟延残喘,终于在农民反抗的打击
下覆灭;看到五代十国的分裂混乱,远比南北朝为烈;看到契丹、西
夏、女真、蒙古相继崛起,把两宋王朝压得喘不过气,开了一姓王朝
两度被少数民族灭亡的记录;自然也看到了封建统治机构的腐朽
无能,以及多次改革它的尝试失败。如此等等,都属于当时学者的
近事和今事。稍有见识的学者文人,都从不同角度表示非议,是很
自然的。王安石说祖宗不足法,大受政敌攻击,其实那班反变法的
人又何尝敬天法祖?二程苏轼都是汉唐经学的叛逆者,而经学正
是所谓"正统"的封建制度的理论表现。即是司马光,不仅也属于
经学的怀疑派,并且他主编的《通鉴》,愈是近世就愈非议。这都
说明,从北宋起,学者们的争论,日益趋向反省封建制度及其观念

表现的弊病。当然,结论往往是迂阔乃至荒诞的,如理学家普遍接受的"道统"说,把历史描绘成每下愈况的倒退行程,便是反历史的。但即使"道统"说,它在初期专门从否定方面评论汉唐制度的观念表现,客观上无疑有利于人们从正反两面认识封建主义的前期历史。

马端临就是接受了初期理学家的见解,用来作为衡量汉晋唐宋典章制度是否合"理"的尺度。不消说,他所考察的每个问题,几乎都以愤懑的批评作结,理由就是变乱古制。例如他的"兵考",大谈杜佑所不敢谈的历代兵制问题,以为《周礼》规定的兵农合一制度最理想。"唐宋以来,始专用募兵,于是兵与民判然为二途,诿曰教养于平时而驱用于一旦。然其季世,则兵数愈多,而骄悍,而劣弱,为害不浅,不惟足以疲国力,而反足以促国祚矣。"(《文献通考》兵考序)把只有在特殊历史时期方能实行的兵农合一制度,当作不变的天理,当然是迂阔之见。但他对唐宋封建兵制积弊的揭露,也可帮助人们认识封建统治机器的本质。

假如马端临专谈历代制度是否合"理",则至多成为朱熹"存天理灭人欲"说教的回声。但他终非理学家,而是史学家。历史无数次证明,因袭旧制只能弊窦丛生,改革旧制倒会收到实效,就是说新旧制度在实践中的利弊,同只因不革的"天理"并不协调。马端临承认那是古今异宜的缘故,尽管陷入合宜不合理的悖论,却是史学家才有的尊重史实态度。当然理学家也承认天理之常与人欲之权有区别,使马端临一面承认天理的不变性,一面强调因时制宜的可变性。我们没必要替贤者讳,说他的历史认识与道学家相反。但我们应该看到,他对封建制度的否定性研究,他尊重历史上制度沿革的实际效益,都比杜佑实事求是。《通考》的价值胜过《通典》,这未尝不是重要原因。

在中国史学史上，"三通"属于究研不足的门类。这固然因为它们卷帙浩繁，学者惮窥，但有没有孤立考察而过份拔高以致后来学者无所置喙的问题呢？所以，从历史编纂学的角度，进行系统的研究，看来仍有必要。本文仅就几个尚未触及或尚未充分讨论的问题，说点想法，期待方家指正。

（选自《复旦学报》1983 年第 5 期）

朱维铮（1936— ），江苏无锡人，复旦大学历史系教授、中国思想文化史研究室主任。主要著作有《走出中世纪》、《音调未定的传统》、《求索真文明》、《孔子思想体系》、《维新旧梦录》、《利玛窦中文著译集》、《周予同经学史论著选集》（编）等等。

本文全面论述了"三通"，即杜佑《通典》、郑樵《通志》和马端临《通考》。认为：从史学思想上看，杜佑深受唐代官方经学的影响，郑樵也未能跳出古文经学的门户，马端临则接受了初期理学家的见解，以是否合"理"作为衡量汉晋唐宋制度的尺度。不过，马端临终非理学家，而是史学家。他对封建制度的否定性研究，他尊重历史上制度沿革的实际效益，都比杜佑实事求是，《通考》的价值也胜过《通典》。

郑樵的史学思想

吴 怀 祺

一 郑樵对"灾祥说"的批判和
治史的"实学"主张

灾祥说是我国封建史学上的神意史观的一个特出的表现。它宣传的是一种"应验论"。《汉书·天文志》说:"政失于此,则变见于彼,犹景之象形,乡之应声。"《魏书·灵征志》说:"化之所感,善恶之来,报应如响。"历史纷纭的现象都是善恶报应的表现。这种理论里没有上帝的字眼,它是以自然界出现的各种变异的现象,去附会人事的变化,显示有某种超人的意志对历史的操纵,宣扬"天人感应"的一套。这比起赤裸裸地宣传上帝的安排,更富有一种神秘莫测的色彩。但是天道与人事本来就没有必然的联系,神道设教者生拉硬套的解说很难顾及周全,因此他们的说教往往是前后矛盾,父子互悖,这就给先进的思想家的攻击留下了突破口。在先进思想家的打击下,这种灾祥理论是破败不堪。到了宋代,这种情况更是明显。《宋史·五行志》说:

> "祥符、宣和之代,人君方务以符瑞文饰一时,而丁谓、蔡京之奸相与傅会而为欺,其应果安在哉?高宗渡南,心知其非,故《宋史》自建炎而后,郡绝缘无以符瑞闻者。"

但是封建统治者是不会放弃天道观这根精神支柱的,特别是在南北宋的多事年代,他们既要麻痹人民的反抗意志,也要寻找慰藉自己的麻醉品。《宋史·天文志》说:"南渡土宇分裂,太史所上必谨星野之书;且君臣恐惧休省之余,故于天文休咎之应有不容不缕述而申言之者,是亦时势使然,"奸贼秦桧更是"造灾祥之说,饰和议之功。"(《宋史纪事本末》"建炎绍兴诸政·张浚日")所以,破烂不堪的灾祥理论苟延还有其社会基础的。这样,宋以后一些史学家宣扬神意史观表现出一个特点,即言天人感应而对灾祥理论不满。譬如,欧阳修是看出了灾祥说的破绽,他说:"至为灾异之学者不然,莫不指事以为应,及其难合,则旁引曲取而迁就其说。盖自汉儒董仲舒,刘向与其子歆之徒皆以《春秋》、《洪范》为学,而失圣人之本意。至其不通也,父子之言自相戾,可胜叹哉!"(《新唐书·五行志》)但欧阳修并不是否定这种理论,而是在千方百计地弥合其漏洞,造出一个"两存"说,他认为:"盖世人不绝天于人,亦不以天参人,绝天于人则天道废,以天参人则人事惑,故常存而不究。"一方面宣扬天与人相通,一方面又认为天、人不相参,这种逃脱窘境的"两存"说真是自欺欺人。最后他转了一圈还是回到天人感应上来,说:"未有人心悦于下而天意怒于上者,未有人理逆于下而天道顺于上者。"(《新五代史·司天考》)自己不满意的东西最终又肯定它,他的矛盾恍惚、焦躁不安的解说,是灾祥说危机的表现。①

郑樵继承了唯物主义思想家的传统,在史学领域内对灾祥说进行了批判。他把灾祥说称为"欺天"的"妖学",说:

"董仲舒以阴阳之学倡为此说,本于《春秋》牵合附会,后

---

① 以后的《宋史》、《元史》、《明史》的作者在对待灾祥说上也大体上是这个式样。

世史官自愚其心目,俛首笼罩而欺天下。"(《总序》)

"说《洪范》者,皆谓箕子本河图、洛书,以明五行之旨。刘向创释其传于前,诸史因之而为志于后,析天下灾祥之变,而推之于金、木、水、火、土之域,乃以时事之吉凶而曲为之配,此之谓欺天之学。"(《通志·灾祥序》)

郑樵的批判,第一,指明灾祥说产生的历史渊源,他不是"用迷信说明历史"而是"以历史说明迷信"。第二,指出灾祥理论是正宗学者制造出来的,始滥觞者为董仲舒,演绎为体系者是刘向。第三,分析了灾祥理论的要点是以天下灾祥之变、时事吉凶与五行"曲为之配"。而史官"自愚其心目,俛首笼罩而欺天下""因之为志",从而造成神意史观的泛滥。

郑樵注意从哲理的角度来批判灾祥说,他说:

"且万物之理不离五行,而五行之理其变无方。离固为火矣,而离中有水,坎固为水矣,而坎中有火。安得直以秋大水为水行之应,成周宣榭火为火行之应乎?况周得木德而有赤乌之祥,汉得火德而有黄龙之瑞,此理又如何邪?岂其晋厉公一祝之远,周单公一言之徐而能关五行之渗乎?岂其晋申生一衣之偏,郑子臧一冠之异而能关五行之渗乎?如是五行之绳人,甚于三尺矣。"(《灾祥序》)

王安石认为五行物质是变化无穷的,是"往来乎天地之间而不穷者也,是故谓之'行'。"(《临川先生文集》卷六五)郑樵也是以五行物质变化是无穷的观点来批判灾祥说的,所谓"五行之理其变无方。"而且事物变化也相互渗透,"离固为火矣,而离中有水,坎固为水矣,而坎中有火。"灾祥说把时事吉凶、自然灾异硬是与五行"曲为之配",这自然是错误的。这种批判比在直觉范围内运用逻辑的矛盾律来否定灾祥说要深刻。

郑樵对灾异的现象也能给出朴素唯物的解释。他在分析所谓桀时的灾异的传说时指出,"然桀时虽多灾异,亦安得有如此所谓两日斗,五星错行,鬼哭于国,枉矢流地出黄雾,尧山崩,厒山亡?地震雷霆杀人之异,容有之"。(《通志·三王纪上·按》)所谓"异"只是"地震雷霆"造成的,是自然界变化给人们带来的灾难,并不是什么超物质的力量显示。

郑樵对灾异说的否定没有任何存留,这是他对灾祥理论批判的又一个特点。唐朝刘知几在《史通》中否定了"言而不中"的灾祥宣传,但他对"言而必中"的灾异说是持保留的态度,说"苟志之竹帛,其谁曰不然。"郑樵认为灾祥说的宣传,无论与实际吻合还是不吻合的,都是不可以相信的。他说:"知子产之言,则知言而中者亦不可听,况于不中者乎。"(《天文序》)

当然郑樵的批判也有弱点,他没有完全摆脱直觉主义的观察,有时,他以人间祸福冥不可知论的观点去否定灾祥说,这就显得软弱。他说:"呜呼,天地之间,灾祥万种,人间祸福冥不可知。奈何以一虫之妖,一气之戾而一一质之以为祸福之应,其愚甚矣。"(《灾祥序》)但就总体来说,郑樵对灾祥说的批判是有发展的。恩格斯说:"任何一种事物,越是'神的'即非人的,我们就越不能称赞它。"(《马克思恩格斯全集》第一卷第651页)郑樵是要把神意史观"灾祥说"解释的历史,"还俗"为人自身的历史,这在史学史上是有着重大的进步意义。马端临看出郑樵思想的唯物的传统,认为郑樵把"灾异说""一归之于妖","是谓天变不足畏也。"(《文献通考·物异考》)

郑樵的朴素唯物的史学观点还体现在他的"实学"治史的主张上。他说:

"后人学术难明者,大概有二。一者义理之学,二者辞章之学。义理之学尚攻击,辞章之学务雕搜。……要之,辞章虽富,如朝霞晚照,徒焜耀人耳目,义理虽富,如空谷寻声,靡所底止,二者殊途而同归,是皆从事于语言之末,而非实学也。"(《图谱略·原学》)

因此,实学是和"辞章之学"及"义理之学"相对立的,它反对从事"语言之末"的学术。这里,郑樵提出了学术事业的目的性的问题。史学著作应当讲求实用。郑樵反对"略于事实,详于浮言"的史著,认为这样的史著,"正犹当家之妇,不事饔飧,专鼓唇舌,纵然得胜,岂能肥家。"(《通志·总序》)史著应当是"欲有法制可为历代有国家之纪纲规模。"

郑樵从"行"与"用"的角度,提倡史书要重视图谱之学。首先,史书要成为治理国家的有用的工具,必须重视图谱之学。他说:"天下之事,不务行而务说,不用图谱可也,若欲成天下之事业,未有无图谱而可行于世者。"(《图谱略·索象》)又说:"诚以为为国之具,不可一日无也。"(同上)其次,学者要明治学行事之理,必须重视图谱之学。他说:

"古之学者,为学有要,置图于左,置书于右,索象于图,索理于书,故人变易学,学亦易为功,举而措之,如执左契。后之学者,离图即书,尚辞务说,故人难为说,学亦难为功,虽平日胸中有千章万卷,及置之行事之间,则茫茫然不知所向。"(《图谱略·索象》)

复次,郑樵认为象天文、地理、宫室、器用、车旗、衣裳、坛兆、都邑。城筑、田里、会计、法制、班爵、古今名物等十六类学问,"有书无图不可用也。""为学者而不知此,则章句无所用,为治者而不知此,则纪纲文物无所施。"(《图谱略·明用》)总之,郑樵认为"图谱之学,学术之大者。"(《图谱略·原学》)他说:"图谱之学不传,则实学尽化为虚文矣。"(同上)郑樵把图谱学的意义提高到这样的高度,在史学史上是罕见的。

郑樵在图谱制订上有先进的方法。《通志·年谱》反映出历史变化的大势。英国学者李约瑟认为《通志·七音略》中的语音表已经包含有现代数学坐标的思想。(参李约瑟《中国科学技术史》第一卷第一册78页)从《通志·天文序》和《夹漈遗稿》的记载来看,《通志》中的《天文略》、《都邑略》、《昆虫草木略》等都应该有图或表的,可惜我们今天找不到这些图或表了。

郑樵认为史家要重视自然科学知识的学习。在郑樵看来,史家有自然科学知识,才能写出好的历史著作来。首先,史家有自然科学知识,才能"深知天",不谈灾祥。他修《天文略》,是十分重视《步天歌》这部著作的,因为"《步天歌》句中有图,言下见象,或约或丰,无余无失,又不言休祥,是深知天者。"(《通志·天文序》)其次,史家具备了自然科学知识,才能修好符合实际的史志。历代史书由于"历官能识星而不能为志,史官能为志而不识星,不过采诸家之说而合集之耳,实无所质正。"(《夹漈遗稿·寄方礼部书》)《隋志》是写得较好的,其原因在于有深通天文、地理的于志宁、李淳风等人主持修志工作的缘故。郑樵说:"颜、孔通古今而不明天文、地理之序,故只令修纪传,而以十志付之志宁、淳风辈,所以灿然具举。"(《艺文略第三·按》)又其次,史家通晓自然知识才能"释经明学"。他说:"已得鸟兽草木之真,然后传《诗》,已得诗人之兴,然后释《尔雅》。"又说:"颜氏所通者,训诂。杜氏所通者,星历地理。当其颜氏之理训诂也,如与古人对谈,当其杜氏之理星历地理也,如羲和之步天,如禹之行水。""其他纷纷,释是何经,明是何学。"(《艺文略第一·按》)总之,郑樵从理解历史、编修史志、处理文献等三个方面阐明了自然科学与史学的关系,所以他说:"人

生覆载之间,而不知天文、地理,此学者之大患也。"(《图谱略·明用》)

关于史家学习自然科学方面知识的方法,郑樵也有很多独到的见解。一是要把书本理论与实际观察结合起来。如他学习天文知识,便是在清天如水的秋夜,一面诵读书本记载,一面观察天象,"诵一句,凝目一星,不三数夜,一天星斗,尽在胸中矣。"(《天文序》)二是要向"农圃人"学习,他提出要儒者与农圃人相结合,他说:"大抵儒家多不识田野之物,农圃人又不识《诗》、《书》之旨,二者无由参合,遂使鸟兽草木之学不传。"(《昆虫草木略序》)他自己是"结茅夹漈山中,与田夫野老往来,与野鹤晓猿杂处,不问飞潜动植,皆欲究其情性。"(同上)这就是说,史家必须向有实际知识的人学习,要接触自然实际,才能学好自然方面的知识。三是要深入,分类进行学习。郑樵在《通志·总序》中说:"五方之名本殊,万物之形不一,必广览动植,洞见幽潜,通鸟兽之情状,察草木之精神,然后参之载籍,明其品汇。"学习的第一步是"广览动植",这是认识的出发点。"洞见幽潜",是认识的深化。"通鸟兽之情状,察草木之精神",已经要求从内在的联系上去把握事物。"参之载籍,明其品汇",参照前人研究的记载,分类整理和学习。

理学家朱熹说:"且如今为此学而不穷天理,明人伦,讲圣言,通世故,乃兀然存心一草木,一器用之间,此是何学问?如此而望有所得,是炊沙而欲其成饭也。"(《晦庵先生文集》卷三九《答陈齐仲》)理学家是从理念的世界去"格物",把实际知识、自然知识排斥在学问之外,而去空谈"穷天理,明人伦,讲圣言,通世故",这是唯心主义的。郑樵是从现实世界去探索对事物的认识,郑樵把理学家蔑视的"草木""器用"的知识规定为史家所不可缺的素养,这是对理学家的批判。王安石说:"故某自百家诸子之书及于《难经》、《素问》、《本草》,诸小说,无所不读,农夫女工无所不问,然后于经为能知其大体而无疑。"(《文集》卷七十三《答曾子固》)王安石学习实际知识,能于"农夫女工无所不问",郑樵能与"田夫野老往来",学习草木鸟兽知识,他们的思想有共同的地方。最后,郑樵把"农圃人"的知识看成与《诗》、《书》是一样的重要,这些为史学开新的领域提出依据。《通志·二十略》较之旧史志,其范围更广阔,如《昆虫草木略》是旧史志中所不曾有的。郑樵重视学习自然科学知识与实际知识,但对于人与人的社会关系,对于物质生产状况在人类发展史上的意义,他没有注意或注意得不够,因此他对人类史的理解缺乏深度。

二 郑樵反对任情褒贬的所谓"春秋笔法"

宋代史家大搞"春秋"笔法,任情褒贬史事的做法是相当突出的。欧阳修"褒贬祖《春秋》"来修史是个典型的例子。苏辙提出"史官助赏罚论",他说:"盖史官之权与天,与君之权均,大抵三者更相助以无遗天下之是非。"史家修史,使"贤人君子之功烈与夫乱臣贼子罪恶之状,于此皆可以无忧闻矣。"(《栾城应诏集》卷十一)这样,史家通过褒贬来助"君"与"天",巩固封建的统治,其褒贬的标准只能是主观的。司马光用考异法求得史实的真确,但他用名分论等来行褒贬,也是曲解史事的。这样来褒贬,历史的本体发生了形变。郑樵深恶这种史学局面,说:"自唐之后,又莫觉其非,凡秉史笔者,皆准《春秋》,事事褒贬。"(《通志·总序》)

郑樵反对任情褒贬的所谓"春秋笔法"必然涉及到两个问题。一,对待包括《春秋》在内的儒家经典应该怎样看待。二,所谓春秋笔法的一套理论是怎样制造出来的,它是怎样的一种理论。郑樵对整个儒家的经典的认识是清醒的。他说：

> "《诗》、《书》可信,而不必字字可信。"(《铅斋蠹刀编》卷
> 三十一引郑樵《诗辨妄》)

这是一种有胆识的议论,它动摇了儒家经典的绝对尊崇的地位,对当时的学术界是有震动的,黄震说:"其说颇惊俗。"(《黄氏日钞》)当时一些学者也给郑樵以非难,周孚著《非〈诗辨妄〉》说:"斯言也,非六经之福也,郑子为此言,忍乎?"但这正说明了郑樵给学术界吹进了新鲜的空气。郑樵又指出后代儒者给儒家经典注释、注疏,制造出各种各样的理论,都是迷惘之说。他说:

> "樵每叹天下本无事,庸人扰之而事多,载籍本无论,腐
> 儒惑之而说众。"(《夹漈遗稿·寄方礼部书》)

这些儒者是"因疑而求,求而迷,因迷而妄,指南为北,俾日作月,欣欣然以自得之学,其实沈沦转徙可哀也哉。"(《尔雅注序》)郑樵揭露了后儒说教的错谬,拆穿了这层纸糊的窗户,使人们能正确看待儒家经典,这也就为郑樵批判"春秋笔法"理论廓开了道路。

郑樵认为《春秋》是一部记实事的书籍,所谓《春秋》主褒贬的说法是没有根据的,是后儒附会演绎出来的。他说:"《春秋》纪实事而褒贬之说行,谥法别昭穆而美刺之说行。"(《通志·谥略序》)又说:"学者所以不识《诗》者,以大、小序与毛郑为之蔽障也,不识《春秋》者,以三传之蔽障也。"(《夹漈遗稿·寄方礼部书》)郑樵揭开这层蔽障,指出《春秋》主褒贬说的一套理论是一种"欺人"的"妄学"。他说:

> "凡说《春秋》者,皆谓孔子寓褒贬于一字间,以阴中时
> 人,使人不可晓解,三传唱之于前,诸儒从之于后,尽推己意
> 而诬以圣人之意,此之谓欺人之说。"(《通志·灾祥序》)

《通志·总序》列举大量的事例说明了任情褒贬的做法造成了各种混乱和谬误:"曹魏指吴蜀为寇,北朝指东晋为僭。南谓北为索虏,北谓南为岛夷。齐史称梁军为义军,谋人之国可以为义乎?《隋书》称唐兵为义兵,伐人之君可以为义乎? 房玄龄董史册,故房彦谦擅美名,虞世南预修书,故虞荔、虞寄有嘉传。""晋史党晋而不有魏,凡忠于魏者,目为叛臣,王凌、诸葛诞、毋丘俭之徒抱屈黄壤。齐史党齐而不有宋,凡忠于宋者,目为逆党,袁粲、刘秉、沈攸之之徒含冤九原。"所谓"寇""僭""虏""夷""忠""义""美""嘉""叛""逆"等等褒与贬都是一些史家主观作出的,是私心的反映,它没有客观的标准,因此,这种"褒"与"贬"只能扭曲了历史的形象。郑樵指出这种恶劣的作法"历世有之",他很感慨,说:"噫,天日在上,安可如斯,似此之类,历世有之,伤风败义,莫大乎此。"(《总序》)史学的"春秋笔法"对史学发展起了很坏的作用,对社会风尚也造成很坏的影响。

郑樵主张让史实说话,史家的责任是记载好史实。他说:"史册以详文该事,善恶已彰,无待美刺。读萧、曹之行事,岂不知其忠良,见莽、卓之所为,岂不知其凶逆。"(《总序》)对于史家于纪、传后面加论赞的做法,郑樵也不同意。他称:"且纪传之中,既载善恶,何必于纪传之后,更加褒贬,此乃诸生决科之文,安可施于著述。"(《总序》),要客观记载好史事也是不容易的,郑樵认为著述者必须做到"平心直道",他说:"著书之家,不得有偏徇而私生好恶,所当平心直道,于我何厚,于人何薄哉。"(《氏族略第三·按》)这里有两层意思,其一,反对"私生好恶",即记载必须是客观的,郑樵也以此来要求自己,说:"使樵直史苑,则地下无怨人。"(《投宇文枢密书》)其二,在材料取舍上,不能"厚我薄人",所谓"于我何厚,于人何薄哉"。郑樵在《通志·总序》中说记载史事,要"不为智而增,不为愚而减",也是这个意思。

在中世纪,超脱于阶级之外纯客观史著是不会有的,但郑樵批判了所谓的春秋笔法,揭露了封建史学的"欺人"的实质,要求恢复历史本来的形象,这种治史的主张,无疑是进步的。

三 会通思想的意义

时代需要优秀的史学家,史学家通过自己的活动不但把人类的昨天与前天作为信息储存起来,而且在史事的千头万绪的交错中理出端绪,寻出必然,鉴古而知今,察往而知来,人类需要这样的智慧果。我们评价史学家就不但要看他的史著资料翔实、编排得当及文笔飞动等情形,而且要看他在史著中是怎样理解历史的,是怎样看待历史的前途并且给人们以怎样理解历史的思维方式。郑樵的会通思想的意义在于它提出了历史的运动观,提出了历史编纂学上相互联系的思想。会通思想包含有要求国家统一的思想,这种愿望表现出对民族历史前途的信心。

郑樵在《通志·总序》中说:

"百川异趋必会于海,然后九洲无浸淫之患,万国殊途必通诸夏,然后八荒无壅滞之忧,会通之义大矣哉。"

会通思想提出对历史总趋势的理解是值得我们重视的。首先,郑樵提出历史的运动观。在中国史学上,有静止的历史观,他们宣传的是"天不变道亦不变"的一套。还有一种历史循环论,这种观点认为历史只是按一定的图示作循环的周转,这种观点对封建史学的影响很大。《易·系辞下》也谈"会通"式的运动,说:"圣人有以见天下之赜,而拟诸其形容,象其物宜,是故谓之象。圣人有以见天下之动而观其会通,以行其典礼。"但这里所说的"动"

"会通",是"终则有始"的运动。郑樵谈"会通"是"百川汇海"的运动,显然不是一种循环的变化。在史学上,宣传循环史观,对史学发展起着恶劣影响的是班固。郑樵以"会通"的思想批判了班固,说:

> "不幸班固非其人,遂失会通之旨,司马氏之门户自此衰矣。"

> "且谓汉绍尧运,自当继尧,非迁作《史记》厕于秦项,此则无稽之谈也,尤其断汉为代,是致周秦不相因,古今成间隔。"(《总序》)

归结起来,郑樵的会通思想的要点是,一,历史是运动变化的,二,历史的运动不是循环的运动。第三,历史的运动是自身的运动,所谓"汉绍尧运"的神意的循环序列的理论是"无稽之谈"。

但是,历史变化是否今胜于昔,是否在不断地进步呢?郑樵没有作出明确的回答。在《通志》的《三皇纪》、《六书略》等篇中,我们从郑樵对材料的处理和他写的一些按语来看,郑樵对原始社会的理解有着进化的因素。但郑樵没有明显的历史进化的观点,甚至在谈到文化及典章制度上,他崇拜的是三代,认为后人不及前人。这些是他历史运动观的缺陷。

恩格斯说:"当我们深思熟虑地考察自然界或人类历史或我们的精神活动的时候,首先呈现在我们眼前的,是一幅由种种联系和相互作用无穷无尽地交织起来的画面,其中没有任何东西是不动和不变的,而是一切都在运动、变化、产生和消失。"(《社会主义从空想到科学的发展》,《马克思恩格斯选集》第三卷第417页)郑樵会通思想虽然有缺陷,但它毕竟把历史理解是一个在运动、变化的过程,从这个意义来说,会通思想是有着辩证法的因素。

其次,会通思想提出历史编纂方法论相互联系的思想。历史发展有它的纵的连续性和横的相互关联性、制约性。司马迁创造纪传史书体例是使史书能很好地反映出历史发展这种特点。郑樵总结史学上的经验后,作为历史编纂学的原则提出来,他说:

"修书之本,不可不据仲尼、司马迁会通之法。"(《夹漈遗稿·上宰相书》)关于会通的修史原则,郑樵有解释,他说:"惟仲尼以天纵之圣,故总《诗》、《书》、《礼》、《乐》而会于一手,然后能同天下之文,贯二帝三王而通为一家,然后能极古今之变。……追汉建元元封之后,司马氏父子出焉。司马氏世司典籍,工于制作,故能上稽仲尼之意,会《诗》《书》、《左传》、《国语》、《战国策》、《楚汉春秋》之言,通黄帝、尧、舜至于秦汉之世,勒成一书。"(《总序》)

"且天下之理不可以不会,古今之道不可以不通,会通之义大矣哉。仲尼之为书也,凡典、谟、训、诰、誓命之书散在天下,仲尼会其书而为一,举而推之,上通于尧、舜,旁通于秦、鲁,使天下无遗书,世代无绝绪,然后为成书。司马迁之为书也,当汉世挟书之律初除,书籍之在天下者,不过《书》、《春秋》、《世本》、《战国策》数书耳。迁会其书而为一书,举而推之,上通乎黄帝,旁通乎列国,使天下无遗书,百代无绝绪,然后为一书。史家据一代之史,不能通前代之史,本一书而修,不能会天下之书而修,故后代与前代之事不相因依。又诸家之书,散落人间,靡所底定,安得为成书乎?"(《上宰相书》)

这两段话是郑樵对孔子与司马迁修史经验的概括,所谓"仲尼、司马迁会通之法"有这几个关系。第一是"会",这是指史家修史要"会天下书",是史料搜求与处理的问题。史家修史要博综所有的文献,不仅要注意三馆四库中的藏书,而且要注意搜集"散落人间"的书,《通志·校雠略》提出求亡书,也是这种思想的发挥。

总之,要做到"尽见天下之书,方可以无遗恨"。所谓"天下之理不可以不会",这里的"理",郑樵没有作详细的说明,但从文中的"理"与"道"并称,我们可以体会,"天下之理"是指各种学术理论,这就是说,史家在搜集史料的同时,还要综合考察文献的学术流别。郑樵修史时,是"搜尽东南遗书,搜尽古今图谱,又尽上代之鼎彝与四海之铭碣,遗篇缺简,各有彝伦,大篆梵书亦为厘正"。(《献皇帝书》)他说自己修史是"三十年著书,十年搜访图书,竹头木屑之积亦云多矣,将欲一旦而用之可也"。(《上宰相书》)他是努力实践自己的主张。第二是"通"。通的解释是:"贯二帝三王而通为一家","古今之道","上通于尧舜,旁通于秦、鲁。""上通于黄帝,旁通于列国"等等。因此,通有两个方面,一是"贯通"、"上通",要注意历史纵的联系,《通志》从《三皇纪》到《年谱》到一些列传的增补都体现出"贯通"思想。二是"横通""旁通",这是要求史家注意每一代历史横向的联系。最后,"会通"修史的要求是从"会天下之书"到"通古今之变""极古今之变"的目的。郑樵作《通志·年谱》提出"周知远近""洞察古今"修史主张也是这个意思。总之,郑樵反对那种"古今成间隔"的史著,要求史书反映出历史流变和全貌。

第三,会通思想也包含有要求民族统一的愿望。史学家的思想是和时代斗争息息相关的,郑樵对现实运动的理解影响他对历史的分析,而他对历史考察的结论又表现出对历史前途的展望。郑樵生活的年代正是中国南北分裂时期。宋金对峙下的人民遭受沉重的灾难,秦桧提出"南自南,北自北"的罪恶主张,企图使祖国永远分裂下去。郑樵则希望结束这种分裂的局面。《通志·都邑略》提出要以南阳"为中原新宪"去恢复统一。《七音略》则认为凡"宣尼文化"所及地区,是"皆吾故封"。会通思想是这些思想的概括,把民族融合、祖国统一作为一种历史必然提出来,郑樵说:"万国殊途必通诸夏,然后八荒无壅滞之忧",这是他对历史的考察的结论。汉朝扬雄也说过:"或问焉得直道而由诸?曰:涂虽曲而通夏,则由诸,川虽曲而通诸海,则由诸。"(《法言·问道卷第四》)郑樵的表述方式是把扬雄所说的"道"改为"必",并且明确说明了"万国殊途"但发展最后的结局是"必通诸夏"这表明郑樵对祖国统一的信念。历史上,各民族间尽管有过干戈互见的时候,出现过分裂的局面,但历史的趋势总是证明了民族融合,国家统一是历史的必然。国家统一,"然后八荒无壅滞之忧",指出了祖国的统一是各民族兴盛的条件。

四　郑樵的社会史观和他对封建社会批判的史论的价值

历史发展阶段论

郑樵认为历史是变化的,在变化中也是有阶段的。关于历史各个阶段的划分,他没有完整的论述,提法有时也不完全一致,然而综合《氏族略》、《谥略》等材料,我们还是可以寻出一个大概来。他说:

"古者,帝王犹以名行。"

"三代之前,姓氏分为二。"

"三代之后,姓氏合而为一。"

"中古之前,一代质于一代,中古之后,一代文于一代。"

"谥法起于周,自尧舜之前,虽天子亦以名呼。""秦并六国,姓氏混而为一。"

"自隋唐而上,官有簿状,……此近古之制以绳天下。"

郑樵从探索姓氏源流与发展的角度,把历史分为古代、中古、近古等阶段。尧舜以前为古代,此后至周为中古,秦统一到隋唐为近古,五代至宋为"当今"阶段。(参《寄方礼部书》)

与《史记》相比较,《通志》增加了《三皇纪》等部分,郑樵把前人关于原始社会的论述作出适当的处理,采用了他认为是可信的部分,勾出了人类社会最初阶段的轮廓,这表明他的历史阶段论有探求人类历史起源的思想。郑樵在这一部分材料中加的一些按语也是值得我们重视的。

对于氏族的情况,郑樵有一些认识。他说"共工"应当把它看成是一个部族:"然共工当于伏羲之后,子孙承传以至于尧舜之世,皆谓之'共工'",(《三皇纪·按》)他指出原始社会的氏族长这个"君"与后世的"君"在职能上有着根本的不同,他说:

> "上古之时,民淳俗熙,为君者惟以奉天事神为务,故其治略于人而详于天。……唐虞之后,以民事为急,故其治详于人而略于天。"(《五帝纪·按》)

郑樵对于国家的起源和实质不可能有全面的认识,但他揣测到原始社会的"君"的主要任务,是从事祭祀,"惟以奉天事神为务",这是没有人压迫人的意味,所以"其治略于人而详于天"。后代社会的"君"是"以民事为急","其治详于人而略于天",这是说,后世君的主要职能是对百姓的控制。郑樵又说:"古者帝王犹以名行。"(《氏族略》)"自尧舜禹汤之前,虽天子亦以名呼",这是说原始社会的氏族长和氏族成员之间并没有严重的对立。

对封建社会批判的史论价值

两宋之际,土地高度集中,人民负担十分沉重。高宗南渡之后,江南地区人民负担更重,"朝廷所仰,惟两浙、闽南、江南,才平时五分之一,兵费反逾前日"。(庄季裕:《鸡肋篇》卷中)地主阶级又把负担转嫁到农民的身上,统治者在诏书中也承认"催科无法,赋役不均"。(《宋史·食货上·一》)地主阶级压迫剥削农民更厉害,阶级矛盾也尖锐起来。郑樵的家乡也是动荡的地区,所谓"福建僻陋,盗贼踵起"。(《建炎以来系年要录》卷四十一)农民起义不断地爆发,早在太平兴国三年(978 年)福建就爆发了莆田百丈镇人民起义,接着是神宗熙宁十年(1077 年)福建南剑州廖恩起义。此后有高宗建炎二年福建建州叶浓起义,建炎四年建州范汝为起义。绍兴二年建州顺昌余胜起义,绍兴十二年何白旗的起义,二十年张一起义,三十年福建盐贩起义。郑樵生活在这样潮流激荡的年代,他接近下层群众,目睹人民的苦难,对于人民寄予同情。他在诗里写道:"伤哉古王道,樵夫齿亦冷","谁为民请命,皇天犹来喜。"(《夹漈遗稿·涤素》)又说:"应知古今无不可理之民,无不可化之俗。"(《兴化县志》卷七《邑大夫丘君生祠记》)他认为"民"是可以治理的,人民的反抗是被逼出来的。

郑樵揭露了封建社会土地高度集中的情况,提出缓和土地危机的办法,他说:

"伟哉,后魏孝文帝之为人君也,真英断之主乎。井田废七百年,一旦纳李安世之言,而行均田之法,国则有民,民则有田。周、齐不能易其法,隋、唐不能改其贯,故天下无无田之夫,无不耕之民,口分世业虽非井田之法而得三代之遗意。"(《食货略第一·赋税·按》)

"后之言治道者,当使一民有百亩之田,然后可以议魏、齐、周、隋、唐之事,若有无田之民,不耕之夫,则于魏、齐、周、隋、唐之事,未可轻议也。"(同上)

宋代李觏提出"均土"的主张,张载、胡宏也都看出土地问题的严重性。郑樵提出解决社会危机的办法,是"当使一民有百亩之田",使"天下无无田之夫,无不耕之民",这接触到封建社会的症结问题,同"均土"主张有相通之处。郑樵把土地问题的解决作为治理国家的根本点提出来的,认为离开土地问题是不能"言治道",地主阶级中保守派离开土地问题而高谈魏、齐、周、隋的所谓变革,只能是骗人的。郑樵揭露了地主阶级中一些变革的虚伪性,同时对那种只谈均税不谈均田的变革方案也是一种批评。

郑樵揭露了封建社会的剥削沉重的情况,说:

"不幸建中天子而用杨炎为相,遂作两税之法,则赋与田不相系也,况又取大历中一年科率者为两税定法,此总无名之暴赋立为常规也,且言利之者,无代无之,有恨少,无恨多,有言加,无言减。自两税以来,赋不系田,故名色之求,罔民百出,或以方圆取,或以羡余取,或言奉献,或言假贷,初虽暂时,久为成法。建中以来将五百年,世不乏杨炎,不知所以加于大历中一年之多,数目复几倍乎? 呜呼,后世之民,其难为民矣。"(同上)

郑樵对杨炎与两税法的评价是否妥贴,这里暂且不讨论,但郑樵的论述是有意义的。第一,它揭示封建社会剥削量增大的趋势,地主阶级对农民的剥削,"有恨少,无恨多,有言加,无言减","建中以来的五百年,世不乏杨炎,不知所以加于大历中一年之多数目复几倍乎!"第二,它揭露了封建统治者巧取豪夺的各种手段,"或以方圆取,或以羡余取,或言奉献,或言假贷,初虽暂时,久为成法。"第三,郑樵揭示封建社会地主阶级的"言利之臣"提出经济变革的实质,其目的是要进一步加重对人民的剥削,而且"言利之者,无代无之",人民生活只能日益困苦,他对于人民寄于深厚的同情,说:"呜呼,后世之民,其难为民矣。"

郑樵反对上户逃避和转嫁赋役的负担,说:"今百亩之田赋敛如此,上户之家出钱如此,吾于此之中,复何容心哉。"(《食货略·赋税·按》)

郑樵反对地主阶级对农民加重剥削,但他也反对农民起义。在《与景韦兄投江给事书》等文中把起义的农民称为"盗"。郑樵只是希望统治阶级颁布法令,使农民有土地可种,天下"无无田之夫,无不耕之民"。另外,要减轻和平均一下赋役的负担,使农民能活下去。他希望用这些办法来摆脱社会的危机。郑樵经济思想实质是使农民依附在土地上,给农民基本的生存条件,使农民的生产和再生产能维持下去,他的思想和主张无疑是进步的。

对历史盛衰的观察

郑樵能在历史变化中去探索历史盛衰的原因,这是他研究历史的一个重要特点,用他自己的话来说就是"极古今之变"。宋人曹勋也说郑樵能"贯穿诸史极成败"(《松隐集》卷七《寄郑渔仲》)。郑樵认为历史盛衰变化原因在人事,他在《与景韦兄投江给事书》中指出西汉的灭亡与东汉的勃兴是"人力",而不是天意。《通志·灾祥略》说:"国不可以灾祥论兴衰。"

郑樵认为历史兴衰的原因要从统治阶级中去寻找,首先是在皇室与最高统治者方面去寻找,他分析唐朝盛衰转折原因时说:

"自明皇以后,凡十四代,诸王不出阁,不分房,子孙阙而不见。唐之初也,自高祖至睿宗,子孙皆使治官临民,然后立功,立事,故有可著者而其后亦盛大,且以天族龙种之慧而使之出人间、亲世事,知稼穑之艰难,……虽经武后、中宗之变而唐祚不衰。自明皇之后,皇子王孙皆因纳于富贵、嗜欲之间,遂令文章事业之姿变为奇技淫巧之行,枝叶披离,则本根无所

蔽,所以唐室自明皇之后,一日不振于一日,以此观之,则周家享国长久也宜哉。"(《氏族略第四》)

从这段话里,可以看出郑樵议论的重心,是抓住地主阶级最高层皇帝和皇室这个集团来考察历史的变化的。他认为这些人只有"出人间,亲世事,知稼穑艰难",才能使"国祚不衰"。

郑樵也注意从解剖地主阶级其它阶层上,来寻求历史变化的答案。春秋战国时期周王室及诸侯国的衰落,郑樵认为其原因是"皆由疆臣剥丧公室"(《氏族略第二》)。郑樵分析北宋灭亡原因,说:"宋祖开基大臣,无周公宅洛之谋,小臣无娄敬入关之请,因循前人,不易其故,逮至九朝,遂有靖康之难,岂其德之不建哉,由势然尔。"(《都邑略序》)从表面上看,似乎郑樵是地理环境决定论者,他把宋的灭亡归结为京都的地势不好。但仔细体会一下,则不是这样。郑樵是说宋代开国的大臣和一般的小臣都是因循苟且,目光短浅之辈,与汉朝的开国一代臣僚是不能比的,从而造成不可收拾的局面,"遂有靖康之难"。所以他说的"由势然尔"的"势"是人事造成的。

郑樵认为朝代的兴亡的基本力量是在下层群众,他提出"匹夫匹妇存亡天下之权"的论断。他分析秦朝灭亡的原因说:"诗不敢作而天怨极矣,卒不能胜,其起而亡秦,秦亡而后快,于是乎有匹夫匹妇存亡天下之权。……吾固知公卿大夫之祸速而小,小民之祸迟而大"(《夹漈遗稿·论秦以诗废而亡》)。郑樵认识到"匹夫匹妇存亡天下之权",这是对历史的正确观察,但又不把这种"亡秦"的行动看作历史发展的需要,相反地认为是一种"祸",这就是错误的了。

郑樵只是触及到历史脉搏的跳动,而没有把握住历史的主动脉,缤纷五彩的历史现象使郑樵迷惑,他对万花筒一般的历史变化原因,不能给予确定的解释。第一,历史盛衰的决定者是君王、皇室及一代"疆臣",而决定历史兴亡的则是"匹夫匹妇",在郑樵看来,"治世""衰世"及"乱世"的历史的主角是由不同的身分的人来扮演。因此,他不是一个历史一元论者。第二,郑樵看到"匹夫匹妇"在历史上的巨大作用,但又认为下层群众斗争是一种"祸",要防止。因此,历史变动的"能源"在哪里,郑樵是找不到的。第三,他在很多地方夸大了文化的作用,夸大了典章制度的作用。他说:"春秋之衰以礼废,秦之亡以诗废。"(《夹漈遗稿·论秦以诗废而亡》)他认为唐朝衰落的另一个原因是没有实行分封制,造成皇室"枝叶披离"的局面。北魏兴盛,其原因之一是由于实行分封制度的结果,郑樵说:

> "北朝之制虽文彩不足而古道犹存,观武王得天下,封同姓五十国而兄弟国十有六。……元魏之起,甚微,甚微,其后强盛,奄有中华,垂百六十载,岂无所自而然。"(《氏族略第五·按》)

历史的实践已经证明分封制度不利于封建中央集权制的加强,生活在宋代的郑樵还在赞美着这种成周之道,其议论就不但显得浅薄而且也太不合"时令"了。郑樵在探讨历史内容的时候表现出来的朴素唯物的史学观点是虎虎有生气,在探究历史发展动因的时候,他看到一些真象,但他更多的解释则不是唯物的。旧唯物主义者的缺点在郑樵身上也不可避免地表现出来。

五　郑樵的类例主张

《易·系辞上》说:"方以类聚,物以群分",这提出了"类聚"的概念。司马迁把类聚的方法运用到史学上,取得很高的成就,章学诚说："……左氏一变而为史迁之纪传，左氏依年月，而迁书分类例以搜远也。"(《文史通义·书教下》)后来，类聚的方法在史学中得到发展，《汉纪》采用连类列举法处理材料，《后汉纪》在这个基础上发展成"类书"的方法，"言行趋舍，各以类书"。唐朝刘知几发展类聚的方法，提出了人物品汇的观点，他说：

"盖闻方以类聚，物以群分，熏莸不同器，鸟鸢不比翼。"

"史氏迁固作传，始以品汇相从，然其中或以年世迫促，或以人物寡鲜，求其具体必同，不可多得，是以韩非老子共在一篇，董卓、袁绍无闻二录，……亦有厥类众伙，宜为流别，而不能定其同科，申其异品，用以艾兰相杂，朱紫不分，是谁之过屿？盖史官之责也。"(《史通·品藻》)

总起来看，郑樵以前一些史学家在许多方面注意把"类"的方法运用到史学上。一是以类相从，归纳史书编纂的各种形式，使史书编纂体例得到发展。二是以"类"的思想来处理材料，顾及史事始末或汇聚同类历史人物，突破编年的界限。三是"比物连类"论史(《史记·鲁仲连邹阳列传》)或是"品汇人物"来评史，把"类"的方法运用到史论、史评上。

郑樵提出类例的主张，把前人"类"的思想向前发展了一步。第一，郑樵把类例主张作为治学的普遍的方法论提出来，他说：

"善为学者，如持军治狱，若无部伍之法，何以得书之纪，若无核实之法，何以得书之情。"(《图谱略·明用》)

郑樵认善治学的人应像"持军治狱"那样，应用"部伍之法"即类例的方法。

第二，类例区分不是形式上简单的分类，要在明"本末""源流"的基础上即是从学术自身的联系上区分出条理来。郑樵说："古人编书，必究本末，上有源流，下有沿袭"。又说："类书，犹持军也。若有条理,虽多而治,若无条理,虽寡而纷"。"类例既分,学术自明,以其先后本末具在。"(《校雠略·编次必谨类例论》)可见,类例不是简单纂辑比类的意思。章学诚说:"自刘、班而后,艺文著录,仅知甲乙部次,用备稽检而已。郑樵氏兴,始为辨章学术,考竟源流。"(《校雠通义》卷二)第三,郑樵类例主张提出细分思想,他说:"类例不患其多也,患处多之无术耳。"(《校雠略·编次必谨类例论》)又说:"凡编书唯细分为难,非用心粗微则不能也。"(《校雠略·编书不明分类论》)史著不能只满足于描述历史事件的准确和生动,史学的任务也不只是收集材料,史学家应对当时历史资料进行整理和研究。郑樵说:"学之不专者,为书之不明也,书之不明者,为类例之不分也。"(《编次必谨类例论》)科学的探索总是离不开对事物区分的研究,而没有细分的思想,科学研究的深入就受到某种的限制。郑樵的类例主张还不能说是辩证的,但要使史学进行科学的研究,类例主张的意义也是明显的。

《通志》的二十略和正史有关部分相比较,在类例区分上,它表现出自己的特点来。如正史有《艺文志》,《通志》则细分为艺文、校雠、图谱诸略。《氏族略》分天下姓氏为三十二类,他不是按声韵、字形分,也不是像一些氏族谱那样按地望分。郑樵探讨姓、氏发展源流,按封建社会等级制的特点来区分。《六书略》没有采用《说文》的系统,而是在研究六书的理论基础上,从文学本身的特点来归纳分类,郑樵说:"驱天下文字,尽归六书,军律既明,士乃用命。"(《总序》)又说:"取象类之义而归于六书,使天下文字无所逃,而有目者可以尽晓。"(《六书略第一》)《七音略》是"取七音编而为志"。《地理略》以江、河、淮、济来进行区划,他说:"中国之水,则江、河、淮、济为四渎,诸水所归,苟明乎此,则天下可运于掌。"《谥略》是"谨条其可用者二百十谥,分为三类。《艺文略》分天下图书为十二类,一百家,四百三十二种,他说这样分类"可以穷百家之学,可以敛百家之学"。郑樵很有创见地第一次提出三级图书分类法。《昆虫草木略》对动植进行分类,有些地方,不但能从动植物外部形状、颜色等方面进行研究、分类,而且能从动植物的内部习性上着眼,提出分类的标准。

《通志》纪传部分把前人类聚人物的方法向前推进了一步。《通志》卷八十八把孔子一直到荀卿诸子人物汇聚在聚在一起,列个列传之首,其气魄超过前人,不啻为一部学术史人物类传。在汇聚中又注意各种学术流派的区别,不使紊滥。郑樵从《三国志》中析出有关材料,编成《文苑传》、《艺术传》把《汉书》卷三十九析出编为《孝友传》,这些都体现了郑樵的类例思想。

(选自《史学史研究》1983 年第 2 期)

本文全面论述了郑樵的史学思想,尤其是对郑樵批判"灾祥说"和治史的"实学"主张、及对任情褒贬的所谓"春秋笔法"、主张会通思想等方面进行了深入剖析。

朱熹史学思想在宋代史学上的地位

汤 勤 福

朱熹是以理学集大成者著称的,他的理学思想对后世影响极大。其实,朱熹的史学思想也十分丰富,笔者已经撰写专著论述①。然而,对朱熹的史学思想在宋代史学史上的地位,至今为止深入研究者不多。事实上,朱熹的史学才能在宋代就受到一些学者的推崇,如陈傅良在宁宗即位后曾辞去实录院同修撰一职,辞呈中提到:"当今良史之才莫如朱熹、叶适"(陈傅良《止斋集》卷27《辞免录院同修撰第二状》,四库本,第723页),对朱熹推崇备至。而朱熹至此时尚未在朝廷任过官职,他与陈傅良学术旨趣迥异,直接接触时间不长,通信也不多(《朱子大全》中收入给陈氏数封信)。以陈氏当时的学术声望、才识及地位,如此称颂朱熹之史才,可见朱熹在他心目中的位置。那么,朱熹史学思想在宋代史学上地位究竟如何呢?试从以下几个方面来论述。

第一,朱熹史学思想具有浓厚的理学色彩,在宋代史学上十分突出。朱熹是两宋最著名的理学家、理学集大成者。从两宋理学家看,周、程、张、邵等人虽在历史哲学上有所涉及,但在史学的其

① 笔者的博士论文《朱熹史学思想研究》,已列入《中国孔子基金会文库》第一批资助,待出版。

它方面论述极少,故可不必多论。胡安国著有《春秋传》,但强调
"微言大义",穿凿附会;张栻虽著有史论,但构不成完整的史学思
想体系,因此胡、张两氏均无法与朱熹比拟。与朱熹、张栻并称
"东南三贤"的吕祖谦,一生治史,史学著作比朱熹更多,也有比较
完整的史学思想体系。就朱吕相比而言,吕氏的史学思想比朱熹
更为"纯粹",即更接近传统的史学,朱熹则理学立场异常坚定,这
里概括两人史学思想的异同①。吕祖谦也认为学者必须进行道德
修养,但他在讨论学者治史时,侧重于"用"。他强调说:"学者须
当为有用之学"(吕祖谦《左氏传说》卷5,四库本,第47页),明确
将《左传》之类史书作为有用之学;他重视总结历代典章制度的演
变过程,认为"凡兴废因革,皆当兼考其义之当否,时之升降,事之
利害"(吕祖谦《东莱集·别集》卷14,四库本,第333页),只有通
过追本溯源,知其利弊,然后可以从政,他称这样治史才是"讲实
理、育实才而求实用。"(《东莱集》卷5《太学策问》,第44页)他所
著的《历代制度详说》便是这种思想的产物。朱熹则把治史作为
进行己身修养的辅助手段,首先强调要在治史中发现天理之无所
不在,以利自己的道德修养,其次才谈得上治国平天下。可见吕朱
两人对治史目的的看法是有一定的差异的。产生这种差异的原因
是,吕祖谦长期在朝廷中当官,当然就比较着重于"用",即施之于
政;朱熹则长期赋闲在家,以课徒为生,从儒家进而治国平天下,退
而独善其身的修养学说出发,强调己身修养也就不奇怪了。因此,
朱吕两人处境不同,对治史目的有不同的看法,也就比较容易理解
了。

---

① 笔者已撰《吕祖谦与朱熹的史学思想异同》一文进行专门研究,待
刊。

其次,朱吕两人的治史态度也有不同。吕祖谦虽然说过为学"当先立其根本","根本不立则德终不可进,业终不可修",(吕祖谦《丽泽论说集录》,四库本,第268~269页)表示只有"读经多于读史,如此,然后能可久可大",(《东莱集·外集》卷6《与叶侍郎正则》,第427页)但实际上他并不反对偏重治史者,从他称赞陈亮等人的言论便可看出。而且,他教育学生也比较偏重于史学,其门人吴必大曾明确说"吕丈劝令看史。"(《朱子语类》卷122,第2951页)甚至他强调对《左传》、《史记》、《前汉》等史书"皆当精熟细看,反复考究,真不可一字草草。"(吕祖谦《左氏传续说·纲领》,第144页)朱熹强调"先经后史"的治学顺序,认为学者应以四书六经为主,尤其要认真看四书,只有在"有余力"时才可去治史,而且治史是治经的"辅助功课",作为明天理的途径之一。这种态度显然与吕祖谦不同。正由于此,朱熹对吕祖谦的治史态度经常进行批评,认为"伯恭、子约宗太史公之学,以为非汉儒所及,某尝与之辨"(《朱子语类》卷122,第2951页),其不满溢于言表。《宋元学案》称:"宋朝乾、淳以后,学派分而为三:朱学也,吕学也,陆学也。三家同时,皆不甚合。朱学以格物致知;陆学以明心;吕学则兼取其长,而复以中原文献之统润色"(《宋元学案》卷51《东莱学案》,第1653页),指出了朱、吕在治学上的差异,其实也可看成是在治史态度上的差异。

再次,吕祖谦认为治史可以"畜德",而朱熹则认为治史过多会坏人心术。吕氏的治史畜德论是基于他对"心"的认识。作为一个理学家,吕祖谦也强调"天理不可灭"(吕祖谦《东莱左氏博议》卷2《梁亡》,武汉古籍书店复印本(无出版年月),第176页、第177页、《盗杀伙寿》,第66页),而"天理"则存在于人的心中:"心外有道非心也,道外有心非道也。"(《东莱左氏博议》卷2《齐桓公辞郑太子华》,第164页)这种将道等同于心、把心等同于宇宙本体的观点,更接近于陆九渊的心学。吕氏把心分为"内心"(即本心、道心)和外心(即私心),他说:"'人心惟危',人心是私心:'道心惟微',道心是本心。"(《吕东莱先生文集》卷20《杂说》,丛书集成本,第451页)他用这些概念来论述历史上的人物和事件,如评论春秋楚平王信谗言而欲杀太子建之事:"大抵父子之道,天性也。……盖人之心有内外,天属之爱,内心也。惟后来被小人以开拓土地之说,引诱他内心向外去,流而忘返。他外心日炽,内心日清,使他里面都消尽,故其父子自为虎狼,更向戎贼。"(《左氏传说》卷14,第100页)基于这种以"心"论史的观点,吕祖谦认为"多识前言往行,考迹以观其心,察言以求其心,而后德可畜。"①这种"治史畜德"论强调在总结历史经验教训中,达到促进己身修养的目的,这当然是一种理学观点。《宋元学案》把"多识前言往行以畜德"作为吕氏家学的真谛,应该说是对的。与吕祖谦相反,朱熹认为史书中"道理(即天理)不多",学者不应该通过看史书来体认天理,而应该直接从四书六经中体认。如果偏重于治史,不但达不到对自己修养有利的目的,反而会被史书中的阴谋权术弄坏了人的心术。因此,朱熹曾说:"人言何休为《公》《羊》之忠臣,某尝戏(言)伯恭为毛、郑之佞臣"(《朱子语类》卷122,第2950页),实际是指吕祖谦"于史分外仔细,于经却不甚理会",认为这种重史轻经的治学方法必然"见得浅"(《朱子语类》卷122,第2951页),难以光大道学。

---

① 《丽泽讲义》,见《宋元学案》卷51《东莱学案》,第1654页。《宋元学案》卷36《紫微学案》把"多识前言往行以畜德"作为吕氏家传,吕祖谦此说正是明证。

　　从上可见,吕祖谦与朱熹相比,其史学思想并不相同。虽然吕氏的史学思想中也含有理学成分,但他更偏重于史学的传统,具有"中原文献之学"的色彩;而朱熹则以"纯"理学的观点来阐述自己的史学思想,显示出强烈的理学色彩,形成自己以理阐史、以史证理的理论特色。侯外庐先生主编的《宋明理学史》中曾指出:朱熹把"天理论引入社会政治思想,引入历史哲学,使这些领域也呈现不同的面貌"(侯外庐主编《宋明理学史》,人民出版社1984年4月,上册第424页),如果从史学思想角度来看,可以说也使这一领域"呈现不同的面貌",这就是在该领域中从此出现了一种有浓厚理学色彩的新理论体系。

　　第二,朱熹史学思想是个完整的体系,其核心是天理。之所以说是个完整的体系,是它涉及到史学思想的各个方面,如历史哲学、治史态度、治史方法论、史著编纂理论、史学批评,从哲学高度到具体的编纂、以至历史人物、历史事件的评价,都有相关的研究;说其核心是天理,是因为在每个部分都贯穿着他的天理论①。下面撮要论述。

　　朱熹史学思想的哲学基础是其历史哲学,而其历史哲学的最高层次是天理论。在这一层次中,他把天之"道"(历史发展的规

---

　　①　参见拙作《朱熹的史著编纂思想》(《朱子学专刊》1987年11月)、《朱熹历史哲学的层次分析》(《朱子学刊》第二辑,1990年10月)、《试论朱熹的史学人才观》(《社会科学战线》1998年6期)、《朱熹与〈通鉴纲目〉》(《史学史研究》1998年2期)、《朱熹给赵师渊"八书"考辨》(《史学史研究》1998年3期)、《〈通鉴纲目〉作者考辨》(《文史》第45辑,1998年9月),另撰《朱熹生前主要著述流传考》、《朱熹是个"空谈"义理的理学家吗?》、《道统之争——朱陈之辩新探》、《郑樵与朱熹:史学思想的异同》数文,已分寄各刊待刊。

律)与人之"道"(封建的伦理道德)等同起来,认为两者都是永恒的,泛称为"天理",以此为基础来讨论人类社会的发展和个人在历史上的作用等等相关问题。显然,朱熹在人类社会发展的客观现实面前,也不得不承认它的发展有一种不以人类意志为转移的必然趋势,但他又把这种"势"置于"理"规定性之下,即所谓"理势";虽然朱熹在研究历史中,发现了人在人类社会的发展中可以起到一定的、积极的作用(所谓"本领"作出的"事业"),看到了人的主观意志(心术)与社会实践(经世致用)之间的内在关系,但他夸大了人的主观意志的作用,提出了正"心术"的观点,而正心术正是要求人们去理解、认识天理这一永恒的"真理"! 显然,朱熹以认知"天理"来替代认知历史发展的规律,把认识天理作为历史研究的终极任务。可见,朱熹天理论贯穿到历史哲学的各个方面,充分显示其历史哲学的理学色彩。

在治史态度上,朱熹强调四书六经是天理所在,是学者首先要认真学习的;而史书中"道理不多",无须费力去研究,因而治史只能作为认识天理的辅助手段。他强调学者必须先经后史,"培壅根本",然后才可去治史,才能对史书中的天理、人欲一目了然。这样,历史事件、历史人物所反映出来的是非、利弊、得失、功过、成败等等经验教训,便善可为法、恶可为戒,对己身的道德修养才会有益,治史才有价值。显然,朱熹在治史态度上仍是以认识天理为核心,其基础便是天理论。

在治史方法论上朱熹有一些独到的见解,如搜集史料上应该博采善择,强调实证的治史方法,这些都是应该予以肯定的。但是,朱熹认为治史方法仅仅是手段,而治史目的则是为了更准确地认识天理。因而在主次关系上,他强调明天理是主,是目的;治史方法是次,是理解天理的手段。正因为如此,为了论证圣贤之语便是天理,他就往往抛弃自己所强调的实证方法,忽视甚至歪曲历史事实。如朱熹认为《周礼》是周公所作,于是反复"考辨","证实"《周礼》所载之语便是圣人所阐述的天理。

在史著编纂方面,朱熹的远见卓识与迂腐固执两方面都表现得淋漓尽致。朱熹对董仲舒、刘向父子、班固等人的五行推衍正统论作了哲理性的改造,提出了"大权归一"便是正统的观点;同时又从序名分这一"天理"出发,把蜀汉认定为"正统之馀"的王朝,归入正统这一大的系列。这样,他的"大权归一"的正统标准便出现了二律背反的矛盾:如果把"大权归一"作为正统标准,则蜀汉不能归入正统这一系列之内;如果把蜀汉归入正统系列,则"大权归一"是正统标准就难圆其说。显然,从序名分这一天理去判断正统与否,是难以得出符合历史真实的结论的;况且,五行推衍正统论的本身便不可取。当然,朱熹的正统论也含有如何解决数朝并列时的史著编写方法问题,他主张采用书写甲子来解决这一难题,确实含有一定的合理因素。朱熹把正统论作为编纂史书的根本纲领,在编纂原则上犯了难以挽回的错误,即使在具体编纂方法上有些创见,在总体上也无法避免错误的轨道。在史书编撰体裁上,朱熹能摆脱马、班优劣问题的束缚,别开生面地提出史体互补的观点,其见解确实比他前辈或同时代学者们高明。至于他主张秉笔直书,继承了前辈史家的优良传统,无疑也是正确的。朱熹强调著史必须贯穿义理(即天理),含有从哲学、政治理想高度来统率编史的因素,从其高瞻远瞩看,他并不比前辈或同辈中那些优秀史家逊色;然而这种观点仍是一种理学的说教,十分明显地反映出他那强烈的以理学占领史学阵地的愿望,偏离了史书编纂的正确途径,其局限性是不言而喻的。朱熹亲撰《资治通鉴纲目》一书,力图以重天理而据事实作为自己编纂此书的原则,其原意固然是想"以理阐史",但无论将所有历史事实都归入理学轨道,确实显示出一种矛盾的心态。作为一个理学家,他是无法摆脱这一窘状的。

朱熹的史学批评思想,完全是以"天理"这一标准来衡量史学著作、史家和历史人物的。虽然他在具体论述中也不乏精见卓识,如功过不掩的人物评价方法之类,但其最终目的仍是为了阐述天理,而且一以贯之。

综而言之,朱熹以天理论作为史学思想的基石,构筑成一个完整的理论体系。这种思辨性极强的史学理论体系,宋代其他史学家们确实很难与之抗衡。实际上,正由于朱熹史学思想的这种思辨性强、有完整体系的特点,对后代产生了"震慑"作用,在封建社会中没有人能打破这一理论体系而创造出一种新的理论体系来取代它。在评价朱熹史学思想时,这一点也必须予以重视。

第三,朱熹史学思想对后世影响很大,这在宋代史学上是很少见。朱熹史学思想对宋代学者的影响是十分明显的。朱熹门人撰有史著者大有人在:张洽著有《春秋集注》、《春秋集传》、《左氏蒙求》、《读通鉴长编事略》、廖德明有《春秋会要》、刘爚有《史稿》、曹彦约有《舆地纲目》、吴仁杰有《汉书刊误补遗》、陈宓有《春秋三传钞》、《续通鉴纲目》、《唐史赘疣》、赵汝谈有《通鉴》、王遇有《两汉博议》、郑可学有《春秋博议》、《三朝北盟举要》[①];考证礼仪制度者,如李如圭《仪礼纲目》;文集中有史学内容者,如杜旟《粹裘集》,叶适序之"此文自经史诸子皆有论辩,学之博矣";潘植"尤嗜史学,上下数千年,贯穿出入";黄学皋亦"通经史,尤长《诗》、

---

① 均见《宋元学案》卷69《沧州诸儒学案上》。这里所列并不是朱熹门人所写史著的全部,而是极少的一部分。

《书》、《春秋》",(均见《宋元学案》卷69《沧州诸儒学案上》)都可充分证明朱熹史学思想对其门人有深刻的影响,否则怎么会有那么多的门人都去治史呢?至于宋末的朱熹后学王应麟、黄震、王柏等人更是以博学著称,于史学尤为擅长,也可见朱熹史学思想的影响。朱熹史学思想对宋代其他学者也有影响。如陈均"用朱子《纲目》义例,提要备言,辑成《宋编年举要》、《备要》二书。……端平初,时宰言于朝,下福州取其书"(《宋元学案》卷49《晦翁学案下》,第1597页),端平初仅距朱熹去世34年,其成书应更早;黄仲炎撰《春秋通说》十二卷,"大旨宗朱子《春秋》无褒贬之说"(宋慈抱《两浙著述考》"黄仲炎条"引《温州经籍志》,浙江人民出版社1985年3月,第385页)。按《四库全书总目提要》云此书成于理宗绍定三年(1230年),显然,朱熹"以理阐史、以史证理"的史学思想在宋代影响不小。当然,这一史学思想仅是对学者起到影响,而不是对官修史书起到直接影响,这与元明清三代是不同的。

值得指出的是,朱熹史学思想中的落后因素比合理因素更被后人重视。例如,朱熹的正统论、强烈的义理道德观念等等深受后人推崇,而有关"势""机"的看法、史体互补的观点、注重实证的治史手段、功过不掩的人物评价方法等等,则却很少有人重视。究其原因,大约可以从以下三个方面来分析。首先,朱熹史学思想本身的局限性,即浓厚的理学气味,导致其史学思想中合理因素被人忽视。朱熹是宋代第一个以理学思想来完整地、全面地、深入地阐述史学思想的理论家,他以哲学家的眼光来审视史学思想的各个侧面,确实有不少地方比"纯粹的"史学家要深刻得多;而且,朱熹是个博通今古的大学者,他在建构史学思想体系时,有不少精彩的论述、精辟的见解。遗憾的是,由于朱熹力图以理阐史,从而使那些精彩而又精辟的见解淹没在"天理论"的汪洋大海之中,从而失去了应有的光彩,这正是其理学思想笼罩下的史学思想的悲剧所在!事实上,人们(包括后代统治者及学者)在论述一些具体问题时所涉及的朱熹史学思想,绝大部分人是从理学角度去加以认识的,强调的只是一些糟粕,而忽视了朱熹史学思想中一些有价值的地方。因此,这不能不说是与朱熹史学思想本身的局限性有关。

其次,朱子后学对朱熹思想的推崇,主要是对他的理学思想顶礼膜拜,神化朱熹;而且,在没有创造出一种绝对超越朱熹历史哲学的理论、并构成一整套史学思想体系之前,是不可能推翻朱熹史学思想体系的。这里须解释两个概念:一是朱子学,是一种信奉和学习朱熹思想,并加以研究和传播的学问;二是朱子后学,是指信奉、学习、研究和传播朱子学的人。应该看到,朱熹后学们由于各自的学识水平不同、所接受的朱熹思想的角度不同,因而他们对朱熹思想的阐述就不可能完全准确。如以朱门"嫡传"自居的黄干曾对李燔说:"新年又六十有八矣,每念先师一生辛苦著书,以惠后学,光明炜焕,而诸生莫有能达其旨趣者,又复数年,传习益讹,先师之目将不瞑于地下矣。"(《勉斋集》卷5《与李敬子司直书》,四库本,第63页)黄干生于1152年,说此语应是1219年,距朱熹去世19年。他感觉到"诸生莫有能达其(朱熹)旨趣",而仅仅十余年便"传习益讹"。这显然是指朱子后学对朱熹思想的解释有不符合朱熹意愿的方面。理解这一点是至关重要的,因为不加以区别,则混淆了朱熹思想与朱子后学所宣扬的"朱熹思想"的差异,如此就不利于准确评价朱熹的史学思想。况且,从黄干这个嫡传衣钵的弟子起,朱子后学们都是对朱熹的理学顶礼膜拜,神化朱熹,不敢越雷池一步,因循守旧,只能使朱子学逐步走向衰弱。当然也有一些思想家,对朱熹思想进行过批判,但他们没有创造出一种绝对超越朱熹历史哲学的理论(仍局限于封建伦理观念中),也没构成一整套史学思想去取代朱熹的史学思想,因而朱熹史学思想中的落后因素,在朱子后学的推崇下仍有生存下去的能力。

再次,封建帝王为巩固统治而对朱熹思想的利用,把朱熹圣人化;在史学思想方面强调的是朱熹的正统论、义理道德史观。众所周知,朱熹生前,其思想只是宋代理学中的一个派别,并未取得统治地位;况且他在晚年又遭到"庆元党禁"的打击,理学被斥为"伪学",其思想也不可能成为统治阶级的代表思想。朱熹去世后才解党禁,虽然其门人黄干、李燔、李方子、陈淳、辅广等人坚持师说,但正如魏了翁在嘉定年间所言:"老师宿儒,零替殆尽;后生晚辈,不见典型"(魏了翁《鹤山先生大全集》卷16《论士大夫风俗》,四部丛刊本,第151页),显然其影响也不算太大。到嘉定十三年,经过真德秀、魏了翁等人一再要求,宋廷终于给周敦颐、两程赐谥号(朱熹则在嘉定二年赐曰:"文"),也就是肯定了程朱理学的合法地位。朱熹思想虽日益扩大着影响,但还远远不是"统治思想"。宋末元初,经过赵复、许衡等人的大力宣扬,朱熹理学思想始在北方地区传播;到元仁宗皇庆三年(1313年),元朝中书省奏准科举"专立德行、明经科。明经内四书、五经以程子、朱晦庵注解为主"(孛术鲁翀《通制条格》卷5《科举》皇庆二年十月,前国立北平图书馆据内阁大库明初墨格写本影印本,第8页);至延二年(1315年)正式开科取士,从此确立了程朱理学为官学的地位。朱熹史学思想在元代对学者有较大的影响。如杨维桢主张撰写史书应以"天理"、"道统"作根据来区别正统与否,认为只有道统所在,才是"治统之所在"(杨维桢《正统辨》,载陶宗仪《辍耕录》卷3,四库本,第444页);杨奂则认为正统之国必须"敦道义之本,塞功利之源"(杨奂《正统八例总序》,载苏天爵《元文类》卷32,上海古籍出版社 1993 年 11 月影印四库本,第 395 页),才可长治久安。元人赵居信撰《蜀汉本末》是"宗《资治通鉴纲目》之说,以蜀为正统",而此书前有一序(作者佚名),声称:"朱子出而笔削《纲目》,有以合乎天道而当乎人心"(《四库全书总目提要》卷50《蜀汉本末》条,第 454 页);王惟贤著《春秋指要》,自序中表白:"本朱子直书善恶自见"(钱惟乔、钱大昕《鄞县志》卷 13《人物》,乾隆五十三年修,道光二十六年重刊本,第 39 页),这些言论都可看出他们受到朱熹史学思想的影响。不过,这些学者的理学色彩确实比较浓厚。值得提出,从当时情况来说,统治集团不但尊崇朱熹理学思想,而且也开始尊崇其史学思想。这可以从修宋辽金三史中来分析。元世祖中统二年(1261 年)曾欲修辽、金两史,未成。逮至宋亡,仁宗延祐年间(1314—1320 年),便提出修宋、辽、金三史,但孰为正统则众说纷芸,难于定夺;至顺帝至正三年(1343 年),总裁脱脱才确定各与正统,始定于一议,终于修成三史(参见赵翼《廿二史札记》卷23《宋辽金三史》,第 494 页;另外参见《庚申外史上》;《元史》卷 40《顺帝纪》,卷 138《脱脱传》,卷 182《欧阳玄传》等)。在这场长时间的正统之争中,姚遂、杨维桢、危素、倪士毅、揭傒斯、王祎、杨奂等人都以朱熹的正统观点来立论,而王理、修端等人则主张应该平等对待三个王朝。从最后的结果看,脱脱不以某一姓王朝为正统而贬视另外两个王朝、以分别撰写一史的做法是正确的。但是,三史的撰写未受朱熹正统论束缚,但不能说没有受到朱熹史学思想的一定影响。如欧阳玄《进〈宋史〉表》明确表明:"刓先儒性命之说,资圣代表章之功,先理致而后文辞,崇道德而黜功利。书法以之而矜式,彝伦赖是以匡扶"(欧阳玄《圭斋集》卷 13《进〈宋史〉表》,四库本,第 149 页),十分清楚地表达了官修《宋史》受到朱熹史学思想的影响。

明清两代情况与元代有所不同。明太祖、成祖都欣赏《通鉴纲目》；而清康熙、乾隆两帝更是对《通鉴纲目》推崇备至。康熙不但下令将《通鉴纲目》译成满文，还亲自序曰："朱熹（《纲目》）……纲仿《春秋》，目仿《左氏》，义例森严，首尾条贯，足以示劝惩而昭法戒。煌煌乎典章之总会，而治道之权术也"，自称"于《纲目》一书，朝夕起居之时，循环披览，手未释卷"（《清圣祖实录》康熙三十年三月戊子，《清实录》第 5 册，中华书局 1985 年 9 月，第 666 页），亲自批注；乾隆即位之初，便规定乡试、会试策题"必令详引《纲目》中事迹人物"（《清高宗实录》，乾隆元年五月，《清实录》第 9 册，中华书局 1985 年 11 月，第 474 页）；乾隆还在修《明纪纲目》的诏书中宣称："宋司马光汇前代诸史为《资治通鉴》，年经月纬，事实详明。朱子因之成《通鉴纲目》，书法谨严，得圣人褒贬是非之义。后人续修《宋元纲目》，上继紫阳，与正史纪传相为表里，便于检阅，洵不可少之书也。今武英殿刊刻《明史》将次告竣，应仿朱子义例编纂《明纪纲目》，传示来兹"（《清高宗实录》，乾隆四年八月辛巳，《清实录》第 10 册，中华书局 1985 年 12 月，第 486 页）；乾隆还专门下诏就正统论问题表示自己看法："《春秋》大一统之义，尊王黜霸，所立万世纲常，使名正言顺，出于天命人心之正。紫阳《纲目》，义在正统，……夫正统者，继前统、受新命也。……至元世祖平宋，始有'宋统当绝，我统当绪'之语，则统绪之正，元世祖已知之稔矣！……盖《春秋》之大义，《纲目》之大法，实万世不易之准。"（《清高宗实录》乾隆四十六年十月，《清实录》第 23 册，中华书局 1985 年 12 月，第 308～309 页）乾隆帝在肯定朱熹的"大权归一"即是正统的前提下，以华夷不别为清王朝争正统，在现在看来是没有什么意义的，但在当时则是很为重要的。这里可以看出朱熹正统论对当时修史也产生了很大的影响，这与元代有不同。

在帝王的推崇下，朱熹史学思想对学术界的影响就十分大了。明人谢铎上书宪宗，称："《（通鉴）纲目》一书，帝王龟鉴"（《明史》卷163《谢铎传》，中华书局1974年4月，第4431页），要求以此作为长治久安的法宝；王世贞更是声称自己一以朱熹为准，推崇道："考亭朱子熹因《通鉴》为《纲目》，黜魏帝汉，义例严正，真是非不谬于圣人"（王世贞《纲鉴会纂·序》，清光绪三十五年上海美华书局石印本，第1页），甚至强调说："《通鉴纲目》不作，则《尚书》、《春秋》之旨渐微"（《纲鉴会纂》，第1页），将《通鉴纲目》与六经相提并论；谢陛作《季汉书》也是"遵朱子《纲目》之义，尊汉昭烈为正统"（《四库全书总目提要》卷50《季汉书》条，第456页）；清人徐鼒《小腆纪年附考自叙》中说作此书是："所以仰遵纯庙圣谕，窃取《春秋》、《纲目》之义，汲汲以正人心、维世运之愚衷，与不才之躯同忽焉没矣，是则梓而存之之意也夫！"（徐鼒《小腆纪年附考》，载《明清史料汇编》（第四集），台湾文海出版社1967年3月，第8页）正由于此，明清两代以《纲目序》的天道、人道为宗旨而撰写的史书极多，严重地束缚了史家们的思想，影响了史学的发展。

总之，朱熹史学思想对后世影响较大者是正统论、名分论及强调著史必须贯穿义理等落后因素。产生这种结果的原因，除了朱熹史学思想本身的弱点之外，主要是封建帝王以及朱子后学在把朱熹"圣人"化的过程中，突出了朱熹史学思想中的封建伦理纲常（义理、道德修养），而抛弃了其它合理成分。他们的目的是要使朱熹变成了"朱子"、凡人变成"圣人"、把朱熹自创的一家之说变成了封建社会后期的"统治思想"，即"朱子学"（所谓程朱理学，核心是朱子学）。平心而论，这种责任主要不在朱熹身上，而在神化朱熹者身上。朱熹确实强调封建的伦理纲常，但是，朱熹思想是封建社会还在上升时期、中原王朝受到周边少数民族的威胁时、中国传统的儒学受到佛学冲击的情况下产生的,因而这种思想是符合时代需要的,并非属于没落、腐朽的思想,这与中国封建社会走向没落时再出现是不可同日而语的。当然,朱熹思想中也有不少落后因素,而且还被封建统治集团利用了,这不能让朱熹来负责,我们不必苛求古人。必须指出,客观地评价朱熹思想与复活朱熹理学是两种完全不同的态度。客观评价朱熹思想,目的在于清理中国的传统文化,使人们更加清楚地了解中国历史的发展和曾经取得过的成就,以此找到中国文化的出路和方向;而复活朱熹理学,则是一种不切实际的想法。因为朱熹思想已时过境迁,如果不从现代社会的具体条件着眼而想复活理学,笔者以为太缺乏历史主义的眼光了。

(选自漆侠、王天顺主编《宋史研究论文集》,宁夏人民出版社 1999 年版)

　　汤勤福(1950—　　),上海师范大学古籍所副教授,主要著作有《朱熹的史学思想》、《张子正蒙导读》等。

　　本文对南宋理学集大成者朱熹的史学思想及其在宋代史学上的地位进行了全面论述,认为朱熹的史学思想有三个突出的特点,一是具有浓厚的理学色彩;二是体系完整,以天理为核心;三是对后世影响很大,像其正统论、名分论及强调著史必须贯穿义理等主张,都对宋以后史学影响深远。

20世纪儒学研究大系

元代"正统"之辨与史学思潮

江 湄

"正统"问题,在中国封建社会里为历代史家所关注,论辨时起,以致于"攘臂张目,笔斗舌战"(《新史学·论正统》),使之成为中国古代史学上一个很有特色的重要理论问题。

本世纪初,梁启超持"天下为天下人之天下"的资产阶级民主思想,这样揭露"正统"论的实质:"凡数千年来哓哓于正不正、伪不伪之辨者,皆当时霸者与夫霸者之奴隶,缘饰附会,以保其一姓之私产之谋者耳。"他认为:"中国史家之谬,未有过于言正统者。"(《新史学·论正统》)今人在对待"正统"问题上,多承袭发展梁氏的说法,认为古代史家之辨"正统",无非是在为现实皇朝之存在的合理合法性寻找历史依据,不过是一种现实政治的需要罢了。而它作为一种主观的历史"褒贬",则是古代史学上的糟粕,似乎没有什么认识价值。另外还有一种情况,是人们在认识古代历史的时候,又不自觉地跌入"正统"论的窠臼。这两种情况都表明我们对"正统"论确有作进一步分析的必要。

关于"正统"论的起源,自古及今,见仁见智,所论不同。但对于两宋时代论"正统"蔚为风尚,"正统"之说上升为重要的理论问题,则有着共识。在元代,"正统"之辨达到高潮,纷纷攘攘,终元之世。它所涉及的问题,既有历史的,也有现实的。其规模之大、严峻繁难之程度,均超过前代。关于这一点,自元陶宗仪《辍耕录》、清赵翼《廿二史札记》有所论述后,多为治元代史学者所关注(参看王晓清:《宋元史学的"正统"之辨》,《中州学刊》一九九四年第六期;叶建华:《论元代史学的两股思潮》《内蒙古社会科学》一九九一年第二期)。本文着重从史学思潮方面来考察元代的"正统"之辨,剖析各种论点的认识根源和思想实质,力求揭示其中所包含的理论上的价值,并希望有补于厘清有关"正统"说的一些模糊认识。

一、《纲目》之学与"正统"之辨

元代"正统"之辨,接宋人讨论"正统"之余绪,深受理学思想的影响。而宋人以理学思想阐释"正统",其影响于史学最大者,莫过于朱熹的《资治通鉴纲目》(以下称《通鉴纲目》或《纲目》)。朱熹生活在民族矛盾尖锐复杂的宋金对峙时期,南宋皇朝偏居江南并时时处在金朝的武力威胁之下。朱熹重大的道德焦虑正是源自于这样的社会现实。在《通鉴纲目》中,朱熹以终极性的伦理观念"天理"为准的去重新审视历史、评价历史功罪,为的是从似乎被贪欲、权欲推动着的历史中挽救作为人善良意志的"道德",昭示"天理"之恒在。他自定《纲目》"凡例"而首及"统系"。其判别"正统"就是以"天理"为原则去认识、评价各个皇朝的历史功过和历史地位。其重大意义在于"岁周于上而天道明矣,统正于下而人道定矣"。(《御批资治通鉴纲目》卷首《朱子序例》、《李方子后序》)用这样的观点看待历史,朱熹便以蜀汉为"正统",以曹魏为"僭国";以南渡的汉族政权东晋为"正统",以少数民族建立的十六国、北魏为"僭国"。这样一来,朱熹从"天理"出发的"正统"

观,就直接和现实的民族斗争联系起来了。

元代,理学被定为"国是",取得了思想上的统治地位,儒学之士纷纷讲习"天理""人欲"之辨。于是,《通鉴纲目》一书也受到了空前重视。据钱大昕《补元史艺文志》,关于《通鉴纲目》的撰述有:何中《通鉴纲目测海》、尹起莘《通鉴纲目发明》、王幼学《通鉴纲目集览》、刘友益《通鉴纲目书法》、徐昭文《通鉴纲目考证》、金居敬《通鉴纲目凡例考异》等。如说这些撰述已形成了"《纲目学》",亦非夸张。这些撰述的作者,大多是由宋入元的汉族儒士,他们的亡国之痛犹新,又身处各种社会矛盾尤其是民族矛盾日趋激化的元代社会。因此,他们研治《通鉴纲目》的"书法",往往着重于倡揭、发挥朱熹"正统"理论,并强调其中"君臣之分"、"夷夏之辨"的思想,最终则落实到为南宋皇朝争取"正统"地位。在这股深受理学影响的史学思潮中,较有代表性的当推刘友益《通鉴纲目书法》。元代著名文臣、史官,曾任辽、宋、金三史总裁官的揭傒斯亲为之作序,指出:"朱子因司马氏《通鉴》作《纲目》以正百王之统,"从而明确地将朱熹"正统"思想作为《纲目》"书法"的精髓看待。他又进一步指出,朱熹"正统"思想的要领,在于依据"天地之经、君臣之义,而圣贤之心"给予偏弱的东晋、蜀汉以"正统"地位。而刘友益作《通鉴纲目书法》,正是要进一步阐明《纲目》"书法"中的"正统"观:"古之有天下者莫若舜禹汤武。然汤有惭德,武未尽善。舜禹之后得天下者莫如汉。曹氏亲受汉禅,威加中国,卒不能夺诸葛孔明汉贼之分;元魏据有中国,行政施化,卒不能绝区区江左之晋而继之。此万世至公而不可易焉者,而犹或易之,此《纲目》不得不继《春秋》而作,而《书法》不得不为《纲目》而发也。"(《揭文安公集》卷八《通鉴纲目书法序》)根据这样的"正统"观,宋、金对峙时的南宋皇朝虽不据有"中国",然其"正统"地位岂不是"万世之至公而不可易"吗？

　　此外，一些汉族士人还据《纲目》"书法"为指导思想撰述历史，具体地实践上述"正统"论。如宋遗民陈著编写了一部上起三皇、下至宋亡的历史蒙求读物，名曰《历代纪统》。是书发挥"朱子所以为《纲目》之书"的"正统"观，以悢清历代正统皇朝的序列。究其微意，正是要说明"当时敌国虽强大，据有中土，要不得紊天统也。"尊南宋为"天统所在"，"则人心之天理可得而言矣"（《安雅堂集》卷六《历代纪统序》）。其子陈泌尊此书为"经"，而自为之"传"，成书《续通鉴纲目》，更加着力于对历代"正统"的辨析。这部书在当时流传甚广，产生很大影响。元代著名文人陈旅之父也曾著史书《羲宋》，"其法大较与《历代纪统》相类"（《安雅堂集》卷六《历代纪统序》）。还有元代学人朱右著《历代纪统要览》，根据朱熹"辨魏尊蜀、黜周宗唐"的"千万世之准的"，力求分辨历代"正统"与"杂纪"。辽、金朝遂被列入"不得正统者"（《白云稿》卷五《历代纪统要览序》）。最后应提及的是元代文学家杨维桢曾著《三史正统辨》，根据所谓《春秋》"大义"、《纲目》"书法"，力主辽、宋、金三史的编修应以宋为"正统"。关于这篇"正统"论，下文还将详细论述。

　　元代史学中的这一股思潮所反映出来的"正统"论，直接继承了朱熹《通鉴纲目》的"正统"思想，在"正统"问题的理论上没有什么发展，其特点是突出了朱熹"正统"观中的"夷夏之辨"内容。尽管这一"正统"论在理论形式上具有浓厚的理学色彩，但据"天理"、"人心"以明"正统"的"至公"价值标准，却渗透了强烈的民族感情和故国之思，从而这一"正统"论更具有直接的现实目的。

二、史书"义例"与"正统"之辨

元代史学中还有一股重视史书"义例"的思潮，也从当时的"正统"之辨中表现出来。这一思潮的代表人物是杨奂。杨奂是由金入元的关中儒士，在元初负有盛名。他为自己编著的两部编年体史书《通载》和《通议》制定了一整套"编年之例"，这就是《正统八例》。在这一严整的史书"义例"中，包含着以儒家人伦道德为原则的社会政治方面的价值体系。杨奂亲作《总序》加以阐释(《见《元文类》卷三二、四五)。他继承了中国古代讲求"义例"的史学传统，结合史书用"例"，提出了关于"正统"的系统化理论。他的"正统"论在元代"正统"之辨中是具有较高价值的思想成果。

所谓史书"义例"，其实是史书撰述中史"例"和史"义"的结合。"义例"思想始于孔子著《春秋》。《礼记·经解》说："属辞比事而不乱，则深于《春秋》者也。""属辞"就是指遣词造句、缀辑文辞，如同是记战争，有伐、侵、入战、围、救、取、执、溃、灭、败等不同写法。这种固定的写法或许在上古史官记述史实时已经具备，而孔子则将"褒贬之义"即依据一定的价值标准对史事作出的认识和评价贯彻其中，形成"义例"。对同一性质的史事的不同写法，其实是表现了不同的或是或非的价值判断。西晋时，杜预为《春秋左氏传》作注，他在序中阐明了《春秋》、《左传》"据旧例而发义，指行事以正褒贬"的"义例"思想。刘知几著《史通》，对这一史学传统作出了自觉的理论总结。他说："夫史之有例，犹国之有法。国无法，则上下靡定，史无例，则是非莫准"(《史通·序例》)。——史书"义例"既是史书编纂中依据一定章法而建立的内部结构，同时，又是史家反映历史见解的一种形式。

从史学传统的角度看,"正统"正是一种重要的史书"义例"。确立"正统"与"非正统"的区别,就是要确立史书的编修体例,同时又表达着一定的历史认识。北宋以前,关于皇朝"正闰"的讨论和皇朝史撰述中"起元"的讨论,都和史书体例发生联系。北宋时,欧阳修的"正统"观决定了其史著中对各皇朝、各君主的称谓。司马光的"正统"之论则是为了解决编年体史书的纪年问题。在《通鉴纲目》中,"统系"是《凡例》中的"首例"。朱熹并无专文讨论"正统",其"正统"思想是在"正统"、"列国"、"僭国"等名词的内涵规定和不同运用中表现出来的。

杨奂的《正统八例》较之《纲目》"统系"则更加精详明晰,自成体系。所谓:"正统八例",即得、传、衰、复、与、陷、绝、归八个概念,它们都是用来表示帝位传承和朝代更迭的。但用词不同,意味着各朝统治者取得政权的历史情势和手段之不同,也意味着他们维护统治的政治举措及其社会效果的不同。其中包含着作者的感情色彩和"正义"、"非正义"的价值判断。如"得""正统",指的是在天下大乱无道之末世,有雄主仗义兴起,建立新的皇朝。与之相对,"绝""正统"指的是末世之君多为昏暴而自取灭亡。同时,"正统""归"于民心所向的"仁义"之主。"传""正统"是指上古尧舜禹的禅让和同一皇朝内的皇权继承;"正统"之"衰"是指"大一统"皇朝的渐趋没落;"复""正统"是指"大一统"皇朝统治的中兴;"与""正统"则指在各政权并立之际,以其中一国为"正统"所存;"正统""陷"是说发生了使皇朝倾覆或陷入动乱的重大政治事件。可见,"正统"八例既关乎各皇朝之"始",也涉及其"终",杨奂对历代皇朝发展、兴盛、衰亡的全部历史过程的认识和概括。

杨奂"正统"思想的实质,"蔽以一言"是"王道之所在,正统之所在":唯有符合儒家"王道"理想的"治统"(皇朝或君主个人)才能算作"正统"。这是较彻底的道德论的"正统"观。杨奂认为,历代"正统"之说,"既不以逆取为嫌,而又以世系土地为之",其弊端在于不从道义出发,而仅以"功利"立论,只重其"统",而不重其"正"。何谓"正","以王道为正也。"杨奂所说的"王道"是符合儒家道德理想的政治统治和社会模式,其内涵是很丰富的。一方面,"王道"合乎被封建社会关系所界定了的"君君臣臣父父子子"的道德规范,体现着以封建等级为基础的社会秩序。另一方面,"王道"理想继承发展了孟子以来"民为贵,社稷次之,君为轻"的儒家思想传统,其中包含的价值标准往往冲决了"君臣之义"、"夷夏之防"的限制,超越了现实政治的利害考虑和一朝一姓统治者的利益,而以"生民之休戚"、"元元之幸"为最高原则。这样来看待"正统",自有其不同于他人之处。如关于南北朝时期,杨奂将"正统""与"北魏孝文帝,理由是:"痛诸夏之无主也。大明之日,荒淫残忍抑甚矣。中国而用夷礼则夷之,夷而进于中国则中国之。"关于五代十国时期,杨奂认为周世宗"厚民而约己",故将"正统""与"之。从这一方面看,杨奂所确立的"正统"原则,在一定意义上达到了"天下之至公"、"天下之大义"(《欧阳文忠公集》卷五九《原正统论》),以之为价值标准来认识历史上的君主乃至整个皇朝的历史作用,或可得出庶几合乎历史发展大势的正确结论。从中国古代史学的发展趋势着眼,杨奂"正统八例"中包含的这一史学思想,是值得特别关注和肯定的。

三、修史传统与"正统"之辨

在元代史学思潮中,还有一股势头很强的思潮,这就是自觉继承撰修前朝历史的史学传统。可以这样说,这股思潮启动了元代撰修前朝正史的工作,而这一工作又直接引发了、推动了元代“正统”之辨。从元修三史的结局看,围绕着三史撰修而展开的“正统”之辨,在元代史学乃至中国古代史学发展史上,尤其是历史思想发展史上,具有特别值得重视的价值和意义。

元初和元中叶,朝廷都曾屡次开局撰修前朝史,但均未成书。其中原因,主要是就宋、辽、金孰与“正统”而争论不决,致使编修例难以确定。一种意见要求仿《晋书》体例,以两宋年号纪年,以辽、金为《宋史》中的“载记”部分。另一种意见则主张效法《南史》、《北史》,以北宋为《宋史》,南宋为《南宋史》,辽、金为《北史》。这两种意见相持不决,遂使“正统”之辨与元代官修前朝史紧密联系起来。

元初统治集团中有很大一部分人是由金入元的文臣士子。他们自幼接受儒家思想的薰陶,又谙熟于辽、金史事,对辽、金怀有故国之情。他们对契丹、女真初以“异族”入主中原,其后逐渐接受汉文化建立封建统治的历史过程有较充分的了解,也有较高的评价。这些人形成了后一种意见的社会基础。如元好问认为“金源氏有天下,典章法度几及汉唐”,而把“国亡史作”当成己任(《金史》卷一二六《元好问传》);王鹗以“可亡人之国,不可亡人之史”为理由向元世祖建议修辽、金二史,并自著《金史》(《廿二史札记·金史条》)。等等。大德元年(公元1297年),在翰林学士王恽府上,一群文士就“金有中原百有余年,将来国史何如”的问题展开讨论。燕人修端针对“金于《宋史》中,亦犹刘、石、苻、姚一‘载记’”的观点,详述“数百年隐显之由”而辨辽、宋、金孰为“正统”(见《元文类》卷三二、四五)。

修端称契丹为唐朝境内的一系“名族”。他首先考察了辽兴起建国的“理势”,然后追溯了辽与当时中原皇朝的渊源关系,并就辽、宋国势进行对比。他认为,终北宋之世都是辽、宋对峙,所谓"南北皆为敌国,素非君臣",同时,辽朝"世数、名位远兼五季、与前宋相次而终",故辽朝之史当为《北史》。这样,辽朝在中国历史上的地位就与南北朝时期的"元魏、北齐"为比了。在修端看来,"金膺辽统、帝有中原",不存在"篡宋"的问题。金朝"平辽克宋",从而"奄有中原三分之二,子孙帝王坐受四方朝贡百有余年"。其间,南渡的宋政权对之"称臣姪,走玉帛,岁时朝贡",完全是臣属之国的模样。基于这样的历史事实,修端在论到金与南宋皇朝的历史地位时,就拿五代时后周与北汉的情况作比。既然欧阳修作《五代史记》以后周为"本纪",北汉为"世家",那么"建炎以后,中国非宋所有",那种以南宋为"正",以金朝为"闰"的说法就不是"天下公论"了。因此,修端主张金朝历史宜为《北史》,而南宋历史宜为《南宋史》。修端的"正统"之说反映了元代许多士人的看法,有广泛的流传。《辨辽、宋、金正统》先被王恽载入《玉堂嘉话》,继而被苏天爵收入《国朝文类》,遂成为元代"正统"论的名篇。当辽、宋、金三史即将开修之时,翰林待制王理又祖述修端之说著《三史正统论》,一时士论纷然。

上文说到,在三史编修过程中,杨维桢著《三史正统辨》,上书史馆,着力驳斥上述主张,极言尊宋为"正统","挈大宋之编年,包辽、金之纪载"。他的"正统"论虽未实际影响到修撰三史,但却总结了另一派相反的意见,对其作了系统的理论阐发。陶宗仪称杨维桢所论是"可谓一洗天下纷纭之论,公万世以为心者",可见其在当时影响之大(见《辍耕录》卷三《正统辨》)。

杨维桢首先论述的问题是:"正统之义,立于圣人之经。"他认为,《春秋》和《通鉴纲目》的中心思想皆在于确立"正统"。根据《春秋》黜五伯之权,外吴、楚之号的"大义",根据《通鉴纲目》"不以刘蜀之祚促与其地之偏而夺其统之正者"的"书法",杨维桢作出结论:"统之所在,不得以割据之地、强梁之力、僭伪之名而论之也"。虽然,历代皇朝的盛衰兴灭,并不以人的意志为转移,但是其历史功过和历史地位却要由后人据"天理"来论定,所谓"万年正闰之统实出于人心是非之公"。在杨维桢看来,宋太祖是"天厌祸乱之极,使之君主中国"的"天付生灵之主",因此,无需考察宋在继承关系上与后周及五代诸朝的历史联系,甚至不论其立国的手段是否合乎"道义",宋得"天命",而为"中华之统,正而大者"无疑也。杨维桢称南宋为"后宋",认为"后宋之于前宋,即东汉、前汉之比耳。"在"宋渡于南,而辽、金之抗于北"的历史时期,是南宋延续了源远流长的以礼乐传统为核心的华夏文明。因此,南宋应继北宋而为"天数之大"、"华统之大"。杨维桢称契丹族"固唐之边夷",它在兴起之初,文明水平十分低下:"枯骨化形,戴猪服豕。荒唐怪诞,中国之人所不道也。"而女真族则又"臣属于契丹",之后"篡有其国,僭称国号",建立金朝。故辽、金之与宋比,均"荒夷非统"也。——从这一以理学思想为理论基础的"正统"之辨的种种申述中,不难看出其"夷夏之辨","夷夏之防"的实质。

到了元顺帝至正三年(公元 1343 年),修辽、宋、金三史的工作已迁延近半个世纪。在一些有见识的文臣、史家的敦促下,元朝廷终于决定抛开三史"正统"问题,下达《修三史诏》,指出辽、宋、金三朝,"为圣朝所取制度典章、治乱兴亡之由,恐因岁久散失。合遴选文臣、分史置局,纂修成书,以见祖宗圣德得天下辽、宋、金之由,垂鉴后世,做一代盛典"(见中华书局点校本《辽史》附录)。诏书所说,有两点是极重要的。一是元朝的典章制度,重大举措之缘由系取自辽、宋、金,元之得天下亦是得自辽、宋、金;二是"分史置局、纂修成书",辽、宋、金三朝各为一史。这就明确表明了元皇朝的现实与辽、宋、金三朝历史的联系,从而把辽、宋、金三朝放在了大致平等的位置上看待。根据《修三史诏》,史臣们制定了《三史凡例》,确定了辽、宋、金三史各系纪年、独立成书的撰史原则。两年后,修史工作大功告成,这就是我们今天看到的《辽史》、《宋史》和《金史》。

在继承纂修前朝史的传统之共识上,关于辽、宋、金三史的"正统"之辨,其问题的实质在于如何认识多民族的历史发展过程,如何看待和评价各民族政权的历史地位。从历史上看,经魏晋南北朝数百年的民族冲突和民族融合,至隋唐统一皇朝,华夷观念已有所淡化。唐太宗曾说:"自古皆贵中华,贱夷狄,朕独爱之如一。"(《资治通鉴》卷一九八唐太宗贞观二十一年)他把这看作是政治上成功的重要原因之一。唐初修"五代史"、《南史》、《北史》,重修《晋书》,都贯注了这一"天下一家"的思想。经辽、宋、金三百年鼎立对峙,元朝成为中国历史上又一个"大一统"皇朝。在这片辽阔的疆域上,不同形态的思想文化兼容并存、互相渗透,众多民族在以汉族为主体的封建文化的影响下进一步融合。在《进辽史表》中,史臣称以契丹族为主的辽朝"造邦本席于干戈,致治能资于黼黻"。"至若观市赦罪,则胳合六典之规;临轩策士,则恪遵三岁之制。享国二百一十九载,政刑日举,品式备具,盖有足尚者焉"。《进金史表》对金朝百余年来的兴废盛衰作出概括性评价,认为它做到了"乃熠兴于礼乐,乃焕有乎声明"。"非武元之英略,不足以开九帝之业;非大定之仁政,不足以固百年之基"。从这样的认识中,我们可以看出三史修撰中一以贯之的是以儒家社会政治思想为基本内容的历史价值观(见中华书局点校本《金史》、《辽史》附录)。经过论辨辽、宋、金"正统"的激烈思想斗争,最终达到了三史"一视同仁""各与正统"的结局。这一撰史原则无疑更加符合五代辽宋金元时期多民族融合进一步发展的客观历史。它表明了中国史学对于多民族斗争融合、共同发展的历史进程有了进一步发展。在中华民族发展史上，这一历史思想对于促进各民族之间的历史认同发挥过重要作用。它不但是中华民族凝聚力的思想源泉，而且拓展了中华文化中“有容乃大”“四海一家”的开阔襟怀。

历来人们评论辽、宋、金三史，多指出它们成书仓促，在文献、史实、体例上有这样、那样的缺点，固然不无道理。但是，对于三史把辽、宋、金三朝历史放在大致平等的位置上加以评价并用各为一史的形式表现出来的这一成就，却未能给予比较透彻的说明和应有的肯定。对此，显然是应当重新看待的（参阅瞿林东：《中国史学散论·辽宋金三史略论》）。

四、理论上的一点启示

考察了元代“正统”之辨与史学思潮，我们或可从中窥见这一时代史学发展之大势，并得到这样一点理论上的启示，即中国古代史学的理性主义传统是如何在理学思潮的深刻影响下得以进一步发展的。

孔子著《春秋》，自觉以儒家人伦道德为价值标准来认识、评价历史事件和人物，从而成为中国古代历史观之渊薮。北宋以后，理学勃兴，并发展为意识形态之主流。宋初，欧阳修著《新唐书》和《五代史记》，“多取《春秋》遗意”（《欧阳文忠公集·附录》卷二《神道碑》），一股具有理学倾向的史学思潮已显露端倪。朱熹“笔削”《资治通鉴》而成《通鉴纲目》，宋人称之为“万世史笔之准绳”，盛赞它使“春秋史法”得以恢复。何谓“春秋史法”？宋人李

20世纪儒学研究大系

方子对此有精当的阐述:"凡古今难制之变、难断之疑,皆得参验稽决,以合天理人心之安。而后世权谋术数利害苟且之私,一毫无得参焉。"(《御批资治通鉴纲目》卷首《朱子序例》、《李方子后序》)——这是将理学家的道德理想悬设为客观历史发展之目的,将儒家人伦的道德逻辑加之于历史进程的客观规律。从而要求以先验至上的伦理本体"理"为唯一的价值准则,来认识、衡量人类社会演进发展的诸种复杂现象。正是在对具体历史事实的是非裁断中,永恒至上的"理"才从人类历史中昭显出来。从北宋至元代,史学中的"正统"之辨就是合着理学发展的节拍而日渐热烈起来并达到高潮的。欧阳修给"正统"作了一个经典性的定义:"正者,所以正天下之不正也;统者,所以合天下之不一也。"(《欧阳文忠公集》卷五九《原正统论》)"正"是从道德而言,"统"是从功业而言。可见,欧阳修之"正统",是一个事实判断和道德判断合一的价值标准。在《通鉴纲目》中,朱熹以"天理"为准的,重新评断历史上的"正统"皇朝。以杨维桢为代表的元代士人,更进一步阐明了朱熹"正统"观的道德意向和终极性质,即所谓:"帝王之统出于天"、"统出于天命人心之公。"(见《辍耕录》卷三《正统辨》)根据这样的"正统"观,认识和评价一个皇朝的历史功过及其历史地位,并不需要考察它实际产生的历史作用和历史影响,而完全取决于它是否符合某种主观抽象的道德原理。然而,客观历史之大"势"并不指向"天理"所在,"历史"的规律和"伦理"的逻辑非但不能统一而且互为矛盾。将以"天理"为原则的主观价值标准运用于复杂的历史进程中,贯彻在具体的历史撰述中,对历史作出的认识往往有悖于客观历史的真实。如辽、金朝在政治、经济、文化诸方面取得的成就及其对当时历史的影响,当超过东晋时代的十六国对当时历史的影响。但是,据元代盛行的"天理人心之公"的

"正统"观念,辽、金朝却只能位列宋朝正史的"载记"部分,这显然是一种不符合历史实际的任情"褒贬"。就在"正统"问题日益受到重视,论者越来越多的北宋中期,司马光却声言他所著的编年体巨著《资治通鉴》不作"正闰之辨":"臣今所述,止欲叙国家之兴衰,著生民之休戚,使观者自择其善恶得失,以为劝戒,非若《春秋》立褒贬之法,拨乱世反诸正也。正闰之际,非所敢知,但据其功业之实而言之。"(《资治通鉴》卷六九魏文帝黄初二年)南宋时,《通鉴纲目》大行于世,学人津津乐道"春秋史法",史学家郑樵却明确反对著述历史而专事"褒贬"的作法,将之形容为:"正犹当家之妇,不事饔飧,专鼓唇舌。纵能得胜,岂能肥家?"(《通志·总序》)在元代关于辽、宋、金三史"正统"的大辩论中,修端等人能摆脱理学观念的束缚,不据"天理人心"立论,不作主观抑扬、而是考察辽、金朝的兴废之迹,"以本末言之",把辽、宋、金三朝历史放在平等的地位上加以评价。这一"正统"思想和司马光"但据其功业之实"的"正统"论有着相通之处:"窃以为,苟不能使九州合为一统,皆有天子之名而无其实者也。虽华夏仁暴,大小强弱,或时不同,要皆与古之列国无异,岂得独尊奖一国谓之正统,而其余皆为僭伪哉?"(《资治通鉴》卷六九魏文帝黄初二年)可见,在理学思潮高涨的情况下,当时的史学的确发生了轻视史实而任情"褒贬"的倾向。但是,史学自身的发展,却使得认识主体能够自觉突破"天理人心"的藩篱,回到具体的历史现实之中。就是在这两种互为反动的史学思潮的比较、斗争中,中国古代史学"直笔"、"实录"的求真原则和"信史"观念变得更加明晰,也更加深化了。

　　还需一提的是,"正统"论表现出这一时代的思想家和史学家究心于使历史具有价值和意义。无论以"天理"论"正统",还是以"王道"论"正统",都要求对历史性存在的政权(君主或皇朝)作出终极的道德裁判。他们认为,人类社会的发展应以人理性之中的道德理想为归宿而日臻于"至善",人类的历史不应屈从于"恶"的力量的推动,不应该是无意义和非道德的。这样,古往今来的人类行程就被置于"理"的无时间的永恒视野中,历史就被人们自觉为一个有规律、合目的的发展过程。由于在"理"的层次上认识历史,史学的境界也提高了,它不只是考辨、连缀只有时间联系的史实,而是要"于势之必然处见理"(王夫之:《读四书大全说》卷九)。虽然,在理学指导下的"正统"理论是不可取的,但正是理学向史学的渗透,才进一步促进了人们对历史和史学的哲学思考。从这个意义上说,中国古代历史学在经历了理学思潮的激荡后,才得以结出像王夫之《读通鉴论》和章学诚《文史通义》那样的理论硕果。

（选自《中国史研究》1996 年第 3 期）

　　江湄（1970—　），江西赣州人,现为首都师范大学历史系副教授,主要有《新时期中国史学思潮》、《直笔探微》、《实证观念与当代中国史学》等论著。

　　本文从"正统"之辨入手,对元代史学思潮进行了分析。认为从宋初欧阳修著《新唐书》和《五代史记》开始,至朱熹"笔削"《资治通鉴》成《通鉴纲目》,具有理学倾向的史学思潮居于史学的主导地位。其特征就是把理学家的道德理想悬设为客观历史发展之目的,将儒家人伦的道德逻辑加之于历史进程的客观规律。从而要求以先验至上的伦理本体"理"作为唯一的价值准则,来认识、衡量人类社会演进发展的诸种现象。从北宋至元代,史学中的"正统"之辨,就是合着理学发展的节拍而日渐热烈起来并达到高潮的。

章实斋的“六经皆史”说
与“朱、陆异同”论

余 英 时

一、“六经皆史”说发微

章实斋“六经皆史”之说，自晚清经今古文之争以来，便备受学者的注意。民国以后，中外学者对这个富于启示性的命题，更提出种种不同的解说。① 我在本篇中并不打算全面地检讨这个理论。我只想解释实斋怎样提出“六经皆史”的命题来和当时的经学考证相抗衡。换句话说，“六经皆史”可以看作是实斋对东原的“考证挑战”的一个最具系统性的反应。

在清代学术史上，先后出现了两个最有名的纲领：即清初顾亭

① 关于“六经皆史”说的讨论请参考以下诸文：孙德谦《申章实斋六经皆史说》，《学衡》，第二十四期（1923 年 12 月）；周予同、汤志钧《章学诚六经皆史说初探》，《中华文史论丛》，第一期，1962 年；柴德赓《试论章学诚的学术思想》，光明日报，1963 年 5 月 8 日；井贯军二《章学诚の史学思想》，《山下先生还历纪念东洋史论文集》（1938 年 9 月）；高田淳《章学诚の史学思想について》，《东洋学报》，第四十七编，第一号（1964 年 6 月）。关于“六经皆史”说与清末经今古文之争的关系，可看郭斌龢《章实斋在清代学术史上之地位》，《国立浙江大学文学院集刊》，第一卷，1941 年，页 56b—57a；高田淳，上引文，页 63—65；Joseph R. Levenson, *Confucian China and Its Modern Fate*, Berkeley and Los Angeles, 1958, pp. 90—94.

林的"经学即理学"和乾嘉时代实斋所提出的"六经皆史"。从字面上说,"六经皆史"并不新颖,前人早已说过"经即史"或"五经皆史"之类的话。① 但是如果我们认清了实斋的"六经皆史"并非前人旧说的单纯翻版,而是对清初以来"经学即理学"的中心理论的一种反挑战,我们就立刻可以看出"六经皆史"在清代学术史上的重要而丰富的涵义。顾亭林"经学即理学"的命题在清初未曾获得充分的发挥,直到戴东原才把它推拓得淋漓尽致。东原在《与是仲明论学书》中说:

> 经之至者道也,所以明道者其词也,所以成词者字也。由字以通其词,由词以通其道,必有渐。②

而《题惠定宇先生授经图》言之尤明晰,其言曰:

> 夫所谓理义,苟可以舍经而空凭胸臆,将人人凿空得之,奚有于经学之云乎哉?惟空凭胸臆之卒无当于贤人圣人之理义,然后求之古经;求之古经而遗文垂绝,今古悬隔也,然后求之故训。故训明则古经明,古经明则贤人圣人之理义明,而我心之所同然者,乃因之而明。贤人圣人之理义非它,存乎典章制度者是也。(《戴震文集》,卷十一,页 168)

这可以说是"经学即理学"一语的最精确的注释。我们细察东原

---

① 关于六经皆史说探源,请看钱钟书《谈艺录》,香港龙门书店影印本,1965 年,页 315—319。按:钱君此书撰于民国三十一年壬午(1942 年),上海开明书局于民国三十七(1948)年初版印行。而龙门书店《出版说明》竟谓《谈艺录》成于壬午(1931 年),卷末复标作"1937 年上海开明书局初版",误以民国纪年为公元纪年,相差凡十有一年。

② 《戴震文集》,卷九,页 140,香港中华书局 1974 年,赵玉新点校。按赵君此处断句大误,引文中第二句竟作"由字以通其词,由词以通其道,必有渐求所谓字。""求所谓字"四字乃下句起语,赵君误连属上句,以致不词。

的议论,其背后显然有一基本假定:即所谓"道"或圣贤之"理义"皆毕具于六经;但由于六经中之文字以及典章制度已非千载以下之人所能识解,故必须借径于训诂考证。换个说法,训诂考证是开启六经的钥匙,而六经则是蕴藏着圣人之"道"的惟一宝库。

六经为载道之书,这大体上是历来儒家的共同看法,而尤为宋儒程、朱一派所强调。所以程颐撰《明道先生行状》与吕大临撰《横渠先生行状》都说明道、横渠先求道于老、释,未有所获;返之六经,而后得之。① 程、朱一派重视"道问学"的传统,因此也就必然要尊经。陆、王一系对经学则不及程、朱之严肃;故象山说"六经注我",阳明谓"六经乃记籍家产库藏之名状数目"。(见余英时《从宋明儒学的发展论清代思想史》,《中国学人》第二期(1970年9月),页28—29)这些话纵无贬经之意,要之陆、王并不主道尽在六经。清儒自顾亭林以至戴东原,都是走的"道问学"的路。这就是说,他们接受了程、朱以来求道于六经的基本假定。但清儒治经,重点毕竟在训诂考证而不在义理。在理论上,他们的"训诂明而后义理明"之说似乎无可非议。而事实上,训诂本身也具有种种层次。如果说必须等到一切训诂问题都解决了,才能决定义理的是非,则势必与朱子所谓"众物之表里精粗无不到,吾心之全体大用无不明"同为可望而永不可及的境界。

关于"训诂明而后义理明"在方法论层次上的谬误,前引实斋《又与正甫论文》中已予以有力的反驳。但是自顾亭林至戴东原的中心理论——"经学即理学"——决不是单从方法论的层次上

① 程伊川所撰明道《行状》见《伊川文集》卷七,页6a(《四部备要》本《二程全书》第六册);吕大临所撰横渠《行状》,见《张子全书》(国学基本丛书本)卷十六,页312。

可以彻底推翻的。要否定这个中心理论只有用另一种更具说服力的理论来取代它。实斋的"六经皆史"说便正是这样的一种理论。

从这个意义上看，"六经皆史"说在清代学术史上实为一具有突破性的创见。它之所以特别受到学者的重视，决不是偶然的。实斋首先要打破六经载道的见解。《原道中》云：

> 《易》曰："形而上者谓之道，形而下者谓之器。"道不离器，犹影不离形，后世服夫子之教者自六经，以谓六经载道之书也，而不知六经皆器也。……夫子述六经以训后世，亦谓先圣先王之道不可见，六经即其器之可见者。……而儒家者流，守其六籍，以为是特载道之书；夫天下岂有离器言道，离形存影者哉！彼舍天下事物人伦日用，而守六籍以言道，则固不可与言夫道矣。①

盖实斋论道乃就人类历史文化发展之全程而言，而六经中所可见者只是三代官师未分哪一阶段中道的进程。三代以后的道则不可能向六经中去寻找。故《原道下》云：

> 夫道备于六经，义蕴之匿于前者，章句训诂足以发明之；事变之出于后者，六经不能言，固贵约六经之旨而随时撰述，以究大道也。(《文史通义》，页42)

"事变之出于后者，六经不能言"这句话是明说六经不足以尽道。这样斩截的议论不但在清代为创辟，自宋代以来亦少见。

六经已不足以尽道，而经学家从事考证训诂复不足以通经，则其去道之远，可以想见。所以《原道下》说：

---

① 《文史通义》(古籍出版社，1956年)，"内篇"二，页39—40。关于实斋"六经皆器"的观念，参看三田村泰助，《章学诚の"史学"の立场》，《东洋史研究》，第十二编，第一号(1952年9月)，页13—15。

　　夫六艺并重,非可止守一经也;经旨闳深,非可限于隅曲也。而诸儒专攻一经之隅曲,必倍古人兼通六艺之功能,则去圣久远,于事固无足怪也。但既竭其耳目心思之智力,则必于中独见天地之高深,因谓天地之大,人莫我尚也,亦人之情也;而不知特为一经之隅曲,未足窥古人之全体也。训诂章句,疏解义理,考求名物,皆不足以言道也;取三者而兼用之,则以萃聚之力补遥溯之功,或可庶几耳。而经师先已不能无牴牾,传其学者又复各分其门户……门径愈歧而大道愈隐矣。(《文史通义》,页41)

以上引"原道"三点,首谓"六经皆器",非载道之书;次言六经亦不能超越时间之限制,事变之出于后者,六经中亦无其道;末云六经中虽有可见之道,而后世经学考证家多以一隅自限,且又彼此不合,故所得更少。这三点,一层扣紧一层,实为对当时"考证的挑战"的一个最严厉的反击。而实斋之所以如此持论者,则完全是针对着东原而发的。因为东原可以说是经学考证运动中最具权威性的理论代言人。乾隆四十二年丁酉(1777)正月十四日东原在给段玉裁的信上说:

　　仆自十七岁时有志闻道,谓非求之六经、孔、孟不得;非从事于字义制度名物,无由以通其语言。宋儒讥训诂之学,轻语言文字,是欲渡江河而弃舟楫,欲登高而无阶梯也。(原文见《戴东原、戴子高手札真迹》(不标页数)《中华丛书》本,台北,1956年,并可参考陈柱《戴东原遗札真迹考证》,《清儒学术讨论集》,第一集,上海,1933年,页36—37)

东原这封信写在卒前数月,是对经学考证的理论根据所作的一种最简单扼要的说明。以东原之说校之实斋《原道》篇,便可见实斋立论之际必有东原的议论亘于胸中,决非无的放矢也。实斋自未必得见东原此札，但1766年章、戴初晤时，东原的议论大概已是如此，而且东原《与是仲明论学书》、《与方希原书》、《古经解钩沈序》诸篇所言也都大同小异。故实斋对东原的论学观点非常熟悉，这是毋须置疑的。

六经既不足以尽道，实斋遂进而有"文史不在道外"之说。《姑孰夏课甲编小引》说：

> 余仅能议文史耳，非知道者也。然议文史而自拒文史于道外，则文史亦不成其为文史矣。因推原道术，为书约十三篇，以为文史缘起，亦见儒之流于文史，儒者自误以谓有道在文史外耳。（《章氏遗书》，卷二十九，外集二，第五册，页76）

实斋虽自谦"非知道者"，然其主张由文史以见道，则旨甚坚决。"甲编"中所存十三篇文字即包括《原道》三篇在内。《原道》的中心观念，如上文所指出，在消极方面是要破道在六经之说，而在积极方面则是要说明三代以下之道必当于史中求之。故《小引》中所谓"儒之流于文史"须与1796年实斋《与汪龙庄书》合看。实斋云：

> 盖韩子之学，宗经而不宗史，经之流变必入于史，又韩子之所未喻也。……拙撰《文史通义》，中间议论开辟，实有不得已而发挥，为千古史学辟其蓁芜，然恐惊世骇俗，为不知己者诟厉，姑择其近情而可听者稍刊一二，以为就正同志之资，亦尚不欲遍示于人也。（《文史通义》，"外篇"三，页300）

实斋《原道》篇初出，一时学人皆谓其"陈腐取憎"，而其族侄章廷枫则说时人之所以诋为陈腐者，恐是读得题目太熟。（《文史通义》，"内篇"二，《原道》篇末按语，页44）此辩甚有理。但实斋何以独选此熟题目以名其精心之作，则尚未见有满意之解答。今按之《与汪龙庄书》，可知实斋极不满韩愈之"宗经而不宗史"。盖退

之《原道》一文实以"道在六经"为基本观念之一。如谓"其文
《诗》、《书》、《易》、《春秋》",又谓孟轲死后,斯道不得其传,皆是
显证。实斋欲彻底摧破旧说,而代之以"因史见道"之论,因此非
攘退之篇名,便不足以凸显其新获之义理。而《与汪龙庄书》中
"经之流变必入于史"一语亦即《甲编小引》中"儒之流于文史"的
另一说法,其义与《原道下》所云:"事变之出于后者,六经不能
言",可以相互发明也。

　　实斋"六经皆史"之论是和他对"道"的新观念分不开的。戴
密微(P. Demiéville)谓实斋之"道"即存乎具体的历史实际中;倪
文孙(David S. Nivison)亦言实斋所谓"道"是人性中企求文明生活
的一种基本潜能,而在历史中逐渐展现者。(P. Demieville, "Chang
Hsüeh-ch'eng and His Historiography," W. G. Beasley and E. G.
Pulleybland. eds, *Historians of China and Japan*, Oxford University
Press, 1961, p. 180; David S. Nivison, *The Life and Thought of Chang
Hsüeh-ch'eng* (1738—1801) Stanford University Press, 1996, p.
141.)总之,实斋的"道"具有历史的性质,是在不断发展中的。正
因如此,实斋看重当前的现实过于已往的陈迹,主通今而不尚泥
古。我们可以说,实斋所以最重视"道"正由于他把"道"看成一种
"活的现在"(living present),而不仅是像多数考证学者一样,把
"道"当作"古典的过去"(classical past)也。因此实斋在《史释》篇
中说道:

　　　　传曰:"礼时为大。"又曰:"书同文。"盖言贵时王之制
　　度也。学者但诵先圣遗言而不达时王之制度,是以文鞶悦缔
　　绣之玩,而学为斗奇射覆之资,不复计其实用也。……故无
　　志于学则已;君子苟有志于学,则必求当代典章以切于人伦日
　　用,必求官司掌故而通于经术精微,则学为实事而文非空

言,所谓有体必有用也。不知当代而言好古,不通掌故而言经术,则鬐锐之文,射覆之学,虽极精能,其无当于实用也审矣。①

---

① 《文史通义》"内篇"五,页148—149。按:实斋引"礼时为大"并力倡"贵时王之制度",实涉及中国传统政治思想史上所谓"权威主义"(authoritarianism)的问题,今不能在此详论(参看 Nivison 前引书,页149—150;181—183)。大要言之,实斋生当清代专制政治达于极端之世,其思想中具有非常浓厚的权威主义的色彩。上引《史释》篇谓"必求(当代)官司掌故而通于经术精微"即其明征。细推其说之涵义,则不啻谓清代一切政治措施皆如六经之足以垂法后世。此可说是对儒家经学大义作了一番极大的颠倒。"六经皆史"、"六经皆先王之政典"之说恰为实斋的"权威主义"提供了历史的根据。汉代虽以"儒术缘饰吏治",但在理论上还不曾达到这种程度。不过王充《论衡》中《宣汉》、《恢国》、《须颂》等篇则已导实斋之先路。实斋虽"卑论仲任"(见《章氏遗书》附录中《两浙輶轩录补遗》引王宗炎语,页3),其深受《论衡》一书之影响,更为不可掩之事实。

实斋的"权威主义"思想在《原道》上中下三篇中表现得最为清楚。《原道》谓集大成者乃周公而非孔子,因孔子有"德"无"位",即无从得制作之权;又谓秦之悖于古者在其禁《诗》、《书》,而不在其"以吏为师",因"以吏为师"正合乎古代官师治教合而为一之道。这些论点都是对于传统的权威思想之进一步的发挥。德、位之说出自《中庸》一书,而《中庸》实为秦统一以后之作品,其中已涵有权威主义的成分。但《中庸》谓有位无德与有德无位皆不敢作礼乐,尚不似实斋所言之偏。实斋德、位之论对此后今文学家甚有影响。魏源有《学校应增祀先圣周公议》一文(见《古微堂外集》卷一,页1a—3a),即全本实斋《原道》而立论者也。

此处尚须附论者,即实斋《文史通义》中何以独缺《春秋教》一篇,1953年钱宾四师撰《孔子与春秋》一文(此文收入《两汉经学今古文平议》,新亚研究所出版,1958年)始发其复,意谓实斋持孔子"有德无位,不能制作"之论,因此对《春秋教》一篇便难以落笔。盖实斋既谓"六经皆先王之政典",则《春秋》一经自亦不能例外。然孔子不在其位,并无制作之权,从实斋的理论系统论,又何能肯定孔子著《春秋》之意乎?其实此一理论上的困难,就《文这是从历史发展过程来解释"道"的实现所必至的结论。我们试以实斋之"道"与当时考证家由分疏六经中之名物、制度、字义等所得之"道"作一比较，即可见两者不但迥异，抑且适处于相反的地位。此最能显出实斋立说时的心理背景。实斋不但用一个崭新的史学观点与东原所持的经学观点相抗衡，并且进一步要以史学观点来超越以至代替经学观点。

实斋论"道"本乎史学立场，其论"理"亦然。《文史通义》开宗明义便说：

> 六经皆史也。古人不著书；古人未尝离事而言理，六经皆先王之政典也。（《文史通义》，"内篇"一，页1）

而《四书释理序》更反复发明古人"因事寓理"之旨。（《章氏遗书》卷二十一，文集六，第三册，页244—245）按：清学由虚入实，所以"因事见理"是当时的共同见解；王船山、颜习斋、李恕谷、戴东原等大抵皆持论相似。但深一层去分析，诸家对"事"的理解则又不尽同。颜、李之"事"，实用的意味较重，因为他们认为圣学不外

史通义》的全部系统而言，亦非无法补救。《通义》"外篇"三，《与陈鉴亭论学书》尝云："孔子不得位而行道，述六经以垂教于万世，孔子之不得已也。后儒非处衰周不可为之世，辄谓师法孔子必当著述以垂后，岂有不得已者乎？"（页311）孔子制作《春秋》一经，正可以"不得已"之说解之，何况知我罪我，夫子已自道之耶？所以实斋之终于不写《春秋教》者，实由其权威主义之思想倾向所使然也。

王宗炎复实斋书云："《春秋》为先生学术所从出，必能探天人性命之原，以追阐董江都，刘中垒之绪言。尤思早成而快睹之也。"（《章氏遗书》附录，第八册，页12）按此书之末提及《浙东学术》篇，则当作于1800或1801年，已在实斋卒前不久，大概实斋始终没有动手写《春秋教》。日本学者高田淳在前引《章学诚の史学思想について》文中（页64、66—67）谓实斋之《春秋教》，即包括在《书教》篇中，他的说法很不可信。

六府、三事、三物。东原解释孟子所谓"故有物必有则,民之秉彝
也,故好是懿德。"曰:

> 以秉持为经常曰则,以各如其区分曰理,以实之于言行曰
> 懿德。物者,事也;语其事,不出乎日用饮食而已矣;舍是而言
> 理,非古圣贤所谓理也。(戴震,《孟子字义疏证》(何文光整
> 理,中华书局,1961 年),页2—3)

东原训"理"为条理,因此特别要观察事物中所显现的内在条理。
他说事"不出乎日用饮食",可见他所注重的是具有经常性与普遍
性的"事"。这仍是经学家的见地。

实斋所说的"事"则是历史性的,所以有时亦说"事变"。《书
教上》云:

> 古人事见于言,言以为事,未尝分事言为二物也。(《文
> 史通义》,"内篇"一,页9)

此处"古人未尝分事言为二"之"事",即上引"未尝离事而言理"
之"事",也就是史学上所谓之"事"。而《浙东学术》云:

> 三代学术,知有史而不知有经,切人事也;后人贵经术,以
> 其即三代之史耳;近儒谈经,似于人事之外别有所谓义理矣。
> (同上,"内篇"二,页52)

可见"事"即历史上流变不居的"人事";人事之外无义理尤为离事
无理之确诂,《经解中》复曰:

> 事有实据而理无定形,故夫子之述六经,皆取先王典章,
> 未尝离事而著理。(《文史通义》"内篇"一,页29)

理之所以不能有定形者,正以其随事而见,而事则永远在流变之
中。三代以下的事便不是六经中的理所能范围的了。实斋此处所
表现的史学观点又隐然和东原的经学观点相对峙。实斋从历史上
讨论理和事的关系,在清代只有王船山与之最为近似。船山《续

春秋左氏传博议》卷下云：

> 有即事以穷理，无立理以限事。①

这和实斋"理无定形"之说义最相通。实斋并没有机会读到船山著作，这种契合当是因为实斋与船山不但同精于思，而且同深于史，所以得到的结论和南宋以来从经学与理学的观点轻视历史的一般儒者遂大不相同。

综观实斋"六经皆史"之说，实为针对东原"道在六经"的基本假定而发，同时也是对顾亭林以来所谓"经学即理学"的中心理论作一种最有系统的反挑战。② 但"六经皆史"是一种十分含蓄的说法，不能仅从字面上作孤立的了解，深一层看，这个命题实带有尊史抑经的意味。所以他说：

> 六经初不为尊称。(《文史通义》"内篇"一，《经解下》，页31)

又评苏明允(洵)的《六经论》曰：

> 首篇言经非万世常法，亦非一代实录，为圣人道法所寓。
> 不知古无经史之分，圣人亦无私自作经以寓道法之理。六经
> 皆古史之遗，后人不尽得其渊源，故觉经异于史耳。……六经

---

① "士文伯论日食"条，《船山遗书》(太平洋书店，1933年)，第三十一册，页4a。关于王船山的历史理论，可参看姚薇元《王夫之的史学理论初探》及肖箑夫《浅论王夫之的历史哲学》，均见《王船山学术讨论集》下册，中华书局1965年，页285—331。

② 按实斋《乙卯札记》有一条云："顾宁人言，经学即理学也，安得别有理学？"(《章氏遗书》外篇二，第六册，页64)此条显采自全谢山所撰《亭林先生神道表》(见《鲒埼亭集》，万有文库本卷十二，第二册，页144)，因据《乙卯札记》，实斋是时正读《鲒埼亭集》也。至亭林原文则见于《与施愚山书》(《顾亭林诗文集》，中华书局1959年，页62)，不知实斋曾参考及之否？

皆史,则非苏氏所可喻矣!(《丙辰札记》,《章氏遗书》外篇
三,第六册,页91—92)

把"六经皆古史之遗"和前面所引"后人贵经术,以其即三代之史"
之语合起来看,则实斋的本意是说六经但为某一阶段(即古代)之
史,而非史之全程。易言之,六经皆史而史不尽于六经。必须如此
下转语,"六经皆史"的全幅涵义始能显现。可见在这个命题中,
实斋所未言者远比他所已言者为重要。所以我们认为"六经皆
史"之旨决不能单从字面去了解,更不能视为前人议论(如王阳明
的"五经即史")的翻版。实斋以"道"在历史进程中不断展现。六
经既只是古史,则最多只能透露一些"道"在古代发展的消息。至
于"事变之出于后者,六经不能言";三代以下之道便只有求之于
三代以后之史了。把"六经皆史"说的涵义推拓至极,实斋便无可
避免地会得到"贵时王之制度"的结论,因为时代愈近便愈可以见
"道"的最新面貌,而时王之"政典"也必然将成为后世的"六经"
也。

实斋自1766年与东原初晤,即习闻"道在六经"及"非从事于
字义制度名物,无以通其语言"之论。实斋当时深为此论所折服,
不但无以反驳,而且自感惭惕与寒心。惟实斋早年兴趣既已近于
史学,而其高明之性又复不耐沉潜,故长于"神解精识"而不能为
"训诂考质"。对实斋而言,经学考证可说是一条走不通的路。然
而经学为清代的显学,非通经即无由见道。实斋不能过此关,岂非
终身无"闻道"之望乎?这是东原的"考证挑战"在实斋的早期学
术生命中所投下的巨大阴影。而如何摆脱这种困境并在学问上卓
然自立以与东原分庭抗礼,也就必然构成了实斋内心深处最难安
顿的绝大课题。但实斋的好学深思终于使他在极端艰难的情况中
打开了一条出路。通过方志和《史籍考》的编纂,他逐渐建立了

"以史概经"、"以今代古"的理论根据。这个理论最后则凝聚在"六经皆史"这一中心命题之中。"六经皆史"论的完成不但在实斋个人的思想发展上为一最大的突破,即在整个清代学术史上也是"经学即理学"以后一项最大的突破。由于实斋不肯公然与并世的经学家为敌,所以下语极为含蓄慎重,致使其立说之心理背景更为黯而不彰。其实"六经皆史"决不是一个普遍性的抽象理论。它后面所包涵的具体意义必须通过实斋一生与东原的思想交涉才能充分地显露出来。①

二、"朱、陆异同"论的心理背景及其
在思想史上的涵义

"六经皆史"之外,《文史通义》中另一重要的理论是"朱、陆异同"说。这个理论的意义必须从心理和历史两个方面来加以分析。从心理方面说,我们可以通过这个理论来了解东原在实斋心中的地位,以及实斋的自我评价。我们甚至可以武断地说,如果不是由于东原的影子时时在困扰着实斋,实斋未必会发展出他的朱、陆新解。从历史方面说,实斋的朱、陆论是清代儒家智识主义之兴起的最有力的说明。如果说东原的哲学是程、朱"道问学"传统在清代的最高发展,那么实斋的朱、陆论则恰恰可以代表陆、王"尊德性"的传统在清代向"道问学"阶段的转化。在未进行分析以前,让我们先检讨一下实斋关于这一问题的基本说法。

《文史通义》中有两篇文字是直接讨论朱、陆异同的,即《浙东

---

① 近代治实斋之学者甚多,唯钱宾四师始点破"六经皆史"系针对当时经学理论而发。见《中国近三百年学术史》上册,页380—392。

学术》和《朱、陆》。这两篇文字虽编在一起,并列入《文史通义》的"内篇"中,但《朱、陆》篇撰于 1777 年,《浙东学术》撰于 1800 年,相去二十余年之久。王宗炎(1755—1826)是实斋生前信托的文稿整理人,这样的编排大约符合实斋自己的意思。① 因为此二文虽非同时撰写,意义则显然互足。所以知两文义取互足者,《朱、陆》篇明标朱、陆两派,而篇中仅叙及朱学的传承,于陆学系统则全未涉及。直到他卒前之一年写《浙东学术》才把《朱、陆》篇的这一漏洞给补上了。《朱、陆》篇追溯朱学源流云:

今人有薄朱氏之学者,即朱氏之数传而后起者也;其与朱氏为难,学百倍于陆、王之末流,思更深于朱门之从学,充其所极,朱子不免先贤之畏后生矣。然究其承学,实自朱子数传之后起也,其人亦不自知也……。性命之说,易入虚无;朱子求一贯于多学而识,寓约礼于博文,其事繁而密,其功实而难,虽朱子之所求,未敢必谓无失也。然治其学者,一传而为勉斋(黄榦)、九峰(蔡沈),再传而为西山(真德秀)、鹤山(魏了翁)、东发(黄震)、厚斋(王应麟),三传而为仁山(金履祥)、白云(许谦),四传而为潜溪(宋濂)、义乌(王祎),五传而为宁人(顾炎武)、百诗(阎若璩),皆通经服古,学求其是,而非专己守残,空言性命之流也。……生乎今世,因闻宁人、百诗之风,上溯古今作述,有以心知其意,此则通经服古之绪又嗣

---

① 按前引王宗炎复实斋书(见本书页 56 注①)曾云代为改定《浙东学术》字句并征求实斋同意。足见此篇之编入《文史通义》"内篇"卷二,并置之《朱、陆》篇之前,定出王宗炎之手,然或已获得实斋本人之认可也。《文史通义》中《立言有本》一文对著作之分为内、外、杂诸篇立有严格的标准。实斋之意"内篇"必须包括作者论学之"要旨"(见《文史通义》"外篇"一,页 203)。则《朱、陆》与《浙东学术》两篇在实斋学术系统中之地位可以推见。

其音矣。无如其人慧过于识而气荡乎志,反为朱子诟病焉,则亦忘所自矣!(《文史通义》"内篇"二,页55—56)

据《书朱、陆篇后》,此篇即为东原而作。然通篇仅有朱而无陆,与题旨似不相称。颇疑实斋晚年已自觉《朱、陆》篇之有失平衡,因此特撰《浙东学术》一篇,一以自道其学术之渊源,一以补《朱、陆》篇之不足。《浙东学术》云:

浙东之学,虽出婺源,然自三袁(袁燮,1144—1224,袁肃,1199进士,袁甫,1214进士)之流,多宗江西陆氏,而通经服古,绝不空言德性,故不悖于朱子之教。至阳明王子揭孟子之良知,复与朱子牴牾;蕺山刘氏本良知而发明慎独,与朱子不合,亦不相诋也。梨洲黄氏出蕺山刘氏之门,而开万氏弟兄(万斯大1633—1683,斯同1638—1702)经史之学,以至全氏祖望辈尚存其意,宗陆而不悖于朱者也。惟西河毛氏,发明良知之学,颇有所得;而门户之见,不免攻之太过,虽浙东人亦不甚以为然也。

世推顾亭林氏为开国儒宗,然自是浙西之学;不知同时有黄梨洲氏出于浙东,虽与顾氏并峙,而上宗王、刘,下开二万,较之顾氏,源远而流长矣。顾氏宗朱而黄氏宗陆,盖非讲学专家各持门户之见者,故互相推服而不相非诋。学者不可无宗主,而必不可有门户,故浙东浙西道并行而不悖也。浙东贵专家,浙西尚博雅,各因其习而习也。(《文史通义》,页51—52)

实斋撰《浙东学术》篇,从心理方面说,显然是要为自己在宋、明以来的儒学传统中找一个适当的位置。这和《朱、陆》篇认定东原之学系承朱子数传而后起,意思全相一致。但是何以实斋在1777年写《朱、陆》篇时全不涉及自己,而必须要等到1800年始畅言浙东学派而归宗于陆、王？这个问题应该从实斋的成学经过中去求解答。1777年时实斋《文史通义》的宗旨虽已确立,但"内篇"主要的理论文字都还没有着落。此时实斋的识力已足以评论东原学术,惟自家最精的义理仍未到手,正面的成就尚不足与东原相抗衡。而且实斋对浙东学派的分疏此刻恐亦未到十分明晰之境(详后)。《朱、陆》篇之有朱而无陆,可以说是一种不得已的隙漏。

实斋"六经皆史"论是从1788年开始纂修《史籍考》而悟得的,而1789年尤为实斋在理论系统方面发展得最得心应手的一年。这些都已在上章讨论过了。然而"六经皆史"论中的详细节目并非一时所可发挥尽致,其中《书教》上、中、下三篇迟至1792年始撰就,《春秋教》则因理论上的困难无法克服,以致始终不能下笔。(见本书56页注①)且实斋《史籍考》的补修工作至1798年仍在进行中。现存《史考释例》及《史考摘录》两篇大约即成于此年。①《史籍考》的工作与实斋的理论发展一向都是密切相关的,所以,实斋思想系统的完成确是最后数年间之事。由此推断,则实斋1800年撰《浙东学术》一文正表示他自信在学问上已建立起"一家之言",足以与东原分庭抗礼了。

自实斋有《浙东学术》之作,论者皆以实斋为清代浙东史学之重镇,从无异辞。惟倪文孙撰《章学诚的生活与思想》一书于此事颇致其疑。倪君所持理由可约为三点:一、实斋读黄梨洲、全谢山的著作颇迟,且其时黄、全文字多未刊行,实斋所见亦不周全。二、

---

① 《史考释例》见《章氏遗书》补遗,第八册,页40—52;《史考摘录》则见《章氏遗书逸篇》,四川省图书馆编辑,《图书集刊》,第二期(1942年6月),页44—52。关于《史考释例》之撰成年代,参看胡适著、姚名达订补《章实斋年谱》,1931年,页132—134。

如果实斋是浙东学派之一员,则他必会时时征引刘蕺山、黄梨洲,并常常称颂二万及谢山。但按之实斋遗书,未见其然,则实斋与浙东学派之关系可想而知。三、实斋论学最重创辟,且复不喜以门户自限,故更不宜视彼为任何学派中人。所以倪君的结论是:浙东学派也许对实斋有影响,但实斋对浙东学派的自我认同则只能看作一种晚年追认之论(a lifetime's afterthought)。(Nivison 前引书,页 279—280, 又 249—250)今按:浙东学派之说本不能看得太严格,浙东也没有一个组织严密而延续不断的"学派"。因此自来论者言"浙东学派",都不过是把它了解为一种大体上共同的治学精神,与倪君"影响"之意,相去不远。倪君驳论颇有无的放矢之嫌。所举三层理由,第一及第三两点自是事实,第二点则过于机械,甚难成立。惟倪君结论谓实斋之认同于"浙东学术"乃出于晚年之追论,却是一个富于启示性的说法。①

实斋 1777 年写《朱、陆》篇时,对东原所承的朱学渊源大体上已有明晰的认识,但对他自己思想所自出的浙东学统却仍没有疏理出一个完整的谱系。甚至迟到 1797 年实斋对这一点还不曾弄清楚。这一年他从桐城写信给朱少白(锡庚)说:

> 戴东原训诂解经,得古人之大体,众所推尊,其《原善》诸篇虽先夫子(按:指少白父朱筠)亦所不取。其实精微醇邃,实有古人未发之旨,鄙不以为非也。(原注:姚姬传并不取《原善》,过矣!)戴君之误,误在诋宋儒之躬行实践,而置己身于功过之外。至于校正宋儒之讹误可也,并一切抹杀,横肆诋

---

① 实斋尝论袁枢《通鉴纪事本末》曰:"书有作者甚浅而观者甚深。"(《文史通义》"内篇"一,《书教下》,页 15)其实这是由于作者与观者的观点不同。余兹所论亦未必符合倪君原意也。

诃,至今休、歙之间,少年英俊,不骂程、朱,不得谓之通人,则真罪过,戴氏实为作俑。其实初听其说,似乎高明,而细核之,则直为忘本耳。夫空谈性理,孤陋寡闻,一无所知,乃是宋学末流之大弊。然通经服古,由博反约,即是朱子之教。一传为蔡九峰、黄勉斋,再传而为真西山、魏鹤山,三传而为黄东发、王伯厚。其后如许白云、金仁山、王会之,直至明初宋潜溪、王义乌。(按:此句似不完整。)其后为八股时文中断。至国初而顾亭林、黄梨洲、阎百诗皆俎豆相承,甚于汉之经师谱系。戴氏亦从此数公入手,而痛斥朱学,此饮水而忘其源也。然戴实有所得力处,故《原善》诸篇,文不容没。[①]

这段评论东原的文字显然即是《朱、陆》篇与《朱、陆篇书后》的撮要。然而其中又有绝异的一点,即此信于清初朱学传人中,亭林、百诗之外竟列有黄梨洲。如梨洲果属朱学系统,则《浙东学术》一文便失去其立足点了。因为《浙东学术》明谓梨洲"上宗王、刘,下开二万","顾氏宗朱而黄氏宗陆"也。实斋在 1797 年时对于浙东学统尚无明确的谱系观念,这封给朱少白的信是最坚强的证据。

此信足以坐实倪文孙《浙东学术》乃实斋晚年追论之说。但实斋何以必须有此一番追论,则是一个极值得深究的问题。从心理层次看,实斋十分需要一个源远流长的学统作为他自己的后盾,不然他将无法与承朱子之学数传而起的戴东原相匹敌。这种心理

---

① 《又与朱少白书》,见《章氏遗书》补遗,第八册,页 25—26。按:此书开头即云:"规正孙渊如稿呈阅。中有圈点,乃姚姬传先生动笔。"可知作此书时实斋正在桐城,与姚姬传时有过从也。据《章实斋年谱》(页 124—125),1797 年农历三月实斋在桐城阅试卷,则此书之年代可定。所谓"规正孙渊如稿",即指《与孙渊如观察论学十规》,见《章氏遗书逸篇》,《图书集刊》第二期,页 29—35;又见钱穆《中国近三百年学术史》上册,第九章附录。

充分表露在上引《浙东学术》所云"梨洲虽与亭林并峙,而上宗王、刘,下开二万,较之顾氏,源远流长"一段话中。实斋这番话显然与1777年所写《朱、陆》篇颇有矛盾。《朱、陆》篇旨在说明东原之学出于朱子,以证东原之攻讦朱子为"饮水忘源"。然戴学既可通过亭林、百诗而上溯至朱子,其源不可谓不远,由亭林下传至东原,其流亦不可谓不长。则《浙东学术》所云梨洲较之亭林为"源远流长"者,显见其为夸词。《浙东学术》篇中的夸词尚不止此。实斋又说:

> 三代学术,知有史而不知有经,切人事也;后人贵经术,以其即三代之史耳;近儒谈经,似于人事之外别有所谓义理矣。浙东之学,言性命者必究于史,此其所以卓也。

这也是针对着东原的经学观点而发的议论。"近儒谈经,似于人事之外别有所谓义理"一语,尤是明驳亭林以来"经学即理学"之说。细绎实斋之意,盖谓自古迄今义理皆寓于史。此即实斋所持以史学代经学的理论根据。实斋如此持论已占东原上风,然而仍意有未足,复进一步强调:"浙东之学,言性命者必究于史,此其所以卓也。"这就等于说,浙东之学从来便是以理学结合着史学,因此较朱子一系之专从经学讲理学者更为卓越。而且实斋此处所谓"浙东之学,言性命者必究于史"并不专指清代自黄梨洲、邵念鲁、全谢山以至实斋本人这一系而言。他确是肯定自南宋以来,浙东学派即是如此。所以知其说当上溯至南宋者,因同年(1800)实斋口授大略,由其子贻选执笔之《邵与桐(晋涵)别传》有云:

> 南宋以来,浙东儒哲讲性命者多攻史学,历有师承。宋、明两朝纪载皆稿荟于浙东,史馆取为衷据。(《章氏遗书》卷十八,文集三,第三册,页133,参看《章实斋年谱》,页144)

《别传》与《浙东学术》为同时之作品,二者互校,实斋所言浙东之学,其上限可以确定。

但实斋此说更乏历史根据。金毓黻便曾指出,自南宋至清代浙东并没有一个延续不断的史学传统。① 南宋之浙东学者自不乏治史之人,如吕祖谦(1137—1187)、叶适(1150—1223)及王应麟(1223—1296)皆是。但这些人与清代黄梨洲以至实斋本人并无学术思想上的传承关系。且实斋所谓"浙东儒哲之言性命者",只能是指陆学系统中人而言,如三袁、王阳明及刘蕺山等人。然而此辈理学家却又未尝重史学。

实斋对浙东学术的夸张,其心理背景可自两方面说之。一方面是实斋的寂寞以至"孤愤"。他在《答邵二云书》末说道:

> 或谓戴氏生平未尝许可于仆,仆以此报怨者,此则置之不足辨也。仆之所学,自一二知己外,一时通人,未有齿仆于人数者,仆未尝不低徊自喜,深信物贵之知希也,而于诸通人之所得,何尝不推许称说,几于老估评值,未尝有浮抑矣,又何修怨之有哉! 尝谓司马、班、刘,果不生于今之世乎,则其于仆,将如慈石召铁,琥珀拾芥,仆不彼求,彼将于仆致性命焉。且夫铁不我前,仆已非慈石矣,何敢尤人! 仆既幸慈石矣,则彼相靡而不动者,必其非真铁也,于仆又何患乎? 足下尝许仆为君家念鲁身后桓谭,仆则不敢让也。今求仆之桓谭,舍足下其谁与! 雄、谭并时而生,于古未有,可无名言高论激发后生志气,而顾嘿嘿引嫌,不敢一置可否,岂不惜哉! 足下勉之而已!

① 见金毓黻《中国史学史》,上海1957年,页252。但陈训慈《清代浙东之史学》(《史学杂志》第二卷第六期,1931年4月)一文云:"清代浙东之学,近承姚江性命之教,而远绍两宋儒哲之传。"(页1)则是根据实斋之说而立论者也。

（《章氏遗书逸篇》，《图书集刊》第二期，页41）
表面上看，似乎实斋对于自己之被同时学人所轻视与排斥，已经做到丝毫无动于衷的境界。但事实上，实斋知及之而仁不足以守之，故信末于二云极怀怨望之意。他把二云看作他的并世桓谭，但二云始终不肯公开对他的学术成绩有任何表示。实斋内心渴望自己的工作受到应有的承认，在这里表露得最清楚。1799年实斋在《又与朱少白》书中复云：

> 鄙著《通义》之书，诸知己者许其可与论文，不知中多有为之言，不尽为文史计者。关于身世有所枨触，发愤而笔于书。尝谓百年而后，有能许通义文辞与老杜歌诗同其沉郁，是仆身后之桓谭也。（同上，页38）

前一信实斋自认为司马、班、刘如生乎今之世则将于彼为"慈石召铁"，又责望二云视彼当如桓君山之于扬子云，而此函复寄望于身后之桓谭，其内心之孤寂与感慨盖有不克自掩者。所以实斋在情绪激动时尝坦承"屡遭坎坷，不能忘情。"又云："未免激昂申其孤愤，此古人亦所不免，又何讳焉！"（《与胡雒君》，《文史通义》"外篇"三，页301）但是当世桓谭既不可求，身后桓谭亦未可必，则置身古人行列之间庶几可以稍解岑寂而见吾道之不孤欤？此实斋《浙东学术》篇之所以不得不作也。

实斋撰《浙东学术》的另一种心理背景则直接与东原有关。实斋初写《朱、陆》篇时，已隐然自许为当世的陆象山，因为只有象山才能与朱子旗鼓相当。但是前已指出，其时实斋的学术路向虽已确定，而《文史通义》的中心理论——"六经皆史"——尚未成形，即就义理而言，亦不足与东原抗手。故篇中朱、陆之详略迥不相侔。至1800年，实斋一方面学问已臻成熟，而另一方面则自觉生命已走到了尽头，而有"今目废不能书；疾病日侵，恐不久居斯世"之语。(《邵与桐别传》,《章氏遗书》卷十八,文集三,第三册,页133)这时他回顾一生在学术上的艰苦奋斗,特别是与东原这样一个学术强敌的争持,他必然会感到一种重大的心理压力。尤其使他不能忘情的,是东原的经学考证和他自己的文史校雠,一显一晦,成为最强烈的对照。实斋虽自信甚坚,视东原与彼的对峙即是南宋朱、陆及清初顾、黄之重视,但并世学人,包括他的桓谭——邵晋涵在内,却未必能同意实斋这种自我评价。为了说明东原和他的关系确与朱、陆的关系相应,实斋最后不能不乞灵于历史。这样,他就找到了近在眼前的浙东学派。在《朱、陆》篇中,他已对东原所继承的朱子学统作了明白的交代。现在他的问题是怎样把自己归宗于象山。他终从浙东这个地域性的学派获得了启示。在理学史上,陆、王自来被视为同一系统,而阳明则恰好是浙东人。比较困难的倒是如何重建由阳明传至他自己这一谱系。邵念鲁(1648—1711)是实斋最崇敬而熟悉的浙东先辈,并且笃信阳明致良知之教,照理应该成为阳明与他自己之间的关键人物。但念鲁无论就声望与年辈言,都绝不足以与顾亭林相抗;而东原的考证观点则直接来自亭林的"经学即理学"。要找一个与亭林同时而相匹敌的浙东学人,黄梨洲可以说是惟一适当的人选。梨洲上宗王、刘,正在陆学系统之中;而复下开二万、谢山的经史之学,又符合"言性命者必究于史"的要求。实斋在《浙东学术》篇中特别强调梨洲承先启后的历史作用,必须从这一心理角度去理解。因此,尽管实斋对梨洲的认识不深,甚至在三年前(1797)还把梨洲与亭林、百诗并列为朱学传人,但在1800年写《浙东学术》时却无法不把梨洲搬回陆、王系统之中,并且要他扮演着最重要的角色。南宋有朱、陆,清初有顾、黄,这才能衬托出乾隆时的戴、章并峙。实斋说梨洲的浙东之学较之亭林为源远流长,又说南宋以来浙东儒哲言性命者必究于史,这些显然都不免有夸张之嫌。但在实斋的潜意识里,这种夸张也许反而是十分真实的,研究实斋的朱、陆异同论,我们必不可把历史真实(Historical truth)和心理真实(Psychological truth)混为一谈。

以上我们从心理方面检讨了实斋的朱、陆异同论的涵义。现在我们要从思想史的观点来看看实斋之分辨朱、陆与儒家智识主义的内在关联。实斋平时论朱、陆,亦与清代一般学人之见相去不远,且偏朱多于祖陆。《丙辰札记》有一条云:

> 程、朱之学乃为人之命脉也。陆、王非不甚伟,然高明易启流弊。若谓陆、王品逊程、朱,则又门户之见矣。(《章氏遗书》外编卷三,第六册,页113)

但《文史通义》中论及朱、陆在清代之发展,则一扫俗见而别出新解。实斋在《朱、陆》篇中力证东原之学出自朱子的求一贯于多学而识。这一点当然不成问题。(胡适《戴东原的哲学》,上海1927年,页92—93)所以朱学传统在清代的特殊面貌即是他所谓浙西的经学考证。那么,陆学在清代又是以怎样一种形式出现的呢?《浙东学术》对这一点有解释,其言曰:

> 浙东之学,虽源流不异而所遇不同,故其见于世者,阳明得之为事功,蕺山得之为节义,梨洲得之为隐逸,万氏兄弟得之为经术史裁,授受虽出于一,而面目迥殊,以其各有事事故也。彼不事所事,而但空言德性,空言问学,则黄茅白苇,极面目雷同,不得不殊门户以为自见地耳,故惟陋儒则争门户也。(《文史通义》"内篇"二,页52—53)

这里最可注意的是实斋所谓"源流不异而所遇不同"及"授受虽出于一,而面目迥殊"的观点。换句话说,实斋认为陆学传人在清代已不复能求之于空言德性的所谓理学家,而必须在浙东史学家中去寻找了。其实在“万氏兄弟得之为经术史裁”之下,实斋心中还有一句话没有写出来,那便是“实斋得之为文史校雠”。浙东言性命者必究于史,和浙西的“经学即理学”一样,是儒学由“尊德性”转入“道问学”的明确表示。根据实斋的思想史观,我们不妨说,儒学的主流在宋、明是心性之学,在清代则是经史实学。因此《朱、陆》与《浙东学术》两篇中所列清代儒学之代表人物全属经史研究方面的学者,而当时的“宋学家”,无论是所谓“理学名臣”或江藩《国朝宋学渊源记》中的人物,在实斋的心目中都不足以称为朱、陆的传人。

实斋极不以空言义理为然,因此主张学思不可偏废,而尤强调寓思于学。他在《原学下》中曾说:“诸子百家之患,起于思而不学;世儒之患,起于学而不思。”“世儒”即指清代一般经学考证家而言,故下文说“学博者长于考索,侈其富于山海,岂非道中之实积!而骛于博者,终身敝精劳神以狥之,不思博之何所取也。”“诸子百家”则也包括那些空言德性、空言问学的理学家在内,故说:“言义理者似能思矣,而不知义理虚悬而无薄,则义理亦无当于道矣。”(《文史通义》,页46—47)但是如果必须在摭实与蹈虚之间有所抉择,则实斋宁舍虚而就实。他在《答沈枫墀论学》书中说:

> 今之学者,虽趋风气,兢尚考订,多非心得;然知求实而不蹈于虚,犹愈于掉虚文而不复知实学也。(同上,“外篇”三,页310)

实斋于此充分地表现了清代儒学的共同精神;他这种寓虚理于实学的观点和东原所谓“德性资于学问”同是儒家智识主义兴起以后的思想产品。我们在这里最可以看出清学在思想史上的意义。如果把清代的经史研究仅看成学术史(而非思想史)中的一个阶段,或一个单纯的方法论的运动,那么东原与实斋的出现便成为不可理解的事了。不仅此也,清代尽管有许多考证学者绝口不谈义理问题,而他们的学术工作事实上仍然清楚地表现出一个确定的思想的方向。实斋坚持学思兼致正透露了他对清学在儒家思想史上的位置有自觉而深刻的了解。①

朱、陆之间的一个主要分野自来便由"道问学"与"尊德性"而判,朱子当年在《答项平父书》中已自言之。(《朱文公文集》(四部丛刊初编缩本)卷五四,页962)但在宋、明时期,儒学的基调是"尊德性",所以朱子的"道问学"仍然是"尊德性"中的"道问学"。东原批评程、朱"详于论敬而略于论学",其义正当于此求之。下逮清代,儒学的基调已在暗中偷换,"道问学"已取代了"尊德性"的主导地位。因此,东原与实斋虽亦言"尊德性",而这种"尊德性"则只是"道问学"中的"尊德性"。实斋论清代的朱、陆异同便必须由这一角度去理解。实斋分别清代的朱、陆为浙西之学与浙东之学,而这两者之间的歧异则是:

　　浙东贵专家,浙西尚博雅。

"博雅"显是"道问学"中之事,毋须更有所讨论。然则"专家"又是何义?此二字虽与近代"专家"(Specialist)一词有其相通之处,但在实斋思想系统中却别具更重要的涵义。实斋所谓"专家"便是他时常称说的"成一家之言";而学者能否"成一家之言"又复系于他有无"别识心裁"。他在《申郑》篇中曾说郑渔仲"独取三千年

―――――――――

　　① 　如梁任公先生即说:"清代学派之运动,乃研究法的运动,非主义的运动也。"(《清代学术概论》,台湾中华书局1970年,页31)胡适之先生有《清代学者的治学方法》(《胡适文存》,远东图书公司1971年3版,第一集,卷二,页383—412)及《治学的方法与材料》(《文存》,第三集,卷二,页109—122)两文,也是从方法论的观点去了解清学的意义。本文则从思想史的观点出发,与梁、胡两家之说颇不相同。

来遗文故册,运以别识心裁,盖承通史家风,而自为经纬,成一家言者也。"(《文史通义》"内篇"四,页134)而《亳州志人物表例义上》复云:

> 而既为著作,自命专家,则列传去取,必有别识心裁,成其家言。(见《方志略例二》,《章氏遗书》卷十五,第二册,页60)

这尤其是"专家"与"成一家之言"可以互训的确证。而《邵与桐别传》记二云语实斋之言曰:

> 如子所约,则吾不能,然亦不过参倍于君,不至骛博而失专家之体也。

其下有实斋子贻选注曰:

> 先师(指二云)深契家君专家宗旨之议,故于宋史主于约驭博也。(《章氏遗书》卷十八,文集三,第三册,页136)

可见实斋的"专家"又通于"约"之义,而以"别识心裁"为其主观之枢纽。实斋尝谓"立言之士,读书但观大意"。又自许"神解精识,乃能窥及前人所未到处"。这就是说,他的学问是从"约"入手的。所以浙东贵"专家"者决不能完全等同于近代西方人所谓"对很多的东西知道得很少;对很少的东西知道得很多"的那种专门学者。实斋的"专家"是对学问先具有一种大体的了解,并且逐渐从大处建立起自己的"一家之言"。这种一下子就能把握住大处的本领又从何而来呢? 实斋根据自己的经验,认定是出于"神解精识"或"别识心裁"。"神解精识"或"别识心裁"显然带有浓厚的直觉意味,因此颇近乎柯灵乌(R. C. Collingwood)所重视的"先验的想像"(apriori imagination)。① "神解精识"来自实斋早年读

① 见余英时《章实斋与柯灵乌的历史思想》,《自由学人》第三、四期合刊(1957年10月),页14。

书的体验;"别识心裁"则是他中年以后治目录校雠之学,由"别裁"的观念推衍出来的。①两者的涵义正可互相补充。

经过了上面一番分析,我们可以肯定地说,实斋所谓"浙东贵专家"者,其意即谓浙东之学的立足点在"约"。这与浙西之尚博恰好成为显明的对照。由博至约或先约后博正是朱、陆分家的一个始点。据朱亨道记淳熙二年(1175)朱、陆鹅湖之会云:

> 鹅湖之会,论及教人,元晦之意欲令人泛观博览,而后归之约。二陆之意欲先发明人之本心,而后使之博览。(《象山先生年谱》引,见《象山先生全集》(四部丛刊初编缩本),页319)

因此清代浙西的博雅和浙东的专家确是在精神上分别承继了朱、陆的传统。但是这里有一个最值得注意之点,即实斋论博约纯是"道问学"层面上的事。此与朱、陆当时在"尊德性"的大前提之下讨论博与约,其意义已有了根本的改变。实斋屡说"读书但观大意"或"窥见古人大体"一类的话。这些话在字面上颇近乎象山所强调的"先立其大"。然而象山所欲先立之"大"乃德性上的"大";实斋所向往的"大"则是学问上的"大"。这正犹如象山的"约"是道德性的"约",而实斋的"约"是知识上的"约"。实斋之所以有时用"专家"来代替"约"字,恐怕正是因为"约"字的意义不够显豁之故。毫无疑问,实斋确曾对陆、王一系的儒学在清代的发展提出了崭新的解释。但他在赋予陆、王之学以新的意义之际,同时也正在不知不觉中从内部改造了陆、王的旧统。他把"尊德

---

① 《校雠通义》"内篇"一,《章氏遗书》第二册,页6。关于实斋之别裁观念及其应用上的困难,可看胡楚生《目录家别裁说平议》,《书目季刊》第六卷,第三、四号合刊(1972年夏),页115—131。

性"的陆、王变成了"道问学"的陆、王!

实斋在《朱、陆》篇中又尝说:

> 宋儒有朱、陆,千古不可合之同异,亦千古不可无之同异也;末流无识,争相诟詈,与夫勉为解纷,调停两可,皆多事也。

(《文史通义》"内篇"二,页53)

此语确未经前人道过,而且涵义极富,不可不略加分疏。何以说朱、陆异同"千古不可合"而又"千古不可无"?这一点必须从实斋的性情论方面去求答案。《博约中》云:

> 夫学有天性焉,读书服古之中,有入识最初而终身不可变易者是也;学又有至情焉,读书服古之中,有欣慨会心而忽焉不知歌泣何从者是也。功力有余而性情不足,未可谓学问也;性情自有而不以功力深之,所谓有美质而未学者也。(同上,页49—50)

实斋此处论性情有极深刻的心理学的根据。他所说的"有入识最初而终身不可变易"之性及"有欣慨会心而忽焉不知歌泣何从"之情,都是对于现代心理学上所谓"认同感"(sense of identity)的一种描述。威廉·詹姆士(William James)在给他太太的一封信上说:

> 一个人的性格可以从心理或精神状态中看得出来;当这种状态逼来之时,他感到自己具有极深刻而强烈的活力和生命。在这种时候,里面有一个声音在说:"这才是真正的我!"(转引自 Erik H. Erikson, *Identity: Youth, and Crisis*, New York, 1968, p. 19. 原文见 *The Letters of Willian James*, edited by Henry James, Vol. 1, Boston, 1920, p. 199)

艾理逊(Erik H. Erikson)指出,詹姆士所谓"性格"(character)便是现代心理学上所说的"认同感"。一个人对自己精神生命的方向的发现常有突如其来之感,并不是艰苦追寻而后得之。这大概就像是王国维所举的宋人词句:"众里寻他千百度,蓦然回首,那人却在,灯火阑珊处!"实斋自己便有过这一类的经验,所以他说:

> 天下至理多自从容不迫处得之。矜心欲有所为,往往不如初志。(《家书》,《文史通义》"外篇"三,页332)

艾理逊并进而要我们注意:一、詹姆士写上引给他太太的信时已在30岁开外;二、詹姆士早年曾经历过一段很深刻的"认同危机"(identity crisis);三、詹姆士后来成为美国实用主义的心理学家兼哲学家。照艾理逊的说法,天才而经过思想训练的人有其特殊的认同与认同问题,不能与一般人荡见等量齐观。这类特殊人物的认同问题往往在他们的事业开始时造成一种相当持久的认同危机。(Erikson,前引书,页20—21)艾理逊关于詹姆士的分析在很大的程度上可以适用于实斋。仅从胡适的《章实斋年谱》中我们已可看出他早年确经历过认同危机。例如16岁时(1753),他父亲的宾客"皆为其父忧无后",其时实斋知识渐通,好泛览。他的父亲则怕他读书不精,加以禁止。而实斋"嗜好初入,不忍割置,辄彷徨者久之。"此时实斋正从柯绍庚学经义,但又不肯为应举文,好为诗赋而不得其似。心无主张,却不甘与俗学为伍。又经营《东周书》百余卷,未成。后为馆师所觉,被责,遂中废。他时文尚不通,而好为诗古文辞。柯绍庚诲之不信,甚以为恨。20岁时(1757)读书日三二百言,犹不能久识。为文字,虚字多不当理。直到20岁以后智慧才豁然开朗。但他25岁(1762)在国子监,虽意气落落,不可一世,而每试必在下等。祭酒以下皆不之齿,同舍诸生亦视之若视无物。28岁(1765)始学文章于朱筠。朱筠一见即许以千古,然语及时文,则云:"足下于此无缘,不能学,然亦不足学也。"这已在他与东原初晤的前一年了。

这此都是从心理分析的观点研究实斋早年认同危机的重要线索。如果再进一步从他所写的家书、信札,及师友传记中去找资料,必会有更丰富的收获。但是这种工作必须由专治心理分析的人去担任。我在此只想指出,实斋从十五六岁到二十八九岁之间,曾经为了寻找学术上的真我而作过种种努力;他的认同危机,也和詹姆士一样,持续了相当长的一个时期①。其次,实斋虽非西方近代式的心理学家,但在清代学术思想史上,他是一个最注重学者"心术"的人;他对同时学人如戴东原等以至他自己,都曾进行了大量的心理分析。这样看来,实斋之所以和詹姆士在某些心理观察方面有类似之处(下文还要继续提到),决非纯出偶然。

实斋关于性情的分析详见于《答沈枫墀论学》书。其言曰:

> 由风尚之所成言之,则曰考订、词章、义理;由吾人之所具言之,则才、学、识也;由童蒙之初启言之则记性、作性、悟性也。考订主于学,词章主于才,义理主于识,人当自辨其所长矣;记性积而成学,作性扩而成才,悟性达而为识,虽童蒙可与入德,又知斯道之不远人矣。……夫考订、词章、义理,虽曰三门,而大要有二,学与文也。……立言之士,读书但观大意;专门考索,名数究于细微;二者之于大道,交相为功。(《文史通

---

① 据我的判断,乾隆丙戌(1766)实斋初晤东原时,正是实斋认同危机发展至最紧要的关头,故东原的"考证挑战"始能在实斋的心理上引起巨大的回响,并因而逼使实斋在此后数年间克服了心理上的危机。按:实斋是年29岁,而据 Erikson 对马丁路德的研究(*Young Man Luther*, New York, 1955),历史上的伟人,其事业发展上最具决定性的年代往往在 15 至 30 岁之间。所以艾理逊的历史心理分析(Psycho - history)的新说颇适合于解释实斋学术发展的心理历程。(参看 H. Stuart Hughes, *History as Art and Science*, New York. 1964, p.59)

义》"外篇"三,页308—309)

实斋先分人之质性为三,最后又别其大要为二。大概他认为由于这三种质性之组合因人而不同,因此学者可以一般地划成两大类。这两大类,从他自己所用的名词说,即是"高明"与"沉潜"(同上,"内篇"二,《博约下》,页51);从思想史上的流派说,是陆与朱或浙东与浙西;从治学的途径说,则是约与博。人之所以"入识最初而终身不可变易者",正是因为人的"质性不可变。"(同上,"内篇"六,《假年》,页189)这是朱、陆分歧千古不可无而又千古不可合的最后的内在根据。实斋此处解释朱、陆异同与传统的"尊德性"、"道问学"之说显已大异其趣。他是根据人所具有的两类不同的认知能力来重新判划朱、陆的。在这个新的解释之下,朱、陆异同的旧有的道德内涵,无形中已被挖空了;代之而起的是一种新的知识内涵。清代儒学从"尊德性"向"道问学"的转化,在此又获得了进一步的证实。

从人的内在性情来分别思想史上的主要流派,近代西方学者中也不乏其人;取而与实斋作一比较,颇为有趣。最有名的当然要数威廉·詹姆士的"软心肠"(tender – mindedness)和"硬心肠"(tough – mindedness)之分。詹姆士把哲学家分成如此的两大型,曾引起了不少的批评。但大体上说,如不求之过细,这一分别确足以给我们一个总持的观念。而且,正如布灵顿(Crane Brinton)所指出的,在这两大型之间,我们仍可找到一种混合型。以希腊哲学史为例,柏拉图自然是"软心肠"的典型代表;辩者(Sophists)是"硬心肠"的范例;而亚里士多德则依违于两型之间,成为第三型。(Crane Brinton, *Men and ideas*, New York, 1950, pp. 36—55)所以,一般而言,詹姆士的两型说在思想史研究上仍然是有用的,尽管后人可以对它加以补充和修正。"软心肠"和"硬心肠"之别,恰与实斋的"高明"和"沉潜"一样,是建筑在人的性情不同的假定之上的。实斋与詹姆士都是要为思想家立说之分歧寻找内在的心理根据。但詹姆士的说法并不完全出于他自己的创辟。他早年曾留学于欧洲大陆,颇受到欧洲思想界的影响。"软心肠"和"硬心肠"之分便显然是对雷努维尔(Charles Renouvier)的哲学史观的一种发挥与引申。雷努维尔在 1885 年曾有一书专讨论哲学学说的系统分类(*Esquisse d'une classification systematique des doctrines philosophiques*)。在这部书中,雷氏认为哲学史上两大流派之分(如中古的唯名论与唯实论,近代的经验论与理性论等等)决非偶然。这一分别与人类精神中具有两种互相冲突的倾向是相应的。而且,这两种互相冲突的倾向是思想史上的永久特征;在不同的时代中,它们也许以不同的方式出现,但基本上它们是要继续存在下去的。(John Passmore,"The Idea of a History of Philosophy,"in *The Historiography of the History of Philosophy*,History and theory,Beiheft 5,1965,p.25)雷氏整个的看法正是实斋所谓"宋有朱、陆,千古不可合之同异,亦千古不可无之同异"的西方翻版,而所谓两种精神倾向在不同时代以不同方式出现,尤与实斋"源流不异而所遇不同"之说若合符节。

最近英人柏林(Isaiah Berlin)分辨思想史与文学史上"狐狸"(fox)与"刺猬"(hedgehog)之两型,则更能帮助我们对实斋的朱、陆异同论的深入认识。古希腊诗人(Archilochus)有残句云:"狐狸知道很多的事,但是刺猬则只知道一件大事。"此语自来解者不一。柏林则借用这句话来分别一切思想家与作家为两大型。一是刺猬型,这一型的人喜欢把所有的东西都贯穿在一个单一的中心见解之内,他们的所知、所思、所感最后全都归结到一个一贯而明确的系统。总之,他们的一切都惟有通过这样一个单一的、普遍的组织原则才发生意义。另一方面则是狐狸型的人物。这种人与前一型相反,从事于多方面的追逐,而不必有一个一贯的中心系统。他们的生活、行为以及所持的观念大抵是离心的而非向心的;他们的思想向多方面拓展,并在不同的层面上移动。因之他们对于各式各样的经验和外在对象,仅采取一种严肃的就事论事的认知态度,而并不企图把它们纳入一个无所不包的统一的论点之中。(Isaiah Berlin, *The Hedgehog and the Fox, An Essay on Tolstoy's View of History*, Essandess Paperback edition, pp. 1—2)

以柏林的"狐狸"与"刺猬"较之实斋的朱与陆,其密合的程度极为惊人。"狐狸"正似实斋笔下的博雅考证学家,而"刺猬"则运用"别识心裁"以成一家之言的"专家"也。通过"狐狸"与"刺猬"的分类,我们更可以了解实斋在当时学术思想界的处境,及其与一般考证学家的对立。实斋彻头彻尾地是一个"刺猬",他只知道"一件大事",但他极为"狐狸"的多方面的知识所困扰。因为从"刺猬"的观点来看,"狐狸"知道很多的事而缺乏一个中心系统来贯穿它们,则这许多知识便都没有意义了。所以他在给孙渊如的论学书中很坦率地指出:

> 天地之大可一言尽,学固贵博,守必欲约,人如孔子,不过学周礼一言,足以尽其生平。执事才长学富,胆大心雄,《问字堂集》未为全豹,然兼该甚广,未知尊旨所在,内而身心性命,外而天文地理,名物象数,诸子百家,三教九流,无不包罗,可谓博矣。昔老聃以六经太泛,愿问其要,夫子答以要在仁义。说虽出诸子,然观《汉志》所叙诸家流别,未有无所主者。昔人谓博爱而情不专,愚谓必情专而始可与之言博。盖学问无穷,而人之聪明有尽,以有尽逐无穷,尧、舜之知不遍物也。尊著浩瀚如海,鄙人望洋而惊,然一蠡之测,觉海波似少归宿,

敢望示我以尾闾也！（《与孙渊如观察论学十规》，见《章氏遗书逸篇》，《图书集刊》第二期，页34）

同辈学人中与实斋最相契者莫过于邵二云，然实斋与二云论学犹曰：

> 足下于文，漫不留意，立言宗旨，未见有所发明。此非足下有疏于学，恐于闻道之日犹有待也。足下博综十倍于仆，用力之勤，亦十倍于仆，而闻见之择执，博综之要领，尚未见其一言蔽而万绪该也。足下于斯，岂得无意乎？（《与邵二云论学》，见《文史通义》"外篇"三，页292）

可见实斋始终本诸"刺猬"的立场，对"狐狸"的博而不约表现了相当的轻视与偏见。但不幸实斋是一个孤独的"刺猬"而生在"狐狸"的鼎盛之世。当时无数为考证而考证的学者并不必然要"闻道"或求什么"归宿"；他们对实斋的学术路向不能相契，自是意料中事，实斋在心理上所感受到的巨大压力主要即来自他周围的考证学家。为了对抗这一压力，实斋于是有风气之论。他在《答沈枫墀论学》中说道：

> 三代以还，官师政教不能合而为一，学业不得不随一时盛衰而为风气，当其盛也，盖世豪杰，竭才而不能测其有余；及其衰也，中之之资，抵掌而可以议其不足。……人生难得全才，得于天者必有所近，学者不自知也。博览以验其趣之所入，习试以求其性之所安，旁通以究其量之所至，是亦足以进乎道矣。今之学者则不然，不问天质之所近，不求心性之所安，惟逐风气所趋而徇当世之所尚，勉强为之，固已不若人矣。世人誉之则沾沾自喜，世人毁之则戚戚以忧，而不知天质之良，日已离矣。夫风气所在，毁誉随之，得失是非岂有定哉！……夫风气所趋，偏而不备，而天质之良，亦曲而不全，专其一则必缓

其二（按：此指才、学、识；或记性、作性、悟性三者而言），事相等也。然必欲求天质之良而深戒以趋风气者，固谓良知良能，其道易入，且亦趋风气者未有不相率而入于伪也。其所以入于伪者，毁誉重而名心亟也。故为学之要，先戒名心；为学之方，求端于道，苟知求端于道，则专其一，缓其二，乃是忓己之长未能兼有，必不入主而出奴也；扩而充之，又可因此以及彼。风气纵有循环，而君子之所以自树，则固毁誉不能倾，而盛衰之运不足为荣瘁矣，岂不卓欤！（《文史通义》"外篇"三，页307—308）

依照实斋的性情说，一个人在学问方面究竟是倾向于"高明"或"沉潜"的路数，基本上是由他的先天气质决定的。如果"高明"与"沉潜"是出乎本性，则每一时代中"狐狸"与"刺猬"应各居其半，至少也应数目相当，然则何以实斋之世，只有"狐狸"而少见"刺猬"呢？实斋因此体悟到风气的作用。"狐狸"与"刺猬"虽皆代有其人，但在思想史的每一阶段中总不免只有一种风气占主导的地位。风气则不能无所偏向，或高明而取约，或沉潜而尚博。而风气之所向亦即毁誉之所系，趋之者则为世所尊，逆之者则为世所鄙。在这种情形下，学人为名心所驱，往往宁可逆己之性以循风气，而不敢逆风气以从吾所好。实斋所谓"趋风气者未有不相率而入于伪"，便正是针对当时学人群趋考证一途而言。他认定并世"狐狸"之中颇不乏由"刺猬"伪装而成者；因此，他的学术路向之所以不能见赏于当世，其责乃在人而不在己。这一番分析，一方面点破了清代中叶学术界的基本症结，另一方面则化解了他内心所承受的巨大的外在压力。在这一点上，实斋所见之历史真实和他所感之心理真实是叠合的。

　　但实斋之以性情分别朱、陆，与柏林之分别"狐狸"与"刺猬"，其间有一极相异之点:西方近代思想界是一个"道术已为天下裂"的局面,因此"狐狸"与"刺猬"不妨分头发展,各行其是,并无所谓谁高于谁的问题。然而在清代学术界,儒家至少在表面上依然保持着独霸的地位,所以"道"仍是最高一级的观念。博雅的考证学家纵使对理论系统的本身毫无兴趣,也不能不说他们治学的最终目的是在求六经、孔、孟之道。在这一特殊的思想背景之下,实斋才会理直气壮地要求孙渊如、邵二云等归宿于道,正如南宋时陆象山要说朱子"学不见道,枉费精神"一样。因此实斋的"高明"与"沉潜"两型并非分道扬镳,而是殊途同归。但这对于性格沉潜的博雅考证学家而言,是不公平的,因为实斋在不知不觉中竟要求"狐狸"必须兼顾"刺猬"的工作。其最后的涵义则是以"刺猬"的价值高于"狐狸"。这一价值判断在心理上为实斋提供了重要的保证,使他能够面对着无数轻视他的考证学家而不致失去自信。同时,他和东原之间的朱、陆对峙也因此而更形彰显:他自己是所谓"高明者由大略而切求",而东原则是"沉潜者循度数而徐达。"①他们是各依其不同的性格,循着不同的途径,而最后同达于"闻道"之境的。② 所以实斋的朱、陆之辨,不像柏林的"狐狸"与"刺猬"那样纯粹地根据人的气质而立论,其中夹杂着他对统一性

---

① 《文史通义》"内篇"二,页51。按:清初费经虞、费密父子的《弘道书》便用"高明"、"沉潜"、"中行"三者分别儒学史上的各派,上起孔门弟子,下及程、朱、陆、王。(参看《胡适文存》二集,台北,远东1953年,页86—88)实斋曾读费密《贯道堂集》,他用"高明"与"沉潜"二观念或受费氏父子的启发。

② 如果根据柏林的"狐狸"与"刺猬"的分类,则毋须说二者最后必同归于"闻道"或"求道"。纯粹考证学家如孙星衍、钱大昕等正是典型的"狐狸",而戴东原反而应该与实斋同属于"刺猬"型的人物。

的儒家之"道"的蕲向。这是治比较思想史者所必须注意的地方。

前引实斋论性情与风气之间的内外配合与冲突，其中有一段涉及王阳明的良知说，值得特别提出来加以分析，以为本节的结束。实斋说："然必欲求天质之良而深戒以趋风气者，固谓良知良能，其道易入，且亦趋风气者未有不相率而入于伪也。"(《答沈枫墀论学》)细玩文义，实斋是用性情来重新界定良知，因此每一学人的性情之所在即其良知之所在。关于这个问题，他在《博约下》有较详细的发挥。他说：

> 或曰：子言学术功力必兼性情，为学之方不立规矩，但令学者自认资之所近与力能勉者而施其功力，殆即王氏良知之遗意也。

又说：

> 王氏"致良知"之说，即孟子之遗言也。良知日致，则固不遗功力矣；朱子欲人因所发而遂明，孟子所谓察识其端而扩充之，胥是道也。而世儒言学，辄以良知为讳，无亦惩于末流之失，而谓宗旨果异于古所云乎！

实斋此处用两个新的观念来解释王阳明的"致良知"："资之所近"或"性情"便是"良知"，而"功力"则相当于所谓"致"。必须指出，这个新解释是清代儒学转化至"道问学"阶段以后的产物，它决非王阳明言"致良知"的本意，亦决不合孟子言扩充四端之深旨。盖孟子、阳明所言皆是"尊德性"份上的事，而实斋所说则纯属于"道问学"的范围之内。这一层实斋自己也明确地意识到了。所以他又说：

> 或曰：孟子所谓扩充，固得仁义礼智之全体也，子乃欲人自识所长，遂以专其门而名其家，且戒人之旁骛焉，岂所语于通方之道欤？答曰：言不可以若是其几也！道欲通方而业须

专一,其说并行而不悖也。……后儒途径所寄,则或于义理,
或于制数,或于文辞,三者其大较矣;三者致其一,不能不缓其
二,理势然也。知其所致为道之一端,而不以所缓之二为可
忽,则于斯道不远矣。……是以学必求其心得,业必贵于专
精,类必要于扩充,道必抵于全量,性情喻于忧喜愤乐,理势达
于穷变通久,博而不杂,约而不漏,庶几学术醇固,而于守先待
后之道,如或将见之矣!(均见《文史通义》"内篇"二,页
50—51)

可见实斋本乎思想史的发展观点,自承其"致良知"之新说与孟
子、阳明有歧。析而论之,其歧有三:良知之观念在孟子与阳明皆
就德性之全体言,今实斋则变易其说,专把学者求知的直觉倾向认
作"良知"。用他自己的话说,即是"夫学有天性焉,读书服古之
中,有入识最初而终身不可变易者也;学又有至情焉,读书服古之
中,有欣慨会心而忽焉不知歌泣何从者是也。"他不但把"良知"的
范围缩小了,更重要地,则是把"德性之良知"(阳明语)转化为智
性的良知。此其一。他以"功力"训"致",明显地是受到"考证挑
战"后的一种反应。阳明之"致"是德性的功夫;清初黄梨洲说:
"心无本体,功力所至,即其本体。"依然是注重成德的功夫过程。
实斋用"功力"一词时则挖空了它的德性内涵,而代之以"学者求
知之功力"之义,故曰:"学与功力,实相似而不同;学不可骤几,人
当致攻乎功力则可耳。"(同上,页49)此其二。实斋言"道"仍兼
及德性与学问两面,但其言人之所以至乎道,则不出义理、制数、文
辞三途,而尤强调"三者致其一,不能不缓其二"。易言之,一个人
若在专门学问上无确定的基础便无由通乎道。他所谓"道欲通方
而业须专一"者,其重点实在"业须专一"四字也。以实斋此说较
之阳明的《拔本塞源论》,便最可见儒学的内在转化。《拔本塞源

论》说：

> 此圣人之学所以至易、至简、易知、易从，学易能而才易成
> 者，正以大端惟在复心体之同然，而知识技能非所与论也。

（见《阳明全书》（四部备要本）卷二，页12b）

但推实斋之说至乎其极，则非在经学及文史之学等方面有专门的成就的人便不可能窥见"圣人之学"。阳明认为"知识技能非所与论"而实斋则正是要人重视"知识技能"。可见实斋自己虽归宗阳明，然而事实上他的基本学术观点反而更接近东原的"德性资于学问，进而圣智"之论。此其三。

东原批评程、朱"详于论敬，而略于论学"。故《孟子字义疏证》一书将程、朱"穷理致知"之论推拓至尽，因而从内部把程、朱的传统彻底地知识化了。实斋论朱、陆异同，自承其学统出于浙东，并上溯至象山、阳明之教；而一考其"致良知"之新解，则亦已暗中将"尊德性"之陆、王转换为"道问学"之陆、王。东原显斥程、朱，实斋明宗陆、王；此为两家之异。然东原斥程、朱即所以发挥程、朱，实斋宗陆、王即所以叛离陆、王；取径虽殊，旨归则一。则两家之貌异终不能掩其心同。故《文史通义》中《浙东学术》与《朱、陆》两篇实为治清代儒学发展史者所最当深玩之文字也！

（选自《论戴震与章学诚》，香港龙门书店1976年版）

余英时（1930—　），天津人，曾任美国密歇根大学、哈佛大学、耶鲁大学教授、香港新亚书院院长兼中文大学副校长。现任普林斯顿大学讲座教授，台湾中央研究院院士。主要著作有《汉代中外经济交通》、《历史与思想》、《史学与传统》、《中国思想传统的现代诠释》、《文化评论与中国情怀》、《中国

文化与现代变迁》、《士与中国文化》、《论戴震与章学诚》、
《红楼梦的两个世界》、《中国近代思想史上的胡适》等等。

　　本文从章学诚"六经皆史"和"朱陆异同"两个命题入手，
对章学诚在清代学术史上的重要地位进行了深入论述。

章学诚的史学思想

施 丁

章学诚（1738—1801），清代杰出的史学理论家，在我国史学史上是以议论史学著称的。他生在乾嘉之世，因议论不凡，不为凡俗所重视；去世后头几十年，其学术也不为世人所注目；近几十年来，注意他的人多了，研究其史学的论著也多了，但又往往各自抱有不同目的，有不同的立场、观点和方法。本文不想全面地介绍章氏的史学思想，仅就其中可贵的几点提出来简略地谈谈。

一

章学诚提出了史学有三个要素：义、事、文；而强调要将其中的事与义结合起来。

他说："史所贵者，义也；而所具者，事也；所凭者，文也。"（《史德》，凡引《章氏遗书》及其中包括的《文史通义》中的各篇文字，只注篇名）所谓"义"，是史义，即历史理论与观点；所谓"事"，是史事，即历史事实；所谓"文"，是史文，即历史文笔。其意是，义、事、文三者，义是最重要的，事是具体的，文是表达的，有轻重之分。他又说："国史方志，皆《春秋》之流别也。譬人之身，事者其骨，文者其肤，义者其精神者也。"（《方志立三书议》）这就形象地说明了义、事、文三者的相互关系及轻重位次。章氏这样论述是有用意的。他说:"载笔之士,有志《春秋》之业,固将惟义之求,其事与文,所以籍为存义之资也。"(《言公上》)这是说,从事史学事业,目的在于求义;至于事、文,只是作为存义的材料与工具。

搞历史干什么?是为了事、文,还是为了义,这是需要回答的问题。章氏认为:"作史贵知其意,非同于掌故,仅求事、文之末也。"(《言公上》)这话有两个意思:一是将义与事、文,作了本与末的区分,二是说明搞历史不同于掌故,掌故是求事、文之末,而搞历史是求义之本的。

从章氏言论中可以看到,我国史学评论家早已明白义在史中的重要地位,而且强调"惟义之求"。古代史学家所求之义,是有历史局限性的。我们今天强调研究和掌握历史发展规律,这个义,今胜于古,乃新的境界。

强调求义,并不是不要事;史"所具者,事也",事是不可忽视的。因此,章氏很注意事与义的结合。他说:"文章之用,或以述事,或以明理。事溯已往,阴也;理阐方来,阳也。其至焉者,则述事而理以昭焉,言理而事以范焉,则主适不偏,而文乃衷于道矣。"(《原道下》)这话的意思是,写文章的目的,无非是二条,或者述事,或者明理,事是谈过去的,理是将来的,文章写得好,那末,述事当中理就表现出来,说理当中有事作为根据,二者匠心巧运,恰到好处,而文章也就是达到最高境界了。这话说得很有味,很重要。

事、义结合,是从史的角度说的;如果从治史角度来说,就是要求立论与考证相结合了。这个问题,说起来便当,做起来却不易。章氏说:好发议论的人,"读书但观大意",善于理解;专门考索的人,"名数究于细微",能抠史实,各有所长,各有贡献;"而所以不能通乎大方者,各分畛域而交相诋也"。(《答沈枫墀论学》)他又说:独断之学(指义理之学)与考索之功(指考据之学),"譬犹日昼而月夜,暑夏而寒冬。以之推代而成岁功,则有相需之益;以之自封而立畛域,则有两伤之弊。"(《答客问中》)这些话也是很有味道的。其意思是,搞理论的与搞考证的,义理之学与考据之学,都有其长处,都是史学需要,如果二者结合起来,协作得好,则相辅相成;如果二者故步自封,或各划地盘,甚至互相拆台,则两者俱损,于学术无益。这话值得参考。如果搞理论的,自以为居高临下,唯我高明,目空一切,不钻研史实,不向有实学的人学习;搞考证的,自以为工夫扎实,唯我有货,洋洋得意,不学习理论,不向善于思考的人请教,则必然"不能通乎大方"。若是搞理论的与搞考证的互相结合,取长补短,"则有相需之益",得以促进史学发展。以个人来说,或只搞理论,或只钻研史实,都失之于偏;若是能够兼顾史与论,那就美满,可谓"主适不偏"了。

章氏又说:"博学的人擅长于考索,夸耀其学富于山海,岂不是货真价实,然而,骛于博者,终身疲精劳神以徇之,不知博之何所取也",即是说专务博学的人,到头来不知为什么要博学;谈义理的人高谈阔论,似乎能思考,"而不知义理虚悬而无薄,则义理亦无当于道矣"(以上均见《原道下》)。这就是说,骛于博学,或空谈义理,不是不明方向,就是不切实际,都不能促进史学发展,都不能弄明历史规律。这样说,无非是要促进两者结合起来。

章氏谈事、义结合,不仅就史学的具体问题引出议论,而且上升到理论来加以说明。"道器合一"(《原道中》)论,就是他对事、义结合所作的理论说明。他认为,"道不离器,犹影不离形"(同上),说的是道与器结合一起,犹如影与形不能分离一样。他又说,世界上存在万事万物,而万事万物有其"道";但是,"道者,万事万物之所以然,而非万事万物之当然也。"(《原道上》)所谓"所以然",指的是事物之理（道），所谓"当然",指的是事物之质（器）。用现在的话来表达他的意思,就是说万事万物是第一性的,反映万事万物之道是第二性的。所以他强调,不能离器而言道。所谓"道因器而显"(《原道中》),"道寓于器"(《原道下》)等等,就是表达这个意思。他断言,"天下岂有离器言道,离形存影者哉!"(《原道中》)甚至还说:"故道者,非圣人智力之所能为,皆其事势自然,渐形渐著,不得已而出之。"(《原道上》)道,不是哪个"圣人"脑子所能创造,而是事物发展中逐渐显现出来的。史事是万事万物的一个方面,照章氏所论,史事为"器",史论为"道";"道器合一"既是自然,史论结合也是自然的了。然而,在史学实践中,真正明白"道器合一",切实做到史论结合,谈何容易。离器而言道,离史而发论者,也在在有人,所以章氏的"道器合一"论才有其教育的生命力,可为离器言道、离史发论者的座右铭。

"六经皆史"说,也是章氏用以论证事、义结合的。自汉代提倡尊孔读经以来,后世有人将《六经》捧得很高,以为"载道之书"。章氏说:"后世服夫子之教者自《六经》,以为《六经》载道之书也;而不知《六经》皆器也。"(《原道中》)《文史通义》开头就说:"《六经》皆史也。古人不著书;古人未尝离事而言理,《六经》皆先王之政典也。"(《易教上》)其意是说,《六经》都是器,道不能离器;都是史,理在事中;可见古代之史,事与义是结合的。

章氏所谓"述事而理以昭焉,言理而事以范焉,则主适不偏",及"道器合一"论,在史学上是很有意义的,任何时代撰写历史,或发表历史论文,无非也是或以述事,或以明理,如果论著者知道事、义结合,懂得"道器合一"论,将史与论结合起来,制作得天衣无缝,那该有多好啊!

二

章学诚提倡治史者要有"史德",强调"著书者之心术"(《史德》),即要求端正写史之思想和态度。

他说:"盖欲为良史者,当慎辨于天人之际,尽其天而不益以人也。尽其天而不益以人,虽未能至,苟允知之,亦足以称著书者之心术矣。"(《史德》)这话非常重要。所谓"天人之际",是指史家的主观与史实的客观之间的关系。他说这话的意思是,史家应该慎辨主观与客观的关系,以客观主义的态度尊重史实,而不能将主观的成分掺杂到客观史实中去;只要向这个方向努力,有这个态度,就可以称得上"著书者之心术"。

"当慎辨于天人之际,尽其天而不益以人"。这个看法,在古代史学上是个新的光辉的思想,比刘知几的"直书"论前进了一大步。这不仅对以往强调褒贬、垂训的史观,是个否定;而且比其后将历史比作可以任意打扮的女孩子之思想,也高明得多。

可是,尽管应当慎辨"天人之际",但是不能将天人一刀切开,因为史学中往往"天与人参",即写史者的主观与史实的客观掺杂在一起。章氏很明白这一点:凡治史者都要对史事和人物进行记述和评论,辨别历史是非;史实是客观的,评论是主观的,褒贬历史就是"天与人参"了。

看来,"天与人参"是不可避免的,是有积极性一面的,但对其中"有天有人"的情况,不可不辨。章氏以为,史书上记载事,事是由文笔表达出来的,所以良史都擅长文笔,而不知"文又患于为事役"。他说:盖事不能无得失是非,一有得失是非,则出入予夺相奋摩矣,奋摩不已而气积焉;事不能无盛衰消息,一有盛衰消息,则往复凭吊生流连矣,流连不已而情深焉。凡文不足以动人,所以动人者气也;凡文不足以入人,所以入人者情也。气积而文昌,情深而文挚,气昌而情挚,天下之至文也。然而其中有天有人,不可不辨也。"(《史德》)这话的意思是,史事有得失是非及盛衰消息,史家对它自然会出入予夺和往来凭吊,动起感情来,这种感情激动写出来的文字乃是好文章。史实是"天",客观的,感情是"人",主观的,感情在史实上发挥起来,这种史文"其中有天有人",当然不可不辨。这个提法,值得治史者注意,要引起警惕,保持清醒的头脑。

明确了"天与人参"、分辨了"有天有人"之后,就要解决"天人"一致的问题。章氏承认治史者不可能不抱主观的见解,也不可能不发生感情;但认为不能听之任之,随情所欲。他说:"气合于理,天也;气能违理以自用,人也。情本于性,天也;情能汩性以自恣,人也。"(《史德》)所谓"情本于性"、"气本于理",就是要求主观服从于客观。在气与理、情与性的关系中,他反对"违理以自用"、"汩性以自恣",即反对偏激胡为;而强调"气贵于平","情贵于正"(《史德》),即主张平正稳当;要求"气合于理","情本于性",即要求感情符合于事理,以理性制约感情,力求"尽其天而不益以人",这样就可以达到"天人"一致。"气合于理","情贵于正"之提出,是欲达到"尽其天而不益以人"这个重要的要求。真正想要贯彻历史主义,必须注意及此。

是否做到"尽其天而不益以人",需要检验。检验的办法,是以主观与客观相比较,看是否合理。章氏认为,"有天地自然之象,有人心营构之象"。所谓"天地自然之象",是指客观的"天",所谓"人心营构之象",是指主观的"人"。他区分这一点之后,强调:"人心营构之象,有吉有凶,宜察天地自然之象而衷之以理。"(《易教下》)人心营构之象,有好有坏,有是有否;怎样鉴定人心营构之象呢? 那就应当考察天地自然之象,看主观想象是否符合客观实际。

历史是过去了的"天地自然之象",写历史是后来人的"人心营构之象",过去了的历史不可能再现,使其再现的是史家笔下的历史。所以史家所写的历史,实际上是"人心营构之象"。史家有复现历史的职责,并应有"营构"历史之匠心,但历史不能随史家之意随便制造和打扮。历史更不能容忍别有用心者篡改和伪造。然而,史家"营构"了历史,还有人篡改和伪造历史。怎么办? 章氏所说"宜察天地自然之象而衷之以理",就有一定的指导意义,就是要把那些"人心营构之象",与"天地自然之象"作比较,进行考察和研究,看是否合乎史实,是否符合历史规律。

章氏的"学以致道"论,与其"尽其天而不益以人"说,是一致的。他说:"道,公也。学,私也。君子学以致其道,将尽人以达于天也。人者何? 聪明才力,分于形气之私者也;天者何? 中正平直,本于自然之公者也。"(《说林》)所谓"道",是"中正平直,本于自然之公",也就是"天",所谓"学",是"聪明才力,分于形气之私",也就是"人"。"学以致道",就是要"将尽人以达于天"。他认为,对于"天",不能进行任何夸饰,如"见为卑者扩而高之,见为浅者凿而深之,见为小者恢而大之"等等做法,"皆不可为道也"(《礼教》)。"将尽人以达于天",与"尽其天而不益以人",实际上是一个意思,前者要求人发挥主观能动性,以使主观符合于客观;后者强调尊重客观,而不能附益以主观,二者的目的都是要求主观与客观相符。

史家写史或论史,是否能与史实相符,这是史学上一个重大问题。章学诚提出"当慎辨于天人之际,尽其天而不益以人",及"学以致其道,将尽人以达于天"的论点,非常重要,十分可贵,有相当的意义。他在史学史上关于主观与客观相符的要求,不仅在当时可以用作比量古代的史家是否堪称"良史"、古代的史书是否可称"实录"的一把尺子;而且直到今天,对于我们衡量古往今来史家的历史态度及史书的历史价值,仍然有一定的参考作用。当然,我们并不能停留在章学诚史学理论的基点上,应该掌握马克思主义的史学理论;不仅仅"慎辨于天人之际",而且要阐明历史发展规律。

三

　　章学诚比较注意历史文笔,强调记事写人应该"适如"其人其事。

　　他说,"史所载者事也,事必藉文而传,故良史莫不工文"(《史德》)。写历史,不仅要直书史事,事、理昭然;而且要求工于文笔,真正反映历史,所以说"良史莫不工文"。但是,"才艺之士",舞文弄墨,"则又溺于文辞以为观美之具焉"。而文辞写的漂亮,不顾反映史实正确与否,这是"舍本而逐末"。所以章氏指出:"以此为文,未有见其至者;以此为史,岂可与闻古人大体乎!"(《史德》)又说:"夫立言之要,在于有物。古人著为文章,皆本于中之所见,初非好为炳炳烺烺,为锦工绣女之矜夸采色已也。"(《文理》)可见他是反对乱耍笔杆子,溺于文辞,而违离史实的。

　　那末,对历史文笔的要求是什么呢? 章氏说:"夫史为记事之书,事万变而不齐,史文屈曲而适如其事,则必因事命篇,不为常例所拘,而后能起讫自如,无一言之或遗而或溢也。"(《书教下》)史书是记史事的,史事变化无穷,历史文笔就要按照史事变化而变化,适当地反映其事,以史事为准,不能被人为的常例所拘,这样就能运用自如，没有一句话对史事表达不出或说过了头。这个要求提得非常之好。写历史，确实不能拘于"常例"，不能有什么主观的模式，不能以甲乙丙丁或ABCD的框子去套，而只能要求"史文屈曲而适如其事"，做到恰如其分。可以看到，汉魏以后，史书体例有一定之式了，写史要求有一定之规了，史文格调有一定之法了，于是唐宋而下，有些史馆监修照本宣科地发号施令，有些史家学者依样葫芦地动笔写史，这样写出来的史文，与客观的史实就有很大的距离，不是表达不出史实，就是把话说过了头，总之，做不到"史文屈曲而适如其事"。

章氏见于当时"作者所有言论与其撰著，颇有不安人心"，写了一篇《古文十弊》，以表达自己对写史记事的行文之看法，其中有些论说颇为精采，如：

有个名士叙其母节孝，说了"乃祖衰年病废卧床，溲便无时，家无次丁，乃母不避秽亵，躬亲薰濯"之后，又述"乃祖于是蹙然不安，乃母肃然对曰：'妇年五十，今事八十老翁，何嫌何疑！'"章氏认为，其母既明大义，一定不会有这种话，这是此名士自生嫌疑，特添注以斡旋其事，乃"剜肉为疮"之弊；于是指出："但须据事直书，不可无故妄加雕饰。"

有江南旧家，其先世为子聘某氏女，后以道远家贫，力不能婚，恐失婚时，伪报子殇，俾女别嫁，其女遂不食死，不知其子故在。修宗谱时，其族人动色相戒，必不容于直书，则匿其辞曰："书报幼子之殇，而女家误闻以为婿也。"这是隐讳笔法。章氏认为，这是"八面求园"之弊；于是指出："古人叙一人之行事，尚不嫌于得失互见也；今叙一人之事，而欲顾其上下左右前后之人，皆无小疵，难矣！"

尝见名士为人撰志，其人盖有朋友气谊，志文乃访韩昌黎之志柳州(柳宗元)也,一步一趋,惟恐其或失也。这样一来,志之内容,完全是抄袭韩昌黎志柳州之文而来,与所志对象之事实不符。章氏认为,这是"削足适屦"之弊;于是指出:"文欲如其事,未闻事欲如其文者也。"

又揭露"近来学者喜求征实,每见残碑断石,余文剩字不关于正义者,往往藉以考古制度,补史缺遗,斯固善矣;因是行文贪多务得,明知赘余非要,却为有益后世推求,不惮辞费"。章氏认为,这是"文非体要",乃"画蛇添足"之弊;于是指出:"夫传人者文如其人,述事者文如其事,足矣;其或有关考征,要必本质所具,即或闲情逸出,正为阿堵传神。"

又有写乡曲委巷贞节孝义而非儒雅者的传记,"述其言辞,原本《论语》《孝经》,出入《毛诗》《内则》,刘向之传,曹昭之诫,不啻自其口出,可谓文矣"。章氏认为,这是"文而失实",乃"优伶演剧"之弊;于是指出:"与其文而失实,何如质以传真也!""言辞不必经生,记述贵于宛肖。""记言之文,则非作者之言也,为文为质,期于适如其人之言,非作者所能自主也。"

章氏撰和州故给事成性志传,其乡有知名士对此品评,用的是"塾师讲授《四书》文义"的一套调门。章氏认为,这是"时文见解","如用象棋枰布围棋子,必不合矣",乃"井底天文"之弊;于是指出:"古人文成法立,未尝有定格也;传人适如其人,述事适如其事,无定之中有一定焉。"

同时,章氏还指出当时行文尚有"私署头衔"(即妄自浮夸)、"不达时势"(即不明历史背景)、"同里铭旌"(即无端影附名人)、"误学邯郸"(即盲目仿效古文)等之弊。

由此可见,章氏谈论历史文笔,反对"定格",反对"时文见解",针刺"八面求园"、"画蛇添足"等等弊病,始终强调"史文屈

曲而适如其事""传人适如其人,述事适如其事"。这与其"尽其
天而不益以人"、"将尽人以达于天"之说是一致的,都是要求主观
符合于客观。

章氏有关历史文笔的论说,不仅在乾嘉史坛有刺痛时弊、震聋
发聩的作用,而且对于今日之历史文学仍然可资参考。我们在贯
彻"恢复历史的本来面目"这个治史任务之时,"传人适如其人,述
事适如其事"这个要求,还是需要的;如果写历史人物能达到"宛
肖"、"传神"的要求,将历史人物写得栩栩如生,那就更好了。

四

章学诚强调"传古"与"通今"的"会通"之旨(参考《答客问
中》),欲使史学能随着历史发展而有所"变通"。

他说:"文因乎事,事万变,而文亦万变;事不变,而文亦不变"
(《砭俗》)。史学和历史的关系也是如此,历史变化了,史学也要
随之变化,史学是随历史变化而不断变化的。

基于史学变化观点,他提出了"传古"与"通今"。古代的经、
史要不要学呢?要学的。"求其前言往行,所以处夫穷变通久者,
而多识之,而后有以自得所谓成象者,而善其效法也。"(《原学
上》)学古是为了效法,效法是为了今用,"故效法者,必见于行事。
《诗》《书》诵读,所以求效法之资,而非可即为效法也。"(《原学
上》)并不是为效法而学古,乃为效法而见之于行事。

在学古的问题上,章学诚谈到了批判继承。他说:"所谓好古
者,非谓古之必胜于今也,正以今不殊古,而于因革异同求其折衷
也。古之糟魄,可以为今之精华,非贵糟魄而直以为精华也,因糟
魄之存而可以想见精华之所出也;古之疵病,可以为后世之典型,

非取疵病而直以为典型也,因疵病之存而可以想见典型之所在也。"(《说林》)这就是说,好古,不是说古之必胜于今,不能拜倒在古人脚下;而从古到今,历史变化的内容,其中有"因革异同"的联系;因而"古之糟魄,可以为今之精华",可以从古代文化中吸取有用于今的养料。这是一个对待古代文化遗产的正确的方针,是其博古通今思想中一项重要内容。

章学诚认为,博古是需要的,但不能为了博古而博古,一定要考虑切于实用。他针对当时的学者"但诵先圣遗言,而不达时王之制度,是以文为鞶帨绩绣之玩,而学为斗奇射覆之资,不复计其实用"的状况,强调"有体必有用",指出:"不知当代而言好古,不通掌故而言经术,则鞶帨之文,射覆之学,虽极精能,其无当于实用也,审矣!"(《史释》)这将"学为实用"的道理,讲得非常清楚。所以,他反对"舍今而求古",反对学古"居然唾弃一切,若隐有恃"(《说林》附),讥笑那些"昧于知时,动矜博古"的学者,"譬如考西陵之蚕桑,讲神农之树艺,以为可御饥寒而不须衣食也。"(《史释》)

同时,章学诚提出了"详近略远"即详今略古的问题。他举出古代史籍为例,《左传》一书,"庄、闵以前与僖、文而后,不可一概为例",前后之详略是不同的;宋代司马光写《资治通鉴》,因"身在宋世,其所阅涉,自详于唐而略于汉魏以上"。于是提出"史家详近略远,自古以然"(《为毕制军与钱宫詹论续鉴书》)。

与博古通今思想相联系,章学诚提出了"通史"主张。他考察了史学史,认为古代史学,有通史,如"通古今之变"的司马迁,写了上下数千年历史的《史记》;有断代史,如究西汉一代始末的班固,写了西汉二百年历史的《汉书》。而自马、班以后,断代为史者继踵纷起,撰写通史者寥寥无几。郑樵有志于通史,写了《通志》,

然被"世之群怪"(《答客问上》)所攻击。章学诚因此写了《释通》、《申郑》两篇文章为"通史"辩护。他说:"通史之修,其便有六:一曰免重复,二曰均类例,三曰便铨配,四曰平是非,五曰去抵牾,六曰详邻事;其长有有二:一曰具剪裁,二曰立家法;其弊有三:一曰无短长,二曰仍原题,三曰忘标目。"(《释通》)在列举"六便"、"二长"、"三短"之后,对每一条皆有论述。可惜,他这里讲的是些体例上的问题,而未曾论及通史内容与博古通今的有机联系。对于郑樵《通志》,章学诚并不否认其有"援据之疏略,裁剪之未定"等缺陷,但不同意在这方面多所"吹求";而强调郑樵继承了"通史"传统,"所振在鸿纲","自为经纬,成一家言"(《申郑》)。

章学诚博古通今的思想,可以为"好古敏求"者之药石;其鼓吹通史的精神,也是可嘉的。

<h1 style="text-align:center">五</h1>

章学诚是我国方志学的奠基者。在他的方志理论中,论方志与国史的关系问题,较为重要,值得注意。

方志在清代大有发展。一方面,自宋以来方志有日益增多的趋势;另方面,清政府曾颁布各省修辑志书的命令。因此,乾隆年间各地修志风行。但是,这时对于方志内容及其与国史关系的理论问题并未解决。大致说来,历来以方志列入地理类:《隋书·经籍志》以方志列于史部地理类;刘知几提到盛弘的《荆州记》、常璩的《华阳国志》等等,称其为"地理书";(《史通》卷十《杂述》)到了乾隆年间;著名学者戴震说:"夫志以考地理,但悉心于地理沿革,则志事已竟,侈言文献,岂能为急务哉?"(见《记与戴东原论修志》)《四库全书总目》也将方志列入史部地理类。

章学诚正是在此形势下,长期从事修志工作和探讨方志理论的。他以实践的感受,反对方志为地理书之说,而提出方志为史体的主张。

首先,他认为,方志源于《周官》外史所掌的"四方之志",古代的晋《乘》、鲁《春秋》、楚《梼杌》就是地方史(参见《方志立三书议》、《为张吉甫司马撰大名县志序》);近代修志诸家,"误仿唐宋图经"是不对的(见《为张吉甫司马撰大名县志序》)。他还针对戴震的方志"宜悉心地理沿革"论,提出批评,说:"方志如古国史,本非地理专门"(《与戴东原论修志》)。

其次,他以为,方志是一方全史,"无所不载",内容很广;"方州虽小,其所承奉而施布者,吏、户、礼、兵、刑、工,无所不备,是则所谓具体而微矣"(《方志立三书议》),所以内容包含很多方面。

再次,他认为,方志无所不载,"乃可为一朝之史所取裁"(《为张吉甫司马撰大名县志序》),"国史于是取裁"(《方志立三书议》)。

这三点总起来,是说明方志为地方全史,与国史有密切关系,国史为主,方志为从,方志围绕国史,犹如国史之卫星。确定国史与方志的主从关系,是一种治史的全局观念,也反映了国家统一在史学上的要求。

章学诚明确了方志与国史的关系之后,在义理、体例等方面也有相应的考虑。他认为,方志需要"严名分",应该载之于国史的帝王后妃,就不该载之于方志;否则,就是"名分混淆"(《书武功志后》)。这虽然是出于君君臣臣的名分观念的一种考虑;但也却是需要区分国史与方志所载内容的一个探讨。

在体例上,他力戒方志"僭妄"。国史多是纪传体,一般分纪、表、志、传,章氏为了"避僭史之嫌",不敢与国史雷同,但又要能与国史互通声气,乃"变易名色",而名方志之体为外纪、年谱、考、传;外纪录"皇恩庆典",年谱记"官师铨除",考著"典籍法制",传列地方"名宦"(《答甄秀才论修志第二书》)。这个做法,使方志与国史之体,名是区分了,实际上联系得更紧了,因为方志之外纪、年谱、考、传,是从国史之纪、表、志、传那里套下来的。而这么做,正是为了便于国史取裁。这个方志四体,又根据实际有所变通,章氏晚年拟《湖北通志》体例时,将"志"分为纪、图、表、考、略、传等体(《湖北通志检存稿一·通志目录》),这比四体就有了发展。

但是,章氏论方志体例,又不囿于纪传正史之体。他认为,搞方志"必立三家之学",即:"仿纪传正史而作'志',仿律令典例之体而作'掌故',仿《文选》、《文苑》之体而作'文征'。"(《方志立三书议》)上面说到的外纪、年谱、考、传,皆属"志"的部分;另外还有"掌故"和"文征",这是与"志"并列的。章氏自认为这样做,是继承和发扬了古代史学的传统;是为了"互相资证,无空言"。其实,这还意味着方志并不完全按照纪传体正史的模式,而有其一定的特点。

章学诚还主张于"三书"之外,另立一个"丛谈","附稗野说部之流",以备"征材之所馀"(《方志立三书议》)。这是附录性的项目,"非必不可阙之书"(同上),即可有可无。章氏以为将它附于志后,于例"无伤"。不过,这么一来,内容既是丰富了,却又芜杂了,这是与纪传体正史大相径庭的。

另外,章学诚"尝论各部通志与府、州、县各有详略义例"(《丙辰札记》),以区分各种方志的范围;又建议各州县设立"志科"(《州县请立志科议》),以积累和保存地方史料,这都是从修史全局考虑,颇有意义的意见。

方志为国史取裁之说,是治史的全局观念,不仅在当时是一种创见,即使对我们今天撰修地方史也有参考意义。

<h2 style="text-align:center">六</h2>

章学诚继承了我国史学经世致用的传统,反对当时学术界务考索和腾空言两种不良倾向,强调"史学所以经世"(《浙东史学》),企图"救弊纠偏",端正学风。

乾嘉时代的学术界,在宋明至清初的学术趋势和当时提倡"稽古右文"的情况下,有所谓"汉学"和"宋学"之分,"汉学"务实学,以考据为特点;"宋学"尚性理,以议论为特点。考据一偏,有脱离实际、烦琐考证之弊;议论一偏,有空谈性理、不切人事之弊。汉学与宋学,各立门户,各是其是;又互相诋毁,揭露对方。实际上,两者皆没有继承学以致用的传统,而逐渐走入一条死胡同。学术之偏弊,有待于纠正,方能有新的生机。

章氏对当时盛行的考据之风,已察觉到偏弊。他说:"古人之考索将以有所为也,旁通曲证,比事引义,所以求折中也。今则无所为而竞言考索。"(《博杂》)这是对考事而不引义表示遗憾。又说:"近日考订之学,正患不求其义,而执形迹之末,铢黍较量,小有异同,即嚣然纷争。"(《说文字原课本书后》)这是对钻牛角尖、较量铢黍感到讨厌。又说:"近日学者风气,征实太多,发挥太少,有如桑蚕食叶而不能抽丝,"(《与汪龙庄书》)这是对考据虽有实学而无实用的批评。

同时,章氏又反对性理学"惟腾空言而不切于人事"。他指出:"朱陆异同,干戈门户,千古桎梏之府,亦千古荆棘之林也;究其所以纷纶,则惟腾空言而不切于人事耳。"这是对朱陆异同与门户之争,"惟腾空言而不切于人事"的严肃批评。又说:"彼不事所事,而倡空言德性,空言学问,则黄茅白苇,极面目雷同,不得不殊门户以为自见地耳,故惟陋儒则争门户也。"(以上均见《浙东史学》)世上只有空言最省力,也最方便,因而也最易于无事生非;所以只有不学无术的陋儒争立门户。这个批评既尖锐,又中肯。

所以,章氏有针对性地指出:"史学所以经世,固非空言著述也。……后之言著述者,舍今而求古,舍人事而言性天,则吾不得而知之矣。学者不知斯义,不足言史学也。"(《浙东史学》)这里所谓"舍今而求古,"是指务考索的,所谓"舍人事而言性天",是指言性理的,批评二者不懂得何谓史学;博古为了通今,言义理为了人事,史学是"所以经世"的。本文前面所谈章氏有关事与义结合、主观与客观相符、史文适如其事等议论,以及其它一些史学思想如"六经皆史"、"道器合一"、"学以致道",等等,都具有鲜明的"经世"特点。

但是,必须指出,章氏批评当时学术界两种不良倾向,只是救弊纠偏,而不矫枉过正。他指出考据之风的流弊,"必有所偏",但并不因此否定历史考据,并不把考据家打倒,也不想将考据学打入冷宫。他声称:"且未尝不知诸近人所得亦自不易,不敢以时趋之中不无伪托而并其真有得者亦忽之也。"(《家书》七)又说:"考索之学亦不易易,大而礼辨郊社,细若雅注虫鱼,是亦专门之业,不可忽也。"(《答沈枫墀论学》)看来,章氏对考据学能辨别是非,慎重对待,不是完全否定,不搞绝对化。章氏是强调"惟义之求"的,是要对考据之风"因弊以纠其偏"的,但他并不专尚空言,而且反对"腾空言而不切于人事"的另一种坏学风。正因如此,章氏对务考索与尚空言的两种不良倾向,只是想因弊以纠其偏,并不想以一种倾向来代替另一种倾向。他以清醒的头脑思考着当时学术界的门户之争,自我吹嘘,经生互诋,文人相轻,有人想在其间捞一把,有人逐风气而不悟,对那些被欺惑的少年书生深表同情,为那些随风跑的无识之徒悲叹不已,与那些权威学者如戴东原辈直接交锋(参考《原道下》)、《朱陆》附录《附书朱陆篇后》、《答沈枫墀论学》等篇)。

同时,章氏反对矫枉过正。他说:"著书宗旨,自当因弊以救其弊,但不可矫枉而至于过尔。"(《为毕制军与钱辛楣宫詹论续鉴书》)又说:"君子立言以救弊,归之中正而已矣。惧其不足夺时趋也而矫之或过,则是倍用偏枯之药而思起死人也;仅取救弊而不推明斯道之全量,则是担薪去半而欲恤樵夫之力也。"(《说林》)其意是,著书立说,要勇于因弊以纠其偏,但不可矫枉过正,不能越过真理一步,而应该归之中正,求之适可;否则,不仅达不到预期的效果,而且还可能帮了倒忙。所以,他又说:"不得不废者,严于去伪,而慎于治偏,则可以无弊矣。"(《说林》)这可以说是对学术问题持谨慎的也是较为允当的态度。章氏承认各人的天资与才具不一,因而在谈到个人治学方面,主张"专其一则必缓其二"(《答沈枫墀论学》),必有其偏重,亦必有所轻;所以,并不要求每个人治学都能样样通,或者都得从一个特定的模式里套出来。古往今来,学术的历史颇有曲折,学术的方针各个时期颇不一样,若是学术方针在"枉"、"正"线上频繁摆动,则使学术生命易于垂危,甚至使学术性格可能畸形发展。章氏识度之高明,想是与其比较能够正确总结学术历史与现状有一定关系。

在掉虚文与务实学两者之间,章氏比较倾向于务实学。他说:"要之,文章翻空,学无摅实。今之学者虽趋风气,竞尚考订,多非心得;然知求实而不蹈虚,犹愈于掉虚文而不复知实学也。"(《答沈枫墀论学》)他权衡掉虚文与务实学,感到实学还有点用处,而空言与虚文等于画饼,所以论者的砝码置于实学的一头。这是在反对考据之风时,又对务实学作必要的肯定,而不把话说过了头。这是对考据学的两分法,也是一种不矫枉过正的具体表现。

我们认为,章学诚的史学思想是有光辉的。虽然他强调"史学所以经世",还只可能为封建统治服务,他的一些史学观点,还不可能真正在实践中贯彻,但是,却也有惊世骇俗及启发后来的作用。章氏说过:"古之糟魄,可以为今之精华,非贵糟魄而直以为精华也,因糟魄之存而可以想见精华之所出也。"我们今天来看章氏的史学思想,还不完全是"古之糟魄",其中有许多精华;因而对于这份史学遗产,应该剔除其糟粕,吸取其精华,以为今日史学的借鉴与养料。

（选自《史学史研究》1981 年第 3 期）

本文对章学诚的史学思想进行了全面论述,并着重分析了章学诚继承儒家史学思想经世致用的传统,反对清代学术界务考索和腾空言两种不良倾向,强调"史学所以经世"的积极意义。

论著目录索引

一 著 作

知新子　二十四史论海　美华镒记,1904

杨赞襄　史记发微　成都印本,1910

林　纾　评选船山史论　商务印书馆,1914

姚永朴　史学研究法　商务印书馆,1914

谢无量　朱子学派　中华书局,1916

胡　适　中国哲学史大纲　商务印书馆,1919

梁启超　中国历史研究法　商务印书馆,1922

郑鹤声　汉隋间之史学　中华书局,1924

梁启超　清代学术概论　商务印书馆,1924

杨君高　史记通论　清山阁,1926

李思纯　元史学　中华书局,1926

郑鹤声　中国史学史　云南高等师范学校,1926

崔　适　史记探源　北京大学,1927

胡　适　戴东原的哲学　亚东图书馆,1927

吕思勉　理学纲要　商务印书馆,1928

梁启超　中国近三百年学术史　上海民智书局,1929

贾丰臻　宋学　商务印书馆,1929

钱基博　文史通义解题及其读法　上海中山书局,1929

郑鹤声　　班固年谱　商务印书馆,1929

何炳松　　历史研究法　商务印书馆,1930

陈　柱　　清儒学术讨论集　商务印书馆,1930

马叙伦　　读两汉书记　商务印书馆,1930

郑鹤声　　史汉研究　商务印书馆,1930

郑鹤声　　史学概论　南京大学,1930

郑鹤声　　司马迁年谱　商务印书馆,1931

钱　穆　　国学概要　商务印书馆,1931

范文澜　　正史考略　北平文化学社,1931

傅振伦　　刘知几之史学　景山书社,1931

谢国桢　　黄梨州学谱　商务印书馆,1932

黄云眉　　古今伪书考补证　金陵大学中国文化研究所,1932

郑鹤声　　杜佑年谱　商务印书馆,1932

李景星　　史记评议　济南四史评议本,1932

李景星　　汉书评议　济南四史评议本,1932

李景星　　后汉书评议　济南四史评议本,1932

李景星　　三国志评议　济南四史评议本,1932

汤　中　　宋会要研究　商务印书馆,1932

何炳松　　浙东学派溯源　商务印书馆,1932

陈钟凡　　两宋思想述评　商务印书馆,1933

陈　垣　　史讳举例　励耘书屋丛刻本,1933

梁启超　　中国历史研究法补编　商务印书馆,1933

陈鼎忠　　通史叙例　南京钟山书局,1933

魏元旷　　史记达旨　魏氏全书本,1933

崔万秋　　通鉴研究　商务印书馆,1934

吕思勉　　史通评　商务印书馆,1934

张　须　通志总序笺　商务印书馆,1934

陈　衍　史汉研究法　无锡国学专修学校,1934

刘汝霖　汉晋学术编年　商务印书馆,1935

顾颉刚　汉代学术史略　上海亚细亚书局,1935

王缁尘　资治通鉴读法　世界书局,1935

陈志宪　通考序笺　商务印书馆,1935

钱　穆　先秦诸子系年　商务印书馆,1935

杨大膺　孔子哲学研究　中华书局,1935

黄嗣艾　南雷学案　南京正中书局,1936

蒋维乔　宋明理学纲要　中华书局,1936

董允辉　中国正史编纂法　正中书局,1936

刘汝霖　东晋南北朝学术编年　商务印书馆,1936

谭丕模　宋元明思想史纲　开明书店,1936

管道中　二程研究　中华书局,1937

夏君虞　宋学概要　商务印书馆,1937

钱　穆　中国近三百年学术史　商务印书馆,1937

靳德峻　史记释例　商务印书馆,1937

张元济　校史随笔　长沙商务印书馆,1938

张立志　正史概论　长沙商务印书馆,1939

钱　穆　国史大纲　商务印书馆,1940

容肇祖　明代思想史　开明书店,1941

王玉璋　中国史学史概论　重庆商务印书馆,1942

王玉玮　中国史学概论　商务印书馆,1942

陶希圣　论道集——古代儒家　重庆南方印书馆,1942

朱希祖　中国史学通论　独立出版社,1943

蒙文通　儒学五论　成都路明书店,1944

金毓黻　中国史学史　重庆商务印书馆,1944

魏应麒　中国史学史　重庆商务印书馆,1944

傅振伦　中国史学史概要　重庆史学书局,1944

嵇文甫　晚明思想史论　重庆商务印书馆,1944

何贻焜　亭林学术述评　重庆正中书局,1944

侯外庐　船山学案　重庆三友书店,1944

李廷机　通鉴总论　知行,1945

顾颉刚　当代中国史学　南京胜利出版公司,1947

周谷城　中国史学之进化　上海生活书店,1947

徐　浩　二十五史论纲　世界书局,1947

方壮猷　中国史学概要　上海中国文化服务社,1947

贺　麟　儒家思想新论　正中书局,1948

张　须　通鉴学　开明书店,1948

钱　穆　孟子研究　开明书店,1948

吴　泽　儒教叛徒李卓吾　上海华夏书店,1949

钱　穆　中国思想史　台北中国文化出版事业委员会,1952

钱　穆　宋明理学概述　台北中国文化出版事业委员会,1953

李宗侗　中国史学史　台北中华文化出版事业委员会,1953

李　寰　孔子通诠　台北中国文化学会,1953

皮锡瑞　经学通论　中华书局,1954

郭沫若　十批判书　人民出版社,1954

杨树达　汉书窥管　科学出版社,1955

顾颉刚　秦汉的方士与儒生(修订本)　群联出版社,1955

赵俪生　顾炎武传略　上海人民出版社,1955

安作璋　汉史初探　学习生活出版社,1955

张舜徽　中国史论文集　湖北人民出版社,1956

侯外庐　中国早期启蒙思想史　人民出版社,1956

侯外庐　中国思想通史(第五卷)　人民出版社,1956

侯外庐　中国思想通史(第一、二、三卷)　人民出版社,1957

《文史哲》编辑委员会　司马迁与史记　中华书局,1957

王荫铎　孔子的学术思想　湖北人民出版社,1957

关　锋　王充哲学思想研究　上海人民出版社,1957

汤用彤　魏晋玄学论稿　人民出版社,1957

谢国桢　顾亭林学谱　商务印书馆,1957

张舜徽　顾亭林学记　湖北人民出版社,1957

田昌五　王充及其论衡　三联书店,1958

吴天任　章实斋的史学　香港东南书局,1958

陈　垣　通鉴胡注表微　科学出版社,1958

陈登原　国史旧闻(第一册)　三联书店,1958

严北溟　孔子的哲学思想　上海人民出版社,1959

陈　直　汉书新证　天津人民出版社,1959

侯外庐　中国思想通史(第四卷)　人民出版社,1959

林国赞　读三国志杂志　中华书局,1959

林国赞　三国志裴注述　中华书局,1959

皮锡瑞　经学历史　中华书局,1959

北京大学历史系　北大史学论丛　高等教育出版社,1959

黄云眉　史学杂稿订存　山东人民出版社,1960

杨伯峻　孟子译注　中华书局,1960

钱　穆　中国历史研究法　香港孟氏基金会,1961

中国科学院山东分院　孔子讨论文集(第一集)　山东人民出版
　　社,1961

周辅成　论董仲舒思想　上海人民出版社,1961

《哲学研究》编辑部　孔子哲学讨论集　中华书局,1962

杨向奎　中国古代社会与古代思想研究　上海人民出版社,1962

嵇文甫　王船山史论选评　中华书局,1962

嵇文甫　王船山学术论丛　中华书局,1962

陈登原　国史旧闻(第二册)　中华书局,1962

白寿彝　学步集　三联书店,1962

缪　钺　读史存稿　三联书店,1963

范文澜　中国通史简编(修订本)　人民出版社,1964

陈健夫　孔子学说新论　台湾文源书局,1965

胡　适　中国中古思想小史　台湾胡适纪念馆,1969

胡　适　中国中古思想史长编　台湾胡适纪念馆,1971

林廷桥　二十五史探奇　台湾商务印书馆,1971

钱　穆　朱子新学案　台北三民书局,1971

钱　穆　中国史学名著　台北三民书局,1973

徐文珊　史记评介　台湾维新书局,1973

傅乐素　〈三朝北盟会编〉考　台湾文海出版社,1973

福建人民出版社编　李贽思想评介　福建人民出版社,1974

张美煜　荀悦〈申鉴〉思想探究　台湾师范大学国文研究所,1974

方俊吉　高邮王氏父子学之研究　台湾文史哲出版社,1974

罗敬之　孔子学说新探　台北文津出版社,1975

孙克宽　元代金华学术　台中私立东海大学,1975

徐复观　两汉思想史　香港中文大学,1975

余英时　论戴震与章学诚　香港龙门书店,1976

徐复观　两汉思想史(增订本)　台湾学生书局,1976

杜维运等　中国史学史论文选集(1—4)　台北华世出版社,

1976—1980

潘重规等　史记论文集　台北木铎出版社,1976

朱阎章等　汉书论文集　台北木铎出版社,1976

鲁立刚　资治通鉴选论　台北幼狮文化公司,1976

褚问鹃　黄梨州学术思想研究　台北中央图书出版社,1976

李威熊　汉书导读　台北文史哲出版社,1977

周虎林　司马迁与其史学　台北文史哲出版社,1978

夏长朴　两汉儒学研究　台湾大学文学院,1978

李威熊　董仲舒与两汉学术　台北文史哲出版社,1978

黄秀政　顾炎武与清初经世学风　台湾商务印书馆,1978

钱　穆　历史与文化论集　台北东大图书公司,1979

黄盛雄　通鉴史论研究　台北文史哲出版社,1979

胡佩韦　司马迁和史记　上海古籍出版社,1979

范文澜　范文澜历史论文选集　中国社会科学出版社,1979

翦伯赞　中国史纲要　人民出版社,1979

吴树平　二十四史简介　中华书局,1979

王健群　二十四史提要　黑龙江人民出版社,1979

安作璋　班固与汉书　山东人民出版社,1979

陈寅恪　金明馆丛稿初编　上海古籍出版社,1980

陈寅恪　金明馆丛稿二编　上海古籍出版社,1980

陈寅恪　寒柳堂集　上海古籍出版社,1980

张维华　汉史论集　齐鲁书社,1980

辛冠洁　中国古代哲学家评传　齐鲁书社,1980

斯维至　史学常谈　陕西人民出版社,1980

杨伯峻　论语译注　中华书局,1980

聂崇岐　宋史丛考　中华书局,1980

童书业 〈春秋左传〉研究 上海人民出版社,1980

陈登原 国史旧闻(第三册) 中华书局,1980

谢朝清 王充治学方法之研究 台湾文津出版社,1980

山东大学历史系 孔子及孔子思想再评价 吉林人民出版社,1980

谢介民 司马迁和史记 中华书局,1980

吴泽主编 中国史学史论集(一、二) 上海人民出版社,1980

朱杰勤 中国古代史学史 河南人民出版社,1980

杨家洛 二十五史识语 台湾鼎文书局,1980

张以仁 〈国语〉〈左传〉论集 台北东升出版事业公司,1980

黄云眉 史学杂稿续存 齐鲁书社,1980

程千帆 史通笺记 中华书局,1980

张孟伦 中国史学史论丛 兰州大学历史系,1980

洪 业 洪业论学集 中华书局,1981

白寿彝 史记新论 求实出版社,1981

张立文 朱熹思想研究 中国社会科学出版社,1981

王树民 史部要籍解题 中华书局,1981

冯惠民 司马光和资治通鉴 中华书局,1981

徐仁甫 左传疏证 四川人民出版社,1981

张建业 李贽评传 福建人民出版社,1981

齐思和 中国史探研 中华书局,1981

赵俪生 寄陇居论文集 齐鲁书社,1981

张煦侯 通鉴学 安徽人民出版社,1981

陈 垣 陈垣史学论著选 上海人民出版社,1981

苏渊雷 读史举要 黑龙江人民出版社,1981

顾颉刚 古史辨 上海古籍出版社,1982

刘　节　中国史学史稿　中州书画社,1982

张岱年　中国哲学史大纲　中国社会科学出版社,1982

何兹全　读史集　上海人民出版社,1982

李季平　王夫之与〈读通鉴论〉　山东教育出版社,1982

柴德赓　史学丛考　中华书局,1982

谢国桢　明末清初的学风　人民出版社,1982

施　丁　司马迁研究新论　河南人民出版社,1982

郭正忠　欧阳修　上海古籍出版社,1982

王政尧　黄宗羲　中华书局,1982

张岂之　顾炎武　中华书局,1982

敏　泽　李贽　上海古籍出版社,1982

张舜徽　史学三书评议　中华书局,1983

林庆彰　明代考据学研究　台湾学生书局,1983

周予同　周予同经学史论著选集　上海人民出版社,1983

仓修良　中国古代史学史简编　黑龙江人民出版社,1983

高明等　儒家思想与中华文化研究论集　台北黎明文化事业公司,1983

张荣芳　唐代的史馆与史官　台北中国学术著作奖助委员会,1984

潘富恩等　吕祖谦思想初探　浙江人民出版社,1984

仓修良　章学诚和〈文史通义〉　中华书局,1984

陈光崇　中国史学史论丛　辽宁人民出版社,1984

杨向奎　绎史斋学术文集　上海人民出版社,1984

陈祖武　顾炎武　中华书局,1984

杨向奎　清儒学案新编　齐鲁书社,1985—1994

尹　达　中国史学发展史　中州古籍出版社,1985

20世纪儒学研究大系

高国抗　中国古代史学史概要　广东教育出版社,1985

匡亚明　孔子评传　齐鲁书社,1985

叶　瑛　文史通义校注　中华书局,1985

陈清泉等　中国史学家评传　中州古籍出版社,1985

顾奎相　司马光　黑龙江人民出版社,1985

许冠三　新史学九十年　香港中文大学大学出版社,1986

李泽厚　中国思想史论　人民出版社,1986

刘乃和　司马光与〈资治通鉴〉　吉林文史出版社,1986

白寿彝　中国史学史　上海人民出版社,1986

方诗铭　钱大昕　上海人民出版社,1986

朱维铮　走出中世纪　上海人民出版社,1987

施　丁　中国史学简史　中州古籍出版社,1987

金春峰　汉代思想史　中国社会科学出版社,1987

陶懋炳　中国古代史学史略　湖南人民出版社,1987

贾顺先　宋明理学新探　四川人民出版社,1987

季　平　司马光新论　西南师范大学出版社,1987

张维华　晚学斋论文集　齐鲁书社,1987

吴　光　黄宗羲论　浙江古籍出版社,1987

潘富恩等　程颢程颐理学思想研究　复旦大学出版社,1988

陈　来　朱熹哲学研究　中国社会科学出版社,1988

邹贤俊　中国古代史学史纲　华中师大出版社,1989

周佳荣　中国史学名著概说　台北唐山,1989

黄玉石　郑樵传　中国青年出版社,1989

周桂钿　董学探微　北京师范大学出版社,1989

钱　穆　中国史学发微　台北东大图书公司,1989

瞿林东　唐代史学论稿　北京师范大学出版社,1989

牛致功　唐代的史学与通鉴　陕西师大出版社,1989

张　涛　列女传译注　山东大学出版社,1990

宋衍申　司马光传　北京出版社,1990

赵吉惠　中国儒学史　中州古籍出版社,1991

杨向奎　宗周社会与礼乐文明　人民出版社,1992

陈祖武　清初学术思辨录　中国社会科学出版社,1992

吴怀祺　宋代史学思想史　黄山书社,1992

瞿林东　中国史学散论　湖南教育出版社,1992

赵　俊　史通理论体系研究　辽宁大学出版社,1992

陈其泰　史学与中国文化传统　学苑出版社,1992

仓修良　文史通义新编　上海古籍出版社,1993

管敏义　浙东学术史　华东师范大学出版社,1993

唐长孺　魏晋南北朝隋唐史三论　武汉大学出版社,1993

王育济　理学·实学·朴学　山东友谊出版社,1993

王德毅　宋史研究论集　台湾商务印书馆,1993

杜维运　中国史学史(一、二)　台北三民书局,1993—1998

白寿彝　白寿彝史学论集　北京师范大学出版社,1994

瞿林东　中国古代史学批评纵横　中华书局,1994

陈其泰　中国近代史学的历程　河南人民出版社,1994

陈祖武　中国学案史　文津出版社,1994

张义德　叶适评传　南京大学出版社,1994

张大可　司马迁评传　南京大学出版社,1994

朱维铮　音调未定的传统　辽宁教育出版社,1995

谢保成　隋唐五代史学　厦门大学出版社,1995

方祖猷　论浙东学术　中国社会科学出版社,1995

宋柏年　欧阳修研究　巴蜀书社,1995

徐定宝　黄宗羲年谱　华东师范大学出版社,1995

朱维铮　求索真文明　上海古籍出版社,1996

吴怀祺　中国史学思想史　安徽人民出版社,1996

瞿林东　杜佑评传　广西教育出版社,1996

阎现章　中国古代编辑家评传　河南大学出版社,1996

王永健　全祖望评传　南京大学出版社,1996

仓修良　章学诚评传　南京大学出版社,1996

方祖猷　万斯同评传　南京大学出版社,1996

李　开　惠栋评传　南京大学出版社,1997

陈其泰　清代公羊学　东方出版社,1997

王树民　中国史学史纲要　中华书局,1997

瞿林东　史学与史学评论　安徽教育出版社,1998

瞿林东　中华文化通志·史学志　上海人民出版社,1998

陈祖武　中华文化通志·清代文化志　上海人民出版社,1998

李昌宪　司马光评传　南京大学出版社,1998

徐有福　郑樵评传　南京大学出版社,1998

张　涛　孔子家语注译　三秦出版社,1998

曾振宇、范学辉　春秋繁露与中国文化　河南大学出版社,1998

黄进德　欧阳修评传　南京大学出版社,1998

陈祖武　清儒学术拾零　湖南人民出版社,1999

陈光崇　通鉴新论　辽宁教育出版社,1999

白寿彝　中国史学史论集　中华书局,1999

陈其泰　史学与民族精神　学苑出版社,1999

瞿林东　中国史学史纲　北京出版社,1999

二　论　文

章太炎　儒术真论　清议报全编,1900、5

梁启超　中国史叙论　清议报,1901

梁启超　新史学　新民丛报,1902、2

刘光汉　论古学出于史官　国粹学报,1905、1、1

刘光汉　汉宋学术异同论　国粹学报,1905、1、6—8

刘光汉　古学出于史官论　国粹学报,1906、2、2—3

陆绍明　诸子言政本六经集论　国粹学报,1906、2、4

陆绍明　史学分文笔两学派论　国粹学报,1906、2、4

刘光汉　补古学出于史官论　国粹学报,1906、2、5

陆绍明　史注之学不同论　国粹学报,1906、2、5

陆绍明　史家宗旨不同论　国粹学报,1906、2、5

刘光汉　孔学真论　国粹学报,1906、2、5

陆绍明　论史学分二十家为诸子之流派　国粹学报,1906、2、6

陆绍明　史有六家宗法论　国粹学报,1906、2、7

马叙伦　史学存微　国粹学报,1906、2、7

黄　节　春秋攘夷大义发微　国粹学报,1906、2、8

曹书昌　原史　国粹学报,1907、3、7

刘师培　儒家出于司徒之官说　国粹学报,1907、3、8

刘师培　司马迁左传义利序　国粹学报,1907、3、12;1908、4、1

张尔田　史微内篇　中国学报,1912、1—5

陈焕章　中国之新生命必系于孔教　孔教会杂志,1913、1、1

康有为　春秋笔削大义微言考　不忍,1913、8

康有为　〈春秋董氏学〉序　不忍,1913、9—10

廖　平　〈荀子·非十二子篇〉解　国学荟编,1914、7、8

马叙伦　儒学论　孔教会杂志,1914、1、12

曹佐熙　原史　甲寅杂志,1915、9

廖　平　〈春秋〉三传折中　国学荟编,1916、5、1—3

吴　虞　读〈荀子〉书后　新青年,1917、3、1

胡　适　诸子不出于王官论　太平洋,1917、1、7

缪凤林　中国史之宣传　史地学报,1921、1、2

朱希祖　中国史学之起源　北大社会科学季刊,1922、1、1

萧　澄　中国史学思想发达史略　史地丛刊,1922、1、2

何炳松　读〈文史通义〉札记　史地丛刊,1922、1、3

张其昀　刘知几与章实斋之史学　学衡,1922、5

柳翼谋　正史之史料　史地学报,1923、2、3

郑鹤声　司马迁之史学　史地学报,1923、2、5—6

甘蛰仙　郑渔仲之史学　晨报副刊,1923、8

孙德谦　申章实斋六经皆史说　学衡,1923、24

郑鹤声　清儒之史学说与其事业　史地学报,1924、2、8

郑鹤声　汉隋间之史学　学衡,1924、33—34

梁启超　清代学者整理旧学之总成绩——史学　东方杂志,1924、
　　　　21、17

何炳松　〈史通〉评论　民铎杂志,1925、6、1

钱玄同、顾颉刚　春秋与孔子　北京大学研究所国学门周刊,
　　　　1925、1

何炳松　章学诚史学管窥　民铎杂志,1925、6、2

张西堂　春秋大义是什么　学灯,1925、3

梅思平　论〈公羊传〉及公羊学　民铎杂志,1925、6、3

郑鹤声　读王船山先生〈读通鉴论〉〈宋论〉　史地学报,1925、3、7

柳诒徵　中国史学之双轨　史学与地学,1926、1

陈　衍　〈通鉴纪事本末〉书后　厦大季刊,1926、1、1

周予同　纬书与经今古文学　民铎杂志,1926、7、2

顾颉刚　春秋时代的孔子和汉代的孔子　厦大周刊,1926、160—162

卫聚贤　〈左传〉的研究　国学论丛,1927、1、1—2

姚名达　章实斋之史学　国学月报,1927、1、1—2

冯友兰　〈春秋〉在中国历史中之地位　燕京学报,1927、2

冯友兰　孔子在中国历史上的地位　燕京学报,1927、2

陈　竞　周秦史学　中国大学季刊,1927、1、4

来裕恂　论两浙学派　国学,1927、1、6

卫聚贤　〈春秋〉的研究　国学月报,1927、2、6—7

张寿林　刘知几与章实斋之史料搜集法及鉴别法　晨报副刊,1927、7

张荫麟　评顾颉刚〈春秋时代的孔子和汉代的孔子〉　大公报,1928、2、27

傅振伦　中国三大史家思想之异同　新晨报副刊,1928、11、26—29

齐思和　先秦历史哲学管窥　史学年报,1929、1、1

蒙文通　论先秦传述古史分三派不同　成大史学杂志,1929、1

郑鹤声　正史总论　史学杂志,1929、1、2

柳此生　〈春秋〉孟氏学　中央大学半月刊,1929、1、5

傅振伦　刘知几学术思想之渊源　新晨报副刊,1929、5、6

陈　垣　中国史料的整理　史学年报,1929、7

王永丰　读〈史通〉　东北大学周刊,1929、77—78

王师韫　中国史学家研究中国史的成绩　语历所周刊,1929、9、

101

郑鹤声　古史官考略　史学杂志,1930、2、1

徐文珊　中国古代的历史观　史学年报,1930、1、2

石立朝　中国史体之演变及其短长之比较　河南大学文学院季
刊,1930、2

李光英　文史通义表略　采社,1930、5

钱　穆　刘向刘歆父子年谱　燕京学报,1930、7

袁　菖　经史辨　中央大学半月刊,1930、1、11

傅振伦　中国史学之起源　学文,1931、1、2

葛定华　史之渊源考　河南大学学报,1931、1、3

陈邦国　中国历史发展的道路　读书杂志,1931、1、4—5

陈训慈　清代浙东之史学　史学杂志,1931、2、5—6

郑师许　东汉末年儒家学者荀悦的思想　青年进步,1931、141

傅振伦　刘彦和之史学　学文,1932、1、5

张永康　中国史学概述　湖南大学期刊,1932、6

李桂生　荀子法后王说　励学,1933、1、1

戴增元　公羊学通论　国学商兑,1933、1、1

陈训慈　浙东史学管窥　史学,1933、1、1

李凤鼎　史学源流及其体制　女师学院期刊,1933、1、2

程金造　司马迁崇尚道家说　师大月刊,1933、2

梁园东　清俞正燮的史学　人文,1933、4、2

葛启扬　刘向之生卒年及其撰著考略　史学年报,1933、1、5

傅振伦　章实斋之史学　史学年报,1933、1、5

梧　轩　战国诸子的历史哲学　清华周刊,1933、39、8

张永康　史部流别论　湖南大学期刊,1933、9

鲁　咸　历史与纲鉴　中学生,1933、32

周予同　汉学与宋学　中学生,1933、35

谭丕模　研究中国思想史的几个前提　文史,1934、1、1

朱谦之　中国史学之阶段的发展　现代史学,1934、2、1—2

刘石臣　中国史学论　文化批判,1934、1、2

章太炎　读史与复兴之关系　中央大学文艺丛刊,1934、1、2

杜钢百　孔子撰修〈春秋〉异于旧史文体考　文哲季刊,1934、3、2

胡　适　说儒　历史语言研究所集刊,1934、4、3

白　英　中国历史阶段的批判　新中国,1934、1、3

傅振伦　郑渔仲之史学　中法大学月刊,1934、5、5

姚　璋　荀悦思想之分析研究　光华大学半月刊,1934、2、9

何炳松　中国史学之发展　出版周刊,1934、102

陈鼎忠　原史　文史汇刊,1935、1、1

林卓云　章学诚治史的方法　南风,1935、11、1

王孝鱼　王船山的历史进化论　中山文化教育馆季刊,1935、2、1

姚　璋　刘向的思想鸟瞰　学术世界,1935、1、2

卫聚贤　中国史的年代　中山文化教育馆季刊,1935、2、2

冯友兰　秦汉历史哲学　哲学评论,1935、6、2—3

林思进　论读史传文　华西学报,1935、3

刘　异　孟子"春秋"说微　文哲季刊,1935、4、3

朱杰勤　龚定庵先生之史地学　现代史学,1935、2、4

章太炎　论经史儒之分合　光华大学半月刊,1935、4、5

李亚昆　刘知几史学举误　国专月刊,1935、1、5

章太炎　论公羊学　光华大学半月刊,1935、3、8

黄　巩　船山注重五经说　船山学报,1935、8

李麦麦　先秦诸子之历史理论及其论战　新中华,1935、3、18

朱维之　李卓吾底性格　福建文化,1935、18

20世纪儒学研究大系

朱维之　李卓吾底思想　福建文化,1935、18

朱维之　李卓吾与新文化　福建文化,1935、18

潘光旦　儒教与中国民族　华年周刊,1935、4、19—20

柳诒徵　讲国学宜先讲史学　广播周刊,1935、25

邓广铭　浙东学派探原　益世报·读书周刊,1935、8、29

莫非斯　中国循环过程的研究　文化建设,1936、3、1

齐思和　改造国史之途径与步骤　大公报史地周刊,1936、5、1

王锡章　史官抉原　国专月刊,1936、3、1

钱卓升　刘章史学之异同　遗族校刊,1936、4、1

陈千钧　通鉴民族思想蠡测　学术世界,1936、2、1—4

张荫麟　沈括编年事辑　清华学报,1936、11、2

杨向奎　论〈左传〉之性质及其与〈国语〉之关系　史学集刊,
　　　1936、2

钱　穆　论两宋学术精神　文学年报,1936、2

史念海　钱竹汀先生之史学　北平研究院院务丛报,1936、7、3

方　豪　哲学方法与史学方法概论　盘石,1936、3—5

孟　森　〈续通鉴纪事本末〉书后　图书季刊,1936、3、4

洁　非　章实斋先生与新史学　图书展望,1936、1、5

孟又复　史通评　国闻周报,1936、13、8

王鲲徒　浙江学术之渊源与其经世精神　国风,1936、8、9—10

杨向奎　读〈说儒〉　益世报·读书周刊,1936、4、9

杨　实　再论晚明之反卫道史学　大公报史地周刊,1936、8、7

顾颉刚　清代汉学的治学精神与方法　中央日报,1936、9、23—26

侯仁之　古文家韩愈之史学　大公报史地周刊,1936、11、27

万福曾　宋南渡后蜀中之史学　大公报史地周刊,1936、12、11

万福曾　魏晋之史学　大公报史地周刊,1936、12、11

金毓黻　唐宋时代设馆修史制度考　说文月刊,1942、9

傅斯年　论性命说之哲学及史学的研究　读书通讯,1942、56

侯外庐　中国古代贤者之史的研究　中山文化季刊,1943、1、2

蒙文通　宋代史学　华文月刊,1943、2、2

董庆华　〈中国史学思想史〉引端　现代史学,1943、5、2

贺岳僧　清代汉宋学之争　时代精神,1943、8、3

朱建生　儒道法三家之历史观　东方文化,1943、2、6

牟润荪　徐文定公与朴学　圣教杂志,1943、23、7

张荫麟　论史实之选择与综合　思想与时代,1943、18

张荫麟　论传统历史哲学　思想与时代,1943、19

何　淑　从李氏焚书谈到李卓吾　古今,1943、26

陈　述　宋刘敞在史学上的贡献　说文月刊,1944、4

寓　曙　明末清初史学底时代意义　群众周刊,1944、9、7

辰　伯　钱牧斋之史学　文史杂志,1944、4、7—8

燕义权　儒家历史观(一)——人为篇　文化先锋,1944、3、9

燕义权　儒家历史观(二)——礼乐篇　文化先锋,1944、3、11

燕义权　儒家历史观(三)——道德篇　文化先锋,1944、3、18

燕义权　儒家历史观(四)——民心篇　文化先锋,1944、4、3

黎子耀　刘知几之思想述评　思想与时代,1944、30

贺　麟　宋儒的评价　思想与时代,1944、34

钱　穆　论战国秦汉间新儒家　思想与时代,1944、35

蒯伯赞　论司马迁的历史学　中山文化季刊,1945、2、1

蒯伯赞　论刘知几的历史学　中山文化季刊,1945、2、2

黄庆华　章实斋的史学方法论　时代精神,1945、5

朱易先　章太炎先生之史学　文史杂志,1945、5、11

王范之　王充思想评议　东方杂志,1945、41、19

缪　钺　　欧阳永叔治学之精神　　思想与时代,1945、40

郭沫若　　孔墨的批判　　解放日报,1945、5、6—11

宋慈抱　　评章实斋"文史通义"　　浙江省通志馆馆刊,1946、2、1

贺　麟　　王船山的历史哲学　　哲学评论,1946、10、1

程　憬　　明清之际的新思想　　中国史学,1946、1

李洁非　　中国史籍撰注之学的批评　　文化先锋,1946、6、5

吴韶松　　论清初的经世之学　　安徽政治,1946、9、6

李长之　　司马迁之识与学　　东方杂志,1946、42、9

李长之　　司马迁之史学及其他　　东方杂志,1946、42、10

钱　穆　　初期宋学　　中央周刊,1946、8、18

钱　穆　　宋明理学之总评骘　　中央周刊,1946、8、28

高维岳　　周秦两汉史学思想的演变　　文史选刊,安徽省文献委员
　　　　　会,1946

翦伯赞　　论司马迁的历史学　　史料与史学,国际文化服务社,1946

翦伯赞　　论刘知几的历史学　　史料与史学,国际文化服务社,1946

傅振伦　　中国史学概要　　青年文化,1947、1

白寿彝　　〈中国史学史〉(金毓黻著)　　文讯月刊,1947、7、1

金毓黻　　释记注　　国史馆馆刊,1947、1、1

陈　垣　　宋元僧史三种述评　　辅仁学志,1947、15、1

吴　泽　　论孔子的复古保守主义　　中国建设,1947、5、1

侯外庐　　司马谈著诸子要旨的用意　　大学,1947、6、2

钱　穆　　论清儒　　中央周刊,1947、9、3

钱　穆　　朱子学术述评　　思想与时代,1947、47

管佩章　　赵瓯北之史料处置方法　　读书通讯,1947、132

赵西陆　　读赵翼〈廿二史札记〉　　龙门杂志,1947、1、2

傅琴心　　思想革命的先驱者李卓吾研究　　建国青年,1947、5、4

朱子方　中国史学史之起源及演变　文化先锋,1947、6、21

齐思和　〈中国史学史〉(金毓黻著)　燕京学报,1947、32

钱　穆　二程学术述评　思想与时代,1947、45

杨翼骧　司马迁记事求真的方法与精神　经世日报读书周刊,1947、59

杨翼骧　班固的史材　经世日报读书周刊,1947、70

周谷城　中国史学之进化　中国史学之进化,香港生活书店,1947

刘介夫　由儒家的师古谈荡仲淹的失败　政声,1948、1、2

柳诒徵　陆放翁之修史　国史馆馆刊,1948、1、2

嵇文甫　王船山的史学方法论　新中华,1948、6、2

周予同　儒、儒家和儒教　青年界,1948、5、4

吴景贤　章太炎之民族主义史学　东方杂志,1948、44、4

季羡林　佛教对于宋代理学的影响　申报·文史副刊,1948、5、22

嵇文甫　王船山的史学方法论　新中华,1948、6、2

漆　侠　李觏与孟子　申报,1948、4、3

金毓黻　论史官制度及其任用法　国史馆馆刊,1948、1、3

朱希祖　南明三朝史官及官修史籍考　国史馆馆刊,1948、1、3

王荫铎　论修史工作中之"记注"与"撰述"　读书通讯,1948、163

杨翼骧　三国时代的史学　经世日报读书周刊,1948、73—74

赵　岗　唐代史馆考　文化先锋,1948、8、10

纪玄冰　先王崇拜与道统观念的内部联系　新中华(复刊),1948、6、10

周之风　论梁启超与中国新史学　凯旋,1948、28

赵俪生　船山学派述　读书通讯,1948、153

施之勉　汉家尧后出于董仲舒　大陆杂志,1953、7、8

蓝文征　范蔚宗的史学　民主评论,1953、4、12

杜维运　钱大昕之史学　学术季刊,1954、2、3

章　群　〈中国史学史〉评介　学术季刊,1954、2、3

赵铁寒　由〈宋史·李纲传〉论信史之难　大陆杂志,1954、8、11

卢南乔　论司马迁及其历史编纂学　文史哲,1955、11

卢南乔　司马在祖国文化遗产上的伟大贡献　文史哲,1956、1

齐思和　史记产生的历史条件和它在世界史学上的地位　光明日报 1956、3、4

曲颖生　史记列传以伯夷居首之原因　大陆杂志,1956、12、3

徐善同　章学诚的史学　大学生活(香港),1956、2、3

聂崇岐　我国古代历史巨著〈资治通鉴〉　读书月报,1956、5

聂崇岐　〈资治通鉴〉和胡注　新建设,1956、7

李宗侗　司马光与〈资治通鉴〉　中国一周(台湾),1956、330

赵铁寒　由〈宋史〉之取材论私家传记的史料价值(上、下)　大陆杂志,1956、12、11——12

杜维运　万季野之史学　中国学术史论集,中华文化出版事业委员会,1956

雍　叔　〈明史〉与纪事本末　民主宪政,1957、12、2

余英时　章实斋与柯灵乌的历史思想　自由学人(台湾),1957、3、2——4

张振佩　〈通鉴纪事本末〉简介　历史教学,1957、4

杨翼骧　三国两晋史学编年　南开大学学报,1957、4

冉昭德　关于晋史的撰述与唐修晋书撰人问题　西北大学学报,1957、4

陈千钧　论〈资治通鉴〉　历史研究,1957、7

王重民　对于〈隋书·经籍志〉的初步探讨　中国科学院图书馆通讯,1957、7

宋海屏　刘知几及其名著〈史通〉　中央日报(台湾),1957、12、10

周谷城　历史发展与学术变迁　复旦学报,1958、1

陈寅恪　书〈魏书·肖衍传〉后　中山大学学报,1958、1

郑　力　略论刘知几的他的〈史通〉　新建设,1958、2

杜维运　全祖望之史学　中央日报,1958、9、22—29

陈芳明　宋代正统论的形成背景及其内容　宋史研究集(8),中华丛书编审委员会,1958—1984

宋　晞　南宋浙东的史学　宋史研究集(14),中华丛书编审委员会,1958—1984

王德毅　刘颁的史学贡献　宋史研究集(2),中华丛书编审委员会,1958—1984

杨荣国　批判刘节先生的〈中国史学史〉讲义　理论与实践,1959、2

吴　晗　谈迁和〈国榷〉　光明日报,1959、7、23

金少英　〈汉书·食货志〉志疑　历史教学问题,1959、3

白寿彝　刘知几的进步史学思想　北京师范大学学报,1959、5

杜维运　〈廿二史札记〉之作者问题　大陆杂志,1959、19、6

劳　干　史学的结构及史官的原始职务　史学通论,大陆杂志社,1960

常　华　治学严谨的章学诚　文汇报,1961、1、13

何　明　章学诚的"文德"说　光明日报,1961、3、11

侯外庐　刘知几的哲学和史学思想　人民日报,1961、3、12

孙同勋　"秽史"辨证　幼狮学报,1961、4、1

白寿彝　郑樵对刘知几史学的发展　人民日报,1961、4、6

白寿彝　刘知几论史学继承　光明日报,1961、5、6

白寿彝　从历史编纂工作看郑樵　北京日报,1961、5、25

侯外庐　论刘知几的学术思想　历史研究,1961、2

卢南乔　论司马迁〈史记〉编纂的创造性和思想性　山东大学学报,1961、3

白寿彝　谈史学遗产　新建设,1961、4

卢南乔　从史学和史料论述汉书编纂特点　山东大学学报,1961、4

卢南乔　刘知几的史学思想和他对于传统正统史学的斗争　文史哲,1961、4

白寿彝　漫谈史学传统三事　人民日报,1961、8、12

张遵青　唐代史学家吴兢　河南日报,1961、10、8

杜维运　赵翼之史学　大陆杂志,1961、22、7

张淡如　什么是史学史　学术月刊,1961、10

袁国藩　〈新元史〉蠡测(上、下)　大陆杂志,1961、22、11—12

吕谦举　两晋六朝的史学　人生,1961、23、11

吴　晗　史学家万斯同　北京晚报,1961、11、22

杜汉鼎　有关〈廿二史札记〉作者的问题　光明日报,1961、12、6

杨其骧　我国史学的起源与奴隶社会的史学　天津日报,1961、12、28

周予同、汤志钧　章学诚"六经皆史说"初探　中华文史论丛,1962、1

祁龙威　乾嘉史学初探　江海学刊,1962、1

缪　钺　陈寿与〈三国志〉　历史教学,1962、1

黎子耀　战国时代的历史哲学　杭州大学学报,1962、1

邹贤俊　顾炎武的史学　北京师范大学学报,1962、1

钱实甫　关于〈海国图志〉　学术月刊,1962、1

嵇文甫　王船山的史学方法论　历史研究,1962、2

江　平　白寿彝论中国史学传统问题　历史研究,1962、2

白寿彝　司马寓论断于序事　光明日报,1962、4、3

林理炯　钱大昕与〈廿二史考异〉　光明日报,1962、4、26

何兹全　司马迁和项羽　光明日报,1962、5、9

刘　节　谈史料学和史学史　文汇报,1962、6、14

叶庆国　春秋时代史官职守的转变和史学的发展　厦门大学学报,1962、3

冉昭德　班固与〈汉书〉　历史教学,1962、4

仓修良　胡三省和他的〈通鉴注〉　文史哲,1962、4

邹贤俊　王夫之进步的历史观　北京师范大学学报,1962、4

柴德赓　章实斋与汪容甫　江苏师院学报,1962、5

吴　泽　魏源的变易思想和历史进化观点　历史研究,1962、5

仓修良　章学诚和方志学　江海学刊,1962、5

钱实甫　关于〈经世文编〉　历史教学,1962、8

陈学霖　〈归潜志〉与〈金史〉　大陆杂志,1962、25、8

文崇一　论司马迁的思想(上、下)　大陆杂志,1962、24、10—11

陈光崇　杜佑的史学思想　辽宁日报,1962、10、23

陈守实　关于王船山史论的现实性问题　文汇报,1962、11、27

吴　泽　王船山历史观略论　江汉学报,1962、12

嵇文甫　对于王船山历史观的一些粗浅认识　江汉学报,1962、12

白寿彝　马端临的史学思想　学步集,三联书店,1962

吴　泽　康有为公羊三世说的历史进化观点研究　中华文史论丛,1962

周予同、汤志钧　章学诚六经皆史说初探　中华文史论丛,1962

赵吕甫　欧阳修史学初探　历史教学,1963、1

姚薇元　王船山的史学理论初探　江汉学报,1963、1

袁良义　论王夫之的历史进化思想　北京大学学报,1963、1

王德毅　神哲徽钦四朝国史纂考　幼狮学刊,1963、2、1

白寿彝　中国史学的童年　北京师范大学学报,1963、2

徐　规　李焘年表　文史,1963、2

杨翼骧　裴松之与〈三国志注〉　历史教学,1963、2

徐光仁　全祖望在清代史学上的贡献　学术研究,1963、3

柴德赓　试论章学诚的学术思想　光明日报,1963、5、8

李　里　史官与修史　自立晚报,1963、5、15

汪伯岩　中国史学史研究的对象问题　文史哲,1963、4

吴泽、黄丽镛　魏源〈海国图志〉研究　历史研究,1963、4

白寿彝　司马迁与班固　北京师范大学学报,1963、4

陈宗敏　从论语中看孔子的历史观　孔孟学刊,1963、1、5

王仲荦　〈资治通鉴〉和通鉴学　历史教学,1963、5

朱永嘉　论史料学、历史编纂学与历史哲学的关系　学术月刊,
　　　　1963、5

师　宁　有关中国史学史研究的一些问题　文史哲,1963、6

咸立煌　〈左传〉历史观初探　文史哲,1963、6

杨翼骧　刘知几与〈史通〉　历史教学,1963、7—8

方国瑜　论中国历史发展的整体性　学术研究,1963、9

王玉常　论章学诚学术思想中的政治观点　学术月刊,1963、10

张其昀　孔子论历史(1—4)　中国一周,1963、693—696

任继愈　刘知几的进步的历史观　文史哲,1964、1

白寿彝　陈寿、袁宏和范晔　北京师范大学学报,1964、1

彭小甫　孔子在史学上的贡献　孔孟学刊,1964、3、1

师　宁　为什么要研究中国史学史　文史哲,1964、1

杨翼骧　南北朝史学编年　南开大学学报,1964、5、1

20世纪儒学研究大系

白寿彝　中国史学史研究任务商榷　人民日报,1964、2、29

白寿彝　读〈资治通鉴〉札记　人民日报,1964、5、13

罗炳锦　史籍考修纂的探讨(上、下)　香港新亚学报,1964、2—1965、2

苏渊雷　马班异同论　哈尔滨师范学院学报,1964、2

吕谦举　宋代史学的义理观念　人生,1964、28、3

刘伟民　司马迁思想研究　香港联合书院学报,1964、3

傅振伦　章学诚在史学上的贡献　史学月刊,1964、9

朱际镒　整理上古历史之史学观念　新天地,1964、3、6

陈可青　司马迁的史学思想及其阶级性　新建设,1965、1

吕谦举　中国史学思想的概述　人生,1965、2

王新年　读〈廿二史札记〉　史绎,1965、2

些德赓　王鸣盛和他的〈十七史商榷〉　光明日报,1965、5、19

柴德赓　读欧阳修的〈新五代史〉　人民日报,1965、7、2

郑寿彭　我国古代修史之道　中国一周,1965、5

李宗侗　史官制度——附论对传统之尊重　文史哲学报,1965、14

南史明　明史评价　历史教学,1965、7

冉昭德　怎样对待班固与〈汉书〉　文史哲,1966、1

赵一民　就评价班固与〈汉书〉问题与冉昭德同志商榷　文史哲,1966、2

牛致功　再与冉昭德先生商榷怎样认识班固的历史观　文史哲,1966、2

包遵彭　王世贞及其史学　史苑,1966、7

曹伯言　王船山历史观研究　历史研究,1965、5

姚薇元　王夫之的史学理论理论初探　王船山学术讨论集(下),中华书局,1965

吴锡泽　赵瓯北其人其书——〈廿二史札记〉之札记　新时代，1966、6、10

罗炳锦　章实斋对清代学者的讥评　香港新亚学报，1967、8、1

杜维运　赵翼之史学　史学及外国史研究论集，大陆杂志社，1967

周策纵　读史之阙文　大陆杂志，1968、37、4

萨孟武　孔子学说与春秋大义　东方杂志复刊，1968、2、5

黎东方　孔子新传　东西文化，1968、9

戴君仁　儒的来源推测　大陆杂志，1968、37、10

王德毅　刘恕及其史学　大陆杂志，1968、37、10

饶宗颐　三教论与宋金学术　东西文化，1968、11

苏庆彬　章实斋史学溯源　香港新亚学报，1968、8、2

吴辑华　略论历代会要　书目季刊，1969、3、4

李光涛　明清档案与清代开国史料　台湾文献，1969、20、2

成中英　战国时代的儒家思想及其发展　中央研究院历史语言研究所集刊，1969、40

罗　光　中国的历史哲学　东方杂志复刊，1969、2、8

苏振中　中国史学史概要　东西文化，1969、30

杜维运　王夫之与中国史学　人文学报，1970、1

高　明　对〈说文解字〉之新评价　人文学报，1970、1

逯耀东　隋唐〈经籍志〉史部杂传类的分析　人文学报，1970、1

施之勉　读〈史记集评记〉，大陆杂志，1970、41、4—6

杜松柏　〈史记〉所显示的群经大义　中华文化复兴月刊，1970、3、7

詹柏炼　元时回回文化的研究　中华文化复兴月刊，1970、3、8

钱　穆　中国史学名著——尚书　文艺复兴，1970、1、12

简翠贞　春秋比事与左氏占验　孔孟学报，1970、20

李辰冬　历史考证与文学考证　师大学报,1970、15

洪　业　半部论语治天下辨　清华学报,1970、8、1—2

刘子健　岳飞——从史学史和思想史来看　中国学人,1970、2

余英时　从宋明儒学的发展论清代思想史　中国学人,1970、2

简博贤　孔颖达〈春秋左传正义〉平议　孔孟学报,1970、20

钱　穆　朱子之〈通鉴纲目〉　寿罗香林教授论文集,1970

沈伯刚　古代中西史学的异同　史学与世变,仙人掌出版社,1970

钱　穆　中国史学名著——〈春秋〉　文艺复兴,1971、2、1

王方曙　〈汉书〉与班固　中央月刊,1971、4、1

钱　穆　中国史学名著——〈春秋〉三传　文艺复兴,1971、2

钱　穆　中华民族历史精神　中央月刊,1971、4、2

毛一波　明清间流行的中国通史——纲鉴　大陆杂志,1971、42、5

陈　香　〈战国策〉与刘向　中央月刊,1971、3、12

钱　穆　中国史学名著——〈汉书〉　文艺复兴,1971、2、18

钱　穆　中国史学名著——刘知几〈史通〉　文艺复兴,1971、2、22

钱　穆　中国史学名著——杜佑〈通典〉　文艺复兴,1971、2、24

高明士　唐代私学的发展　文史哲学报,1971、20

陈泮藻　孔子与〈易经〉　孔孟学报,1971、22

黄云眉　试论全祖望的表章明季忠义及其文学特征　中国近三百年学术思想论集(3),崇文书店,1971—1973

傅振伦　章学诚在史学上的贡献　中国近三百年学术思想论集(3),崇文书店,1971—1973

牟润孙　从中国的经学看史学　香港新亚书院历史学系系刊,1972、2

徐复观　〈吕氏春秋〉及其对汉代学术与政治的影响　大陆杂志,

1972、45、3

陈芳明　宋辽金史的纂修与正统之争　食货月刊复刊,1972、2、8

王德毅　范祖禹的史学和政论　宋史研究论集,台湾商务印书馆,1972

王德毅　刘恕及其史学　宋史研究论集,台湾商务印书馆,1972

黄开华　明遗老黄梨州之史学　明史论集,香港诚明出版社,1972

杨荣国　孔子——顽固地维护奴隶制的思想家　人民日报,1973、8月7日

施　丁　焚书坑儒辨　人民日报,1973、9月13日

张岂之　孔子是没落奴隶主贵族的思想代表　陕西日报,1973、9月20日

水渭松　从〈春秋〉看孔子的倒行逆施　浙江日报,1973、10月5日

周一良　读柳宗元的〈封建论〉　北京日报,1973、11月9日

张邦炜　奴隶制的卫道士——孔子　西藏日报,1973、11月8日

董　清　批判孔子反动的唯心史观　黑龙江日报,1973、11月10日

黄今言　镇压奴隶主复辟的一场革命——谈秦始皇焚书坑儒　江西日报,1973、11月10日

周一良　读柳宗元〈封建论〉　北京大学学报,1973、1

庆　思　李贽反理学、叛"圣道"的斗争　北京师范大学学报,1973、1

刘蔚华　孔子——儒家唯心主义哲学的鼻祖　文史哲,1973、1

刘修明　孔子传　学习与批判,1973、2

张　申　批判孔子的历史复古主义　吉林师大学报,1973、2

陶希圣　古代的史官与史学　食货月刊复刊,1973、3、3

王健民　论〈史记〉非谤书　政治大学学报,1973、28

周一良　王船山是怎样评价秦始皇的　北京日报,1974、3、28

施达等　柳宗元的社会历史观试析　解放日报,1974、3、29

傅　恩　论李贽的反儒尊法　解放日报,1974、4、13

郭企元等　评董仲舒的"天不变,道亦不变"　文汇报,1974、4、22

刘乃昌　彻底批判孔丘复古倒退的历史观　大众日报,1974、4、22

董永金　从〈春秋〉看孔丘的唯心史观和反动立场　文汇报,
1974、4、28

张立文　王安石反对司马光的斗争　北京日报,1974、4、29

潘　瓯　论王夫之对秦始皇的肯定评价　文汇报,1974、6、21

崔继峰　王夫之批判孔孟的历史倒退论　文汇报,1974、6、24

曲　史　王夫之的〈读通鉴论·秦始皇〉　大众日报,1974、7、15

曲　诗　李贽的童心说　大众日报,1974、7、15

杨渭生　柳宗元的〈非国语〉　浙江日报,1974、7、25

傅家麟　从〈史纲评要〉看李贽的尊法反儒思想　福建日报,
1974、7、27

刘蔚华　李贽与尊法反儒斗争　大众日报,1974、7、28

牛致功　孔子是怎样利用编纂历史维护奴隶制度的　红旗,1974、
1

钱　穆　中国文化传统中的史学与文学　中华学报,1974、1、1

杜维运　史学上的比较方法　中央图书馆馆刊,1974、7、2

周晓瑜　论武则天　兰州大学学报,1974、2

祁东阳　王船山对朱熹唯心主义理学的批判　湖南日报,1974、8、
14

甲　凯　刘知几与章学诚　东方杂志复刊,1974、8、3

陆宝千　嘉道史学(从考据到经世)　中央研究院近代史研究所

集刊,1974、4

王　苹　　阮元与〈畴人传〉　中央研究院近代史研究所集刊,
　　　　　1974、4

姚从吾　　铁函心史中的南人与北人问题　食货月刊复刊,1974、4、
　　　　　4

黄宽重　　程泌年谱　史原,1974、5

陈锦忠　　明史纪事本末之作者与史原　史原,1974、5

李则芬　　明人歪曲了元代历史(上、下)　东方杂志复刊,1974、8、
　　　　　5—6

林瑞翰　　欧阳修五代史记之研究　文史哲学报,1974、23

马先醒　　"诸好事者"与汉书撰者　华冈学报,1974、8

洪善思　　评白虎观会议与〈白虎通〉　红旗,1974、10

司徒季　　评〈李卓吾批点皇明通纪〉　学习与批判,1974、12

罗香林　　司马迁研究序　大陆杂志,1975、51、1

中国历史博物馆通史部　史学为政治斗争服务——唐代刘知几的
　　　　　〈史通〉对儒家反动史学的批判　人民日报,1975、2、2

陈旭麓　　九州生气恃风雷——龚自珍全集重印前言　学习与批
　　　　　判,1975、2

群　力　　龚自珍和他的〈明良论〉　湖北日报,1975、3、2

汤　啸　　永贞革新与〈封建论〉　历史研究,1975、2

陈光崇　　论刘知几的尊法反儒思想　辽宁大学学报,1975、2

朱小林　　刘知几史学中的法家思想　西北师大学报,1975、2

竺希文　　略论龚自珍　广东师院学报,1975、2

郑良树　　再论〈左传〉"君子曰"非后人所附益　中央图书馆馆刊,
　　　　　1975、8、2

孙克宽　　谈迁与吴梅村　大陆杂志,1975、50、3

竺希文　龚自珍年表　广东师院学报,1975、3

陆宝千　论清代经学　历史学报,1975、3

唐君毅　孔子在中国历史文化中的地位　鹅湖,1975、3

徐仲舒　甲骨文中所见的儒　四川大学学报,1975、4

竺希文　论龚自珍　新教育,1975、5

陶希圣　论语之编成　食货月刊复刊,1975、5、6

汪伯勤　宋史全文在宋代史籍中的价值　1975、51、6

冯景远　王夫之对儒家复辟倒退历史观的批判　郑州大学学报,
　　　　1976、1

夏顺义　评司马光的翻案　思想战线,1976、1

黄大受　〈三国志〉与裴松之　东方杂志复刊,1976、10、1

赵继颜　司马光与元佑更化　山东师院学报,1976、2

孙文良　评孔丘的反动历史观　辽宁大学学报,1976、2

陈高华　理学在元代的传播和元末红巾军对理学的冲击　文史
　　　　哲,1976、2

石　冲　略论王夫之的革新政治路线——兼评〈读通鉴论〉　文
　　　　史哲,1976、2

曾枣庄　司马光批判　四川师院学报,1976、2

杨天宇　论司马迁的史记　开封师院学报,1976、4

曹仕邦　载记二字在中国史学观中的贬斥作用　食货月刊复刊,
　　　　1976、6、5

甲　凯　全望山之史学　人文学报,1976、5

张永俊　春秋公羊家之"天人之际"与"古今之辨"　哲学与文化,
　　　　1975、2、6

靳岱同　李贽与〈水浒〉　历史研究,1976、6

杜维运　中国史学史论文选集序　食货月刊复刊,1976、6、8

李则芬　元史新讲自序及凡例　东方杂志复刊,1976、9、8

洪安全　司马迁的尚书学　政治大学学报,1976、33

钱　穆　袁宏政论与史学　中国史学史论文选集(1),台北华世出版社,1976—1980

吕谦举　宋代史学的义理观念　中国史学史论文选集(1),台北华世出版社,1976—1980

朱希祖　史官名称议　中国史学史论文选集(1),台北华世出版社,1976—1980

金毓黻　释记注　中国史学史论文选集(1),台北华世出版社,1976—1980

胡　适　说史　中国史学史论文选集(1),台北华世出版社,1976—1980

李宗侗　史官制度——附论对传统的尊重　中国史学史论文选集(1),台北华世出版社,1976—1980

余英时　史学、史家与时代　中国史学论文选集(2),幼狮文化事业公司,1976—1981

柳诒徵　中国史学之双轨　中国史学史论文选集(2),台北华世出版社,1976—1980

傅振伦　章实斋之史学　中国史学史论文选集(2),台北华世出版社,1976—1980

吕谦举　中国史学思想的概述　中国史学史论文选集(2),台北华世出版社,1976—1980

钱　穆　中国史学之特点　中国史学史论文选集(2),台北华世出版社,1976—1980

杜维运　王夫之与中国史学　中国史学史论文选集(2),台北华世出版社,1976—1980

陈训慈　清代浙东之史学　中国史学史论文选集(2),台北华世
　　　　出版社,1976—1980

杜维运　清乾嘉时代之历史考证学　中国史学史论文选集(2),
　　　　台北华世出版社,1976—1980

陆宝千　乾道史学——从考据到经世　中国史学史论文选集
　　　　(3),台北华世出版社,1976—1980

胡昌智　吕祖谦的史学　中国史学史论文选集(3),台北华世出
　　　　版社,1976—1980

任继愈　论儒教的兴盛　中国社会科学,1980、1

董朴宅　中国史学史长编目录　史学史资料,1980、1

范文澜　中国经学史的演变　中国哲学,1980、1

季　平　评〈资治通鉴〉中的"臣光曰"　西南师院学报,1980、1

武新立　谢贲的〈后鉴录〉及其史料价值　中国史研究,1980、1

白寿彝　司马迁寓论断于序事　史学史资料,1980、1

陈光崇　论范晔之死　史学史资料,1980、1

岳修业　孔子删〈诗〉管见　学术研究辑刊,1980、1

张维华　司马迁与〈史记〉　文史哲,1980、1

施　丁　论司马迁的通古今之变　历史研究,1980、2

白寿彝　陈寿的史才　史学史资料,1980、2

苏渊雷　刘知几、郑樵、章学诚的史学成就及其异同　上海师大学
　　　　报 1980、2

姚赢艇　欧阳修的史论　河南师大学报,1980、2

施　丁　从隋书经籍志看汉隋间历史撰述的发展　史学史资料,
　　　　1980、2

王俊杰　魏晋南北朝时期的史学　史学史资料,1980、2

汤志钧　清代经今文学的复兴　中国史研究,1980、2

牛致功　从司马光对唐朝几个问题的评论看资治通鉴的中心思想
　　　　陕西师大学报,1980、3

张孟伦　评刘知几对〈三国志〉的评论　中华文史论丛,1980、3

吴　枫　经书引论　求是学刊,1980、3

方立天　略论汉代经学衰亡的历史必然性　中国哲学,1980、3

雷大受　赵翼及其史学著作　北京师院学报,1980、3

何双全、施丁　论司马迁的史笔　学习与探索,1980、3

嵇文甫　〈续通鉴〉、〈宋论〉提要　中国哲学,1980、3

任继愈　儒家与儒教　中国哲学,1980、3

骆啸声　从史通看刘知几的历史哲学思想　武汉师范学院学报,
　　　　1980、4

仓修良　郑樵和〈通志〉　杭州大学学报,1980、4

仓修良　章学诚的方志学　文史哲,1980、4

孔宪易　孟元老其人　历史研究,1980、4

王曾瑜　关于刘恕参加〈通鉴〉编修的补充说明　文史哲,1980、5

张维华　论司马迁的通古今之变究天人之际　文史哲,1980、5

于宝新　班固和他的〈汉书〉　中学历史,1980、5

陈光崇　范祖禹与〈资治通鉴〉　辽宁大学学报,1980、6

施　丁　试论司马迁的"究天人之际"　北方论丛,1980、6

邓　瑞　试论刘知几对史学的贡献　学术月刊,1980、10

周谷城　中国史学史提纲　史学与美学,上海人民出版社,1980

赵吕甫　欧阳修史学初探　中国史学史论集,上海人民出版社,
　　　　1980

吴　泽　王船山历史观略论　中国史学史论集(2),上海人民出
　　　　版社,1980

陈守实　关于王船山史论的现实性问题　中国史学史论集(2),

上海人民出版社,1980

祁龙威　乾嘉史学初探　中国史学史论集(2),上海人民出版社,
　　　　1980

高国抗　宋代史学及其在中国史学史上的地位　中国历史文献研
　　　　究集刊(4),湖南人民出版社,1980—1984

葛兆光　杜佑与中唐史学　史学史研究,1981、1

赵淡元　试论章学诚的社会历史观及史学思想　西南师院学报,
　　　　1981、1

仓修良　章学诚与浙东史学　史学月刊,1981、1

瞿林东　〈南史〉、〈北史〉散论　史学月刊,1981、1

瞿林东　唐代谱学简论　中国史研究,1981、1

瞿林东　试论汉唐史学中的家学传统　辽宁大学学报,1981、2

曾庆鉴　略论刘知几的史学成就　史学史研究,1981、2

仓修良　也谈章学诚"六经皆史"　史学月刊,1981、2

葛兆光　晋代史学浅论　北京大学学报,1981、2

郭双成　评班氏父子对司马迁及其史记的评价　郑州大学学报,
　　　　1981、2

施　丁　司马迁与董仲舒政治思想相通论　中国史研究,1981、2

陶懋炳　陈寿曲笔说辨诬　史学史研究,1981、3

刘隆有　〈汉纪〉对编年史体的创新　史学史研究,1981、3

刘复生　李焘和〈续资治通鉴长编〉　史学史研究,1981、3

仓修良　试论乾嘉史学　史学史研究,1981、3

仓修良　读司马光〈贻刘道原书〉　杭州大学学报,1981、3

施　丁　章学诚的史学思想　史学史研究,1981、3

张孟伦　宋代统治阶级在撰修国史上的斗争　兰州大学学报,
　　　　1981、4

施　丁　试论司马迁的政治观　东岳论丛,1981、4

刘文英　〈史通〉的历史地位　文史哲,1981、6

裴汝诚　李焘的史学成就与治史精神　华东师范大学学报,1981、
　　　　6

谢仰虞　论司马迁的历史观　中学历史教学,1981、6

杨渭生　沈括对历史学的贡献　中国古史论集,吉林人民出版社,
　　　　1981

齐思和　晚清史学的发展　中国史探研,中华书局,1981

庄金德　孔子修〈春秋〉及其对史学的贡献　春秋三传论文集,黎
　　　　明文化事业公司,1981

王天顺　从〈史记〉的人物评论看司马迁的史学思想　南开学报,
　　　　1982、1

陈光崇　欧宋修书异同论　史学史研究,1982、4

陶懋炳　马端临史学的科学性初探　史学史研究,1982、4

邱汉生　论朱熹"会归一理"的历史哲学　史学史研究,1982、4

褚柏思　孔子的史学　史学史书史论,黎明文化事业公司,1982

褚柏思　中国史学概论　史学史书史论,黎明文化事业公司,1982

褚柏思　中国史学史略　史学史书史论,黎明文化事业公司,1982

褚柏思　中国史学名著述评　史学史书史论,黎明文化事业公司,
　　　　1982

顾　诚　王世贞的史学　明史研究论丛(2),江苏人民出版社,
　　　　1982

杜维运　经世思想与中国史学　史学论集,中国文化大学出版部,
　　　　1983

陈润叶　胡三省历史观初探　零陵师专学报,1983、1

仓修良　司马光无神论思想剖析　东北师范大学学报,1983、1

许道勋　论经史关系的演变　复旦学报,1983、2

吴怀祺　郑樵的史学思想　史学史研究,1983、2

雷　取　略论王夫之〈读通鉴论〉的历史观　湖南师范学院学报,1983、2

饶展雄、高国抗　章学诚"史德论"辨析　暨南学报,1983、2

罗仲辉　谈迁及其〈国榷〉　史学史研究,1983、3

王　晟　北宋时期的史籍整理　史学月刊,1983、3

崔文印　金代在史学上的成就　史学史研究,1983、3

来新夏　清代考据学述论　南开学报,1983、3

姜胜利　刘章"史识"论及其相互关系　史学史研究,1983、3

朱仲玉　宋濂和王炜的史学成就　史学史研究,1983、4

汤志钧　经和经学　世界知识,1983、4

白寿彝　说"六通"　史学史研究,1983、4

葛兆光　谈史学史的编纂　史学史研究,1983、4

刘隆有　荀悦史学思想试析　史学史研究,1983、4

张孟伦　李焘和〈续资治通鉴长编〉　上海师范学院学报,1983、4

朱维铮　论"三通"　复旦学报,1983、5

陈其泰　汉初史论的时代特色和主要成就　北京师大学报,1983、6

许凌云　试论通史家风　历史研究,1983、4

陈祖武　史源学不可不讲　光明日报,1983、4、6

柳维本　中国史学的形成　辽宁师范学院学报,1983、6

仓修良　明清时期"六经皆史"说的社会意义　历史研究,1983、6

张大可　三十年〈史记〉研究述评　人文杂志,1983、6

杨向奎　公羊传中的历史学说　绎史斋学术论文集,上海人民出版社,1983

杨向奎　司马迁的历史哲学　绎史斋学术论文集,上海人民出版社,1983

章权才　何休〈公羊解诂〉研究　广东社会科学,1984、1

方祖猷　试论全祖望的史学思想　浙江学刊,1984、1

刘汉屏　章学诚是清中叶启蒙思想家的前驱　史学月刊,1984、1

匡裕彻　章学诚史学的目的论和方法论　中南民族学院学报,1984、1

穆益斌　王鸣盛的史学思想　苏州大学学报,1984、1

骆承烈　我国第一个史学家——孔子　齐鲁学刊,1984、1

白寿彝　说"成一家之言"　历史研究,1984、1

施　丁　读钱大昕的〈廿二史札记〉　史学史研究,1984、1

金景芳　经学与史学　历史研究,1984、1

王俊义　钱大昕学术思想述略　史学集刊,1984、1

刘隆有　荀悦〈汉纪〉与汉隋之际编年史的发展　中国史研究,1984、1

王天顺　欧阳修的〈五代史记〉和他"春秋"学　南开学报,1984、1

刘蔚华　略论司马光的〈潜虚〉　中州学刊,1984、

刘蔚华　中国思想史的一般与特殊　哲学研究,1984、1

李季平　王夫之的史学思想　史学史研究,1984、1

李继芬　继〈春秋〉又不同于〈春秋〉　杭州师范学院学报,1984、2

孙钦善　清代考据学家兼思想家戴震　文史知识,1984、2

赵　俊　荀悦思想浅说　辽宁大学学报,1984、2

徐　庄　略论〈公羊传〉的讳书理论　中国史研究,1984、2

肖　黎　论司马迁与儒、道、法之关系　人文杂志,1984、2

宋衍申　宋代史学在中国史学中的地位　松辽学刊,1984、2

张大可　论〈史记〉成书的历史条件　山西大学学报,1984、2

来可弘　略谈李心传史学著作的特点　杭州师范学院学报,1984、
　　　　2

邱汉生　经学散札　学习与思索,1984、2

刘隆有　试论范晔的史学思想　求是学刊,1984、2

张孟伦　章学诚的史学　华南师范大学学报,1984、3

田　孔　中国史学史上的两个重大问题　史学史研究,1984、3

陈曼平　试论李贽的历史观　湖南教育学院学刊,1984、3

张孟伦　马端临和〈文献通考〉　杭州师范学院学报,1984、3

张大可　论司马迁的历史观　兰州大学学报,1984、3

黄进兴　学案体裁产生的思想背景　汉学研究,1984、3

黄宣民　王柏、金履祥的疑经思想　中国史研究,1984、4

赵俪生　论顾炎武两大代表著作中的内部结构　史学史研究,
　　　　1984、4

穆德全　论元代史学的成就　史学月刊,1984、4

李颖科　孙盛史学初探　西北大学学报,1984、4

吕志毅　论我国古代历史编纂学　河北大学学报,1984、4

瞿林东　古代史家怎样对待史书体裁　安徽史学,1984、4

朱维铮　中国文化史研究散论　复旦学报,1984、4

李　民　孔子的史籍整理及史学思想　天津社会科学,1984、4

李锡厚　〈虏廷杂记〉与契丹史学　史学史研究,1984、

方祖猷　万斯同史学浅论　史学史研究,1984、4

陈智超　〈宋会要辑稿〉的前世现世和来世　历史研究,1984、4

吴汝煜　孔子、司马迁治史态度比较　齐鲁学刊,1984、4

蔡崇榜　吴缜与〈新唐书纠谬〉　史学史研究,1984、4

虞云国　南宋编年史家陈均事迹考　上海师范大学学报,1984、4

李向军　全祖望治史述论　辽宁大学学报,1984、5

裴汝诚　司马光长编法与李焘〈长编〉　东北师范大学学报，1984、5

刘隆有　〈汉纪〉和〈后汉纪〉在史学上的地位和影响　历史教学，1984、5

瞿林东　论〈通典〉的方法和旨趣　历史研究，1984、5

舒　焚　辽史纂写管窥　武汉师范学院学报，1984、5

许　总　戴名世史论初探　江海学刊，1984、6

姚瀛艇　欧阳修的史论　宋史研究集(1)，河南师大学报编辑部，1984

陈光崇　欧阳修的史学　中国史学史论丛，辽宁人民出版社，1984

安作璋　谈谈班固在史学上的主要贡献　史学论文选，光明日报社，1984

陈光崇　班固的史学　中国史学史论丛，辽宁人民出版社，1984

吴　晗　战国诸子的历史哲学　吴晗史学论著选集(1)，人民出版社，1984

冯天瑜　王夫之理性主义历史观探微　明清文化史散论，华中工学院出版社，1984

王继麟　欧阳修思想及史学评价浅议　宋史研究集(1)，河南师大学报编辑部，1984

陶懋炳　李贽史论新探　史学史研究，1985、1

葛兆光　明代中后期的三股学术思潮　史学史研究，1985、1

崔凡芝　谈司马迁的史学　山西大学学报，1985、1

刘隆有　试论荀悦撰写〈汉纪〉的政治目的　河南大学学报，1985、1

陈千钧　中国古代史学家的优良传统　史学史研究，1985、2

冯天瑜　中国文化史的发展脉络　中州学刊，1985、2

20世纪儒学研究大系

孙方明　吕祖谦史学思想初探　西南师范学院学报,1985、2

陶懋炳　中国古代史学长期迟滞原因的管见　史学史研究,1985、2

葛兆光　明清之间中国史学思潮的变迁　北京大学学报,1985、2

顾奎相　魏晋南北朝史学繁荣探源　社会科学辑刊,1985、2

张博泉　元好问与史学　晋阳学刊,1985、2

王文华　宋代史学的昌盛发达及其原因　郧阳师范专科学校学报,1985、2

瞿林东　唐代史学的通史撰述　北京师范大学学报,1985、3

刘家和　史学和经学　北京师范大学学报,1985、3

蔡崇榜　宋代四川史学家王称与〈东都事略〉　成都大学学报,1985、4

祁龙威　初论扬州学派对史学研究的贡献　扬州师范学院学报,1985、4

柳维本　两汉时期封建专制主义史学的确立　辽宁师范大学学报,1985、6

谢保成　魏征与〈隋书〉的鉴戒思想　中国社科院研究生院学报,1985、6

施　丁　两司马史学异同管窥　资治通鉴论丛,河南人民出版社,1985

卢钟锋　论黄宗羲、全祖望的学术倾向　史学史研究,1986、1

顾全芳　司马光的务实精神　中州学刊,1986、1

吕绍纲　孟子论〈春秋〉　史学史研究,1986、1

顾志华　试论全祖望在历史文献学上的成就　华中师范大学学报,1986、1

吕绍纲　董仲舒与春秋公羊学　天津社会科学,1986、1

王继祥　论刘向　白城师范专科学校学报,1986、1

谢保成　论魏征与〈隋书〉的进步历史观　华南师范大学学报,
　　　　1986、1

谢华赡　秦汉时期的史学　南昌职业技术师院学报,1986、1

邓广铭　略论有关〈涑水记闻〉的几个问题　北京大学学报,
　　　　1986、2

朱维铮　中国经学与中国文化　复旦学报,1986、2

冯天瑜　黄宗羲——清代史学的开山祖师　文史知识,1986、3

程　郁　求实——司马光史学思想最突出的特点　天津师大学
　　　　报,1986、2

陶懋炳　中国史学史研究的几个问题　湖南师范大学学报,1986、
　　　　2

吴怀祺　史学思想和史学史研究　史学史研究,1986、2

施　丁　章学诚的史德论　中国史研究,1986、2

钟肇鹏　章学诚与浙东史学　浙江学刊,1986、3

王天顺　司马光五代史记的修撰与〈史通〉理论　宁夏大学学报,
　　　　1986、3

施　丁　司马光史论的特点　史学史研究,1986、3

张振佩　刘知几史学理论初探　贵州文史丛刊,1986、3

邓　瑞　试论乾嘉考据　南京大学学报,1986、4

白寿彝　说秦汉时期的史学　北京师范大学学报,1986、5

邓鸿光　李贽对历史人物的价值认识　江汉论坛,1986、7

余明光　王船山的史学思想　船山学报,1987、1

瞿林东　论盛唐史学　内蒙古民族师范学院学报,1987、1

张孟伦　孔子和中国古代史学　史学史研究,1987、1

杨　东　从〈资治通鉴〉看司马光的史学通识思想　云南社会科

学,1987、1

陈其泰　论近代史家对传统史学的扬弃　中国史研究,1987、1

李晓东　经学与宋明理学　中国史研究,1987、2

陶懋炳　论司马光对荀子扬雄的承袭　衡阳师范专科学校学报,
　　　　1987、2

叶建华　论〈文心雕龙〉在中国古代史评史上的地位　杭州大学
　　　　学报,1987、2

汤其领　董仲舒公羊学体系形成初探　徐州师范学院学报,1987、
　　　　2

刘家和　对于中国古典史学形成过程的思考　史学理论,1987、2

邱汉生　读黄梨州〈明夷待访录〉札记　史学史研究,1987、2

施　丁　王夫之对司马光史论的批评　史学史研究,1987、2

蔡克骄　叶适史学思想初探　温州师范学院学报,1987、2

陶懋炳　新旧五代史评议　史学史研究,1987、2

赵　英　中国封建正统史学的形成　内蒙古大学学报,1987、2

姜胜利　明代野史述论　南开学报,1987、2

刘家和　对于中国古典史学形成过程的思考　史学理论,1987、2

马忠民　司马光史论　史学论丛,1987、2

徐相霖　试论汉代春秋公羊学与左氏学论战的实质　四川师大学
　　　　报,1987、3

吴怀祺　说〈周易〉的变通史学思想　史学史研究,1987、3

王天顺　试论我国史学直笔传统的早期发展　人文杂志,1987、3

钱亚新　论郑樵的博学多闻和创新精神　南京大学学报,1987、3

何敦华　郑樵史学思想及其对史学的贡献　史学月刊,1987、3

冯端林　胡三省的史识与史才　中山大学学报,1987、3

瞿林东　传统史学和史学传统　光明日报,1987、4

周晓瑜　〈汉书〉颜注评议　文献,1987、4

丁启明　郑樵的史学观及其批判　大庆师范专科学校学报,1987、4

陈其泰　春秋经传——先秦史学的中坚　史学史研究,1987、4

李叔毅　试论明易道在〈史记〉研究中的意义　信阳师院学报,1987、4

李纯蛟　陈寿的人品和史学　南充师范学院学报,1987、4

王锦贵　试论〈通典〉的问世及其经世致用思想　北京大学学报,1987、4

黄进兴　学案体裁补正　食货月刊,1987、16、9—10

陶懋炳　我国古代史家的优良传统　贵州社会科学,1987、10

陈其泰　论崔述的历史新说及其价值观　河北学刊,1987、6

孙方明　论司马迁的史学思想　中国人民大学学报,1988、1

陈安丽　章学诚治史的创新精神　历史教学,1988、1

郑敬高　中国古代史学理论初探　华中师范大学学报,1988、1

杨谓生　评司马光的历史观　山西大学学报,1988、1

柳维本　魏晋南北朝史学发展的特点　辽宁师范大学学报,1988、1

朱仲玉　试论南宋浙东史学　浙江学刊,1988、1

林文琦　〈十七史商榷〉内容结构的特点及其评价　史学史研究,1988、1

晁广斌　浅谈司马迁以儒学为主体的历史观　固原师专学报,1988、1

陈其泰　〈汉书〉历史地位再评价　史学史研究,1988、1

张　辉　试论南北宋笔记的不同　四川大学学报,1988、1

安广成　论古文运动对欧阳修史学的影响　淮阴师专学报,1988、

20世纪儒学研究大系

1

孙家洲　正统之争与正统史学　争鸣，1988、2

牛致功　魏征的史学地位　史学月刊，1988、2

张全明　司马光在〈资治通鉴〉中的非正统史观　西南师大学报，
　　　　1988、2

叶建华　赵翼论修史　浙江学刊，1988、2

李秋沅　〈史通〉的求实精神　史学史研究，1988、2

吴怀祺　〈资治通鉴〉的价值和司马光的历史观　史学史研究，
　　　　1988、2

汪　铿　〈尚书〉和〈诗经〉的史学价值　史学史研究，1988、2

蔡崇榜　宋修〈时政记〉考　史学史研究，1988、2

聂乐和　〈建炎以来系年要录〉的编撰和流传　史学史研究，
　　　　1988、2

唐贤全　论太史公曰的春秋笔法　上海社科院学术季刊，1988、2

徐兴海　司马迁天人思想的模糊性　唐都学刊，1988、2

张舒亚　论汉代〈春秋〉三传的官学之争　中国史研究，1988、2

周原孙　范祖禹与〈资治通鉴〉　社会科学研究，1988、3

陈其泰　〈文史通义〉——传统史学后期的理论探索　史学史研
　　　　究，1988、3

牛致功　唐初史学家的民族观　人文杂志，1988、4

瞿林东　柳宗元史论的理论价值和历史地位　历史研究，1988、4

赵　俊　姚思廉的史学　辽宁大学学报，1988、4

宋衍申　论刘恕的史学　东北师范大学学报，1988、4

许殿才　万斯同和他的史学　西南师范大学学报，1988、4

吴怀祺　〈通志〉的史学批评　史学史研究，1988、4

安广成　忧患意识与宋代史学　淮阴师专学报，1988、4

张君凉　李贽历史观浅议　历史教学问题,1988、5

王　东　宋代史学与〈春秋〉经学　河北学刊,1988、6

施　丁　论司马光的史学思想　文史哲,1988、6

杨　肃　评〈资治通鉴〉褒美吴兢直笔写史　西南师大学报,
　　　　1989、1

瞿林东　中唐史学发展的几种趋势　史学月刊,1989、1

叶建华　曾巩的史学活动试探　河南大学学报,1989、1

许沛藻　宋代修史制度及其对史学的影响　上海师范大学学报,
　　　　1989、1

赵光贤　评班氏父子对司马迁的批评　史学史研究,1989、1

姜东光　也谈孔子〈春秋〉的认识与评价　湖北师院学报,1989、2

陈祖武　〈明史纪事本末〉杂识　文史,1989、31

孔繁敏　赵汝愚〈国朝诸臣奏议〉初探　文献,1989、2

陈光崇　苏颂与史学　史学史研究,1989、2

蒋家骅　论魏晋南北朝史学兴盛及其原因　云南民族学院学报,
　　　　1989、2

柳维本　孟子的史学观及其影响　辽宁师范大学学报,1989、3

叶建华　朱熹的史学思想　孔子研究,1989、3

张大可　论司马迁对孔子思想的取舍　聊城师院学报,1989、3

张晓松　论陈亮的历史观　上饶师专学报,1989、3

李炳泉　吕祖谦的史学思想　烟台师范学院学报,1989、3

刘隆有　班固封建正统史观剖析　汉中师院学报,1989、4

谢保成　关于唐代史学地位的几个问题　中国社科院研究生院学
　　　　报,1989、4

耿天勤　论唐代政书的崛兴　山东师范大学学报,1989、4

乔治忠　章学诚的史学总体观念　历史教学,1989、7

董广杰　清道光时期史籍著述的变化　郑州大学学报,1989、4

叶建华　孔子的史学批评　齐鲁学刊,1989、5

张　涛　略论刘向〈列女传〉的社会政治思想　山东大学学报,
　　　　1989、6

康明轩　孔子天行健君子自强不息的社会史观　湖南师大学报,
　　　　1989、6

杨燕起　司马迁对历史学作用的认识　人文杂志,1989、6

贾贵荣　〈春秋〉经与北宋史学　中国史研究,1990、1

王培华　王夫之史论的史学价值　史学史研究,1990、1

李必胜　李贽史学思想新探　安徽史学,1990、1

吴怀祺　简论宋代理学对史学的影响　光明日报,1990、3、7

陈其泰　朴学家的理性探求　历史研究,1990、1

叶建华　曾巩史学思想简论　中州学刊,1990、2

暴鸿昌　乾嘉史学辨析　北方论丛,1990、3

周梦江　永嘉学术开创者王开祖　杭州师范学院学报,1990、2

庄　昭　吴兢的史学著述与思想初探　中国史研究,1990、2

王长奇　章学诚史义论探微　吉林师范大学学报,1990、2

刘隆有　试论〈汉纪〉的史学价值　求是学刊,1990、3

赵　英　司马迁史学思想的正统化倾向　内蒙古大学学报,1990、
　　　　3

韩国磐　袁枢与〈通鉴纪事本末〉　东南文化,1990、3

陈长琦　论〈后汉纪〉的史学价值　黄淮学刊,1990、3

赵向东　略论黄宗羲的史学思想　兰州大学学报,1990、3

谢保成　谈五代十国的史学发展　河南大学学报,1990、4

谢贵安　司马迁与郑樵的比较研究　华中师范大学学报,1990、4

陈高华　〈元史〉纂修考　历史研究,1990、4

许殿才　〈汉书〉的成就　史学史研究,1990、4

李　泉　孔子的史论和史学批评　聊城师院学报,1990、4

朱仲玉　明代浙东史学述论　浙江学刊,1990、5

王海晨　从二十六史看传统史学　中国社科院研究生院学报,
　　　　1990、6

暴鸿昌　清代史学经世致用思潮的演变　中国社科院研究生院学
　　　　报,1991、1

古　薇　王夫之对中国古代史学的突破和发展　江汉论坛,1991、
　　　　1

严衡山　王夫之与司马光史学思想比较　史学月刊,1991、1

汪高鑫　试论朱熹史学思想的积极因素　安徽教育学院学报,
　　　　1991、1

雷近奇　陆放翁治史考　信阳师范学院学报,1991、1

林　奇　黄宗羲史学渊源试探　北京大学研究生学刊,1991、1

陈其泰　司马迁社会思想与时代的选择　史学史研究,1991、1

来可泓　试论李心传的史学　史学史研究,1991、1

瞿林东　阮元和历史文献学　张家口师专学报,1991、1

吴怀祺　宋代学术史著作和黄震对理学的总结　史学史研究,
　　　　1991、2

刘家和　〈史记〉与汉代经学　史学史研究,1991、2

蔡崇榜　略谈三苏的史论　文史杂志,1991、2

刘仁亮　薛居正与〈旧五代史〉述论　河北师院学报,1991、2

施　丁　顾炎武的史学成就　史学史研究,1991、2

金荣权　司马迁与孔子　人文杂志,1991、2

叶建华　论元代史学的两股思潮　内蒙古社会科学,1991、2

陈光崇　尹洙与〈新五代史〉小议　辽宁大学学报,1991、2

罗传芳　试论王符的史论及其意义　华中师范大学学报,1991、2

汪受宽　试论钱大昕的历史考据学　兰州大学学报,1991、2

姜胜利　清初的经世致用史学思想　天津社会科学,1991、3

戴扬本　南宋史学会通风气　华东师范大学学报,1991、3

周积明　四库全书总目的史学观　江汉论坛,1991、7

彭　卫　中国传统史学的步履　西北大学学报,1991、3

施懿超　范祖禹与〈资治通鉴〉　史学史研究,1991、3

卢钟锋　明代前期的朱学统治与学术史的朱学特色　史学史研究,1991、3

施　丁　中国史学经世思想的传统　史学史研究,1991、4

陈其泰　司马迁与孔子:两位文化巨人的学术关联　孔子研究,1991、4

袁英光　略论清乾嘉时赵翼的史学　历史教学问题,1991、4

吴怀祺　对欧阳修史学的再认识　史学史研究,1991、4

杨信义　论孔子与史学　盐城师专学报,1991、4

张　涛　刘向〈列女传〉的史学价值　文史哲,1991、5

郝润华　李翱史学观初探　兰州学刊,1991、6

许殿才　汉书的实录精神与正宗思想　中国社科院研究生院学报,1992、1

马　彪　试论朱熹对儒家传统观的继承和发展　中国史研究,1992、1

乔治忠　清高宗的史学思想　中国史研究,1992、1

张大同　司马迁与儒家思想的关系　烟台大学学报,1992、1

蔡克骄　〈诗〉亡然后〈春秋〉作的史学意蕴　温州师院学报,1992、1

王世英　司马光民族史观述要　延边大学学报,1992、2

瞿林东　中国古代史学理论发展大势　历史研究,1992、2

陈其泰　全祖望与清代学术　中国社科院研究生院学报,1992、2

赵　英　〈史通〉新论　内蒙古大学学报,1992、2

陈作荣　王世贞与明代史学　长白论坛,1992、2

冯云章　孔子对中国古代史学的贡献　聊城师院学报,1992、2

崔凡芝　论孔子的史学贡献　孔子研究,1992、2

赵梅村　章学诚史德理论新探　兰州大学学报,1992、2

吴怀祺　吕祖谦的史学　史学史研究,1992、2

程妮娜　〈遗山文集〉与史学　史学集刊,1992、2

竺柏松　龚自珍历史学说综论　贵州师范大学学报,1992、3

卞朝宁　论〈左传〉作者的思想倾向　江苏社会科学,1992、3

韩兆琦　欧阳修〈新五代史〉简论　北京师范大学学报,1992、3

杨国荣　论黄宗羲的学术史观　史学月刊,1992、3

刘德清　欧阳修史学观简论　信阳师范学院学报,1992、3

葛兆光　从〈通鉴〉到〈纲目〉　扬州师院学报,1992、3

陈桐生　太史考　人文杂志,1992、4

李颖科　魏晋南北朝史学思想简论　西北大学学报,1992、4

施　丁　班固与〈汉书〉的史学思想　历史研究,1992、4

周晓瑜　李贤〈后汉书注〉评议　吉林大学学报,1992、4

雷近芳　论陆游的史识与史才　史学月刊,1992、4

祝瑞开　孔子的史学思想　上海大学学报,1992、4

王树民　孔子对于古代史学的贡献　孔子研究,1992、4

麦若鹏　关于龚自珍历史观的两个问题　安徽大学学报,1992、4

张　涛　西汉时期经学对史学的影响　辽宁师范大学学报,1992、
　　　　5

曾也鲁　王船山与司马光史学思想异同论　衡阳师专学报,1992、

　　　　　　5

萧平汉　王船山史学思想的矛盾　衡阳师专学报,1992、5

汪涌豪　班固史学思想新探　思想战线,1992、5

赵光贤　崔述在中国史学史上的地位　北京师范大学学报,1992、
　　　　　5

张晶萍　乾嘉史风的经学渊源　历史教学问题,1992、5

叶建华　王夫之的史学思想本体理论　浙江社会科学,1992、6

李颖科　孔子与中国史学　人文杂志,1992、6

张　涛　〈七略〉中史籍未能独成部类的根本原因　文史哲,
　　　　　1992、6

张绪穗　孔子在中国史学史上的地位　湘潭师范学院学报,1992、
　　　　　7

陈祖武　乾嘉学派吴皖分野说商榷　贵州社会科学,1992、7

瞿林东　〈通志〉的会通与自得　中州学刊,1993、1

陈　勇　从〈唐鉴〉看范祖禹的史学思想　四川师范学院学报,
　　　　　1993、1

杜文玉　新五代史与欧阳修的史学思想　赣南师范学院学报,
　　　　　1993、1

瞿林东　〈文献通考〉的理论价值　安徽史学,1993、2

刘复生　北宋中期儒学嬗变与史学的变化　史学史研究,1993、2

王　和　孔子不修〈春秋〉辨　史学理论研究,1993、2

冯天瑜　经史同异论　中国社会科学,1993、3

陈润叶　评王安石的史论　史学史研究,1993、3

刘　桓　殷代史官及相关问题　殷都学刊,1993、3

周积明　纪昀思想片论　东南文化,1993、4

王　东　史官文化的演进　历史研究,1993、4

王纪录　袁宏史论新探　兰州学刊,1993、4

唐兆梅　论宋代史学的"反天命"思想　河北学刊,1993、4

邓广铭　校点本〈宋诸臣奏议〉弁言　大陆杂志,1993、87、5

叶建华　王充与中国批判史学　浙江学刊,1993、5

蔡东州　宋儒的魏蜀正伪论争与改修三国志之风　四川师院学报,1993、5

方同义　历史化的道德和道德化的历史　学术月刊,1993、5

冯天瑜　中华元典重史传统论略　江汉论坛,1993、8

赵　涛　〈读中管见〉与胡寅的历史评论　史学史研究,1994、1

张立新　朱熹史学三题　贵阳师范专科学校学报,1994、1

王　勇　试论章学诚的史学改革思想　固原师范专科学校学报,1994、1

王也扬　论黄遵宪的史观与史学　史学理论研究,1994、1

陈弱水　柳宗元与中唐儒学复兴　新史学,1994、5、1

陈　虎　试论裴松之的主要史学成就和贡献　甘肃社会科学,1994、2

钱茂伟　论晚明当代史的编撰　史学史研究,1994、2

仓修良　章学诚的'成一家之言'　史学史研究,1994、2

杜维运　邵晋涵之史学　清史研究,1994、2

林庆彰　万斯大的〈春秋〉学　清史研究,1994、2

瞿林东　元代〈通鉴〉学和〈通鉴〉胡注　史学月刊,1994、3

胡新生　异姓史官与周代文化　历史研究,1994、3

李颖科　论孔子的史学思想　中国史研究,1994、3

朱本源　孔子史学观念的现代诠释　史学理论研究,1994、3

汪高鑫　朱熹的史论和史学评论　安徽史学,1994、4

叶建华　论清初明史馆馆臣的史学思想　史学史研究,1994、4

郑先兴　王充的史学理论　南都学刊,1994、5

王晓清　宋元史学的正统之辨　中州学刊,1994、6

朱端强　万斯同〈历代年表〉考论　云南师范大学学报,1994、6

张　涛　东汉的经学与史学　秦汉史论丛,江西教育出版社,1994

刘信君　经世致用与史学的功能　光明日报,1995、1、9

王记录　〈尚书〉史学价值再认识　四川师范学院学报,1995、1

赵伯雄　从〈春秋繁露〉看董氏〈春秋〉学　南开学报,1995、1

范学辉　试论刘昭〈后汉书志注〉的史料价值　山东大学学报,
1995、1

陈剩勇　儒教伦理与中国传统史学　学术研究,1995、2

章权才　胡安国〈春秋传〉研究　学术研究,1995、2

邓广铭　〈辨奸论〉论真伪问题的重提与再判　国学研究,1995、3

孙建民　宋代史学与长编法　学术月刊,1995、3

马兴东　〈藏书〉和李贽的史识　史学史研究,1995、4

陈剩勇　〈资治通鉴〉:中国传统史学功能分析　史学史研究,
1995、4

吴怀祺　辽代史学和辽代社会　史学史研究,1995、4

楼毅正　论黄宗羲的史学思想及其影响　河北学刊,1995、6

刘太祥　论中国传统史著编纂的政治原则　南都学刊,1996、1

夏祖恩　班固的食货思想刍议　福建师范大学学报,1996、1

李颖科　论裴松之的史学思想　人文杂志,1996、1

王记录　正统论与欧阳修的史学思想　贵州社会科学,1996、1

孙　军　略论赵翼的历史哲学　历史教学问题,1996、1

汪受宽　〈左传〉史学理论初探　兰州大学学报,1996、1

阎质杰　隋代史学　辽宁大学学报,1996、1

朱本源　孔子历史哲学发微　史学理论研究,1996、1

张　涛　〈孝经〉作者与成书年代考　中国史研究,1996、1

瞿林东　论史家的角色与责任和史学的求真与经世　社会科学战线,1996、2

代继华　〈论语〉历史评论思想发微　重庆师院学报,1996、2

陈鹏鸣　经世致用:赵翼史学的价值取向　清史研究,1996、2

周文玖　袁宏史学思想再探讨　济宁师范专科学校学报,1996、2

陈其泰　史学传统与民族精神　北京师范大学学报,1996、3

王嘉川　胡应麟史学理论初探　天津师范大学学报,1996、3

马兴东　李贽史论评析　云南教育学院学报,1996、3

江　湄　元代正统之辨与史学思潮　中国史研究,1996、3

何宛英　金代修史制度与史官特点　史学史研究,1996、3

毛　曦　孔子——中国史学、东方史学之父　汉中师院学报,1996、3

李华瑞　元朝人不修西夏史刍议　河北大学学报,1996、3

陈　江　宋代的考据之学　上海教育学院学报,1996、4

王云飞　苏轼史学思想述论　史学月刊,1996、6

王天顺　试论宋代史学的政治功利主义　中州学刊,1997、1

黄震云　论辽代史学　山西大学学报,1997、1

张晶华　叶适“史法论”初探　湖南教育学院学报,1997、1

赵连稳　黄宗羲史学初探　齐鲁学刊,1997、1

孙建民　论宋人长编体当代史的崛起　史林,1997、1

朱本源　司马迁的史学原理本于〈六经〉　陕西师范大学学报,1997、1

史　健　试论郑樵通志的史学思想及历史作用　辽宁大学学报,1997、1

王记录　钱大昕的学术思想　史学史研究,1997、1

吴怀祺　章学诚的易学与古史学　史学史研究,1997、1

张佩国　晚清史学的文化视野　史学理论研究,1997、1

张小平　孔子、司马迁史学思想的传承及启示　安徽史学,1997、2

戴　逸　乾嘉史学大师钱大昕　文史哲,1997、3

王记录　胡应麟的"公心"与"直笔"说　史学史研究,1997、4

任怀国　孔子与中国传统史学　齐鲁学刊,1997、4

庞天佑　理学与宋代史学思想　湖北民族学院学报,1997、5

吴怀祺　易学与中国史学　南开学报,1997、6

孟祥才　王充历史观评析　东岳论丛,1997、6

周桂钿　略谈中国古代历史观的发展　哲学研究,1997、11

陈其泰　乾嘉学术创造性思维的出色成果　传统文化与现代化,1998、1

吴怀祺　易学、理学和欧阳修的史学　安徽大学学报,1998、1

张　旗　柳宗元历史学说试论　贵州师范大学学报,1998、1

吴荣曾　读帛书本〈春秋事语〉　文物,1998、2

郑万耕　扬雄的史学思想　史学史研究,1998、2

耿天勤　孔子——中国古代史家之祖　山东师范大学学报,1998、2

汤勤福　朱熹与〈通鉴纲目〉　史学史研究,1998、2

朱维铮　孔子论史　学术月刊,1998、3

何宛英　金代史学与金代政治　北京师范大学学报,1998、3

李　勇　杨万里的历史通变思想　史学史研究,1998、3

汪高鑫　朱熹和史学　史学史研究,1998、3

陈其泰　钱大昕与元史学　浙江学刊,1998、4

崔凡芝　试论孔子治史的历史贡献　传统文化与现代化,1998、4

汤勤福　试论朱熹实证主义的治史方法论　上海师范大学学报,

　　　　　　1998、4

汤勤福　朱熹治史价值论阐微　江海学刊,1998、5

郑先兴　论〈盐铁论〉史学思想　南都学刊,1998、5

汤勤福　试论朱熹的史学人才观　社会科学战线,1998、6

王志略　曾巩历史学说之综述　贵州师范大学学报,1999,1

陈其泰　钱大昕与二十世纪历史考证学　史学理论研究,1999、1

罗炳良　清代乾嘉史家史学批评方法论的几个问题　河北学刊,
　　　　　　1999、2

曾贻芬　全祖望的史学与"七校"、"三笺"　史学史研究,1999,2

任冠文　〈续藏书〉的史论特色　史学史研究,1999,2

黄朴民　何休〈公羊〉大一统思想析论　孔子研究,1999,2

张　涛　司马迁的易学思想　史学史研究,1999、

周少川　元代关于历史盛衰之理的思考　史学理论研究,1999、3

江　湄　直笔探微　史学理论研究,1999、3

瞿林东　两宋史家的忧患意识　学习与探索,1999、3

张晶萍　论乾嘉考据学的经史关系　湖南教育学院学报,1999、3

范立舟　宋儒对历史人物的评价　广西大学学报,1999、

白兴华　赵翼的史学批评　史学史研究,1999、3

郑先兴　荀悦对史学理论的贡献　南都学刊,1999、4

王　萍　司马迁、班固著史宗旨比较　山东大学学报,1999、4

杨　忠　论汤显祖的历史观及其史学成就　北京大学学报,1999、
　　　　　　5

周晓瑜　〈史通〉的撰著指导思想与方法　文史哲,1999、5

汤勤福　朱熹史学思想在宋代史学上的地位　学术月刊,1999、7

邓乐群　黄宗羲的史学特征　学术月刊,1999、7